칼빈주의 뿌리 내리다

개혁신학 형성 연구

* 이 책은 송파제일교회 임성실 장로님이 지원한 연구비로 저술되었습니다.

합신신학총서 04

칼빈주의 뿌리 내리다 – 개혁신학 형성 연구

Calvinismus in the Late Sixteenth and Early Seventeenth Centuries
A Study on the Development of Reformed Theology

초판 1쇄   2022년 10월 15일

발 행 인   김학유
지 은 이   이남규
펴 낸 곳   합동신학대학원출판부
주   소   16517 수원시 영통구 광교중앙로 50 (원천동)
전   화   (031)217-0629
팩   스   (031)212-6204
홈페이지   www.hapdong.ac.kr
출판등록번호   제22-1-2호
인 쇄 처   예원프린팅 (031)902-6550
총   판   (주)기독교출판유통 (031)906-9191

ISBN 979-11-978944-2-8 (94230)
ISBN 978-89-97244-63-8 (94230) 세트

합신
신학총서
04

칼빈주의
뿌리내리다

- 개혁신학 형성 연구

이남규 지음

Calvinismus

in the Late Sixteenth and Early Seventeenth Centuries

HS PRESS

합신대학원출판부

이 책은 16세기 후반에서 17세기 초에 이르는 개혁신학을 다룬다. 16세기 중반부터의 시기를 교파화과정(Konfessionalizierung[독]/Confessionalizaion[영])으로 부르기도 한다. 각 교파별로 여러 신앙고백서를 작성하는 시기이다. 개신교 측면에서 보자면 칼빈과 불링거가 취리히일치(Consensus Tigurinus, 1549년)를 발표한 이후 개혁교회와 루터교회는 자신들의 입장을 더욱 공고히 하는 길을 가게 된다. 예를 들어 개혁교회는 프랑스 신앙고백서(1559년), 스코틀랜드 신앙고백서(1560년), 벨직 신앙고백서(1561년), 하이델베르크 요리문답서(1563년), 제2스위스신앙고백서(1566년), 도르트신경(1619년)을 만들어 로마 가톨릭, 루터파, 재세례파, 항론파와 다름을 보여주었다.

이 때는 여러 교리적 내용으로 다투는 시기다. 스트라스부르에서는 예정론 논쟁 이후 찬키우스가 쫓겨났으며, 하이델베르크에서는 성만찬 논쟁 이후 개혁교회로 분명한 노선이 정해졌다. 하이델베르크에서 교회권징을 적용하는 장로회 정치체제를 도입할 것인지를 두고 에라스투스와 다른 신학자들과 논쟁이 있었다. 헤르보른에서 피스카토르가 그리스도의 능동적 순종의 전가를 부인하자 개혁교회 안에서 논쟁을 거쳐 모든 순종의 전가를 신앙고백서 안에 분명히 드러내게 된다. 네덜란드에서는 아르미니우스를 따랐던 항론파의 주장을 다루기 위해 도르트에서 총회를 개최하여 도르트신경을 작성했다.

따라서 이 시기 개혁교회의 신학적 성장은 중요한 의미를 갖는다. 하지만 중요성과 대조적으로 이 시기의 신학에 관한 연구는 매우 드문 형편이다. 여기에 실린 글들은 그 공백을 메우려는 시도다. 각 챕터가 다루는 주요 내용은 다음과 같다.

16세기에 칼빈주의는 왜 사용되었을까? 칼빈주의 신학의 독특성은 어떻게 인식되고 있었는가? 1장은 "'칼빈주의'의 등장"은 이 문제를 다룬다. 이 글은 칼빈주의라는 용어가 사용되고 대중화된 역사적 맥락을 살핀다. 결국 칼빈주의라는 용어는 칼빈주의 신학의 독특성과 분리할 수 없다. 이 독특성은 성만찬론, 예정론, 교회권징에서 드러난다. 이 각각의 쟁점은 칼빈주의 신학 전체와 연결된다.

2장에서 먼저 성경의 권위에 대해서 다룬다. 성경의 권위의 근거는 어디에 있는가? 성경의 권위를 신자는 어떻게 인식하는가? 성경의 해석권은 누가 갖는가? 개혁교회는 성경의 자체가신성에 근거하여 인간이나 교회에 의존하지 않는 성경의 권위를 고백했으며 성경의 해석권도 성경 자체에 돌렸다. 17세기 이성주의가 권위의 근거를 이성에 두려고 했을 때 푸치우스는 부패한 인간 이성의 왜곡을 지적하며 성경의 자체가신성에 근거하여 성경 권위의 객관적 확실성을 주장했다. 성경론에서 두번째로 벨직신앙고백서에 정착한 성경론을 다룬다. 칼빈은 프랑스 신앙고백서의 초안을 작성했다. 프랑스 신앙고백서는 벨직 신앙고백서의 초안이 된다. 벨직 신앙고백서는 16세기 후반의 성경론을 보여준다.

3장은 예정론을 다룬다. 16세기 후반에서 17세기에 이르기까지 예정론에 관한 중요한 두 가지 질문이 있다. 첫째, 루터의 종교개혁에서 예정론은 중요하다. 그럼에도 루터주의는 예정론에서 개혁주의와 다른 길을 가게 되는데, 두 노선의 차이는 무엇이며 논쟁의 역사적 배경은 무엇인가? 찬키우스가 참여한 스트라스부르 예정론 논쟁을 고찰함으로써 이 질문을 다룬다. 두 번째 질문은 "칼빈주의자들의 예정론은 칼빈의 예정론과 다른가?"이다. 그 대표적인 증거로 도르트신경이 언급되곤 했다. 도르트총회를 기점으로 개혁교회가 예정론을 다룸에 있어 결정적인 변화를 겪었는가? 두 번째 글에서 개혁신학자들의 예정론 이해에 있어 변화가 없음을 확인할 것이다.

4장은 인간론을 다룬다. 16세기 후반 개혁신학자가 가르치는 인간론은 어떠하였는가? 인간 창조의 목적은 무엇인가? 인간은 어떻게 구성되는가? 16세기 후반 하나님의 형상은 어떻게 이해되고 있었을까? 하나님의 형상에 남은 부분은 있는가, 아니면 전적으로 상실되었는가? 타락 후에도 인간의 의지에는 자유가 있는가? 여기에 의지의 자유(libertas voluntatis)와 자유로운 선택능력(liberum arbitrium)의 구분이 있다. 자카리아스 우르시누스가 가르치는 인간의 목적, 인간의 구성, 하나님의 형상, 자유의지, 인간의 타락과 죄, 은혜언약 안에서 그리스도를 통한 인간 창조의 목적의 성취를 살핀다.

5장은 언약론을 다룬다. 특히 언약신학이 형성되는 과정을 그려본다. 행위언약과 은혜언약의 구도는 어떻게 형성되는가? 종교개혁자들에게 언약론이 있었음에도 왜 우르시누스와 올레비아누스는 '언약체계를 최종적으로 구성한 건축가'로 불리는가? 우르시누스와 올레비아누스를 거쳐 언약신학이 어떻게 성장하는지 살펴본다.

6장은 16세기 후반에 있었던 속죄의 대상 논쟁을 다룬다. 도르트총회 때에 선택과 함께 제한속죄가 쟁점이 되었다고 알려져 있으나 이미 16세기 후반에 속죄의 대상에 대한 논쟁은 뜨거웠다. "그리스도께서 누구를 위하여 죽으셨는가?"는 중요한 질문이었다. 개혁신학자들은 구속의 대상과 관련한 성경의 보편적 용어들 즉 '세상', '모두' 등은 어떻게 이해했을까? 충분과 효과의 구분은 개혁신학자들에게 언제나 정당성을 가졌는가? 도르트총회 이전 즉, 17세기를 맞이하기 전에 개혁신학자들이 어떻게 이러한 문제를 다루는지 고찰한다.

7장은 그리스도의 능동적 순종의 전가 교리를 고찰한다. 베자가 능동적 순종의 전가를 선명하게 가르쳤으며 피스카토르는 이에 반대해 능동적 순종의 전가를 부인했다. 베자와 피스카토르의 칭의의 이해는 어떻게 다른가? 피스카토르의 주장이 왜 개혁교회에서 거절되는가? 이 논쟁 중에 이미 16세기 말에 개혁신학자의 교의학 교과서에 그리스도의 능동적 순종의 전가 교리가 이미 포함되며 해설된다. 그 중요한 예인 폴라누스의 해설을 여기서 살핀다.

8장은 장로회 정치체제를 다룬다. 16세기로 돌아가면, 회의체제의 정착과 관련한 중요한 몇 가지 문제가 있다. 교회가 국가와 어떤 관계를 맺어야 하는가? 즉, 교회는 국가로부터 독립해서 치리할 수 있는가? 또 만일 교회가 국가로부터 독립하여 치리한다면 교회의 정치는 누가, 어떻게 운영하는가? 그리고 신성로마제국의 경우 아우크스부르크 협정이 의미하듯이 제후의 종교가 그의 통치 지역의 종교가 되는 방식이라면, 제후의 통치 지역을 넘어선 범지역적인 장로회 회의 정치가 가능한가? 신학박사이자 법학박사인 카스파르 올레비아누스를 따라가며 장로회 정치체제가 도입되는 현장을 들여다본다.

9장은 제2성만찬 논쟁이후 개신교회가 개혁파와 루터파로 분명하게 분열되는 시기 개혁신학자 우르시누스가 어떤 방식으로 성만찬론을 다루는지 살핀다. 제2성만찬 논쟁 직후에 하이델베르크 요리문답서의 성만찬론은 어떻게 형성되는가? 성만찬에서 빵을 떼고 뗀 빵을 먹는 일이 도입되는 과정은 쉽지 않은 일이었음에도 왜 빵을 떼는 방식을 주장했는가? 루터파와 심한 갈등 속에서 하이델베르크 요리문답서는 어떻게 성만찬론을 형성하는가?

위에 다루는 여러 내용들의 배경에 하이델베르크 또는 팔츠교회가 있음에 대한 이유가 언급될 필요가 있어 보인다. 팔츠는 정치적으로 중요한 곳이며 하이델베르크 신학자들은 신앙노선의 많은 변화를 겪으며 논쟁에 참여할 수밖에 없었다. 로마 가톨릭(1508-1556)에서 루터주의(1556-1559)로, 루터주의에서 개혁주의(1559-1576)로, 이후 하이델베르크 요리문답서를 작성하도록 하고 개혁교회를 꽃피우게 했던 프리드리히3세가 죽자 다시 루터주의(1576-1583)로, 이 시기 쫓겨난 하이델베르크의 교수와 학생 일부가 노이슈타트로 옮겨가 하이델베르크의 개혁신학전통을 이어간 후 선제후 루드비히 6세가 죽으면서 다시 개혁주의(1583-1623)로, 이 시기 하이델베르크에 개혁주의가 다시 회복되어 부흥기를 가진다. 그러다가 로마 가톨릭(1623-1649)에 점령당하는 시기를 맞이한다. 신앙노선의 변화 가운데서 개혁신학자들은 루터주의 신학자들과 논쟁하며 개혁신학의 정당성을 변호해야 했으며 이로 인해 여러 쟁점

교리들이 해설되었다. 루터주의 신학자들은 개혁신학자들을 "칼빈주의자"라 정죄했으며 루터주의자들의 눈에서 볼 때 그 교리들은 "칼빈주의자들"의 교리였다.

이 책은 아래에 실린 내용을 수정하여 단행본 성격에 가능한 맞추었음을 밝힌다.

1장의 "'칼빈주의'의 등장"은 〈한국개혁신학〉 제27호 (2010)에 실린 "'칼빈주의' 개념의 생성과 발전"을 상당히 수정하였으며 단행본 성격에 맞추어 실었다.

2장의 첫 번째 글인 "성경의 자체가신적 권위"는 〈신학정론〉 제35권 2호 (2017)에 실린 내용의 수정이다. 두 번째 글인 "벨직신앙고백서의 성경론에 나타난 칼빈주의적 성격"은 〈장로교회와 신학〉 13호 (2017)에 실린 내용의 수정이다.

3장 첫 번째 글인 "개혁주의와 루터주의의 초기 예정론 논쟁 이해"는 《칼빈시대 유럽대륙의 종교개혁가들》(부산: 개혁주의학술원, 2014)에 실린 내용이다. 두 번째 글인 "16세기 말의 예정론 이해"는 〈성경과 신학〉 제58권 (2011)에 "위로와 확신의 근거-하나님의 예정"이란 제목으로 실린 내용이다.

4장의 "자카리아스 우르시누스의 초기 정통주의 인간론"은 《종교개혁과 인간》(부산: 개혁주의학술원, 2021)에 "자카리아스 우르시누스의 인간론"이란 제목으로 실린 내용이다.

5장의 "언약신학의 형성"은 《칼빈과 종교개혁가들》(부산: 개혁주의 학술원, 2012)에 "칼빈, 우르시누스, 올레비아누스: 초기개혁주의 언약론의 발전"이란 제목으로 실린 내용이다.

6장의 "16세기 후반 제한속죄 논쟁"은 〈신학정론〉 제35권 1호 (2017)에 "16세기 후반 속죄의 범위 논쟁"이란 제목으로 실린 내용이다.

7장의 "그리스도 능동적 순종 전가교리의 형성"은 김병훈 편, 《그리스도의 순종과 의의 전가》 (합신대학원출판부, 2022)에 "그리스도의 순종과 의의 전가: 전기 정통주의의 견해"란 제목으로 실린 내용 중 일부의 수정이다. 본래 〈신학정론〉 39권 1호와 2호에도 실렸던 이 내용은 개혁신학 형성과 관련하여 빼놓을 수 없는 중요한 주제이기 때문에 여기에 중심 내용을 발췌 수정하여 실었다. 그리스도 능동적 순종 전가

교리에 관한 신학 및 역사적 고찰, 신앙고백서, 성경해석, 현대 쟁점 등의 풍부한 논의는 《그리스도의 순종과 의의 전가》를 참고하라.

8장의 "장로회정치체제의 정착과 교회법의 형성"은 〈갱신과 부흥〉 15호 (2017)에 "올레비아누스의 장로회 정치를 위한 여정"이란 제목으로 실린 글의 수정이다.

9장의 "16세기 후반 하이델베르크 성만찬론의 형성"은 〈성경신학저널〉 제4호 (2012)에 "하이델베르크의 성만찬론"이란 제목으로 실린 글의 수정이다.

이 책이 나오기까지 여러분이 도움을 주셨다. 처음 저술 계획을 듣고 격려의 말씀을 아끼지 않으신 정창균 전 총장님께 감사드린다. 출판을 준비하는 연구년 동안 따뜻한 말로 늘 지지해주신 김학유 총장님께 감사드린다. 원고를 꼼꼼히 읽어주시고 격려 및 조언을 해주신 합신연구저작물심의위원회 교수님(김병훈, 이승진, 박덕준, 안상혁, 김영호)들께도 감사드린다. 신학적 내용에 관해서 진솔하게 나눌 수 있도록 분위기를 만들어주시고 탁월한 통찰과 식견을 나누어주신 조직분과에 함께 하시는 이승구 교수님과 김병훈 교수님께 감사드린다. 책제목 "칼빈주의 뿌리내리다"를 제안해주신 출판부장 권호 교수님께 감사드린다. 이 책 내용 대부분은 합동신학대학원대학교 학생들과 수업시간에 나눈 내용들이다. 강의를 경청하고 토론에 참여한 학생들에게 감사의 마음을 전한다. 책의 저술을 위해 재정적 후원을 해주신 송파제일교회 임성실 장로님께 감사드린다. 책의 안과 밖을 규모있게 엮어주시고 번거로운 색인 작업까지 해주신 김민정 디자이너에게 감사의 말씀을 전한다. 마지막으로 늘 옆에서 참아주고 격려해준 아내 박수은과 두 자녀(혜건, 혜서)에게 감사의 마음을 전한다.

약어 _____

CO   *Ioannis Calvini opera quae supersunt omnia.* Edited by Guilielmus Baum, Eduardus Cunitz, and Eduardus Reuss. 59 vols. Brunswick: Schwetschke, 1863–1900.

DH   Denzinger, Heinrich. *Enchiridion Symbolorum Definitionum et Declarationum de Rebus Fidei et Morum*, edited by Peter Hünermann, Editio 44 = 이성효 (외 5인) 책임번역.《신경, 신앙과 도덕에 관한 규정 선언 편람》. 서울: 한국천주교중앙협의회, 2017.

Sehling KO   Sehling, Emil, ed. *Die evangelischen Kirchen Ordnungen des XVI. Jahrhunderts*

Inst   Calvin. *Institutio christianae religionis* (1559).

PL   *Patrologiae Latina*, edited by Jacques-Paul Migne.

CR   *Corpus Reformatorum. Philippi Melanchthonis Opera quae supersunt omnia.* 25 vols. Halle & Braunschweig: Schwetschke, 1834-1860.

WA   *Dr. Martin Luthers Werke. Kritische Gesamtausgabe.* 73 vols. Weimar, 1883-2009.

WABR   *Dr. Martin Luthers Werke. Kritische Gesamtausgabe: Briefwechsel.* 18 vols. Weimar, 1930-1985.

1장

'칼빈주의'의
등장

들어가며

종교개혁 초기 개혁신학자들은 '츠빙글리주의자'라고 불렸으며 칼빈은 '츠빙글리주의자' 중 한명이었다. 이후 '칼빈주의자'는 '츠빙글리주의자'와 함께 사용되다가 '칼빈주의자'가 더 많이 사용되게 된다. '칼빈주의자' 또는 '칼빈주의'라는 말은 언제 어떻게 탄생하여 대중화되었을까? '칼빈주의'란 용어가 자주 사용되어짐에도 불구하고 '칼빈주의'란 용어가 어떻게 생성되었고 어떻게 발전했는지는 잘 알려져 있지 않다. 이 글에서 우리는 '칼빈주의'라는 말의 발생에 대해서 살펴볼 것이다.[1] 이 글은 칼빈의 신학적 입장을 따른다는 면에서 '칼빈주의'의 개념을 규정하거나 바로 그런 시각에서 칼빈주의의 역사를 추적한다기 보다, '칼빈주의'라는 용어 자체가 역사 가운데서 어떻게 등장했는지 어떻게 대중화되었는지 살핀다.

용어 '칼빈주의'의 시작에 대한 연구 중에서 '칼빈주의자'에 대한 플라트(Plath)

---

[1] 칼빈주의 개념에 대한 토론은 다음을 참고하라. Uwe Plath, "Zur Entstehungsgeschichte des Wortes 'Calvinist'," Archiev für Reformationsgeschichte 66 (1975): 213–23; Theodor Mahlmann, "Melanchthon als Vorläufiger des Wittenberger Kryptocalvinismus," in *Melanchthon und der Calvinismus*, eds., Günter Frank & Herman J. Selderhuis (Stuttgart-Bad Cannstatt: Friedrich Frommann Verlag, 2005), 195–99; Herman J. Selderhuis, "Ille Phoenix: Melanchthon und der Heidelberger Calvinismus 1583–1622," in *Melanchthon und der Calvinismus*, 46–47; Herman J. Selderhuis, "Eine attraktive Universität – Die Heidelberger Theologische Fakultät 1583–1622," in *Bildung und Konfession*, eds., Herman J. Selderhuis & Markus Wriedt (Tübingen: Mohr Siebeck 2006), 8–10; Nam Kyu Lee, *Die Prädestinationslehre der Heidelberger Theologen 1583–1622* (Göttingen: Vandenhoeck und Ruprecht, 2009), 17–20.

의 연구는 결정적인 공헌을 하였다.[2] 이 논문에 따르면 이전에 알려진 것과는 다르게 'Calviniani'(칼빈주의자들)이라는 말이 가장 먼저 1553년 세르베투스(Servetus)의 죽음과 관련해서 사용되어졌으며, 이 때 특별히 이단과 관용에 대한 문제와 관련하여 사용되었다. 따라서 그는 이전에 제기되었던 가설, 즉 루터주의자에 의해 혹은 로마 가톨릭에 의해 가장 처음 '칼빈주의자' 혹은 '칼빈주의'가 만들어졌을 것이라는 가설을 거절한다. 테오도르 말만(Theodor Mahlmann)은 멜란히톤을 '숨은 칼빈주의(Kryptocalvinismus)'의 선구자로 규정하면서 비텐베르크에서 이 '칼빈주의'의 개념이 어떻게 사용되는지 또 '숨은 칼빈주의'의 개념이 어떻게 생성되는지 보여준다.[3]

　'칼빈주의' 혹은 '칼빈주의자'란 용어의 첫 번째 사용의 예가 연구되었으나, 이 첫번째 용어 사용이 대중적 사용과 직결되지는 않는다. 용어의 최초 사용은 아닐지라도 유럽전역에 대중화된 것은 결국 루터주의자들에 의해서다. 루터주의자와 많은 논쟁을 했던 하이델베르크 신학자들이 이 용어에 어떻게 반응했는지 고찰하는 일은 상당히 의미 있는 일이 될 것이다.

　따라서 이 글은 '칼빈주의'의 개념의 첫 사용의 예와 대중화된 역사를 짧게 정리하여 소개하고, 16세기 후반 이 단어에 대해서 하이델베르크 신학자들이 어떻게 반응했는지, 그와 동시에 이 단어의 의미가 어떻게 확장하는지 살펴볼 것이다. 이 과정 속에서 용어 '칼빈주의'가 신학 논쟁의 역사 즉 개혁신학의 정체성을 특징 짓는 역사와 함께 함을 확인하게 될 것이다.

2　Plath, "Zur Entstehungsgeschichte des Wortes 'Calvinist'," 213-223.

3　Mahlmann, "Melanchthon als Vorläufer des Wittenberger Kryptocalvinismus," 173-230.

1. '칼빈주의자'의 첫 사용

플라트의 연구에 따르면 '칼빈주의자(Calvinist)'라는 말이 1553년 이미 두 개의 글에서 나타난다. 나중에 루터파에 의해 '칼빈주의'라는 말이 대중화되기 전 먼저 네덜란드 재세례파 다비드 요리스(David Joris, 1501-1556)에 의해서 그리고 세바스티안 카스텔리오(Sebastian Castelio, 1515-1563)에 의해서 'Calviniani'(칼빈주의자들)라는 단어가 처음 사용되었다. 가장 처음 이 단어가 사용된 배경에는 1553년 10월에 있었던 세르베투스의 처형이 있다.

먼저 이 용어는 재세례파였던 요리스가 세르베투스가 제네바에서 잡혔다는 소식을 듣고 스위스의 도시들을 향해서 썼던 편지에 나타난다.[4] 이 편지는 1553년 10월초에 쓰여진 것으로 추정되는데, 이 편지에서 'Papisten'(교황주의자들), 'Lutheranern'(루터주의자들), 'Zwinglianern'(츠빙글리주의자들), 'Anabaptisten'(재세례파들)이란 호칭들과 함께 'Kalvinianen'(칼빈주의자들)이라는 단어가 나타난다.[5]

그리고 카스텔리오가 1553년 12월에 작성한 것으로 생각되는 《세르베투스의 죽음에 대한 역사》(*Historia de morte Serveti*)에서도 나타난다. 여기서 카스텔리오도 다비드 요리스와 같은 뜻에서 'Calviniani'라는 말을 사용하고 있다. 그래서 최초로 '칼빈주의자들'(Kalvinianen 또는 Calviniani)라는 단어가 발견되는 때는 1553년 말이 된다.[6] 이 《세르베투스의 죽음에 대한 역사》를 인용하는 책 《칼빈의 글에 대한 반대》는 카스텔리오에 의해서 1554년 여름에 작성되었는데 여기서 이단자를 죽여야

---

4 Plath, "Zur Entstehungsgeschichte des Wortes 'Calvinist'," 218.

5 Johan Lorenz von Mosheim, *Anderweitiger Versuch einer vollständigen und unparteyischen Ketzergeschichte* (Helmstadt, 1748), 423. Mosheim은 7월에 쓰여진 것으로 첨부하는데, Plath는 이 편지가 10월에 쓰여졌을 것이라고 추정한다.

6 Mosheim, *Anderweitiger Versuch einer vollständigen und unparteyischen Ketzergeschichte* (Helmstadt, 1748), 450; Sebastian Castelio, *Contra libellum Calvini (Amsterdam, 1612), Miii-Mv.*

한다는 칼빈의 요구에 동조하는 사람들을 'Calviniani'(칼빈주의자들)라고 부른다.[7] 1555년 3월 11일에 나온 카스텔리오의 책《이단자들을 벌하지 않는 것에 대하여》(de haereticis non puniendis)에서도 'Calviniani'(칼빈주의자들)가 자주 등장하며 'Anti-calviniani'(칼빈반대자들)라는 말과 'Calvinismus'(칼빈주의)라는 말도 사용된다.

카스텔리오가 사용한 단어와 개념은 널리 대중화되지 못하였는데, 왜냐하면 카스텔리오의 글이 널리 알려지지 않았기 때문이다. 따라서 비록 요리스와 카스텔리오가 최초로 칼빈주의자란 단어를 사용했음에도 불구하고, 후에 루터주의자들에 의해 사용되고 대중화된 '칼빈주의'의 사용은 요리스나 카스텔리오의 사용으로부터 독립적이라고 할 수 있다.[8] 첫 사용례인 요리스와 카스텔리오에 의한 '칼빈주의자'에 담긴 의미가 주로 이단에 대한 처리문제에 대한 자세에 관해서라면, 후에 루터주의자들은 '칼빈주의'를 개혁교회를 이단적이고 분파적으로 보이게하려는 목적에서 대중화시켰다.

1555년 1월 베른 의회의 기록에서 '칼빈주의자'라는 말이 최초로 발견되었다는 주장은 위 연구에 따라 수정된다. 또 이 기록의 사용형식이 대중화되었다고 볼 수 없고 한 지역에만 머무른 것으로 판단되어진다. 이 기록안에서 사용되는 Calvinistes(칼빈주의자들)라는 용어는 제네바의 성만찬 시행 방식을 금지하면서 사용되었다.[9] 다만 이 용례의 의미를 생각한다면, 비록 지역에 머무르고 있지만 이 시기에 이미 '칼빈주의'가 성만찬에 관련해서 사용되고 있었음을 보여준다.

---

7 "Calvinianis, hoc est Calvini institutum ratum habentis". Castelio, *Contra libellum Calvini, Aiii*. 이에 대한 논의는 다음을 보라: Plath, "Zur Entstehungsgeschichte des Wortes 'Calvinist'," 219.

8 Mahlmann, "Melanchthon als Vorläufiger des Wittenberger Kryptocalvinismus," 197.

9 "… participer et prendre la Cene de nostre seul saulveur a Geneve jouxte les ceremonies Calvinistes". *CO* 15: 406.

2. '칼빈주의' 용어의 대중화

루터파 신학자들, 특히 요아힘 베스트팔(Joachim Westphal, 1510-1574)과 틸레만 헤스후스(Tilemann Heshus, 1527-1588)가 칼빈주의라는 용어를 1555년에 사용했다는 주장이 있으나 이 시기의 기록물에서 아직 발견되지 않고 있다. 1555년과 1556년에 베스트팔은 루터파의 성만찬론에 반대하는 자들을 향해서 아직 칼빈주의자라고 부르기 보다는 사크라멘타리어(Sakramentarier) 또는 츠빙글리주의자(Zwinglianer)라고 불렀다. 칼빈은 바로 '츠빙글리주의자'였으며 '사크라멘타리어' 중 하나였다. 이 시기 베스트팔의 작품에서 교황주의자(Papist), 재세례파(Anabaptist), '츠빙글리주의자'(Zwinglianer)라는 말이 사용되지만 아직 '칼빈주의자'(Calvinist)는 발견되지 않는다.[10] 베스트팔은 1558년에서야 "Calvinistae"(칼빈주의자들)라는 말을 사용하고 있는데, 이 책은 성만찬 논쟁과 관련하여 칼빈을 반대하기 위해 쓰여진 것이다.[11] 성만찬에 관한 또 다른 글에서 베스트팔은 "Calvinismus"(칼빈주의)라는 말도 사용했다.[12] 이렇게 '칼빈주의'와 '칼빈주의자'란 말은 가장 먼저 칼빈의 성만찬론에 대한 정죄를 함의한 채로 대중화되기 시작한다. 루터주의자들이 칼빈주의란 말을 사용했을 때 칼빈의 성만찬론이 비정통적이며 분파적으로 보이게 하려는 의도가 있었다.

    헤스후스가 사용한 칼빈주의란 용어는 1560년의 글부터 발견된다. 그가 '칼빈

---

10   Plath, "Zur Entstehungsgeschichte des Wortes 'Calvinist'," 215.

11   "Hoc in summa habeant sibi Calvinistae responsum ...." Joachim Westphal, *Apologia confessionis de coena Domini contra corrupteles et calumnias Joannis Calvini [...]* (Vrsellis:Excudebat Nicolaus Henricus, 1558), 33.

12   "Quis erat tandem pius Pollano circumscribenti pietatem professeione et approbatione Calvinismi?". Westphal, *Apologia adversus venenatum antidotum Valerandi Pollani Sacramentarii [...]* (Vresellis: Excudebat Nicolaus Henricus, 1558), D6.

주의자'라는 단어를 사용하게 되는 역사적 맥락을 짧게 살펴볼 필요가 있다. 1556
년 팔츠의 선제후 오트하인리히(Ottheinrich von der Pfalz, 1502-1559)는 자기 통치 지역
에 종교개혁을 받아들이고 1558년에 헤스후스를 초빙했다. 헤스후스는 1559년 9
월까지 제1교수로서 신약을 강의했고, 팔츠의 교회회의(Kirchenrat)의 의장(Präsident)
이었고 총감독(Generalsuperintendent)이었다. 그런데 오트하인리히는 루터파였던 헤
스후스와 파울 아인호른(Paul Einhorn) 외에도 피에르 부캥(Pierre Bouquin, 1518-1582)
과 토마스 에라스투스(Thomas Erastus, 1524-1583)도 청빙했는데 이들은 루터파의 성
만찬론에 반대하며 칼빈과 츠빙글리에게 기울어져 있었다. 이 때문에 긴장이 커져
가던 중 1559년 오트하인리히가 죽고 프리드리히 3세(Friedrich III. von der Pfalz, der
Fromme, 1515-1576)가 선제후가 되었을 때 격렬한 논쟁이 있었다. 이 논쟁은 하이델
베르크의 방향을 결정하는 계기가 되었다. 프리드리히 3세가 멜란히톤에게 자문을
구하자 1559년 11월 멜란히톤은 루터주의자들의 성만찬론에 반대하고 칼빈의 성
만찬론에 가까이 간 견해를 보내온다. 멜란히톤이 제2성만찬논쟁 중에 공식적으로
침묵해 왔으나 죽기 전에 보낸 이 판단문이 하이델베르크의 노선에 큰 영향을 미친
다. 이 판단문을 기초로 프리드리히 3세는 멜란히톤의 말에 동의하지 않는 자는 떠
나라는 명령을 내렸다. 헤스후스와 루터주의 입장에 선 이들이 하이델베르크를 떠
났다. 그리고 개혁신학자들이 왔다. 올레비아누스(Caspar Olevianus, 1536-1587), 트레
멜리우스(Immanuel Tremmelius, 1510-1580), 우르시누스(Zacharias Ursinus, 1534-1583)가
왔다. 쫓겨난 헤스후스는 1560년 멜란히톤의 판단문에 대한 답을 출판했는데,[13] 바
로 이 책에 칼빈주의자란 말이 자주 사용되었다. 헤스후스는 반대자들을 "츠빙글
리주의자들과 칼빈주의자들의 저 분파"(illa secta Cinglianorum et Calvinistarum)라고 불

---

13 Tilemann Heshus, *Responsio Tillemanni Heshusii ad praejudicium Philippi Melanchthonis, de
controversia Coena Domini* (Magdeburg: Kirchner, 1560). 멜란히톤은 이 책이 나오기 전에 소천했
으므로 이 책을 볼 수 없었고 반응할 수도 없었다.

렀다.[14]

1560년 헤스후스가 내놓은 또 다른 책 《고백》이 있다.[15] 헤스후스는 이 책 마지막에 1559년 9월 1일에 탈고 한 것으로 적었다. 그렇다면 이 책을 저술하고 있을 때는 하이델베르크에서 성만찬 논쟁이 가장 뜨겁게 달아올랐을 때다. 그는 이 책에서 "Calvinisten"(칼빈주의자들)이란 말을 자주 사용했다. 전에 사용하던 "Zwinglianer"(츠빙글리주의자)란 말과 함께 사용하나 "Calvinisten"을 더 많이 사용했다.[16] 그 의미는 당연히 부정적이다. 예를 들면, "저주받은 츠빙글리주의자들"(die verdampten Zwinglianer, A5), "거룩한 만찬의 원수인 츠빙글리주의자와 칼빈주의자들"(die Zwinglianer und Calvinisten als feindle des heiligen Nachtmals, A8), "그래서 칼빈주의자들은 악한 입을 가진 자요 비방자이다"(Darum sind die Calvinisten lestermeuler und verleumbder [...], B2). 반면 '루터주의'에 대해서는 긍정적인 의미에서 "루터적인 그리스도인들"(die Lutherischen Christen, A7)이란 말을 사용했다.

베스트팔과 헤스후스의 글이 보여주듯이 '칼빈주의'나 '칼빈주의자'란 말은 개혁신학의 성만찬론을 정죄하기 위해서 대중화되기 시작했다. '칼빈주의'란 말의 첫 사용은 1549년 《취리히일치》 이후 시작된 소위 제2성만찬 논쟁 중이었다는 주장이 역사적 사실로서는 오류임에도, 대중적으로 사용된 시기로 말한다면 제2성만찬 논쟁 중이었다. 성만찬 논쟁이 계속되면서 1558년 이후로 "Sakramentarier"와 "Zwinglianer"란 말과 함께 "Calvinisten"이란 말이 함께 자주 사용되었으며,

---

14 Heshus, *Responsio Tillemanni Heshusii ad praejudicium Philippi Melanchthonis*, A2v. – 비교: Plath, "Zur Entstehungsgeschichte des Wortes 'Calvinist'," 215.

15 Heshus, *Bekantnuß vom Heiligen Nachtmal des Herrn Jesu Christi [...]* (Nürnberg: vom Berg und Newber, 1560).

16 Mahlmann, "Melanchthon als Vorläufer des Wittenberger Kryptocalvinismus," 197. Mahlmann에 의하면, 'Zwinglianer'가 세 번, 'Zwinglianer und Calvinisten'이 세 번, 'Calvinisten und Zwinglianer'가 두 번, 'Calvinisten'이 여섯 번 사용되었다.

"Zwinglianer"와 "Calvinisten"는 17세기초까지 함께 발견되어진다.[17] 취리히협의서(Consensus Tigurinus) 이후 루터자들이 이 두 세력을 하나로 보았던 것이다.

그런데 이 단어들의 사용에 변화가 있게 된다. "Calvinisten"이 시간이 지날수록 더 많이 사용되면서 원래 사용되던 "Sakramentarier"나 "Zwinglianer"를 대체하게 된 것이다. 이렇게 된 중요한 이유는 1559년 하이델베르크에서 루터주의자들이 쫓겨난 일이 보여주듯이 루터주의자들은 이제 신성로마제국에서 칼빈의 성만찬론의 더 큰 영향력을 보았기 때문이다. 제2성만찬 논쟁 이후 루터파는 자신들의 적을 칼빈으로 보았고,[18] 이제 자신들의 적을 "Calvinisten"이란 이름으로 부름으로써 개혁교회를 분파적으로 그리고 비정통적으로 보이게 하였다.

분파적이고 비정통적인 의미에서 '칼빈주의자'란 말이 대중적으로 사용되었을 때 가장 먼저 칼빈의 성만찬론을 따르는 자란 의미였고 이어서 칼빈의 예정론을 정죄하는 의미를 포함했다. 헤스후스는 개혁신학의 성만찬론만 반대한 것이 아니라 예정론도 반대했으며 이 때문에 베자는 성만찬론뿐만 아니라 예정론도 논박해야만 했다.[19] 헤스후스가 하이델베르크에서 쫓겨난 후 출판한 《주의 만찬 중에 그리스도의 몸의 임재에 대하여》(*De praesentia corporis Christi in Coena Domini* [Jena, 1560])

---

17 "Der Name der Zwinglianer begegnet uns ... bis in die ersten Jahrzehnte 17. Jahrhunderts. West-phal und Hesshusius bringen dann den neuen Namen Calvinisten auf. Eine Zeitlang stehen beide Namen nebeneinander, weil die Lutheraner seit dem Consensus Tigurinus Zwinglianer und Cal-vinisten in einen Topf warfen." K. Guggisberg, *Das Zwinglibild des Protestantismus im Wandel der Zeiten* (Leipzig: 1934), 56; "Westphal und Hesshus sind es, die den Namen Calvinisten für die vorher Zwinglianer genannten Reformirten in Aufnahme gebracht haben." Alexander Schweizer, *Die Protestantischen Centraldogmen* (Zürich: Bei Orell, Fuessel und Comp, 1854), 418.

18 "Der Calvinismus hat in Deutschland größere Durchsetzungskraft bewiesen als der Zwingli-anismus. ... Seit dem Abendmahlsstreit gilt Calvin jedoch als Feind des Luthertums." Wilhelm Neuser, "Dogma und Bekenntnis in der Reformation," in *Handbuch der Dogmen-und Theologie-geschichte*, vol. 2, eds., Carl Andresen et al. (Göttingen: Vandenhoeck und Ruprecht, 1988), 285.

19 Schweizer, *Die Protestantischen Centraldogmen*, 401.

칼빈주의
뿌리내리다

란 책을 스트라스부르에서 요한 마르바흐(Johann Marbach, 1521-1581)가 비밀스럽게 출판하여서 판매하려고 했다. 같은 학교에 있던 찬키우스가 이 책의 판매가 금지되도록 쟁점화했다. 그런데 이후 스트라스부르에서 마르바흐와 찬키우스는 성만찬론만이 아니라 예정론에 관해서도 논쟁했다. 예정론에 관해서 루터주의 신학자들은 마르바흐를 변호했으며 찬키우스가 여러 개혁주의 도시들의 승인을 받았음에도 찬키우스는 후에 스트라스부르를 떠날 수 밖에 없었다. 제2성만찬 논쟁 때에 여러 도시들이 성만찬 논쟁을 통해 자기 노선을 정했는데, 스트라스부르에서는 예정론 논쟁도 벌어졌던 것이다. 이후 성만찬과 예정은 개혁 신학자들과 루터파 신학자들 사이에 계속되는 논쟁의 중심 주제였다. 루터파에 의해 고안된 단어 '칼빈주의'는 이렇게 해서 개혁신학의 성만찬론과 예정론에 대한 정죄의 의미를 포함하게 되었다.

3. '칼빈주의' 용어에 대한 칼빈주의자들의 반응

하이델베르크 신학자들이 루터주의 신학자들과 많은 논쟁을 하게 된 이유는 이 도시가 신앙 노선을 여러 번 변경했기 때문이다. 1556년 오트하인리히가 처음 팔츠지역에 종교개혁을 도입했을 때 공식적인 교회법은 요하네스 브렌츠(Johannes Brenz, 1499-1570)가 작성한 뷔르템베르크의 교회법(Wübergirttemsche Kirchenordnung)이었다. 즉 이때 팔츠는 공식적으로 루터주의의 교회법을 받아들인 것이다. 1559년 프리드리히 3세가 선제후가 된 이후에는 루터파의 신학자들이 떠나고 1563년 《제네바 교회법》의 영향을 받은 《팔츠 교회법》과 《하이델베르크 요리문답서》가 공표됨으로서 개혁주의 편에 섰다. 그러나 1576년 루드비히 6세(Ludwig VI, 1539-1583)가 선제후가 되면서 하이델베르크는 다시 루터주의 신앙고백을 받아들였으며 이에 따라 개혁신학자들은 떠나야 했다. 1583년 루드비히 6세가 죽고 그 뒤를 그의 아들이 이었으나 아직 나이가 아직 어려 루드비히의 동생 카시미르(Casimir, 1543-1592)가 후견인으로서 팔츠를 다스리게 되었다. 카시미르는 개혁주의를 다시 받아들였다. 팔츠의 종교개혁 이후 이렇게 루터주의와 개혁주의 사이에서 여러 번 노선 변경이 있게 되자 하이델베르크의 개혁신학자들은 루터주의 신학자들과 많은 논쟁을 하게 된다.

루터주의 신학자들이 하이델베르크 신학자들을 칼빈주의자들이라고 불렀을 때 중립적인 의미가 아니라 분파화시키려는 의도를 가지고 부정적인 의미로 그렇게 했다. 이 사실을 사무엘 후버(Samuel Huber, 1547-1624)가 잘 보여준다. 1580년대 말부터 사무엘 후버와 하이델베르크 신학자들 사이에 격렬한 논쟁이 있었다. 논쟁의 주제는 그 때까지 반복된 주제였던 기독론 그리고 기독론에 연결된 성만찬론에 대한 것뿐만 아니라, 이제 예정 교리에 대한 문제들도 큰 비중으로 다루어지게 된다. 사무엘 후버는 예정론에 대한 문제를 "그리스도께서 누구를 위해 그리스도께서 죽으셨는가?"라는 질문에서부터 설명하던 자였다. 사무엘 후버가 등장한 배경에는 몽벨리아르(Montbéliard/Mömpelgard) 회담(1586년)이 있다. 1586년 여기서 개혁교회를 대표해 베자(Beza)가, 루터파를 대표해 안드레애(Jacob Andreae, 1528-1590)가 논쟁했다. 회담 후에 베른의 신학자 무스쿨루스(Abraham Musculus, 1534-1591)가 베자의 의견에 동의하는 서명을 했다. 이 사실이 알려지자 베른 근교의 목사였던 사무엘 후버가 무스쿨루스의 서명이 베른 전통에서 어긋난 것이라고 비판했다. 베른 시 당국은 큰 소란을 두고 볼 수 없어서 결국 여러 신학자들을 초청하여 논의한 후 사무엘 후버가 틀렸다고 판단했다. 후버는 더 이상 베른에서 목회할 수 없게 되었다. 그는 독일의 튀빙엔(Tübingen) 근교로 가서 목회하게 되었다. 이때부터 그는 개혁신학자들과 논쟁했는데 주로 하이델베르크 신학자들과 논쟁했다.

후버의 책 제목들에서 알 수 있듯이 그는 칼빈주의란 말을 자주 사용했다.[20] 후버는 《기초증명》의 마지막에 하나의 큰 그림을 첨부한다. 이 첨부물에 한 그리스도인이 칼빈주의 신앙 안에서 절망적으로 죽어가고 있는 그림이 그려져 있다. 여기서 칼빈적인 신앙 안에서 죽기를 원하는 그리스도인을 조롱한다.[21] 후버는 이 그림 위에 대표적인 칼빈주의자(die jetziger Zeit für die fürnembste Calvinisten)로 야콥 그리네우스(Johann Jacob Grynaeus, 1540-1617), 다비드 파레우스(David Pareus, 1548-1622), 다니엘 토사누스(Daniel Tossanus, 1541-1602)를 소개한다.[22] 후버는 이들이 "복음의 교리와 전체 기독교의 고백을 공개적으로 소름끼치게 오류와 거짓으로 소리치며 저주한다"고 주장한다.[23] 후버는 칼빈주의자들의 말이 그리스도의 참혹한 고난과 죽음을 반대한다고 말한다.[24] "칼빈주의자들은 그들의 교리에서 아무것도 가질 수 없다."[25] "칼빈주의자들은 하나님을 죄의 조성자로 만든다."[26] 이런 식으로 그는 책 전반에

---

20 *Gründliche Beweisung/ Daß Christus Iesus/ gestorben seie für die Sünden/ des gantzen menschlichen Geschlechts. Wider etliche fürnembste Calvinisten, [...]* (Tübingen, 1590); *Von der Calvinischen Predicanten Schwindelgeist [...]* (Tübingen, 1591); *Bestendige Entdeckung des Calvinischen Geists [...]* (Wittenberg 1593); *Disputatio: Secunda contra Calvinistas [...]* (Wittenberg 1593).

21 "Fünff Calvinische Articul/ darmit ein Christ/ der in dem Calvinischen Glauben absterben will/ sich in seinem Todbetz trösten soll/ …" Samuel Huber, *Gründliche Beweisung*, [부록].

22 Huber, *Gründliche Beweisung*, C ii.

23 "[…] ettliche fürnembste Caluinisten, Welche dise Lehr des H. Euangelij, vnd Bekanntnus der gantzen Christenheit, für falsch vnnd lugenhafft, offentlich vnnd schröckenlich außschreyen vnd verdammen." Huber, *Gründliche Beweisung*, [표지].

24 "Der Calvinischen eigne wort/wider das bitte leiden vnnd sterben Christi …" Huber, *Gründliche Beweisung*, 2.

25 "Die Calvinisten können in ihrer Lehr glat nichts von Christo halten."Huber, *Gründliche Beweisung*, 23.

26 "Die Calvinisten machen Gott zum Urhaber der Sünder." Huber, *Gründliche Beweisung*, 25; 다음의 책 제목도 참고하라: Huber, *Disputatio tertia contra Calvinistas, Quod faciant deum autorem peccati* (Witebergae: Lehmann, 1593).

걸쳐 '칼빈주의자들'의 교리를 조롱하며 비판한다. 다니엘 토사누스가 설교로 개혁교회의 교리들을 옹호했을 때, 사무엘 후버는 《칼빈주의 설교자들의 망령됨에 대하여, 그리고 이 분파에 대한 하나님의 바른 판단에 대하여》란 책을 출판했다.[27] 사무엘 후버는 칼빈주의의 시작을 칼빈, 특별히 그의 《기독교 강요》라고 생각한다.[28] 이 시기 이 용어의 대유행 때문에 하이델베르크 신학자들이 이 용어를 받아들이지 않았음에도 불구하고, 이 용어로 생긴 오해를 풀기 위한 목적으로 《하이델베르크 칼빈주의》(Calvinismus Heidelbergensis)란 책이 출판되었다.[29]

그런데 루터에 대한 루터주의자들의 태도는 칼빈주의자들의 칼빈에 대한 태도와 달랐다. 우르시누스(Zacharias Ursinus, 1534-1583)는 루터주의의 대표 학자 중 하나인 마르바흐(Johannes Marbach, 1521-1581)를 비판하면서 다음과 같이 말한다.

루터의 이름에 매여 자신을 버리지 않고 성령에 의한 계시처럼 루터의 모든 말과 생각에 매이지 않는 자는 누구도 그리스도인이 될 수 없을 것 같다. 루터적이라는 용어로 자신을 부르는 그 이유는, 루터의 교리가 처음부터 끝까지 성경과 일치하며 그러므로 이 이름[루터]을 가지고, 잘못된 츠빙글리주의자로부터 자신을 구분하고 분리하려는 것이다.[30]

---

27 Huber, *Von der Caluinischen Predicanten Schwindelgeist, vnnd dem gerechten Gericht Gottes vber diese Sect [...]* (Tübingen: Gruppenbach, 1591).

28 Huber, *Demonstratio Samuel Huberi fallaciarum Joh. Calvini in doctrina de Coena Domini, quibus usus est in libro Institutionis Christianae [et] ex quo suum Calvinismum in omnem epurgitavit Christianum orbem* (Witebergae: Lehmann, 1593).

29 Simon Stein, *Calvinismus Heidelbergensis* (Heidelberg, 1593).

30 "… es könne niemand kein Christen Mensch nicht sein/ der sich nicht umb dem Lutherischen namen reissen/ und an alle wort und gedancken Lutheri/ als an Propherische eingebungen des Heiligen Geistes/ will gebunden sein/ und wolle diese ursach/ warumb man sich Lutherisch nennen müsse/ nemlich/ daß Lutheri Lere durchauß mit der heiligen Schrifft ubereinstimme/ unnd man sich derhalben mit diesem namen/ von den irrigen Zwinglianern unterscheiden unnd abson-

칼 빈 주 의
뿌 리 내 리 다

여기서 우리는 두 가지를 알 수 있다. 첫째, 칼빈주의자들과는 달리 루터주의자들은 루터의 이름으로 자신들이 불리는 것을 좋아했다는 사실이다. 둘째, 루터주의자들이 자신들을 루터의 이름으로 규정하고 자신들의 반대자들을 다른 이름으로 부른데에는 루터의 모든 말이 성경과 완전히 일치한다는 전제 아래 루터의 권위에 기대어 반대자들을 정죄하기 위한 목적이 있었다는 점이다.

'칼빈주의자'와 '칼빈주의'란 말에 대한 하이델베르크 신학자들의 반응은 분명히 부정적이었다. '칼빈주의'는 하이델베르크 신학자들이 원한 이름은 아니었다. 하이델베르크 대학의 교수였던 다니엘 토사누스에 의하면 "악한 의도를 가진 자들이 혐오스럽게 정통교회를 '칼빈주의자'라 부른다".[31] 하이델베르크의 교리학 교수였던 야콥 키메돈키우스(Jacob Kimedoncius, 1554-1596)에 의하면 '칼빈주의자'라는 것은 진리에 대한 혐오 때문에 사용된 것이다.[32] 다니엘 토사누스에 의하면 루터주의자들은 이 단어를 사용함으로써 비참하고 충분히 슬픈 교회를 혼란하게 한다.[33]

하이델베르크 개혁신학자들은 자신들이 칼빈주의자로 불리움으로 인하여 자신들이 가르치는 내용이 성경에서 출발하지 않고 사람에게 근거한 것으로 보일까 염려했다. 예를 들어 1600년 팔츠 정부가 칼빈의《기독교 강요》를 교의학 교재로 사용할 것을 제안하였을 때, 신학부 교수들은 '칼빈주의'란 단어로 인한 소동이 몇 년

dern müsse …" Zacharias Ursinus, *Antwort Josue Lagi Pomerani, dieners des worts Gottes zu Heidelberg, Auff Johann Marbachs und Joachim Mörlins Schrifften wider die Heidelbergischen Theologen* (Heidelberg: Johannes Mayer 1565), 18–19.

31 "… Ecclesias orthodoxas, quas malevoli odiose Calvinianas vocant …" Daniel Tossanus, *De ea parte praedestinationis [...]* (Heidelberg, 1586), [표지].

32 "Calvinistas (sic nos in odium veritatis vocant) …" Jacob Kimedoncius, *De redemtione generis*, 61.

33 "… so mit dem verhasten/ und von ihnen erdachten Nahmen/ der Zwinglianer und Calvinisten/ die arme und zuvor genug betrübte Kirche verwirren …" Daniel Tossanus, *Drey Christliche Predigten*, 7.

전에 있었음을 언급하면서 한 사람의 이름에 그들의 교리를 세우려는 듯이 보이기 때문에 좋지 않았다고 보고한다.[34] 나아가 하이델베르크 신학자들은 '칼빈주의'라는 용어 때문에 칼빈이라는 이름도 멀리했다. 하이델베르크 신학자였으며 도르트 회의에도 참여했던 칼빈주의자 파울 토사누스(Paul Tossanus, 1572-1634)에게서 당황스런 진술을 만난다.

> 우리가 독일에서 칼빈과 무엇을 해야 한단 말인가? 그는 대부분의 시간을 독일이 아니라 프랑스와 제네바에서 보낸 프랑스인이었다. 독일에 있는 우리가 그를 (그의 이름을) 따라 불려야 하는가? 한 외국인의 이름이 독일교회의 평화를 방해해야 하는가?[35]

파울 토사누스 이 말은 칼빈을 거절하기 위해서가 아니라 자신들이 가르치는 내용이 사람의 권위가 아니라 하나님의 말씀의 권위에 근거한 것임을 주장하기 위해서 나온 말이다. 파울 토사누스는 계속해서 이렇게 말한다. "우리는 유일하게 오직 그리스도와 그의 말씀을 증거 삼으며, 칼빈이 가르친 것이 성경에서부터 증명될 때를 제외하고는 그에게 동의하지 않는다."[36] 하이델베르크의 교수였으며 17세기 초

---

34 "… wissen wir unß zum theil zu erinnern, daß vor etlichen iahren, sonderlich dem gemeinen geschrei und furgeben de Calvinismo zu begegnen, und damit es das ansehen nicht habe, alß wolten wir die lehr uf menschliche nahmen gründen, solches damalß nicht gut befunden …" Eduard Winkelmann (ed.), *Urkundenbuch der Universitaet Heidelberg* I (Heidelberg: Carl Winters Universitaetsbuchhandlung), 335–36.

35 "Was haben wir in Deutschland mit Calvin zu tun? Er war ein Franzose, der die meiste Zeit nicht in Deutschland, sondern in Frankreich und in Genf verbracht. Sollten wir uns in Deutschland dann nach ihm nennen lassen? Sollte der Name eines Fremden einen Frieden in der deutschen Kirche verhindern?" Paul Tossanus, *Recapitulatio deß Examinis* (Frankfurt, 1614), 137–38; Selderhuis, "Das Recht Gottes, Der Beitrag der Heidelberger Theologen zu der Debatte über die Prädestination," in *Späthumanimus und reformierte Konfession*, eds., Christoph Strom et al. (Tübingen: Mohr Siebeck, 2006), 240.

의 권위 있는 선생이었던 다비드 파레우스는 칼빈이 훌륭한 선생이었으며 하나님
의 특별한 도구였다고 말하면서 동시에 칼빈이 글을 쓰며 말할 때 실수할 수 있는
인간이었다고 말한다.[37] 파레우스에 따르면 그들이 칼빈이나 루터나 다른 교회의
선생들의 교리를 갖고 있을 때, 그 이유는 칼빈이나 루터나 다른 선생들이 썼기 때
문이 아니라 하나님의 말씀에 맞기 때문이다. 같은 의미에서 다니엘 토사누스는 그
의 이중예정론이 칼빈이나 베자의 해석이 아니라 하나님의 말씀에 근거를 둔 교리
라고 했다.[38] 오랜 기간 동안 루터주의자와 싸웠던 피티스쿠스(Bartholomäus Pitiscus,
1561-1613)도 하이델베르크 신학자들의 교리가 하나님의 말씀위에 기초했음을 다
음과 같이 주장했다.

우리에겐 어두운 이성으로부터도 아니고, 악한 영의 계시로부터도 아니며, 실
수할 수 있는 인간의 글로부터도 아니고, 오직 유일하게 무오한 하나님의 말씀
으로부터, 그의 성령의 은혜로운 비춤으로 말미암아 만들어지고 깨달은 그러
한 믿음이 있다.[39]

---

36 "wir uns eintzig und allein auff Christum und sein Wort beruffen/ und dem Calvino nicht bey-fallen/ dann allein/ so ferrn er das jenige/ was er lehret/ auß der heiligen Schrifft beweist …" Paul Tossanus, *Recapitulatio* 137.

37 Pareus, *Acta Colloquiorum Sawalbacensium* (Frankfurt: Rosa, 1620), 34.

38 "Ausz diesem allem ist klar unnd offenbar/ dasz diese unserer Lehr nicht auff Calvinische oder Bezische Auszlegung gegründet ist/ wie diese Clamanten gern die Leuth uberreden wollten/ son-dern auff die beständige Lehr des Göttlichen worts …" Daniel Tossanus, *Predigten*, 33.

39 "Daß wir solchen unsern glauben/ nit auß der blinden vernunft: viel weniger auß offenbarung des bösen Geistes: auch nit auß fehlbaren menschlichen Schriften: sondern eintzig und allein auß dem unfehlbaren wort Gottes/ durch die gnedige erleuchtung seines Geistes/ geschöpffet und erlernet haben." Bartholomaeus Pitiscus, *Ausführlicher Bericht: Was die Reformierte Kirchen im Deutschland gleuben oder nit gleuben* […] (Amberg: Michael Forster, 1609).

개혁신학자들은 하나님의 말씀의 권위를 중요하게 생각했으며 루터주의자들이 루터에게 대하는 태도와 다르게 칼빈에게 절대적 권위를 부여하지 않았다. 그러나 칼빈에 대한 이런 반응이 하이델베르크에서 칼빈의 영향력이 없었다거나 하이델베르크 신학자들이 칼빈을 평가절하했다는 의미는 결코 아니다. 하이델베르크 신학대학의 교수들의 보고서에 따르면 그들의 교의학 수업시간은 칼빈의《기독교 강요》의 방식과 주제들로 채워지고 있다.[40]

4. '칼빈주의'에 담긴 의미의 발전

하이델베르크의 신학자들은 칼빈주의라는 용어보다는 정통교회(Orthtoxa Ecclesia)로 불리우길 좋아했으며, 특별히 개혁교회라는 용어를 많이 사용했다.[41] 17세기 초에 피티스쿠스는 개혁교회라는 용어를 사용하면서 루터주의 신학자들과 논쟁했다.[42] 피티스쿠스는 다음과 같이 개혁교회가 받는 오해를 말하고 있다.

> 우리는 하나님의 전능을 부정한다. 우리는 하나님을 죄의 조성자로 만든다. 우리는 하나님을 독재자로 만든다. 우리는 그리스도의 참된 신성을 부정한다. 우리는 그리스도안의 두 본성의 위격적 연합을 부정한다. 우리는 신성과 인성이

---

40 "Es ist aber ietztiger professor locorum communium … befleiset sich in methodo et rebus die tractation fast gantz auf institutionem Calvini zu richten". Winkelmann, *Urkundenbuch der Universitaet Heidelberg*, 335.

41 Daniel Tossanus, *Drey christliche Predigten …, in welchen kürtzlich … dargethan wirdt der Reformirten Evangelischen Kirchen Lehr und Bekantnuß von diesen drey Puncten* (Heidelberg: Josua Harnisch, 1591).

42 참고: Nam Kyu Lee, *Die Prädestinationslehre der Heidelberger Theologen*, 44-45.

칼 빈 주 의
뿌 리 내 리 다

서로 간에 어떤 실제적인 교통이 없다고 말한다. 우리는 원죄를 부정한다. 우리는 하나님의 아들이 아니라 단지 한 평범한 인간이 우리를 위해 죽었다고 말한다. 우리는 그리스도의 죽으심의 능력을 부정한다. 우리는 그리스도를 믿을 필요성을 부정하고, 믿지 않는 이방인이나 그리스도인이 다 구원받을 수 있다고 말한다. 우리는 거룩한 세례를 폐지한다. 우리는 성만찬에서 그리스도의 살과 피를 복되게 먹고 마시는 것을 부정한다. 우리는 가르친다: 영생으로 미리 정해진 자는 그가 무신론이어도 구원받아야만 한다. 영원한 죽음으로 미리 정해진 자는 그가 경건하여도 멸망 받아야만 한다.[43]

여기서 우리는 개혁교회가 받았던 오해를 크게 두가지로 나눌 수 있다. 첫째는 하나님의 주권과 예정에 관련한 내용들이고, 둘째는 기독론과 여기에 관련된 성례에 관한 것이다. 개혁교회의 관점에서 이 모든 내용들이 오해임에도 성만찬론과 예정론은 이제 개혁교회를 특징짓는 교리가 되어가고 있었다.

시간이 지나면서 용어 '칼빈주의'가 갖는 의미는 성만찬론과 예정론에만 제한받지 않게 된다. 이 용어의 의미의 폭은 이미 16세기 말에 확장되어 가고 있었다. 이와 관련해서 '칼빈주의'에 대한 오해를 해명하기 위한 의도로 쓰여진 책《하이델베르크의 칼빈주의》(Calvinismus Heidelbergensis)를 주목해야 한다.[44] 다시 언급하면 개혁신학자들이 '칼빈주의'라는 용어를 원하지도 않았고 이 용어에 대해 부정적으

---

43 Pitiscus, *Ausführlicher Bericht*, 10–11.

44 라틴어로 쓰여진 Stein의 *Calvinismus Heidelbergensis*는 같은 해 독일어로 번역되어서 출간되어졌다. *Die Heydelbergische Calvinisterey : in einem Lateinischen Gespräch erstlich außgangen: Nun aber den liebhabern der Warheit zu gutem, in das Teutsch gebracht ; In welcher Gründtlicher Bericht von jhrem Leben, Wandel vnd Sitten, in Politischen Händeln, gehandelt wirdt. Darnach von jhrer Disciplin vnd Zucht in jhren Conventen vnd Versamlungen, beyde die Zuhörer vnd Kirchendiner betreffendt. Zum dritten, von jhren eusserlichen Ceremonien in den Kirchen. Endtlich von jhren Lehrpuncten [...]* (Hanau: Antonius, 1593).

로 반응하는 중에 이 책이 나왔다는 사실은 '칼빈주의'라는 용어가 당시에 얼마나 대중적으로 사용되었는지를 보여준다. 무엇보다도 '칼빈주의'에 대한 오해들을 해명하고 있기 때문에 이 책을 통해 16세기 말에 '칼빈주의'가 갖는 함의들을 알 수 있다. 이 책에 따르면 '칼빈주의'는 단지 예정론과 성만찬론만이 아니라 생활, 교회 정치, 윤리, 구체적으로는 결혼예식의 모습, 선제후의 생활, 교회의 권징, 절기 등을 망라하고 있다.

이 책은 가상의 인물인 두 사람의 대화로 구성되어 있다. 칼빈주의에 대한 경험 없이 오해하고 있는 네메시우스(Nemesius)와 칼빈주의를 경험하여서 정당한 칼빈주의를 설명하는 아가토(Agatho)의 대화로 이루어져 있다. 이 책의 인물 아가토에 의하면 하이델베르크 신학자들이 세 가지 용어, 즉 칼빈주의자(Calvinianer), 츠빙글리주의자(Zwinglianer), 사크라멘타리어(Sacramentirir)로 불리고 있다. 이들에 대한 혐오와 핍박은 그들의 교리때문이기 보다는 오해 때문이다.[45] 이 책은 칼빈주의 학생들의 검소하며 진실한 생활을 소개한다. 특히 칼빈주의자들의 기이한 교회 훈련으로 알려진 것을 소개하는데,[46] 이것은 교회의 장로들에 의해 시행되어지는 훈련 혹은 권징이다. 이렇게 권징이 칼빈주의의 독특성으로 소개되었다. 네메시우스가 칼빈주의자들에게 휴일이 하나도 없는지 묻는데, 아마도 칼빈주의 교회법에서 많은 교회 절기들이 줄어들었기 때문일 것이다. 여기에 대해서 모든 주일과 성탄절, 부활절, 성령강림절, 승천일이 있다고 답한다.[47] 이 외에도 구제가 칼빈주의의 특징으로서 나타난다. 아가토는 칼빈주의자들의 구제에 대해서 가난한 자들에게 양식이 공급되어야 하고 고아들이 양육되어져야 하며 과부들(특별히 교역자들의 사모)이 부양되

---

45 Stein, *Die Heydelbergische Calvinisterey*, 4–5.

46 [Nemesius가 말한다] "Ich hab wunderbarliche Ding erzehlen hören/ von der Calvinischen disciplin/ so man die Kirche zucht nennet" Stein, *Die Heydelbergische Calvinisterey*, 12.

47 Stein, *Die Heydelbergische Calvinisterey*,17.

칼빈주의
뿌 리 내 리 다

어져야 한다고 말한다. 누군가는 자신의 가난함을 알리는 것을 부끄러워할 수도 있으므로 그들에게는 비밀스럽게 필요한 것들이 전해져야 한다.[48] 구제에 대한 조항이 1563년 이미 교회법에 포함되었었고,[49] 1574년에는 구체적인 구제조례가 선포되었다.[50] 이 책이 나온 때에는 교회법에 포함된 내용들이 정착되어 하이델베르크의 독특한 모습으로서 알려졌을 것이라 생각된다. 이렇게 해서 '칼빈주의'가 갖는 개념의 넓이는 예정론이나 성만찬론만이 아니라 교회권징을 시행하는 교회정치, 검소한 생활, 줄어든 절기, 구제 등의 기독교 윤리 영역까지 망라한다.

물론 《하이델베르크의 칼빈주의》는 예정론과 성만찬론을 가장 많이 다룬다. 예정론 부분에서 속죄의 범위 문제를 다루고 속죄의 범위가 특정적이다고 말한다. 도르트 총회 훨씬 전에 이미 속죄의 대상이 특정적이라는 내용이 칼빈주의의 특징에 포함되었음을 이 책이 보여준다. 이 문제는 사무엘 후버와 논쟁하면서 부각되었던 문제이다. 즉, 그리스도의 죽음이 차별없이 모든 인간에게 미치는지(Ob derselbige ohn unterscheid auff alle Menschen sich erstrecke)에 대한 것이다.[51] 사무엘 후버에 의하면 그리스도는 신자와 불신자의 차이없이 창조 이후부터 마지막까지 있을 모든 사람들을 위해 죽었다. 아무 차별없이 그리스도께서 모든 사람을 위해서 죽으셨다면 그리스도인과 비그리스도인의 차이가 없게 되며, 믿지 않아도 일단 모든 사람이 구원 얻는다는 말이 되기 때문에 이 주장은 거절된다. 따라서 이 문제는 그리스도의 죽음의 능력이 모든 사람에게 미치는가의 문제가 된다. 칼빈주의자들은 성경의 증거를 가지고 그리스도의 죽음의 능력이 불신자가 아니라 오직 신자들, 곧 택함 받은

---

48 Stein, *Die Heydelbergische Calvinisterey*, 20.

49 "Kirchenordnung […] [vom 15. November 1563]," in *Die Evangelischen Kirchenordnungen des XVI. Jahrhunderts*, ed., Emil Sehling (Tübingen: J. C. B. Mohr [Paul Siebeck], 1969), 388.

50 "Pfalzgrave Friderichs, churfürstens etc. aufgerichte christliche almusenordnung [vom 17. Februar 1574,]" in *Die Evangelischen Kirchenordnungen des XVI. Jahrhunderts*, 458–84.

51 Stein, *Die Heydelbergische Calvinisterey*, 24.

자들에게만 속해있다고 결론내린다.[52]

　루터주의자들이 처음 '칼빈주의자'라는 단어로 공격했을 때 그 첫번째 이유는 성만찬론이었다. 이 단어는 바로 이어서 예정론을 품고 나아가 교회정치, 구제, 교회 권징, 그리고 윤리와 삶의 모습 등의 모습까지 포함하게 되었다. 부정적인 편견을 심어주려고 고안된 용어 칼빈주의는 개혁교회의 독특성을 담는 단어로 알려지고 있었다.

　1563년 하이델베르크 요리문답서가 포함된 팔츠지역을 위한 교회법이 선포되었다. 이 교회법의 여러 항목에서 제네바의 영향력이 나타나는데, 이 점은 올레비아누스가 이 법을 만들 때 칼빈과 자주 서신 교환을 한 것과 관련있다.[53] '칼빈주의'에는 제네바의 영향이 있었으며, 하이델베르크 개혁신학자들은 자신들을 '칼빈주의자'라고 부르는 상황에 여전히 반대했으나 '칼빈주의'란 용어 아래서 제네바에 영향받은 개혁교회의 특징들이 알려지고 있었다.

나가며

이 글은 '칼빈주의'라는 단어의 생성, 이 단어에 대한 개혁신학자들의 반응, 이 단어의 의미의 확장을 살피면서, 이 단어의 사용이 개혁교회 안에서 여전히 부정적이었음에도 제네바에 영향받은 개혁교회의 특징들을 함의하고 있음을 살폈다. 다음과 같은 점을 확인할 수 있었다.

52　Stein, *Die Heydelbergische Calvinisterey*, 25-28.

53　Ernst Walter Zeeden, "Calvinistische Elemente in der kurpfälzischen Kirchenordnung von 1563," in *Existenz und Ordnung: Festschrift für Erik Wolf zum 60. Geburtstag*, eds., Thomas Würtenberger et al. (Frankfurt a.M.: Klostermann, 1962,), 212; 교회법에 대한 칼빈과 올레비아누스 사이의 의견 교환은 다음을 보라: *CO* 18, 191; *CO* 18, 235; *CO* 19, 564; *CO* 20, 200.

칼 빈 주 의
뿌 리 내 리 다

1) 칼빈주의란 용어는 가장 처음 세르베투스의 죽음에 관한 논쟁의 과정 중에 사용되었다. 그러나 이런 의미의 칼빈주의가 대중적으로 사용된 것은 아니다.

2) 1550년 중후반까지 개혁신학자들은 칼빈주의자가 아니라 츠빙글리주의자, 사크라멘터리어로 불리었다. 칼빈은 이들 중 하나였다.

3) 제2성만찬 논쟁이 격렬해지는 1558년경부터 루터주의신학자들에 의해 사용된 칼빈주의자라는 표현이 자주 발견되기 시작한다. 이때 루터주의 신학자들은 부정적 의미에서 개혁신학자들을 칼빈주의자라고 불렀다.

4) 개혁신학자들은 자신들을 칼빈주의자라고 부르는 것에 반대했다. 칼빈주의라는 단어에는 하나님의 말씀이 아니라 사람에게 근거하여 가르친다는 함의가 있었기 때문이다.

5) 칼빈주의라는 단어는 개혁신학의 성만찬론과 예정론 외에도 장로를 피택하여 교회정치에 참여시키는 일, 그리스도인의 삶 또는 기독교윤리의 특징들을 드러내는 용어로 성장했다. 16세기 후반에 이러한 개혁교회의 특징들을 드러내기 위해서 '칼빈주의'라는 말이 사용되었는데, 비판하는 맥락에서 사용되었다.

칼빈주의 신학의 독특성은 16세기 '칼빈주의'란 말의 발전에서도 드러난다. 첫째, 성만찬론이다. 성만찬론은 성례교리의 독특성만이 아니라 그리스도의 두 본성 교리와 직접 관련되어 기독론과 연결된다. 둘째, 예정론이다. 예정론은 하나님의 주권과 연결되어 신론 이해만이 아니라 인간의 전적부패에 대한 이해와 연결되어 인간론 및 구원론과 직접적으로 연결된다. 셋째, 교회권징이다. 교회권징은 교회정치, 국가와 교회의 관계, 율법의 제3사용 등의 주제와 직접적으로 연결된다. 이렇게 칼빈주의 신학은 신론, 인간론, 기독론, 구원론, 교회론 등 신학 전체에 걸쳐서 독특성을 갖는다.

2장

성경론

개혁주의 성경론에 끼친 칼빈의 영향은 분명하다. 칼빈은 성경의 '자체가신적'(αὐτόπιστος) 권위를 말함으로써 교회나 한 개인에게 의존하지 않으며 하나님에게서 기원하는 권위를 가르쳤다. 이 내용이 후에 개혁교회의 신앙고백서에 포함되었다. 또한 이러한 칼빈의 영향은 계시론과 성경론이 잘 정리된《벨직 신앙고백서》에서 나타난다. 여기서 두 가지 주제를 고찰함으로써 개혁주의 성경론에 나타난 칼빈의 영향을 살펴본다.

I. 성경의 자체가신적(αὐτόπιστος) 권위

들어가며

'오직 성경'(sola scriptura)은 종교개혁 전체를 규정지을 수 있는 말이다. 종교개혁은 말씀에서 떠났던 교회를 향하여 다시 말씀으로 돌아가라고 외쳤다. 그런데 로마 가톨릭 교회도 당시 성경의 권위를 인정하고 있었다. 교회가 교황과 교회의 권위로 루터를 위협하자 루터는 성경과 교회의 관계 그리고 교회에 앞선 성경의 권위를 의식하게 되었다. 종교개혁가들에게 교회와 성경의 관계 논의에서 성경의 권위는 중요한 문제가 되었다. 성경의 권위가 교회의 권위 아래 놓이게 된다면 다시 로마 교회로 돌아가는 것이기 때문이다. 로마 교회는 성경이 교회의 도움을 받아 권위와 가신성을 갖게 되었다고 주장했으나, 종교개혁가들은 성경은 교회의 도움 없이 스스로 권위와 가신성을 갖는다고 말했다. 이런 의미에서 '오직 성경'이라고 할 때에, 결국 그 핵심은 성경의 자체가신적(αὐτόπιστος) 권위가 될 것이다.

종교개혁가들은 어떤 맥락에서 성경의 자체가신적 권위를 생각했는가? 이 글은 가장 먼저 루터와 칼빈에게로 돌아가 성경의 자체가신적 권위의 개념이 어떤 맥락 가운데 등장했는지 고찰할 것이다. 그리고 개혁교회의 신앙고백서에 성경의 자체가신적 권위가 어떻게 자리잡는지 간략하게 정리할 것이다. 마지막으로 로마 교회와 이성주의의 성경의 권위에 대한 도전에 자체가신적 권위가 어떤 의미가 있는지 생각해 볼 것이다.

1. 루터와 성경의 권위

루터가 1517년 95개 조항으로 면죄부를 반대했을 때, 성경의 권위에 대한 논쟁이 시작되었다. 로마 가톨릭의 심사관이었던 프리에리아스(Prierias)는 로마교회로부터 특별임무를 받아 1518년 봄부터 루터에 대한 소송을 이끌었다. 그는 교회와 공의회와 교황이 오류를 범할 수 없다는 기초위에서 루터를 공격하는 논리를 세웠다. "오류없는 신앙의 규칙인 로마 교회와 교황의 교리를 의지하지 않는 자는 이단이니, 성경은 여기로부터[즉, 로마교회와 교황의 교리로부터] 힘과 권위를 얻는다."[1] 이 문장에서 성경의 권위의 기원은 로마 교회와 교황이다. 후에 루터가 이 글을 보고 프리에리아스의 의도(그는 루터가 교회의 권위에 복종하길 바랐을 것이다)와는 달리 오히려 성경의 권위와 교회의 권위가 대립관계에 있다고 생각하고 교황과 공의회가 오류를 범할 수 있다고 확신하게 되었다.[2]

이후 성경의 권위와 교회의 권위가 부딪히는 일은 가장 많이 알려진 두 사건을 통해서 나타난다. 첫 번째 사건은 1518년 10월 12일부터 14일까지 추기경 카예탄이 아우크스부르크에서 루터를 심문한 일이다. 파문이 예고된 루터에게 카예탄(Cajetan)은 루터가 주장을 취소하고 이설을 다시는 말하지 않겠다고 약속하면 교회로 다시 받아들여질 수 있다고 설득했다. 카예탄은 교황 클레멘스 6세의 교령 '독생하신'(Unigenitus)에 근거해서 교황의 권위와 면죄부의 정당성을 주장했으며, 루

---

1 이 문구는 프리에리아스가 소개하는 네 가지 기초 중 세 번째다. "Quicumque non innitur doctrinae romanae ecclesiae ac romani pontificis tamquam regulae fidei infallibili, a qua etiam sacra scriptura robur trahit et auctoritatem, haereticus est." Valentin Ernst Löscher, Vollständige Reformations-Acta und Documenta, ... zweiter Tomus (1723), 15. 번역의 [ ]의 내용은 이해를 위한 첨가이다.

2 Bernhard Lohse, *Luthers Theologie in ihrer historischen Entwicklung und in ihrem systematischen Zusammenhang* (Göttingen: Vandenhoeck & Ruprecht, 1995), 정병식 역. 《마틴 루터의 신학》 (서울: 한국신학연구소, 2005), 162.

터는 이 교령이 성경을 남용하고 있다고 반박했다. 이 심문에서 성례가 의롭게 하는 것이 아니라 믿음이 의롭게 한다는 내용도 중요한 부분이었으나 이 논의도 결국 권위의 문제와 연결되었다. 성경을 인용하며 대답한 루터에게 카예탄은 교황의 권위로만 답했기 때문이다. 둘 사이에 분명한 차이가 드러났다. 카예탄은 교황의 수위권에 기초해서 교회와 전통의 권위로 말했으며, 루터는 성경에 근거해서 성경의 권위로 말했다. 루터의 주장이 잘못되었음이 성경으로는 증명되지 않았기 때문에 루터는 자신의 입장을 포기할 수 없었다.

두 번째 사건은 루터와 에크(Eck) 사이에 있었던 라이프치히 논쟁이다. 카예탄의 심문이 루터에 대한 일방적 요구와 루터의 대답이었다면, 라이프치히 논쟁에서는 충분한 토론이 있었다. 이 논쟁의 핵심에는 교황의 수위권이 있었다. 라이프치히 논쟁 전 에크는 1518년 12월 29일 12개의 논제를 발표했고,[3] 루터는 이에 대응하는 논제를 발표했다. 그 핵심은 마지막 논제에 있다.

에크	루터
로마교회가 실베스터 1세 이전에 다른 교회들 위에 있지 않았다는 것을 우리는 거절하며, 가장 복된 베드로의 자리와 믿음을 가진 자를 베드로의 후계자이며 그리스도의 보편적 대리자로 우리는 항상 인정해왔다.	로마교회가 다른 모든 교회들 위에 있음은 최근 400년 안에 있었던 로마교황의 교령들에게서는 증명지만, 이것은 1100년의 역사, 하나님의 성경 본문, 그리고 모든 것 중 가장 거룩한 니케아 공의회의 결정과 반대한다.

여기서 에크는 교황이 베드로의 후계자이며 그리스도의 대리자란 사실이 계속되고 있다는 로마교회의 주장을 전한다. 이에 반대해 루터는 그 주장이 초대 교회의 역사, 성경, 니케아 공의회와 부딪히고 있음을 말한다. 루터는 담대하게 당시 교

---

3 1519년 3월에 논제 하나(7번)가 추가 되면서 13개의 논제가 되었다.

회의 근거 자체를 공격했다. 루터는 교황이 권위를 가지고 있는 상황이 아니라, 성경을 왜곡한 교황권이 변호되고 있는 현실 그 자체를 위험하게 보았다.

1519년 6월 27일부터 7월 15일까지 열렸던 라이프치히 논쟁은 교황의 권위 문제로 이어졌고, 교황과 성경의 권위 문제가 핵심적인 주제가 되었다. 루터는 로마교회가 모든 교회의 머리라는 주장을 거절하고 모든 교회의 출발이라는 의미에서 예루살렘교회가 그 자리를 차지할 수 있다고 말했다. 베드로가 사도들의 첫째라는 말도 맞는 부분이 있으나 그것은 권세가 아닌 명예로서 그렇게 말할 수 있다고 했다. 루터는 로마의 수위권이 구원에 절대적으로 필요하다는 것을 거절했다. 성경에 없는 내용을 구원에 절대적으로 필요한 것으로 선언할 수 없었던 것이다. 루터는 공의회도 오류를 범할 수 있다고 말했다. "공의회도 어느 때에 오류를 범했고 범할 수 있으며 특히 믿음에 속하지 않은 문제들에서 그렇다."[4] 루터는 에크가 외경에 호소하자 외경의 권위가 정경과 다름을 지적하고 외경의 권위에 호소할 수 없다고 말했다. 루터는 교황의 권위의 자리에 외경을 제외한 정경을 놓았다. 성경을 따르는 루터에게 이제 교회의 머리는 교황이 아니라 그리스도였다.

1520년 6월 로마 교회가 루터의 오류를 지적하는 칙서를 보내자 루터는 칙서를 불태우고 '적그리스도의 칙서에 반대하며'로 답했다. 루터는 이 칙서에 대한 답을 라틴어와 독일어로 썼다. 교황권과 공의회의 권위를 반대한 조항들이 실린 이 칙서 때문에 루터는 파문당했고, 성경이 어떻게 말하는가가 루터의 답의 핵심이다. 루터는 성경으로 모든 것을 증명하려고 했다. 루터에 의하면 교부들이 최종적인 권위를 갖는 것은 아니며 그들의 견해가 성경에서 나왔을 때에만 옳다. 성경은 모든 것을

---

4 "Concilium aliquando errasse et posse errare, praesertim in his quae non sunt fidei." *WA* 59, 500. 이 구절은 믿음에 속한 문제에서도 오류를 범할 수 있는데, 믿음에 속하지 않은 문제들에서 더욱 그렇다는 진술로서 믿음에 문제에서도 공의회가 오류를 범한다는 의미로서 공의회의 무류를 거절한 구절이다.

판단하며 증명하기 때문에 다른 글들을 가지고 성경으로 달려가서 판단 받아야 한다는 것이다. "오직 성경만이 이 땅위의 모든 글과 가르침 위에 있는 참된 주인이기 때문이다."[5] 루터는 성경만이 최고 판단자가 된다는 것을 평이하고 분명하게 밝히며, 성경의 자체가신적 권위에 다가갔다.

> 따라서 그리스도인들의 유일한 근원은 하나님의 말씀 외에 없어야 한다. 모든 인간들의 말은 거기서 흘러나온 결과여야 하며 다시 거기로 흘러 들어가 증명 받아야만 한다. 무엇보다도 가장 먼저 저 말씀은 모든 사람에게 알려져야만 하지만 인간들에게 질문받거나 배울 필요는 없다. 오히려 인간들이 그것을 통해 판단받아야 한다.[6]

하나님의 말씀인 성경은 유일한 근원으로서 인간의 판단을 받는 말씀이 아니라 인간을 판단하는 말씀이다.

루터는 성경이 인간의 판단을 초월한 권위를 가지고 있음을 말했을 뿐 아니라, 성경 스스로 해석권을 갖는다고 한다. 성경 "자신이 스스로 가장 확실하며 가장 용이하고 가장 열려있으며, 자기 자신의 해석자고 모든 것의 모든 것을 증명하며 판단하고 비춘다."[7] 성경은 스스로 가장 확실하므로 결과적으로 그 스스로가 자신의 해석자가 된다는 말이다. 루터에게는 전통이나 교황이 아니라 성경 자체가 성경의

---

5 "den sie ist allein der recht lehenherr und meister uber alle schrifft unnd lere auff erden." *WA* 7, 317.

6 "Sint ergo Christianorum prima principa non nisi verba divina, omnium autem hominum verba conclusiones hinc eductae et rursus illuc recendae et probandae: illa primo omnium debent esse notissima cuilibet, non autem per homines quaeri et disci, sed homines per ipsa iudicari." *WA* 7, 98.

7 "... ut sit ipsa per sese certissima, facillima, apertissima, sui ipsius interpres, omnium omnia probans, iudicans et illuminans." *WA* 7, 97.

유일한 바른 해석자이다. 그래서 성경은 단순히 최고 권위일 뿐 아니라, 해석의 권위가 된다.[8] 만일 성경이 권위 있는 책이라고 해도 그 해석권이 교황에게 있다면, 이것은 권위를 다시 교황에게로 돌려 결국 그의 판단 아래 서는 것이다. 그래서 루터는 성경이 그 자체의 해석자(scriptura sacra ipsius interpres)라고 말했다. 이후로 종교개혁 전통은 성경 스스로 자체가 신성을 가지며 인간의 판단을 초월하고 그 스스로 해석권을 갖는다고 말해왔다. 종교개혁은 인간의 판단 아래 있지 않고 인간을 판단하는 하나님의 말씀 아래로 기꺼이 들어가 하나님의 말씀 앞에 무릎을 꿇었으며 성경의 해석권을 성경 자체에 돌림으로써 성경의 저자이신 하나님께 돌렸다. 이렇게 될 때에만 성경은 최고 재판권을 가질 수 있기 때문이다.

루터는 자신이 세계를 바꾸리라고 예상하지 않았다. 그는 단순히 성경으로 돌아가서 성경에 머무르길 원했다. 그러나 로마교회가 교황의 권위로 루터를 반대했을 때 권위의 문제가 떠오를 수밖에 없었다. 교회의 권위가 성경을 왜곡한다면, 그것은 하나님께 반대하는 권위다. 교회와 교황의 권위로 말하고 성경을 해석하려고 할 때에 루터는 더 큰 권위인 하나님 말씀의 권위에 호소했다. 그 권위는 인간의 판단을 초월하여 스스로 확실하며 스스로 해석하는 권위다. 그 권위 앞에서 인간은 다른 것을 할 수 없다. 1521년 보름스 제국회의 앞에서 루터는 자기 양심이 하나님의 말씀에 붙잡혔기(gefangen in Gottes Worten) 때문에 다른 것을 할 수 없다고 담대히 진술했다. 루터의 종교개혁 동력은 최고 권위인 하나님의 말씀에 사로잡힘이었다.

---

8 루터는《독일 그리스도인 귀족들에게》(An den christlichen Adel deutscher Nation, 1520)에서도 이 문제를 다루었는데, 로마교회를 무너지지 않도록 방어하는 강력한 세 성벽 중 하나가 바로 성경의 해석권이 교황에게 있다는 것이다.

2. 칼빈과 성경의 자체가신적 권위

성경에 앞선 교회의 권위를 주장한 로마 교회에 맞서서 루터는 교회에 앞선 성경의 권위를 주장했으며 성경의 권위가 인간의 판단 위에 있으며 성경의 해석권이 성경 자체에 있음을 강조했다. 한편 루터와 독립적으로 출발한 스위스 종교개혁도 유일한 성경의 권위를 고백했다. 성경 해석에 대해서도 《제1스위스 신앙고백서》(1536년)는 "성경의 해석은 오직 그 자체에서 찾아야만 하니, 곧 그 자체가 스스로 해석자가 된다"라고 고백한다.[9] 스위스 개혁교회도 이른 시기부터 성경의 해석권을 성경 자체에 돌렸음을 보여준다.

루터가 성경의 권위에 대한 교리를 체계적으로 정리한 것은 아니다. 성경의 권위 문제를 전체 신학 내에서 체계적으로 정리한 사람은 칼빈이다. 칼빈은 생애 동안 《기독교강요》를 확장하면서 교리를 체계적으로 정리해 갔다. 초판(1536년)에서 아직 성경의 권위란 주제를 따로 설명하지 않았으나 1539년판부터 하나님을 아는 지식의 근원으로서 성경과 성경의 권위를 다루기 시작했다. 성경의 권위에 관해 이렇게 말한다.

> 성경의 권위는 인간의 이성이나 가르침이나 추론보다 더 높은 데서 찾아져야만 하는데, 곧 성령의 내적인 증언으로부터다. 성경이 자기에게 있는 위엄으로 스스로 자기의 존경을 얻을지라도, 성령을 통해 우리 마음에 인쳐질 때에야 실제적으로 우리를 진정으로 사로잡는다.[10]

---

9 "Huius interpetatio ex ipsa sola petenda est, ut ipsa interpres sit sui ..." Heiner Faulenbach & Eberhard Busch (eds.), *Reformierte Bekenntnisschriften*, vol. 1/2 (Neukirchener, 2006), 57.

10 "... altius petenda, quam ab humanis vel rationibus, vel indiciis, vel coniecturis, scripturae autoritas: nempe ab interiori spiritus sancti testificatione. Etsi enim reverentiam sua sibi ultro maiestate

여기서 그는 성경의 권위가 인간의 판단에 맡겨진 것이 아님을 말할 뿐 아니라 성경의 권위를 우리가 확신하는데에 성령의 증언이 결정적임을 강조한다. 그리고 1559년 최종판에서 헬라어 αὐτόπιστος(아우토피스토스, 자체가신적)란 단어를 사용하여 성경의 권위를 설명했다.[11] 이 단어는 이후 개혁교회의 교의학에 도입되어 성경의 권위를 설명하는 핵심적 개념이 되었을 뿐만 아니라, 이후에 루터교회의 교의학에도 도입되었다.[12] 여기서는 '자체가신적'(αὐτόπιστος)이란 단어가 사용되었고 칼빈의 신학이 가장 체계있게 정리된 《기독교강요》 최종판을 중심으로 성경의 권위에 대한 칼빈의 생각을 고찰한다.

《기독교강요》 최종판에서 칼빈은 성경의 권위를 앞 부분에서 다룬다. 이 책에서 소위 이중지식 즉 하나님을 아는 지식과 우리를 아는 지식이 가장 처음 나온다. 하나님을 아는 지식, 곧 창조주로서의 하나님과 구속주로서의 하나님을 아는 지식은 성경에서 나온다. 하나님을 알려는 모든 사람은 성경이 필요하다(1권 6장). 칼빈은 1권 7장에서 성경의 권위를 설명한다. 8장에서 성경 권위의 외적 증거들을 열거한다. 9장에서 불건전한 신비주의자들에 반대한 후, 10장부터 하나님에 대한 지식을 구체적으로 다룬다. 또 4권 교회론을 다루면서도 성경의 권위 문제를 생각한다. 4권 8-12장에서 교회의 입법권과 관련해서 교회의 권세에 대한 로마의 견해를 반대할 때 성경의 해석권을 언급한다. 이 글은 1권 7장을 중심으로 성경의 권위와 자체가신성을 고찰하고, 4권을 중심으로 성경 해석의 권위를 살펴볼 것이다.

---

conciliat, tunc tamen demum serio nos afficit, quum per spiritum obsignata est cordibus nostris." *CO* 1, 295. [*Inst.*, 3.1.24.]

11 Henk van den Belt에 의하면 칼빈은 그의 글에서 autopistos를 총 11번 사용했다. 《기독교강요》에서는 최종판에 와서야 처음 사용했다. Henk van den Belt, *The Authority of Scripture in Reformed Theology: Truth and Trust* (Leiden: BrillL, 2008), 14.

12 Erwin Louis Lueker (ed.), *Lutheran cyclopedia* (Concordia Pub. House, 1954), 512. 특히 Johannes Gerhard(1582-1637)가 강조했다.

칼빈은 성경 권위의 문제를 다룰 때, 성경이 교회의 승인을 의지해서 그 중요성이 인정된다는 로마 가톨릭의 오류를 지적하며 시작한다. 칼빈에게 로마 교회의 주장은 하나님의 침범당할 수 없는 영원한 진리가 인간의 결정에 놓여있다는 의미다. 칼빈에 의하면 교회가 사도들과 선지자들의 터 위에 세우심을 입었다는 말은 교회의 터는 이미 성경 교리의 존재를 전제한다. 따라서 성경이 없다면 교회는 없다는 결론에 이른다. 칼빈은 처음부터 '교회의 승인에 의한 성경의 권위'를 반대했다.

칼빈에 의하면 성경은 교회의 승인만이 아니라 어떤 승인도 받을 필요가 없다. 이 문제는 우리의 육신의 감각처럼 확실한 문제이기 때문이다. 이 문제는 칼빈에게 빛과 어두움, 흰 것과 검은 것, 단 것과 쓴 것을 구분하는 방법을 어떻게 아는가와 같은 질문이다. 우리 몸의 감각이 물질 세계를 확실하게 감각하듯이 성경의 권위는 그렇게 확실하게 감각된다는 것이다. 성경은 완전히 명백한 스스로의 증거를 드러내서, 하얗고 검은 것이 그들의 색깔에서 그러하고 달콤하고 쓴 것이 그들의 맛에서 그러한 것과 같다고 말한다.[13]

어떻게 인간은 성경의 권위를 몸이 감각하듯이 그렇게 확실하게 감각할 수 있는가? 칼빈은 성경의 최고 증거가 그 안에서 말씀하시는 하나님의 인격에서 가져와야 한다고 말한다. 이것이 이성, 판단, 억측이 아니라 높은 차원의 신념, 즉 성령의 은밀한 증거 속에 있다고 한다. 칼빈은 논쟁을 통해서 얼마든지 성경의 권위를 변증할 수 있다고 자신한다. 그러나 칼빈은 확실성의 문제에서 변증이 아닌 다른 점을 소개한다. 비록 우리가 하나님의 거룩한 말씀을 인간들의 사악한 공격으로부터 지켜낸다고 해도 이 일이 확실성을 인간들의 마음 속에 즉시 새기는 것은 아니라고 한다.[14] 믿지 않는 사람들은 논리적 설명을 요구하지만 칼빈에게 성령의 증거

---

13 *Inst.*, 1.7.3.

14 *Inst.*, 1.7.4.

칼 빈 주 의
뿌 리 내 리 다

는 논리보다 우월하다. "왜냐하면 오직 하나님 만이 스스로 자신의 말씀에 대한 적절한 증인이므로 하나님의 말씀은 성령의 내적 증거에 의하여 인쳐지지 않으면 사람의 마음에서 믿음을 얻지 못하기 때문이다."[15] 성경을 무시하는 자들에게 줄 반박할 증거를 찾지 못하는 자들에게 칼빈은 성령이 인이요 보증임을 상기시킨다. 성령이 그들의 마음을 밝혀 주지 않으면 그들은 의혹의 바다에서 이리저리 표류한다고 말한다.[16]

이렇게 7장 4절에서 성령의 증거를 설명한 후 5절에서 성경이 자체가신적(αὐτόπιστος)이라고 말한다.

> 따라서 이것이 확고하게 하자. 성령이 내적으로 가르친 자들은 성경 안에서 굳게 안식하고, 성경은 참으로 자체가신적이며 증명과 논리에 굴복할 수 없다는 것이다. 그런데 성경이 우리에게 확실성을 얻어야 마땅한데 이것은 성령의 증언으로 오는 것이다.[17]

헬라어 αὐτόπιστος는 《기독교강요》 이전 판에서는 사용한 적이 없었고 여기와서 처음 사용한다. 이 문장에서 보는 것처럼 칼빈은 성경의 '자체가신성'(autopistia)이란 표현을 사용하지 않았고 '성경이 자체가신적(autopistos)이다'라고 진술했다. 즉, 성경이 정체된 속성을 갖는다는 방식보다는 성경이 현재 일하는 방식으로 말했다. 성경은 과거에 자체가신성을 가졌던 책이 아니라, 지금 자체가신적이다. 이런 함의는

---

15 "Nam sicuti Deus solus de se idoneus est testis in suo sermone: ita etiam non ante fidem reperiet sermo in hominum cordibus quam interiore Spiritus testimonio obsignetur." *Inst.*, 1.7.4.

16 *Inst.*, 1.7.4.

17 "Maneat ergo hoc fixum, quos spiritus sanctus intus docuit, solide acquiescere in scriptura, et hanc quidem esse αὐτόπιστον, neque demonstrationi et rationibus subiici eam fas esse; quam tamen meretur apud nos certitudinem, spiritus testimonio consequi." *Inst.*, 1.7.5.

뒤에 따라오는 문장 "증명과 논리에 굴복할 수 없다"가 뒷받침 한다. 즉, 성경은 지금 자기 권위를 증명하기 위해서 어떤 증명과 논리를 의지하지 않는다는 의미이다. 성경은 교회나 어떤 사람에게 의지하여 자기 권위의 신뢰성을 증명하지 않는다.

위 인용에서 '성경이 자체가신적이다'라는 표현은 성경의 객관적 특성을 말하는가, 주관적 특성을 말하는가? 즉, 성경은 그 자체로(in se) 자체가신적인가, 아니면 우리에게(apud nos) 자체가신적인가? 위 인용 뒤에 있는 '우리에게'(apud nos)가 연결된다고 보아서 주관적 특성으로 보는 견해가 있다.[18] 그러나 이 문장은 주문장("확고하게 하자")에 연결된 독립된 별개의 구로서 '우리에게'(apud nos)는 다만 '확실성'에만 한정된다. 오히려 대조를 암시하는 단어들이(quidem[참으로], tamen[그런데]) '성경이 참으로 (객관적으로) 자체가신적이다, 그런데 (주관적으로) 우리에게 얻어야 마땅한 확실성은 성령의 증언으로 오는 것이다'는 식으로 읽혀져야 할 것으로 보인다. 즉, 성경이 객관적으로 자체가신적인데, 성령에 의해서만 그 확실성이 우리에게 알려진다는 의미. 이것은 바로 이어지는 문장을 통해 더 확증되는데, "성경이 그 자체에 있는 자체 위엄으로 존경을 얻을지라도"(즉 객관적으로 자체가신적이라 할지라도) "그것이 성령을 통해 우리 마음에 인쳐질 때에야 실제적으로 우리에게 중요한 것이 된다."(주관적으로 성령을 통해 확실성이 따라온다)라고 하기 때문이다.[19] 칼빈은 앞서 빛과 어두움, 흰 것과 검은 것, 단 것과 쓴 것을 감각하는 사실에 성경의 권위를 비유한 적이 있다. 빛과 어두움 그 자체는 객관적 내용이지 주관적 내용이 아니다. 빛과 어두움이란 객관적 내용은 우리 안의 감각이 제대로 작동할 때에만 온전히 작동하는 것이다. 즉, 교회나 인간에게 의지하지 않는 성경의 권위는 객관적으로 자체가신적이다. 그러나 이제 우리로 권위를 인정하게 하고 우리에게 확실성으로 다가

---

18 Henk van den Belt, *The Authority of Scripture*, 55-56.

19 "Etsi enim reverentiam sua sibi ultro maiestate conciliat, tunc tamen demum serio nos afficit quum per spiritum obsignata est cordibus nostris." *Inst.*, 1.7.5.

칼 빈 주 의
뿌 리 내 리 다

오는 이유는 성령의 내적 증언 때문이다. 성경의 자체가신적 객관적 권위가 사람의 마음에서 확실성으로 열매 맺는 이유는 성령의 증언 때문이다.

이렇게 볼 때 자체가신적인 성경의 권위를 설명하는 위에 인용된 기독교 강요 1권 7장 5절의 첫 부분은 의미심장하다. 구조만 본다면 성령의 내적인 사역이 성경의 자체가신성을 감싸고 있다. 확실성은 성경의 자체가신성이 성령의 역사로 우리 안에 맺힌 열매다. 칼빈은 우리로 성경 안에 머물게 하는 성령의 내적 사역을 먼저 소개하고, 성경이 가진 자체가신성을 보여준 후, 다시 성령의 증언으로 우리 안에 이 자체가신성이 확실성이란 결과를 가져온다는 구조를 보여준다. 성경의 자체가신성과 성령의 증언은 분리되지 않는다. 오히려 성령의 증언을 통해 성경이 자체가신성이 우리 안에 확실성이란 결과를 가져온다. 이렇게 해서 우리는 인간의 판단을 초월해서(supra humanum iudicium) 확실성을 가지며, 인간을 초월한 하나님께 우리의 판단과 지혜를 복종시킨다.

칼빈은 8장에서 성경의 신뢰성을 가져오는 인간 이성을 위한 충분하고 견고한 증거(probationes)들을 가져온다. 칼빈은 내용, 고대성, 예언, 율법, 단순성, 교회의 증언, 순교자들의 예를 든다. 이런 이유들이 성경의 위엄과 권위를 경건한 자들만이 아니라 불신자들에게도 보여준다. 그러나 칼빈의 생각에 이것들로는 견고한 믿음을 주기에는 충분하지 않다. 구원하는 지식을 위해 성경이 충분한 때는 바로 성령의 내적 설득으로 확실성이 섰을 때이다.[20] 인간들의 증거는 부차적인 것으로서 가장 높은 증거를 따르는 것일 때에만 무익하지 않다고 말한다. 칼빈은 이렇게 변증의 유익을 말하면서도 동시에 그 한계를 언급한다. 곧 성경이 하나님의 말씀임을 불신자들에게 증거되길 원하는 일은 바보스런 일인데, 왜냐하면 믿음이 아니고서

---

20 "Quare tum vere demum ad salvificam Dei cognitionem scriptura satisfaciet, ubi interiori spiritus sancti persuasione fundata fuerit eius certitudo." *Inst.*, 1.8.13.

는 그 사실을 알 수 없기 때문이다.[21]

칼빈이 성경의 권위를 자체가신성과 성령의 증언을 통해 우리에게 새겨지는 확실성과 연결시킨 일은 당대의 두 흐름의 오류를 배격하는 근거가 된다. 먼저 성경을 죽은 문자로 취급하면서 직접계시에 들어가는 불건전한 광신자들을 칼빈은 거절한다. 칼빈에 의하면 성경은 성령의 말씀인데, 성령께서는 새로운 교리를 만들어내지 않고 바로 성경과 동일한 교리를 말씀하는 분이며, 성령은 성경과 다른 내용을 말씀하시거나 다른 방식으로 일하시지 않는다. 칼빈은 성경의 자체가신성과 성령의 증언처럼 말씀과 성령이 분리될 수 없는 관계에 있음을 설명한다. "전에 말한 것이 이것과 모순되지 않는다. 성령의 증언을 통해 확증되지 않으면 말씀 그 자체는 우리에게 확실해지지 않는다."[22] 성경의 자체가신성을 우리 안에서 증언하는 성령은 불건전한 신비주의의 주장을 허문다. 성령은 성경을 증언하고, 우리로 성경에서 쉬게 하기 때문이다.

한 편에서 불건전한 신비주의가 직접받는 계시로 성경을 넘어서거나 성경과 부딪힌다면, 다른 편에서 로마교회는 교회가 성령의 지배를 받는다는 이유로 성경을 넘어서거나 성경과 부딪히면서 교리를 제정한다. 로마는 왜 교회에 성령이 머문다고 강조하는가? 칼빈은 로마 교회가 성경에 없는 이상한 교리를 말하기 위해서 성령의 이름을 사용한다고 한다.[23] 말씀과 성령이 분리될 수 없다는 사실은 여기서도 해당된다. 칼빈에 의하면 교회가 성령을 인정하는 것은 성경과 별개로 다른 말을 하기 위해서가 아니다. 교회는 오히려 말씀이 인도하는 길로 갈 때에 성령이 함께

---

21 "Sed inepte faciunt qui probari volunt infidelibus, scripturam esse verbum Dei; quod, nisi fide, cognosci nequit." *Inst.*, 1.8.13.

22 "Nec his repugnat quod nuper dictum est: verbum ipsum non valde certum nobis esse nisi spiritus testimonio confirmetur." *Inst.*, 1.9.3.

23 *Inst.*, 4.8.13.

칼빈주의
뿌리내리다

계심을 의심하지 않을 것이다.[24]

　로마교회는 성경의 해석권을 교회 회의에 돌림으로써 교회에게 성경 해석권이 있다고 주장했다. 그래서 연옥, 성인들의 중보기도 등 성경에서 찾아볼 수 없는 교리들이 교회의 권위로(ecclesiae autoritate) 허락되었다. 다시 말하면 교회의 권위로 결정된 내용은 성경과 모순될지라도 성경의 정당한 해석으로 판단되고 마는 것이다. 그러므로 칼빈에게 하나님의 말씀을 사람의 판단에 굴복시키면서 사람에게 의존시키는 행위는 하나님의 말씀에 대한 모독이다.[25] 칼빈은 성경 해석권을 교회의 성경 승인권과 직접적으로 연결된 문제로 본다. 교회의 성경 승인권은 이미 기독교강요 1권에서 성경 자체가신성과 성령의 증언으로 논박되었다.[26] 성경이 자체가신성은 성경의 자기해석과 뗄 수 없도록 연결되어 있기 때문에 칼빈은 성경의 해석권을 교회에 돌리지 않는다. 오히려 교회의 선생은 그리스도이시다.[27]

3. 개혁교회 신앙고백서에 나타난
　　성경의 권위와 그 해석

종교개혁 전에는 성경에 대한 확장된 논의가 없었다. 이후 성경교리가 종교개혁자들에 의해 발전되고 정리되고 있었음에도, 교회 신앙고백서에서 성경론을 앞세우는 일은 종교개혁 초기에 아직 흔치 않았다. 성경은 누구도 부인할 수 없는 권위를

24　*Inst.*, 4.8.13.

25　*Inst.*, 4.8.13.

26　칼빈은 같은 곳(*Inst.* 4.8.13.) 안에서 성경해석권의 문제와 성경승인권의 문제를 함께 다룬다. 그리고 성경승인권에 대해선 이미 다루었다는 것을 상기시킨다.

27　*Inst.*, 4.8.1.

가졌기 때문에 종교개혁가들은 신학적 체계를 위한 서론으로서 성경론을 가장 앞에서 자세히 진술해야 할 필요성을 깨닫지 못했다.

그럼에도 몇몇 신앙문서에서 성경이 교회의 유일한 표준으로 등장한다. 성경 권위의 근거로서 자체가신성이나 자기 해석권을 진술하지는 않으나 성경이 표준이 된다는 점을 종교개혁은 처음부터 인식했다. 1528년 베른논제(Theses Bernenses 1528)는 제1조항에서 교회를 다룬다. 교회의 머리는 그리스도이시고 교회는 하나님의 말씀에서 태어나서 그 말씀 안에 머무르며 그 외에 다른 소리는 듣지 않는다고 한다.[28] 2항에서 교회가 하나님의 말씀없이 어떤 법이나 계명을 만들 수 없음을 지적하면서,어떤 규례가 하나님의 말씀 안에 근거하지 않고 하나님의 말씀이 명령하지 않으면 교회를 구속할 수 없다고 말한다.[29] 이 진술은 종교개혁이 왜 로마교회를 벗어나는지에 대한 근거이며 종교개혁 초기의 모습을 보여준다. 칼빈 이전 제네바 종교개혁가로 알려진 파렐(Farel)의 1529년의 《개요》(summaire) 15항은 성경에 포함된 것 외에 어떤 교리도 용납되지 않는다고 말한다.[30] 이렇게 종교개혁 초기 개혁교회의 문서에서 성경은 교회의 표준으로 등장한다.

또한 종교개혁 시기의 교회 문서는 성경해석 문제에도 관심을 가졌다. 1536년 《스위스 제1신앙고백서》는 1항에서, 성령으로부터 온 성경이 모든 경건과 생활의 모든 규칙을 홀로 완전하게 포함한다고 말한다. 2항은 성경의 자기 해석을 말한다. "성경의 해석은 오직 그 자체에서 찾아야만 하니, 곧 그 자체가 스스로 해석자가 된

---

28 "Sancta Ecclesia catholica, cuius unicum caput est Christus, nata est ex Dei Verbo, in quo et permanet, nec ullius alieni vocem audit." Heiner Faulenbach & Eberhard Busch (ed.), *Reformierte Bekenntnisschriften*, vol. 1/1 (Neukirchener, 2002), 204.

29 Heiner Faulenbach & Eberhard Busch (ed.), *Reformierte Bekenntnisschriften*, vol. 1/1 (Neukirchener, 2002), 204.

30 Dennison, James T., Jr. (ed.), *Reformed Confessions of the 16th and 17th Centuries in English Translation*, Vol. 1. 1523-1552 (Grand Rapids: Reformation Heritage Books, 2008), 65.

다"[31] 이렇게 《스위스 제1신앙고백서》는 16세기 신조로는 특이하게 성경론을 가장 먼저 앞세우며, 표준이 되는 성경의 완전성(1항)과 성경의 자기해석권까지 다루었다. 성경의 권위문제와 해석권에 대한 의식이 개혁교회의 이른 시기부터 있었음을 보여준다. 같은 해인 1536년에 나온 칼빈의 《기독교강요》가 성경론을 구체적으로 다루지 않는다는 사실을 염두에 둔다면 흥미로운 일이다. 칼빈도 3년뒤인 1539년판에서 성경의 권위를 책 앞부분에서 구체적으로 다룬다. 종교개혁 초기에 칼빈이나 다른 교회문서들이 성경의 권위에 대해서 언급하지 않은 이유는 성경의 권위가이미 전제된 상태에서 성경의 권위가 어디서 오는지 아직 질문할 필요성을 느끼지 못했거나, 이 문제를 구체적으로 드러나도록 표현하는 수준에 이르지 못했던 것으로 보인다. 그런 가운데서 《스위스 제1신앙고백서》 2항의 성경의 자기해석권에 대한 언급은 성경해석권을 누구에게 돌릴 것인지에 대한 문제의식이 개혁교회 안에 있었음을 보여준다.

우리가 살핀대로 칼빈은 1539년판 《기독교강요》에서 이미 성경의 권위를 구체적으로 상세히 다루었다. 이후 칼빈은 《기독교강요》 최종판에 이르기까지 지속적으로 성경의 권위가 인간의 판단에 근거하지 않으며 성령의 증언을 통해 우리에게 확실성의 열매가 맺혀짐을 강조했다. 칼빈의 이 생각은 《프랑스 신앙고백서》를 위한 초안 제1항에서도 나타난다.[32] 칼빈은 성경이 하나님으로부터 나온 유일한 진리의 총체라고 하면서, "이 교리는 그것의 권위가 사람들이나 천사들로부터 나오지 않았기 때문에, 오히려 오직 하나님으로부터 나왔기 때문에, (말씀하시는 분이 하나님이라는 것을 구별하는 것은 인간이해를 초월하는 문제이기에) 우리는 또한 그가 홀로 그것의 확신성을 그의 택한 자들에게 주시며 성령으로 그들의 마음에 그것을 인친다고 믿

---

31 "Huius interpretatio ex ipsa sola petenda est, ut ipsa interpres sit sui …" Heiner Faulenbach & Eberhard Busch (eds.), *Reformierte Bekenntnisschriften*. vol. 1/2 (Neukirchener, 2006), 57.

32 *CO* 9: 739-741.

는다"고 제안했다. 여기서 권위는 사람들과 천사들이 아니라 하나님께 근거한다. 칼빈은 권위의 객관적 근거와 택함 받은 자들에게 주어진 주관적 확신을 그 근원인 하나님께 연결시켜 말한다. 즉, 권위가 어디서 왔는가 하는 문제는 권위에 대한 주관적 확신의 문제와 연결되어서, 권위가 하나님에게서 나왔으므로 그 권위에 대한 확신도 하나님께서 주시며 성령께서 확증하시는 방식으로 구성된다.

칼빈의 초안을 기초해서 작성된 《프랑스 신앙고백서》(1559)는 권위 문제를 믿음의 규범(4항)과 성경의 충분성(5항)과 연결시켰다. 성경을 "우리 믿음의 가장 확실한 근거"(reigle trescertaine de nostre foy)로 규정하고, 그 근거가 교회의 합의 때문이 아니라 "성령의 증언과 내적 설복"(par le temoignage et persuasion intérieure du Saint-Esprit)이라고 말한다(4항). 교회 회의의 권위 자체를 부정했다기보다(《프랑스 신앙고백서》 자체가 회의의 결과다), 그 실질적이며 최종적인 권위의 근원을 하나님께, 즉 성령의 증언과 내적 설복에 둔 것이다. 다시 5항에서 "이 책들 안에 있는 말씀은 하나님으로부터 나왔으며, 그 권위는 다만 그로부터만 받은 것이지 사람으로부터 받은 것이 아님을 우리는 믿는다"라고 고백한다.[33]

《프랑스 신앙고백서》에 기초한 《벨직 신앙고백서》(1561)도 같은 입장을 취한다.

우리는 이 모든 책들만을 거룩한 정경으로 받아들인다. 규칙들로서 이 책들에 따라 우리 믿음이 규정되며, 근거로서 이 책들에 우리 믿음이 의존하며, 이 책들로 우리 믿음이 확고하게 된다. 여기에 포함된 모든 것을 어떤 의심없이 우리는 믿는다. 교회가 이 책들을 이러한 방식으로 받아들이고 승인했기 때문이 아니라 먼저 성령이 우리 마음에 이 책들이 하나님으로부터 왔음을 증거하기 때

---

33 "Nous croyons que la Parole qui est contenue en ces livres, est procédée de Dieu, duquel seul elle prend son autorité, et non des hommes." Philip Schaff, *Creeds of Christendom Volume, vol. 3*, 362.

문이며 또 그 증거를 이 책들 자체 안에 갖고 있기 때문이다.[34]

《프랑스 신앙고백서》와 마찬가지로 《벨직 신앙고백서》도 "교회가 받아들이고 승인했기 때문이 아니"라고 한다. 성령께서 "우리 안에 증거하시기" 때문이다. 그런데 《벨직 신앙고백서》는 "자신 안에서 그 증거를 갖는다"는 말을 추가한다. 즉, 우리 안에 증언하시는 내적 증거와 성경 스스로가 가진 증거들을 권위의 근거로 언급한다. 1618년 라틴어판의 번역자는 5항에 '성경의 권위에 대하여'(De Auctoritate S. Scripturae)라고 제목을 붙이고, 뒷부분의 번역에 '권위'라는 단어를 덧붙여서 성경이 "자체의 권위를 스스로를 통해 충분히 증명하고 인정한다"라고 했다.[35] 성경의 자체가신성을 더 강조하려는 의도가 보인다. 도르트 회의는 이 부분에서 1618년 라틴어 번역이 아니라 원저자인 귀도 드 브레(Guido de Brès)의 문장을 따랐다.

《프랑스 신앙고백서》와 《벨직 신앙고백서》처럼 16세기 중반의 신조들은 성경의 권위와 해석이 하나님에게서 온다고 고백한다. 위 두 고백서와 비슷한 시기의 《스코틀랜드 신앙고백서》(1560)는 18항에서 "이 성경 해석의 권세는 사적이던 공적이던 어떤 사람에게 있지 않고 성경을 기록하신 하나님의 영에 달린 것이다"고 고백하며,[36] 19항에서 성경의 권위가 하나님께 근거하며 사람이나 천사에 달린 것

---

34 "Hosce omnes libros solos pro Sacris et Canonicis recipimus, ut ad eos, veluti ad regulam, fides nostra exigatur: iisque tamquam fundamento innitatur et stabiliatur. Eaque omnia, quae illis continentur, absque omni dubitatione credimus: idque non tam, quod Ecclesia eos pro huiusmodi recipiat et approbet, quam inprimis, quod Spiritus Sanctus in cordibus nostris testetur a Deo profectos esse, comprobationemque eius in se ipsis habeant …" [벨직신앙고백서 5항] Bakhuizen van den Brink (ed.), *De Nederlandse belijdenisgeschriften* (Amsterdam: Ton Bolland, 1976), 77.

35 "... ipsi hanc suam autoritatem per se satis testentur ac comprobent" Andreas Mühling & Peter Opitz (eds.), *Reformierte Bekenntnisschriften*, Band 2/1, 345.

36 "The interpretation quhairof, we confesse, neither appertaines to private nor publick persone, nether zit to ony Kirk, ... bot apperteines to the Spirite of God, be the quhilk also the Scripture was written." Schaff, *Creeds of Christendom*, vol. 3, 463.

이 아님을 확증한다.[37] 《제2스위스 신앙고백서》도 1항에서 성경이 충분한 권위를 인간이 아니라 성경자체로부터 갖는다고 고백한다.[38] 이 신앙고백서가 인정하는 정통적이고 본질적인 성경의 해석은 성경 자체에서 나오는 것이다.[39]

17세기 중반의 《웨스트민스터 신앙고백서》(1647)의 입장도 같다. 1장 4항은 다음과 같다.

> 성경의 권위는 우리가 성경을 믿고 순종해야 하는 이유이다. 이 성경의 권위는 어떤 사람이나 교회의 증언에 의존하는 것이 아니며 (진리 자체이자) 성경의 저자이신 하나님께만 전적으로 의존한다. 그러므로 우리는 성경을 받아들여야 한다. 왜냐하면 성경은 하나님의 말씀이기 때문이다.[40]

《웨스트민스터 신앙고백서》는 개혁교회의 입장을 그대로 보여준다. 성경의 권위는 저자이신 하나님께 의존한다고 고백하고, 교회의 증언이 아니라고 한다.

그런데 5항에서 교회의 역할을 존중한다. "우리는 교회의 증언에 의해 감동되고 이끌리어 성경을 높이 여기고 경외심으로 대할 수 있다." 이렇게 성경의 권위에 대한 교회의 역할은 중요하다. 교회가 "성경은 하나님의 말씀이다"라고 증언하는

---

37 "As we beleeve and confesse the Scriptures of God sufficient to instruct and make the man of God perfite, so do we affirme and avow the authoritie of the same to be of God, and nether to depend on men nor angelis." Schaff, *Creeds of Christendom*, vol. 3, 464.

38 "Credimus et confitemur, ... auctoritatem sufficientem ex semetipsis, non ex hominibus habere." Schaff, *Creeds of Christendom*, vol. 3, 237.

39 "... illam duntaxat Scripturarum interpretationem pro orthodoxa et genuina ganoscimus, quae ex ipsis est petita Scripturis ..." Schaff, *Creeds of Christendom*, vol. 3, 239.

40 "The authority of the holy Scripture, for which it ought to be believed and obeyed, dependeth not upon the testimony of any man or church, but wholly upon God (who is truth itself), the Author thereof; and therefore it is to be received, because it is the Word of God." Schaff, *Creeds of Christendom*, vol. 3, 602.

것은 사실 당연한 일이며, 교회의 증언 때문에 우리는 성경을 만나고 하나님의 말씀을 듣는다. 《웨스트민스터 신앙고백서》는 계속해서 교회의 증언과 함께 성경이 하나님의 말씀임을 풍성히 증명하는 증거들을 소개한다. 이것은 성경 자체의 증거들이다. 열거되는 것은 하늘에 속한 내용, 교훈의 감화력, 문체의 장엄함, 모든 부분의 조화로움, (모든 영광을 하나님께 돌리는) 전체 목적, 사람을 구원하는 유일한 길을 충분히 보여줌, 그 밖의 비교할 수 없는 많은 탁월함, 그리고 전체의 완전함이다. 이런 증거들은 완전한 설복과 확신을 가져오지 않는다. 신앙고백서는 5항 마지막에 이제 우리 마음에 역사하시는 성령의 내적 증거가 결정적이라고 한다. "그럼에도 성경이 무오한 진리이며 신적 권위를 가지고 있음을 완전하게 인정하고 확신하는 것은 우리 마음 안에서 말씀에 의하여 또한 말씀과 함께 증언하시는 성령 하나님의 내적 사역으로 말미암는다."[41]

《웨스트민스터 신앙고백서》는 성경의 권위가 저자이신 하나님께 의존하며 성령의 내적증거로 인해 우리에게 성경의 권위에 대한 확신이 온다고 말한다. 나아가 성경의 해석규칙이 성경자체라고 규정한다. "성경 해석의 무오한 규칙은 성경 자체이다."[42] 그리고 그 구체적인 방식을 "어떤 성경이든지 참되며 완전한 의미에 대해 의문이 있을 때는 (그 의미는 여러 가지가 아니라 단지 하나 뿐인데), 더 분명하게 말씀하고 있는 다른 곳들을 연구하여 알아낼 수 있다"라고 언급한다. 이처럼 《웨스트민스터 신앙고백서》는 개혁교회의 전통을 따라 성경의 권위를 그 저자이신 하나님께, 성경 해석을 성경 자체에 돌린다.

---

41 "yet, notwithstanding, our full persuasion and assurance of the infallible truth, and divine authority thereof, is from the inward work of the Holy Spirit, bearing witness by and with the Word in our hearts." Schaff, *Creeds of Christendom*, vol. 3, 603.

42 "The infallible rule of interpretation of Scripture is the Scripture itself." Schaff, *Creeds of Christendom*, vol. 3, 605.

4. 로마교회와 성전(Sacra Traditio)의 권위

로마교회의 성경 권위에 대한 공적 이해는 트리엔트 공의회 제4회기의 교령(1546)을 통해서 알 수 있다. 로마교회는 성경과 전승을 동등하게 취급한다. 그래서 "진리와 규범이 기록된 책들과 기록되지 않은 전승들 안에 담겨 있다"라고 말한다.[43] 진리와 규범의 원천은 사도들이 선포한 복음이며, 복음은 선지자들을 통해서 약속된 것이며 예수 그리스도께서 친히 입으로 선포한 것이다. 성경과 전승의 원천은 사도들에게까지 올라가며, 다시 예수 그리스도께서 선포한 것까지 올라간다. 그래서 성경과 전승은 "사도들이 그리스도로부터 받은 것, 또는 성령이 받아 적게 하여 사도들로부터 마치 손을 통해서 전달된 것처럼 우리에게까지 온 것이다."[44] 이렇게 성경과 전승은 기원이 동일하며 똑같은 방식으로 전해졌으며, 로마 교회는 정통신앙 교부들의 예를 따라, "똑같은 경애와 존경으로 받아들이고 공경한다."[45] 이 경애와 존경을 요구받는 근거는 그리스도의 입이나 성령에 의해 기록되었다는 사실만이 아니라 "가톨릭교회 안에서 지속적으로 보존되어 오는 것"에 있다. 가톨릭교회 안에서 어떻게 받아들여지고 있는지가 중요하므로 정경목록에 외경을 포함시켰다. "가톨릭교회 안에서 읽혀 왔던 대로 그리고 라틴어 대중 라틴말 성경 고전본에 실려 있는대로" 정경으로 인정하지 않으며 전승을 고의로 업신여기는 자는 파문된다. 로마교회는 성경이 영감으로 기록되었다고 말할 뿐 아니라 신구약의 원저자가 하나님이라고 언급한다. 그래서 성경의 권위를 인정하나 성경과 동일한 수준에서

---

43 "... hanc veritatem et disciplinam contineri in libris scriptis et sine scripto traditionibus, ..." *DH* 1501. [때때로 공인된 번역을 따르지 않고 사역을 했음을 밝힌다].

44 "quae ab ipsius Christi ore ab Apostolis acceptae, aut ab ipsis Apostolis Spiritus Sancto dictante quasi per manu traditae ad nos usque pervenerunt." *DH* 1501.

45 "pari pietatis affectu ac reverentia suscipit et veneratur." *DH* 1501.

전승을 다룬다.

　시간이 흐르면서 로마교회의 성경에 관한 자세는 변화했다. 현재는 성경읽기를 권하고 성경연구를 권고한다는 면에서 종교개혁시기와 다른 자세를 보인다. 게다가 히브리어와 헬라어 원문을 살펴보는 일이 유용하다고 인정한다.[46] 그러나 근본적으로 바뀐 것은 아니다. 제1차 바티칸 공의회 3회기 1870년 4월 4일 승인된 〈가톨릭 신앙에 관한 교의 헌장〉 2장은 트리엔트 공의회를 따라 성경과 전승을 받고 있으며, 라틴어 불가타 역본에 실려있는대로 정경으로 받는다. "교회가 그것들을 거룩한 정경으로 여기는 이유는 그것들이 순전히 인간의 열성으로 작업되고 그에 따라 교회의 권위에 의해 승인되었기 때문도 아니요, 정확히 말해서 오류 없이 계시를 담고 있기 때문도 아니라, 성령의 영감으로 쓰여서 하나님께서 저자이시며 또 그런 식으로 교회 자신에게 전수되었기 때문이다."[47] 여기서 성경의 권위는 교회의 권위에 의해 승인되었기 때문이 아니라고 말하기 때문에 종교개혁 편에 서는 것 같다. 게다가 그 권위를 성령의 영감에 돌리고 하나님이 저자이신 것이 정경의 근거로 말한다. 그러나 바로 이어서 성경이 교회에 전수된 사실이란 다른 근거를 언급한다. 즉, 성경이 교회에 전승되었다는 사실이 하나님이 성경의 저자라는 사실과 방불한 권위의 근거가 되는 것이다. 여기서 성경은 전승의 일부로서 취급 된다. 성경이 전승에 포함되었기 때문에 그 권위를 인정받고 있는 것이다. 로마 가톨릭의 문서들을 모아 놓은 덴칭거의 《신경편람》에서 교리개요라고 할 수 있는 색인이 계시를 다룰 때, 전승이 먼저 오고 성경이 나중에 오는 것은 그런 면에서 당연하다.

　1965년의 '제2차 바티칸 공의회 교의헌장 〈하느님의 말씀〉: 계시'는 전승이 공

46　레오 13세 회칙(1893년), *DH* 3280.

47　"Eos vero Ecclesia pro sacris et canonicis habet, non ideo, quod sola humana industria concinnati, sua deinde auctoritate sint approbati; nec ideo dumtaxat, quod revelationem sine errore contineant, sed propterea, quod Spiritu Sancto inspirante conscripti Deum habent auctorem, atque ut tales ipsi Ecclesiæ traditi sunt." *DH* 3006.

식적이며 체계적으로 전면에 등장하여 성경 앞에 온다. 그래서 "거룩한 전승과 신구약 성경"(Sacra Traditio et Sacra utriusque Testamenti Scriptura) 안에서 교회는 하나님을 관상한다고 한다. 여기서 언뜻 보기에 성전(Sacra Traditio)과 성경은 동등하게 서로 연결된 것처럼 보인다. 즉 성전과 성경은 긴밀히 연결되고 또 상통하며, 같은 원천에서 나왔고 같은 목적을 지향한다. 그런데 "바로 이 전승을 통해서 성경의 전체 정경이 교회에 알려졌다."[48] 즉, 성경이 교회에 알려진 것은 전승 때문이다. 나아가 "성전이 하나님의 말씀을 사도들의 후계자들에게 온전히 전달했다."[49] 성전을 통하여 성경은 한결 더 깊이 이해되고 그 힘을 발휘한다고 한다. "따라서 교회는 오로지 성경으로만 모든 계시 진리에 대한 확실성에 이르게 되는 것은 아니다. 이런 이유로 둘을 똑같이 경건한 애정과 존경으로써 받아들이고 공경해야 한다." 이렇게 로마 교회는 공식적인 진술을 통해서 성경 권위의 근거가 교회의 승인 때문이 아니라고 했으나, 교회의 자리에 전승을 대치하면서 근본적으로 달라진 것은 없다.

로마 교회는 성경과 교회 권위의 우위 논쟁에서 한 발 뒤로 물러선 것처럼 보인다. 왜냐하면, 성경의 권위의 근거를 교회의 승인에 두지 않기 때문이다. 그러나 성전(Sacra Traditio)에 의해 성경(Sacra Scriptura)이 권위를 얻고 힘을 얻는다고 한다. 지금 로마 교회의 최종적 권위는 성전이 갖는 구도다. "사도들로부터 기원한 전승은 성령의 도우심 아래서 교회 안에서 발전한다."[50] 성전과 성경과 교회교도직이 독립되어 존립할 수 없을 정도로 서로 연결되고 결합되어 있다고 말할지라도[51] 살아 있

---

48 "Per eandem Traditionem integer Sacrorum Librorum canon Ecclesiae innotescit ..." *DH* 4210.

49 "Sacra autem Traditio verbum Dei, a Christo Domino et a Spiritu Sancto Apostolis oncreditum, successoribus eorum integre transmittit" *DH* 4210.

50 "Haec quae est ab Apostolis Traditio sub assistentia Spiritus Sancti in Ecclesia proficit." 〈제2차 바티칸 공의회 교의 헌장〉, *DH* 4210.

51 〈제2차 바티칸 공의회 교의 헌장〉, *DH* 4214.

어 발전하는 성전이 우위에 있으며, 발전하는 성전을 인도하고 승인하는 교회교도직이 최종적 권위를 갖는다는 점에서 종교개혁시대와 달라진 것은 없다.

로마 교회 내의 핵심 논쟁은 전승의 해석에 있다. 발전하는 전승은 "거룩한 교의의 의미는 어머니인 거룩한 교회가 한 번 선포한 그대로 항상 고수되어야 한다"는 것과 갈등한다.[52] 로마 교회는 성경만이 아니라 과거 로마교회 자신의 전승과 모순되어도, 지금 교황이나 공의회가 말하는 것이 이길 수밖에 없는 구도이다. 이 전승은 하나님이 교회와 하시는 대화이며,[53] 계속 발전하는 하나님의 계시이기 때문이다. 즉, 과거 자신의 전승을 부정하거나 과거의 전승과 모순된다 할지라도, 현재 로마 교회의 선언이 거룩한 전승의 발전으로서 하나님의 계시가 된다. 즉, 교회의 무류성은 지금 계속되기 때문에 지금 교회가 진술하는 전승이 하나님의 계시가 된다. 결국 로마 교황의 현재 전승이 최종적인 권위를 갖는다.

이런 예는 제2차 바티칸 공의회 이후, 로마 교회 내에서 라틴어로 집례되는 트리엔트 미사를 고집하며 밖으로 나간 전통파들에 대한 교황청의 곤혹스런 입장에서 발견된다. 1988년 대표적인 전통파인 대주교 르페브르를 파문하며 당시 교황은 이렇게 말했다. "그러나 로마 주교와 주교단이 지닌 교회의 보편적 교도권을 반대하는 모순적인 전통의 개념은 전적으로 잘못된 것이다."[54] 무류한 교회가 과거와 다른 말을 했을 때, 그것은 발전하는 거룩한 전승이 시대에 맞게 밝혀진 것이며 과거의 전승에 매여있는 자는 전승 개념을 오해한 것이라고 한다. 즉, 로마교회에서는 교회의 무류성이 지금 계속되기 때문에 현 교회의 진술이 발전하는 성전이 되는 방식이다.

---

52 〈제1차 바티칸 공의회: 가톨릭신앙에 관한 교의 헌장〉, *DH* 3020.

53 *DH* 4211.

54 "Sed omnino discors est pugnans Traditionis notio quae universali Ecclesiae Magisterio opponitur, quod quidem pertinet ad Romanum Episcopum Episcoporumque coetum." *DH* 4822.

로마교회에서는 지금도 교회의 권위가 성경의 권위를 넘어 최종적 권위를 갖는다. 뿐만 아니라 과거의 전승과 모순되어도 현재의 교황과 교회가 더 권위를 갖게되었다. 현재 교회가 문제를 갖고 잘못된 길로 나아갈 때, 성경은 최종적 권위를 갖고 그들을 교정할 수 없다. 로마 가톨릭 내의 논쟁은 성경이 무엇을 말하는가 보다는 과거 교황과 공의회가 말한 내용이 무슨 의미인지, 따라서 현재 교황과 교회의 발언이 과거의 교회 발언과 어떻게 모순되지 않는지 즉 어떻게 발전하는 거룩한 전승인지를 밝히는데 있다. 성경은 여전히 로마 교회 내에서 최종권위를 갖지 못할뿐 아니라, 'Sola Scriptura'와 더 멀어졌다고 할 수 있다.

5. 이성주의와 이성의 권위

17세기 데카르트로 인해 시작된 이성주의 때문에 개혁교회는 심각한 타격을 입었다. "나는 생각한다 고로 나는 존재한다"(ego cogito ergo sum)는 데카르트의 의심의 방법론은 이성을 출발점으로 삼았다. 푸치우스(Gisbertus Voetius, 1589-1676)는 데카르트의 사상이 가진 위험성을 발견했고 그의 사상과 싸웠다. 데카르트의 이성주의가 현대의 시작이라고 한다면 푸치우스는 현대 자유주의 신학사상과 싸운 개혁신학자였다. 이성주의에 맞서 성경의 권위가 어떻게 변증되는지 푸치우스를 통해서 알수 있을 것이다.

이성주의와 푸치우스의 논쟁을 역사적으로나 종합적으로 다 다룰 순 없고 다만그의 전집에 나타난 한 부분을 집중적으로 살펴본다. 이 글은 푸치우스의 주저로 언급되는 《신학논쟁선집》(Seletae disputationes theologicae)에서 가장 먼저 다루는 '믿음의 문제에서 인간 이성에 대하여'(de ratione humana in rebus fidei)를 볼 것이다.[55]

푸치우스에게 믿음의 근원은 이중적인데 하나는 외적이며 하나는 내적이다.[56] 외적인 근원을 객관적 근원이라고 부르는데, 하나님의 말씀이다. 내적인 근원은 성령의 조명으로 우리 마음에 비추인 초자연적 빛이다. "여기서 알아보는 믿음의 외적 근원은 가장 처음이어야 하고 자체가신적이어야만 하며, 믿음에 관한 모든 진리와 조항과 결론이 먼저 여기에서 나오고 최종적으로 여기로 귀결된다."[57] 하나님의 말씀이 믿음의 외적 근원이며 이것이 근본적이며 객관적 근원이기 때문에, 믿음에 관한 모든 사항들은 하나님의 말씀에서 나오고 하나님의 말씀으로 귀결된다.

그러면 이성은 어떤 역할을 하는 것일까? 푸치우스가 이성의 역할을 평가절하하는 것은 아니다. 그는 이성을 '산출된 근원'(principium elicitivum)이라고 칭한다. 산출된 근원이란 어떤 결과를 이끌어내는데 역할을 하지만 홀로 독립적인 근원이 될 수 없고 보조적인 역할을 한다는 의미다. 푸치우스에 의하면, 이성은 조명을 받기 전에는 믿음의 일들을 분별할 수 없다. 믿음의 일들은 이성을 초월하기 때문이다. 그럼에도 믿음의 일들에 있어서 이성은 산출된 근원으로서 역할하기 때문에, 푸치우스는 "우리의 신앙과 신학 전체가 합리적이라고 불릴 수 있다"고 한다. 신학이 "기독교의 근원을 부인하는 자들에게 이성으로 진리를 근원에서부터 필연적으로 증명할 수 있기 때문이 아니라, 하나님으로부터 계시된 어떤 것을 인정한 자들에게 성경에서 이끌려진 판단들로 성경의 권위로부터 결과를 보여줄 수 있기 때문이

---

55 Gisbertus Voetius, *Selectarum Disputationum Theologicarum pars prima* (Utrecht apud Joannem a Waesberge, 1648), 1-12. 푸치우스의 이성과 성경의 권위 문제에 대한 더 많은 논의는 다음을 참고하라: Van den Belt, *The Authority of Scripture*, 164-173; Aza Goudrian, *Reformed Orthodoxy and Philosophy, 1625-1750* (Leiden: Brill, 2006), 36-53.

56 "Principium fidei duplex est, ex quo seu externum; & quo seu per quod sive internum." Voetius, *Selectarum Disputationum Theologicarum pars prima*, 1.

57 "Externum fidei principium, de quo hic quaeritur debet esse primum & αὐτόπιστον, ex quo primo educuntur & in quod ultimo resolvuntur omnes fidei veritates, articuli seu conclusiones …" Voetius, *Selectarum Disputationum Theologicarum pars prima*, 2.

다."[58]

지금 산출된 근원으로서 역할하는 이성은 조명을 받은 이성이다. 즉 성령의 조명을 받지 못한 이성은 어떤 근원의 역할도 하지 못한다. 나아가 조명된 이성이라 할지라도 그 자체로는 독립적인 근원이 아니다. "인간 이성은 왜 우리가 믿는지에 대한 근원이 아니다." 우리는 이성에 의해 이성을 통해 이성으로부터 믿지 않는다.[59] 이성은 삼위일체, 원죄, 그리스도가 신인이신 것과 그의 속죄 등과 같은 믿음의 일들의 근원이 아니다. 푸치우스는 믿어져야 하는 것들(credenda)은 성경에 돌리고, 믿음의 행위(actum credendi)는 성령의 조명에 돌린다. 인간 이성은 믿음보다 앞서지 못하고 확실하지도 않으므로 이성이 믿음의 근원일 수 없다고 말한다.[60]

나아가 푸치우스는 인간 이성이 죄에 오염되었다는 근본적인 사실을 지적한다.[61] 원죄는 인간의 능력을 왜곡했는데, 가장 먼저 지성과 의지를 왜곡했다. 타락 이후 인간 이성은 율법에 속한 것을 보지 못하고 복음을 이해하지 못한다. 푸치우스는 타락 이후 하나님의 형상이 상실되어서 이성이 초자연적 일들에서만이 아니라 자연적이고 시민적인 일들에서도 불충분한 기능을 갖게 되었다고 지적한다. 푸치우스는 "따라서 어떻게 인간 이성이 믿음의 비밀스런 일들의 실패하지 않는 근원이 되겠는가?"라고 묻는다.[62]

---

58 "Hactenus ergo fides & Theologia nostra tota dici potest rationalis, non quod a priori veritatem suam rationibus necessario demonstret apud negantes principia religionis Christianae; sed quod demonstret conclusiones ex authoritate scripturae, & rationibus ex scriptura deductis, apud eos qui aliquid concedunt eorum, quae divinitus revelata sunt." Voetius, *Selectarum Disputationum Theologicarum pars prima*, 2.

59 "nullam rationem humanam esse principium quo seu per quod, aut ex quo seu cur credamus" Voetius, *Selectarum Disputationum Theologicarum pars prima*, 3.

60 "Ratio humana non est prior notior, certior fide; ergo non est eius principium." Voetius, *Selectarum Disputationum Theologicarum pars prima*, 3.

61 Aza Goudrian은 이성이 죄에 오염되었다는 내용을 푸치우스의 글들로부터 잘 정리하고 있다. *Reformed Orthodoxy and Philosophy*, 39-44.

결국 푸치우스는 이성이 아니라 성경의 자체가신성과 성령의 조명으로 나아간다. 푸치우스에게 성경 권위의 객관적 확실성은, 성경의 참 저자이신 오직 하나님 자신에 의해서 넣어지고 심어지기 전에는 아무것도 아닌 것이다. 이처럼 성경 권위의 주관적 확실성은 하나님에 의해 내적으로 거룩한 성령을 통해 비추어지지 않고 설복되지 않으면 우리에게는 아무것도 아닌 것이다. 푸치우스는 성경을 자신의 빛으로 빛나고 있는 외적 근원이라고 부르면서 성경 자체가 자신을 통해 자신 안에서 가신적이다고 말한다. 성령은 실제로 우리 마음의 눈을 열고, 조명하고, 성경을 믿을 만한 권위를 성경으로부터 성경과 함께 성경을 통해 효과적으로 설득하는, 내적이고 가장 높고 첫째인 독립적인 근원이다.[63] 유일한 권위는 자체가신성을 가진 성경에게 돌아가고, 이 성경의 권위는 주관적 성령의 조명을 통해 우리 안에 들어온다. 이렇게 해서 성경의 객관적 확실성과 주관적 확실성은 성경의 저자이시고 우리 안에 역사하시는 하나님으로 인해 분리할 수 없이 만난다.

로마 교회가 성경의 권위와 해석권을 교회에 돌렸던 것처럼, 이성주의가 득세한 17세기에 성경 해석권을 철학에 돌리는 시대가 도래했다. 1666년 《철학이 성경의 해석자다》란 책이 출간되었다.[64] 이 책은 오류없음을 철학에 돌리면서 철학

---

62 "Quomodo ergo ratio humana erit principium infallibile mysteriorum fidei?" Voetius, *Selectarum Disputationum Theologicarum pars prima*, 5.

63 "Ut certitudo objectiva autoritatis scripturae nulla est, nisi a solo Deo scripturae autore ipsi indita atque insita: sic certitudo eiusdem subiectiva, seu conceptus formalis autoritatis scripturae nobis nullus est nisi a Deo interius per spiritum sanctum illuminante ac persuadente. Ut enim ipsa scriptura tanquam principium externum proprio lumine radians (nullo alieno interveniente tanquam principio aut medio demonstrationis aut convictionis) per se & in se αξιόπιστον seu credibile est. ... Spiritus Sanctus, est internum, supremum, primum, independens principium actualiter mentis nostrae oculos apierens atque illuminans, & credibilem scripturae autoritatem ex ea cum ae per eandem efficaciter persuadens ..." Voetius, *Selectae Disputiones*, vol. 5. (Utrecht, 1669), 14-15. 참고: Van den Belt, *The Authority of Scripture*, 171; Goudrian, *Reformed Orthodoxy and Philosophy*, 47; Heinrich Heppe & Ernst Bizer, *Die Dogmatik der evangelisch-reformierten Kirche* (Nuekirchen, 1958), 24.

이 성경해석의 실패할 수 없는 규범이라고 주장했다. 푸치우스는 이 주장과도 싸워야 했다.[65] "가장 높고 자존하시며 오류없는 성경의 해석자는 성령이신데, 성령은 성경 안에서 성경을 통해서 해석하시고, 어떤 본문의 참 의미를 가르치시며 권하시고 설득하신다."[66] 물론 푸치우스는 위에서 언급한대로 이성이 어떤 역할을 한다는 것을 알고 있었다. 그러나 중생한 이성이라 할지라도 다만 판단과 해석의 도구이지 어떤 식으로도 가장 높고 오류없는 판단의 규범이거나 오류없는 해석의 규범일 수 없다고 한다.[67]

이성은 죄에 오염되었으며, 조명될지라도 그 자체로는 믿음의 근원이 아니며 성경 해석의 규범도 아니라는 것이 이성주의를 향한 푸치우스의 대답이다. 이성은 언제나 독립적이지 못하며 믿음을 앞서지 못하여 믿음의 내용들에 대해서 근원일 수 없다. 외적 근원인 성경으로부터 내적 근원인 성령의 조명을 통해서 이성은 해석의 도구로서 역할을 할 뿐이다. 성경의 권위는 이성의 일이 아니라 믿음의 일이다. 우리는 객관적 자체가신성을 가진 성경의 권위를 주관적으로 성령의 조명을 통해 확신한다. 데카르트가 '나는 생각한다 고로 나는 존재한다'라고 하면서 인간의 이성에 권위를 주었을 때, 푸치우스는 오염된 이성을 의심하면서 자체가신적인 성경의 객관적 권위에 피한 것이다.

---

64 [Lodewijk Meijer], *Philosophia S. Scripturae interpres* ... (Eleutheropoli, 1666).

65 이 논의는 다음을 참고하라: Goudrian, *Reformed Orthodoxy and Philosophy*, 50-53.

66 "Summus, independens, infallibilis interpres scripturae est Spiritus Sanctus, in scriptura, et per scripturam interpretans et genuinum cuiusque contextus sensum docens, suadens,ac persuandens." Voetius, *Selectae Disputiones* 5: 423.

67 Voetius, *Selectae Disputiones* 5: 763.

나가며

루터는 성경으로 돌아가서 구원을 발견하고 거기서 안식하길 원했다. 로마교회와 교황의 권위는 루터를 굴복시키지 못했다. 루터는 가장 높은 권위인 하나님의 말씀에 사로잡혔기 때문이다. 칼빈에게 성경의 권위는 자체가신적이어서 성령의 내적 사역으로 감각하는 것이지 논증으로 증명되는 것이 아니었다. 개혁교회는 인간이나 교회의 판단에 의존하지 않는 성경의 권위를 신앙고백서에 포함시켰다. 로마교회는 성경에 대한 자세 변화를 보였지만, 전승은 발전하는 권위를 내포하면서 오히려 굳건한 자리를 차지했다. 이성주의가 현대의 문을 열었을 때, 푸치우스는 이성이 믿음의 근원이나 권위의 근거가 될 수 없음을 분명히 했다. 교회나 이성이나 누구의 판단도 받지 않는 자체가신적인 성경의 객관적 권위는 성령의 조명을 통해 신자들의 마음에 견고해진다.

우리는 현대와는 다른 후현대(postmodern)라는 도전을 마주하며 살아간다. 현대는 이성주의와 함께 시작되었고, 이성은 모든 권위를 의심하며 허물었다. 현대는 이성이 권위를 허물어도, 이성이 다시 세울 새로운 권위를 기대했다. 후현대를 해체주의라고 한다면, 현대의 해체와 차이가 있다. 현대의 권위 해체는 기존 권위를 허물되 이성이 세울 더 좋은 권위에 대한 기대와 함께 허물었다면, 후현대에선 권위에 대한 기대 자체가 없다. 현대는 기존의 권위를 허물고 그 자리에 다양한 이데올로기를 세웠고 사람들은 그 깃발에 몰려들고 안식했다. 그러나 후현대는 사람들에게 권위를 행사할 이데올로기가 없다. 모든 것을 해체하고 안식할 권위가 없자 회의가 시작되었다. 이런 의미에서 후현대는 회의주의다. 그래도 사람은 자기 자신의 삶의 의미가 필요하기 때문에 삶에 의미를 부여할 자신의 철학을 갖는다. 이것은 각 개인의 것이지 타인에게 강요할 이데올로기 즉 권위는 아니다. 각자 자기의 삶의 의미를 갖되, 그것이 보편적으로 모두에게 권위 있는 의미가 될 것이라고 기대하지 않는다.

어떤 객관적 권위도 부정당하는 이 시대에 인간은 곤고하며 갈 바를 알지 못한다. 그는 어린 아기였을 때부터 성인이 되어서도 한 순간도 의존적이지 않은 순간이 없다. 어린 아이가 부모의 손을 잡고 걸어가듯이, 인간에겐 언제나 객관적 권위가 필요하다. 이런 의미에서 100여 년 전 바빙크의 말은 여전히 유효하다.

> 인간이 어린아이처럼 하나님의 말씀을 듣고 그 말씀에 순종할 때, 거기에는 굴욕적인 것이 전혀 없고, 어떤 측면에서도 인간의 자유를 박탈당하는 것이 없다. 한 어린아이가 한없는 신뢰로 자기 아버지의 말을 믿는 것이 불명예가 아니듯이, 하나님의 말씀, 즉 권위에 근거하여 하나님을 믿는 것은 인간의 존엄성과 결코 모순되지 않는다. 그리스도인이 이 권위를 벗어나리라는 것은 어불성설이며 오히려 그는 갈수록 자기 자신의 모든 지혜를 부인하고, 하나님의 말씀에 근거하여 하나님을 믿는다.[68]

---

68 Herman Bavinck, *Gereformeerde Dogmatiek*, vol. 1 (Kampen: Kok, 1928), 박태현 역, 《개혁교의학》 (서울: 부흥과 개혁사), 607.

II. 벨직신앙고백서의 성경론에 나타난 칼빈주의적 성격

들어가며

《벨직 신앙고백서》에 있는 칼빈의 영향은 당연히 받아들여져서 실제적인 연구는 의외로 적다.[1] 그런데 칼빈과 귀도 드 브레(Guido de Bres, 1522-1567)의 관계를 추적하면 두 사람이 사적으로 친밀한 관계였다는 역사적 증거는 없는 것 같다. 칼빈이 가까운 사적 관계 안에서 귀도 드 브레의 중요한 선생이었다는 증거는 많이 보이지 않는다.[2]

노이저에 의하면, 《벨직 신앙고백서》 중 칭의(24항), 교회 권징(28항), 교회의 표지(29항), 교회직분(30항), 성례(33-35항)는 칼빈을 따르는 것으로 보이며 계시와 성경에 있어서는 《프랑스 신앙고백서》를 위한 칼빈의 초안에서 《벨직 신앙고백서》까지 이르는 동안 어떤 발전이 있었다.[3] 그러면 최종적으로 《벨직 신앙고백서》가 고백하는 발전된 계시론과 성경론은 칼빈에게 없던 것인가? 또는 《벨직 신앙고백서》의 계시와 성경에 관한 고백에서 칼빈은 어느 정도로 받아들여지고 있을까? 이 글은 신학의 근거라고 할 수 있는 성경론을 고찰함으로 《벨직 신앙고백서》와 칼빈의 사

---

1   S. A. Strauss, "John Calvin and the Belgic Confession," In die Skriflig 27 (4) 1993: 502; 또 《벨직 신앙고백서》의 여러 부분은 베자의 영향을 보여준다는 점을 염두에 두어야 한다. Nicolaas H. Gootjes, *The Belgic Confession Its History and Sources* (Grand Rapids, Michigan: Baker Akademie, 2007), 71-91.

2   Gootjes, *The Belgic Confession*, 62.

3   Wilhelm Neuser, "Dogma und Bekenntnis in der Reformation: Von Zwingli und Calvin bis zur Synode von Westminster," in *Handbuch der Dogmen- und Theologiegeschichte*, vol. 2., ed., Carl Andresen et al. (Göttingen: Vandenhoeck und Ruprecht), 296-297.

상이 크게 다르지 않음을 확인할 것이다.

가장 먼저 우리는 역사적 맥락에서 칼빈과 《벨직 신앙고백서》의 관계를 살펴볼 것이다. 그 후 《벨직 신앙고백서》의 순서를 따라 주제별로 칼빈의 초안, 《프랑스 신앙고백서》, 《벨직 신앙고백서》를 비교하고 《벨직 신앙고백서》의 독특성을 살핀 후에 칼빈의 《기독교강요》를 중심으로 비교할 것이다. 이 작업을 통해서 우리는 《벨직 신앙고백서》의 내용을 분석하면서 개혁파 초기 성경론의 모습을 드러내고 거기서 드러난 칼빈주의적 성격이 무엇인지 확인할 것이다.

1. 칼빈과 《벨직 신앙고백서》

《벨직 신앙고백서》에 끼친 칼빈의 영향을 여러 방식으로 추적할 수 있다. 먼저 칼빈과 귀도 드 브레의 사적 관계를 고려할 수 있다. 1556년 9월 칼빈이 프랑크푸르트를 방문했을 때 귀도 드 브레도 아 라스코(A Lasco)와 함께 재세례파 지도자들을 만나기 위해 프랑크푸르트에 있었다. 많은 이들이 이 때 두 사람이 만났을 것이라고 추측을 하지만 칼빈과 드 브레의 글에서 상대방을 만났다는 언급은 보이지 않는다.[4] 언급이 없다는 사실이 만남의 가능성을 완전히 부정하는 것은 아니다. 이름이 알려지지 않은 청년 귀도 드 브레와 만났다는 사실을 칼빈이 언급하는 상황은 오히려 더 개연성이 없다. 개인적인 만남에 대한 증거와 별개로 칼빈과 귀도 드 브레의 서신 교환은 분명하다. 프랑크푸르트를 방문한 바로 그 해 칼빈은 귀도 드 브레에게 편지를 보냈다. 귀도 드 브레가 도르닉에서 탈출한 후 그의 비밀 서재를 발견한 조사위원회의 보고에 따르면, 조사위원회는 1556년 드 브레에게 보낸 칼빈의 편지

---

4 Gootjes, *The Belgic Confession*, 60.

를 발견했으며 그 내용은 귀도 드 브레의 질문에 대한 칼빈의 답이었다. 이 편지는 전해지지 않았으므로 드 브레의 질문이 무엇인지 칼빈의 답이 무엇인지 알 수 없다. 드 브레의 서재에서 이 편지와 함께 다른 종교개혁자들(루터, 멜란히톤, 외콜람파디우스, 츠빙글리, 부써, 불링거, 브렌츠 등)의 책과 함께 칼빈의 책이 발견되었다. 발견된 다양한 종교개혁자들의 책에 근거해서 귀도 드 브레가 모든 종교개혁자들로부터 같은 정도의 영향을 받았다고 결론 내리는 것은 객관적이지 않다. 조사위원회는 귀도 드 브레가 로잔과 제네바에서 오류를 배웠다고 결론내린다.[5] 실제로 귀도 드 브레는 독일에서 잠시 머물다 신학수업을 위해 로잔과 제네바에 이삼년 머물렀다. 이때 베자와 칼빈이 그에게 끼친 영향은 분명하다. 역사적 사료의 부재 때문에 귀도 드 브레와 칼빈의 개인적 만남과 두 사람 사이의 개인적 관계를 객관적으로 규정하는 일은 쉽지 않으나 칼빈이 드 브레에게 끼친 영향은 분명하다.

《벨직 신앙고백서》에 끼친 칼빈의 영향에서 가장 중요한 것은 잘 알려진대로 《벨직 신앙고백서》의 기초가 되는 《프랑스 신앙고백서》의 초안을 칼빈이 작성했다는 사실이다. 프랑스 개혁교회의 신앙고백서 작성 계획을 들은 칼빈은 35항으로 된 초안을 보냈다. 칼빈의 제안에 몇 가지 수정되거나 추가되면서 《프랑스 신앙고백서》가 작성되었다. 이 《프랑스 신앙고백서》가 《벨직 신앙고백서》의 기초가 된다. 네덜란드 개혁교회의 신앙고백서 모음집이 출판되었을 때 《벨직 신앙고백서》의 프랑스어판, 라틴어판, 네덜란드어판에 앞서 《프랑스 신앙고백서》가 가장 먼저 자리한 것은 이런 의미에서 정당하다.[6] 《프랑스 신앙고백서》가 《벨직 신앙고백서》와 얼마나 가까운지 보여주는 하나의 예다. 이렇게 칼빈의 초안에서 《프랑스 신앙

---

5 Gootjes, *The Belgic Confession*, 61.

6 Rinse Reeling Brouwer, "The Two Means of Knowing God: Not an Article of Confession for Calvin," in *Restoration through Redemption: John Calvin Revisited*, ed., Henk van den Belt (Leiden: Brill, 2013), 35; Bakhuizen van den Brink, *De Nederlandse belijdenisgeschriften* (Amsterdam: Ton Bolland, 1976), 70.

고백서》를 거쳐 《벨직 신앙고백서》가 만들어진다는 점에서 칼빈과 《벨직 신앙고백서》의 연결을 볼 수 있다.

칼빈은 《벨직 신앙고백서》를 승인했는가? 《벨직 신앙고백서》가 칼빈에 손에 들어갔는지 또 승인했는지에 대해서 알려져 있지 않은 듯이 보이지만,[7] 제네바 목사회를 대표해서 보낸 칼빈의 한 편지가 칼빈이 《벨직 신앙고백서》를 승인했을 것이라고 추정할 수 있는 근거를 보여준다.[8] 칼빈은 이 편지에서 어떤 특정 고백서를 언급하면서 (그러나 고백서의 이름을 언급하지 않는다) 이 고백서가 하나님의 말씀에 동의하지 않는 어떤 내용도 없다고 승인했다. "그러므로 우리는 이 안에 포함된 교리의 요약을 기꺼이 승인한다."[9] 그런데 이 신앙고백서가 《벨직 신앙고백서》라는 여러 정황적 증거들이 있다. 칼빈은 이 신앙고백서가 바울의 서신서에 히브리서를 포함시킨다는 진술에 동의하지 못하는데, 고재수는 이 시기의 고백서 중 《벨직 신앙고백서》가 바울의 서신서에 히브리서를 포함시킨다는 사실을 밝힌다.[10] 또 칼빈의 이 편지에 따르면 이 신앙고백서는 당시의 여러 오류들을 지적하는데, 바로 《벨직 신앙고백서》가 로마 가톨릭과 재세례파의 여러 오류들을 지적하고 있기 때문이다. 따라서 이 편지를 근거로 칼빈이 제네바 목사회의 대표로서 《벨직 신앙고백서》를 승인했다고 결론내릴 수 있다.[11]

역사적 사료에 근거해서 칼빈과 귀도 드 브레의 관계 그리고 칼빈이 《벨직 신앙고백서》에 끼친 영향을 검증하는 일은 어렵다. 다만 우리가 살핀대로 조사위원회

---

7 Strauss, "John Calvin and the Belgic Confession," 515.

8 Gootjes, *The Belgic Confession*, 67-70.

9 "Itaque summam doctrinae quae illic habetur libenter probamus." *CO* 10/1, 225.

10 Gootjes에 따르면 히브리서를 바울에게 돌리는 고백서는 벨직신앙고백서 외에 헝가리 지역에서 나온 Erlauthal Confession이 있는데 이것이 칼빈에게 전해졌다는 증거는 없고, 편지의 내용들이 벨직신앙고백서를 가리킬 가능성이 오히려 더 크다고 평가된다. Gootjes, *The Belgic Confession*, 69.

11 Gootjes, *The Belgic Confession*, 70.

칼 빈 주 의
뿌 리 내 리 다

의 보고에 따른 칼빈과 귀도 드 브레의 서신교환, 《프랑스 신앙고백서》를 위한 칼빈의 초안이 《벨직 신앙고백서》에 끼친 간접적인 영향, 그리고 《벨직 신앙고백서》에 대한 제네바 목사회의 대표로서 칼빈의 승인으로 결론 내릴 수 있는 칼빈의 편지 정도를 언급할 수 있을 뿐이다. 《벨직 신앙고백서》에 끼친 칼빈의 영향이 무엇인지 역사적 사료에 근거해서 규정하는 일은 어려우며 칼빈의 글과 《벨직 신앙고백서》의 내용을 비교하여 고찰할 수 밖에 없다.

2. 성경론의 위치

칼빈의 초안에서 《프랑스 신앙고백서》를 거쳐 《벨직 신앙고백서》에 이르기까지 첫 부분에서 다음과 같은 구조의 변화가 있다.[12]

칼빈의 초안	프랑스 신앙고백서	벨직신앙고백서
	1. 유일하신 하나님과 속성	1. 유일하신 하나님과 속성
1. 말씀과 성령	1. 하나님의 이중계시 2. 정경목록 1. 믿음의 규칙인 　성경의 권위 2. 성경권위의 근거와 완전성	1. 하나님을 아는 두 방법 2. 성령의 영감 3. 정경목록 4. 믿음의 규칙인 성경의 권위 5. 외경의 위치 6. 성경의 완전성

12　참고: Brouwer, "The Two Means of Knowing God," 43.

2. 유일하신 하나님과 속성, 삼위일체	1. 삼위일체 하나님	1. 삼위일체 2. 삼위일체의 성경증거 3. 성자의 신성 4. 성령의 신성
3. 창조 4. 섭리	1. 창조 2. 섭리	1. 창조 2. 섭리

이 변화에서 《프랑스 신앙고백서》가 칼빈의 초안에 기초했을 지라도 그대로 받지 않고 변화를 주었음을 알 수 있고, 《벨직 신앙고백서》도 《프랑스 신앙고백서》에 기초했으나 구조에 있어서 추가하거나 구분함으로써 더 상세히 다룬다는 사실을 알 수 있다.

구조에서 가장 먼저 눈에 띄는 변화는 칼빈이 믿음의 기초가 되는 말씀과 성령으로 시작하는 반면 《프랑스 신앙고백서》와 《벨직 신앙고백서》는 하나님에 대한 고백을 가장 처음에 놓는 것이다. 칼빈의 초안은 하나님의 말씀과 성경으로 시작하고, 여기에 근거해서 하나님과 삼위일체를 고백하는 구조를 택했다면 《프랑스 신앙고백서》는 하나님의 존재와 속성에서 시작하고 하나님의 계시와 성경을 말한다. 하나님에 대한 고백에서 시작한다는 점에서 《벨직 신앙고백서》는 《프랑스 신앙고백서》와 같은 구조를 갖는다.

이런 첫 구조에 대하여 칼빈이 신론과 성경론 사이에 연결을 만들었는데, 《프랑스 신앙고백서》와 《벨직 신앙고백서》가 그 연결을 포기했다는 평가가 있다.[13] 칼빈의 초안은 2항을 시작하면서 1항의 내용을 근거로 두고 시작한다는 것이다. 즉, 하나님의 말씀과 성령에 대한 고백 이후에 하나님에 대한 고백이 등장하는데 《프랑스 신앙고백서》는 1항부터 시작함으로써 이 연결을 포기했다는 것이다. 그러

---

13 Brouwer, "The Two Means of Knowing God," 43.

나 이 평가는 부당하게 보인다. 《프랑스신앙고백서》는 "이 하나님께서 자신을 계시하셨다"(De Dieu se manifeste)고 진술함으로 1항과 연결하고, 《벨직 신앙고백서》는 2항에서 라틴어를 따르면 "그런데 우리가 그를 두가지 방식으로 안다"(Duobus autem modis eum cognoscimus)고 말하고 있기 때문이다. 라틴어 '그런데'(autem)과 '그를'(eum)은 1항에서 하나님을 믿는다는 고백에 연결해서 말하는 것이다. 2항에서 1항의 하나님을 아는 두 가지 방식을 연결했기 때문에, 내용적으로도 하나님과 계시를 연결하고, 다시 계시에 성경이 연결된다고 할 수 있다.

하나님으로부터 시작하는 것과 성경으로부터 시작하는 것 사이에 어떤 근본적인 차이를 찾을 수 없다. 멀러에 따르면 16세기의 대부분 개신교 고백서는《스위스 신앙고백서》(1536/1566)를 제외하고는 하나님으로부터 시작하고 성경으로 나아간다. 그런데 17세기 고백서는 성경에서 시작하고 하나님으로 나아간다(예를 들어《아일랜드 신앙고백서》,《웨스트민스터 신앙고백서》). 멀러는 여기에 대해 두 가지 납득할 만한 이유를 제시한다. 첫째, 신학적으로 두 원리 사이의 내적 관계가 있다는 것이다. 즉, 성경에서 분리된 채로 하나님을 참되게 알 수 없다. 또한 성경계시의 존재는 하나님의 존재를 전제한다. 멀러의 말대로 두 고백서 모두 하나님에 대한 신앙의 첫 진술을 분명히 성경으로부터 가져온다. "그래서 논지의 순환은 완전하다."[14]

멀러는 두 번째 이유를 역사적 맥락에서 찾는다. 종교개혁 전에는 확장된 성경에 대한 논의가 없었다. 신학적 체계를 위한 서문으로서 성경에 대한 교리의 형식적인 진술이 없었다는 것이다. 종교개혁에 이르러서야 성경에 대한 교리가 발전했음에도 이것을 신앙고백서에 넣는 경우가 드물었다. 왜냐하면 종교개혁 초기에 신앙고백서의 대부분은 교리의 성경적 기초를 전제했기 때문에 성경론을 진술할 필요를 느끼지 못했던 것이다. 따라서 초기 신앙고백서는 사도신경을 따라 하나님으

---

14 Richard A. Muller, *Post-Reformation Reformed Dogmatics: The Rise and Development of Reformed Orthodoxy, ca. 1520 to ca. 1725*, vol. 2 (Grand Rapids, Michigan: Baker, 2003), 152.

로 시작해서 창조, 구원, 교회로 나아가는 구조를 가졌던 것이다.[15]

멀러가 언급한 첫 번째 이유 즉 하나님과 성경의 내적관계에 대해 칼빈의 초안을 《프랑스 신앙고백서》 및 《벨직 신앙고백서》와 비교하면서 더 구체적으로 생각해 볼 수 있다. 《프랑스 신앙고백서》를 위한 칼빈의 초안 1항은 다음과 같다.

> 믿음의 기초는, 바울이 말한 것처럼, 하나님의 말씀에 의한 것이기 때문에, 우리는 살아계신 하나님이 자신을 율법 안에 또 선지자들을 통해서, 최종적으로는 복음 안에서 나타내셨다는 것을 믿는다. 그래서 그가 여기에 그의 뜻의 증거를 인류의 구원을 위해 충분한 정도로 주셨다. 그래서 우리는 성경의 책들을 고려하되, 신구약이 모순될 수 없는 하나님으로부터 나온 오류없는 유일한 진리의 총체라고 생각한다. 모든 지혜의 완전한 규범이 이 안에 포함되었기에, 여기에 무엇이 추가되거나 빠져서는 안되며 전체 안에서 전체적으로 이것과 동의해야만 한다고 우리는 믿는다. 이 교리는 이것의 권위를 사람들이나 천사들이 아니라 오직 하나님으로부터 가져오기 때문에, (말씀하시는 분이 하나님이라는 것을 구별하는 것은 인간이해를 초월하는 문제이기에) 우리는 또한 그가 홀로 이것에 대한 확신성을 그의 택자들에게 주시며 성령으로 이들의 마음에 이것을 인친다고 믿는다.[16]

칼빈의 초안은 로마서 10:17(그러므로 믿음은 들음에서 나며 들음은 그리스도의 말씀으로 말미암았느니라)을 근거해서 믿음의 근거가 말씀이기 때문에 하나님의 말씀에 대한 믿음을 먼저 고백한다. 즉 그는 믿음을 전제하면서 그 믿음의 근거인 하나님의 말

---

15 Muller, *Post-Reformation Reformed Dogmatics*, vol. 2, 153.

16 Calvin, *CO* 9, 739-741; Brouwer는 앞 부분의 영역을 소개한다: Brouwer, "The Two Means of Knowing God," 39.

씀에서 시작하는 것이다. 칼빈은 하나님의 말씀이 우리 믿음의 출발이라는 관점에서 성경에서부터 시작하는 고백서를 제안했다. 반면 《프랑스 신앙고백서》와 《벨직 신앙고백서》는 하나님에 대한 믿음을 고백하고 하나님에 대한 지식을 얻는 방법으로서 하나님의 말씀을 소개하는 것이다. 계시론은 하나님에 대한 신앙을 전제하고 하나님에 대한 신앙은 계시에서 시작하기 때문에 이 둘은 밀접하게 연결되어 있다. 다시 말하면 《벨직 신앙고백서》의 1항 이후 오는 모든 고백들은 결국 하나님에 대한 신앙 아래 모아진다. 하나님을 아는 방법(2항) 마저도 하나님에 대한 신앙 아래서 말할 수 있으며, 이 하나님을 아는 방법도 결국 하나님의 자기계시 안에서 말한다면, 하나님에 대한 신앙은 확고한 전제가 된다. 기독교는 모든 것을 검토한 후에 신앙에 이르는 것이 아니라 신앙에서 출발해서 계시를 포함한 모든 것을 말한다.[17] 신앙에서 출발할 때 이 신앙이란 다시 말씀에서 출발한 것이며 그 내용이란 성경이 말하는 하나님에 대한 것이다. 이렇게 두 원리는 함께 있다. 16세기 중반에 나온 《벨직 신앙고백서》는 성경을 전제한 하나님에 대한 신앙을 가장 먼저 앞세우며, 17세기 중반에 나온 《웨스트민스터 신앙고백서》는 신앙을 전제한 성경을 앞세우는 것이다.

성경론으로 시작하는 칼빈의 초안 1항에서 믿음의 기초가 "하나님의 말씀"이라고 할 때, 또 "살아계신 하나님이 자신을 나타내셨다는 것을 믿는다"라고 할 때 이미 하나님의 존재가 전제된다. 계시론은 신론을 전제하여 출발한다. 《기독교강요》는 1권 3장에서 계시론을 시작한다. 1장과 2장은 하나님과 인간을 아는 지식에 대한 논의다. 하나님을 아는 지식과 인간을 아는 지식이 서로 연계되어 기독교 신학의 중심을 이룬다.[18] 그런데 2장에서 칼빈은 하나님에 대한 지식이 신앙을 포함

---

17 Herman Bavinck, *Gereformeerde Dogmatiek*, vol. 1 (Kampen: Kok, 1928), 181-182.

18 Eberhard Busch, "Gott und Mensch," in *Calvin Handbuch*, ed., Herman J. Selderhuis (Tübingen: Mohr Siebeck, 2008), 222.

한다고 말한다. 경건한 마음이 임의의 하나님이 아니라 참 하나님을 바라보게 하며, 하나님을 인식하게 한다. 이렇게 해서 칼빈은 2장에서 하나님을 믿고 하나님을 경외하며 하나님을 예배하는 "순수하고 참된 종교"(pura germanaque religio)를 규정한 후 3장부터 계시에 대해 다루는 것이다.

이렇게 볼 때 계시론으로 시작하는 칼빈의 초안과 하나님에 대한 고백으로 시작하는 《벨직 신앙고백서》 사이에 어떤 결정적 차이는 보이지 않는다. 오히려 하나님에 대한 신앙과 계시는 서로 함께 가되 표현되는 순서가 신앙고백서의 상황과 대상과 목적에 따라 다르다고 봐야 할 것이다. 프랑스 개혁교회와 네덜란드 개혁교회는 핍박과 박해 가운데서 하나님에 대한 신앙을 고백하며 시작하는 방식을 더 합당하게 생각했을 수 있다. 《벨직 신앙고백서》 표지에 "너희 속에 있는 소망의 관한 이유를 묻는 자에게는 대답할 것을 항상 준비하라"(벧전 3:15)가 적혀있다. 이 소망은 하나님으로부터 시작하므로 첫 번째 항목에서 하나님의 존재와 속성을 말하는 것은 합당하다.

3. 일반계시와 특별계시

칼빈의 제안은 하나님이 계시하신 부분들인 율법, 선지자, 복음을 언급하지만 일반계시는 언급하지 않는다. 《프랑스 신앙고백서》 2항은 "이 하나님께서 자신을 인간에게 계시하셨다"고 진술함으로써 우리가 믿는 유일하신 하나님(1항)이 하신 계시사역을(2항) 소개한다. 이 때 "두 가지 방법으로(duobus modis) 우리가 하나님을 안다"는 고백을 통해, 우리가 믿는 유일하신 하나님(1항)을 아는 방법으로 일반계시와 특별계시를 소개한다. 이때 창조, 보존, 통제라는 단어로 일반계시에 대한 부분을 짧게 언급한다.

《벨직 신앙고백서》도 1항에서 하나님을 고백한 후 2항에서 하나님을 아는 방법 두 가지를 말한다. 2항은 다음과 같다.

> 우리는 두 가지 방법으로 하나님을 안다. 첫째, 온 세상의 창조와 보존과 통치를 통해서다. 이 세상은 우리 눈에 아주 아름다운 책과 같고, 그 안에 있는 크고 작은 모든 피조물들은 글자와도 같아서, 사도 바울이 말한 것처럼 하나님의 보이지 아니하는 것들 곧 그의 영원하신 능력과 신성이 알려지도록 우리에게 보여준다(롬 1:20). 이 모든 것들은 확증하여서 사람들을 핑계하지 못하도록 하기에 충분하다. 둘째, 하나님은 거룩한 하나님의 말씀 안에서 훨씬 더 분명하고 더 충만하게 자신이 인식되도록 드러내셨으니, 이것이 하나님 자신의 영광을 위하여 또 우리의 구원을 위하여 이 생애에서 필요한 만큼이다.[19]

첫 번째 주목할 부분은 하나님의 "창조, 보존, 통치"를 "가장 아름다운 책과 같은 것"으로 언급한 일이다. 책이란 비유를 통해 또 다른 책인 성경을 함께 생각하면, 우리는 하나님을 아는 방법으로 두 가지 책을 갖고 있는게 된다. 피조세계를 책에 비유하는 일은 아주 오래된 것이어서 아우구스티누스에게서도 발견된다. "하나님을 발견하려고 어떤 이는 책을 읽는다. 그런데 큰 책이 있는데 피조세계의 모습 그 자체이다. 위와 아래를 보라 그리고 주목하여 읽으라. 거기서 그대는 하나님을 인

---

19 "Duobus autem modis eum cognoscimus: primo per creationem, conservationem atque totius mundi gubernationem; quandoquidem is coram oculis nostris est instar libri pulcherrimi, in quo creaturae omnes, magnae minoresque, loco characterum sunt, qui nobis Dei invisibilia contemplanda exhibent; aeternam nempe eius potentiam et divinitatem, ut Paulus Apostolus loquitur, Rom. I, 20.Quae omnia ad convincendos et inexcusabiles reddendos homines sufficiunt. Secundo ipse sese nobis longe manifestius et plenius in sacro et divino suo Verbo cognoscendum praebet, quantum quidem id ad gloriam ipsius nostramque in hac vita salutem necessarium est." [벨직신앙고백서 제2항] Bakhuizen van den Brink, *De Nederlandse belijdenisgeschriften*, 73.

식할 수 있는데, 하나님은 잉크로 글자를 쓰지 않으셨지만, 그대의 눈앞에 자신이 만든 것을 두셨다. 왜 더 큰 소리를 구하지 않는가? 하늘과 땅이 그대에게 외친다: 하나님이 나를 만드셨다."[20] 《벨직 신앙고백서》는 계속해서 크고 작은 피조물들을 글자에 비유하고, 이 글자들이 우리로 하나님의 보이지 않는 능력과 신성을 알게 한다고 고백한다. 그래서 2항을 따르면 우리는 하나님이 우리에게 주신 피조세계라는 책을 펼쳐놓고 하나님의 능력과 신성을 알려주는 많은 글자들을 마주하며 살고 있는 것이다.

두 번째 주목할 내용은 《벨직 신앙고백서》가 로마서 1장 20절에 따라 일반계시의 의미를 드러냈다는 점이다. 즉, 일반계시가 주는 하나님에 대한 지식 때문에 사람이 핑계할 수 없다는 내용이다. 흥미롭게도 2항은 일반계시에 대해 '충분하다'(sufficiunt)고 표현했는데, 이 충분성은 사람들로 하여금 핑계할 수 없도록 하는 충분성이다. '충분'이란 단어를 사용해서 일반계시의 한계를 드러냈기 때문에, 2항은 일반계시의 의미와 한계가 견고하게 묶여 있는 구조를 가지게 되었다.

《벨직 신앙고백서》 2항의 일반계시와 특별계시에 대한 설명을 비교하면 둘 사이의 구분이 더 분명해진다. 《프랑스 신앙고백서》는 특별계시가 일반계시보다 단순히 '더 분명하게'(plus clairement) 알린다고 표현한다면, 《벨직 신앙고백서》는 특별계시의 명확성의 정도만 아니라 목적도 포함해서 "하나님의 영광과 우리의 구원을 위해 필요한 만큼"(quantum ... necessarium est)이라고 했다. 즉 《프랑스 신앙고백서》는 일반계시와 특별계시의 차이를 명확성의 차이로만 표현했다면, 《벨직 신앙고백

---

[20] "Alius, ut inventât deum, librum legit. Est quidam magnus liber ipsa species creaturae: superiorem et inferiorem contuere, attende, lege. Non deus, unde eum cognosceres, de atramento litteras fecit: ante oculos tuosposuit haec ipsa quae fecit. Quid quaeris maiorem vocem? Clamât ad te caelum et terra: Deus me fecit." (Augustine, *Sermo* 68.6 [in PL Supplementum, 2.505]). 영역: Gijsbert van den Brink, "A Most Elegant Book: The Natural World in Article 2 of the Belgic Confession," *WTJ* 73 (2011): 27

서》는 일반계시의 목적(핑계할 수 없을 정도로 하나님을 인식하기에는 충분하다)과 한계(두 번째 방식에서 밝혀진 바, 하나님의 영광과 우리 구원을 위해 필요한 만큼 명확한 것은 아니다)를 구체적으로 지적한다. 《벨직 신앙고백서》에서 일반계시와 특별계시의 구분이 더 분명해졌다.

《벨직 신앙고백서》가 진술하는 일반계시의 충분성의 목적과 한계가 칼빈이 《기독교강요》에서 말한 내용과 일치한다. 칼빈은 《기독교강요》 5장에서 하나님이 창조와 통치에서 자신을 나타내신다고 말한다. 하나님은 "온 세상의 만드심 안에서 자신을 나타내시고, 날마다 분명하게 자신을 드러내셔서 그를 보는 일 없이는 눈을 뜰 수 없다."[21] 이 부분을 길게 다룬 후 5장 마지막에서 이 계시의 한계로서 인간의 죄로 인한 결함 때문에 소용이 없게 되었다는 점만이 아니라 바른 지식을 안내하는 만물 때문에 핑계할 수 없다고 지적한다. 이 한계는 성경의 필요성으로 이끌고 칼빈은 책과 안경의 비유를 한다. "노인이나 시력이 약한 사람들에게 또 눈이 어두운 사람들에게 아름다운 책이 놓였을 때, 이들은 그것이 어떤 기록이라고 인식할지 모르지만 두 글자도 알아내기 힘들 것이다. 그런데 안경의 도움으로 분명하게 읽기 시작할 것이다."[22] 칼빈이 일반계시를 책에 비유하려고 했던 직접적인 의도는 아니지만, 성경을 안경에 비유하기 위해서 일반계시를 간접적으로 책(《벨직 신앙고백서》가 직접적으로 책에 비유한다면)에 비유한 것이다. 또 여기서 일반계시가 주지 못했던 내용이 성경을 통해서 주어지는데, 곧 두 가지 지식이다. 창조주(creator)로서 하나님, 구속주(redemptor)로서 하나님이다. 이것은 다시 《벨직 신앙고백서》가 말한

---

21   "... ita se patefecit in toto mundi opificio, ac se quotidie palam offert, ut aperire oculos nequeant quin aspicere eum cogantur." *Inst.*, 1.5.1.

22   "Nempe sicuti senes, vel lippi, et quicunque oculis caligant, si vel pulcherrimum volumen illis obiicias, qaumvis agnoscant esse aliquid scriptum, vix tamen duas voces contexere poterunt, specillis autem interpositis adiuti distincte legere incipient." *Inst.*, 1.6.1.

특별계시의 필요성 곧 하나님의 영광과 우리의 구원에 연결된다. 따라서 우리는 칼빈과 《벨직 신앙고백서》가 일반계시의 목적과 한계 그리고 특별계시의 필요성을 말하는 데서 일치하고 있음을 알 수 있다.

4. 하나님의 말씀의 기록과 영감

《벨직 신앙고백서》에서 하나님을 아는 두 가지 방법을 말하는 2항이 언급하는 하나님의 말씀은 엄밀하게 아직 성경은 아니다. 왜냐하면 3항에 와서야 영감과 기록을 언급하기 때문이다.

> 우리는 사도 베드로가 말한대로 이 하나님의 말씀이 사람의 뜻으로 전해지거나 전달된 것이 아니라 하나님의 구별된 사람들이 성령의 감동을 받아 말한 것이라고 고백한다. 나중에 하나님은 우리와 우리의 구원을 위하여 특별히 살피셔서 자기의 종들에게, 선지자들과 사도들에게 하나님의 말씀을 기록하도록 명하셨다. 또한 친히 자신의 손가락으로 율법의 두 돌판을 새기셨다. 그러므로 우리는 이런 기록들을 성경이라고 부른다.[23]

이것은 《프랑스 신앙고백서》를 볼 때 더 분명한데, 2항에서 처음 하나님께서 말씀

---

23 "Confitemur hoc Dei verbum non humana voluntate allatum traditumque fuisse; sed sanctos Dei viros divino afflatos Spiritu locutos esse, ut beatus Petrus ait. Postea vero Deus, pro singulari cura, quam de nobis nostraque salute gerit, servis suis Prophetis et Apostolis mandavit, ut sua illa oracula scriptis consignarent. Quin et ipse duas tabulas legis digito suo exaravit. Atque hanc ob causam scripta huiusmodi Sacras et Divinas Scripturas appellamus." [벨직신앙고백서 3항] Bakhuizen van den Brink, *De Nederlandse belijdenisgeschriften*, 73-74.

하신 것과 나중에 기록되게 하신 것을 구분하기 때문이다.[24] 칼빈의 초안에서 《벨직 신앙고백서》까지 발전하는 과정의 관점에서 논한다면, 칼빈은 이미 기록된 하나님의 말씀의 내용인 율법, 선지자, 복음을 언급하면서 시작했다. '하나님으로부터 나온' 것이라고 말할지라도 하나님의 말씀이 기록되어지는 일에 관하여 말하지 않은 것은 이미 기록된 말씀에서 시작했기 때문이다. 그래서 칼빈은 충분성과 같은 성경의 성격을 가장 먼저 다룬다. 그런데 《프랑스 신앙고백서》는 하나님께서 기록하도록 하셨다고 고백하면서 기록이 하나님에 의한 것임을 밝힌다. 《프랑스 신앙고백서》의 이 짧은 언급을 《벨직 신앙고백서》는 하나의 항목으로 독립시켜서 기록에 대해 자세히 밝히고 있는 것이다. 《프랑스 신앙고백서》의 2항은 《벨직 신앙고백서》에서 2항과 3항으로 분리되었다.

《벨직 신앙고백서》는 가장 먼저 하나님의 말씀이 인간의 뜻에서부터 전해진 것이 아니라고 밝힌다. 그리고 기록되는 과정을 두 가지의 단계로 진술한다. 먼저, 신적 영감을 받아서 말한 것이 있다. 그리고 그 후에 하나님이 기록하게 하셨다. 《벨직 신앙고백서》는 영감을 기록에 연결하지 않고 발화(發話)에 연결시킨다. 그러나 이것을 섣불리 동력적 영감설에 연결시키면 안된다. 영감을 기록에 직접 연결시키지 않는 것은 사실이지만, 이것이 기록에 대한 영감을 말하지 않고 기록자에 대한 영감만을 말하는 동력적 영감설과는 다르기 때문이다. 왜냐하면 3항의 영감은 발화와 분리되지 않고 전달된 말씀에 제한되기 때문이다. 《벨직 신앙고백서》의 많은 진술들, 곧 그 안에 쓰여진 모든 것을 믿으며(5항), 성경은 하나님께로부터 왔음을 성령이 증거하며(5항), 성경을 진리와 하나님의 말씀으로 부르고(8항), 거룩한 사람의 글과도 비교할 수 없다(7항)는 진술들은 동력적 영감설과는 거리가 멀다.

---

24 "처음부터 그는 그 말씀을 족장들에게 어떤 이상들과 신탁들로 나타내셨고 그 다음 그것을 우리가 성경이라 부르는 책에 기록되게 하셨다." [프랑스신앙고백서 2항] Bakhuizen van den Brink, *De Nederlandse belijdenisgeschriften*, 72.

《벨직 신앙고백서》가 하나님의 말씀과 기록으로서 성경을 구별하며 아직 영감을 기록에 연결하지 않는 사실은 초기 개혁신학의 모습을 보여주는 증거로 평가해야 한다. 16세기 말에 영감과 기록이 연결되는 방식이 발견된다. 즉, 영감을 기록과 연결시켜서 성령이 기록자들에게 쓸 것을 요구하고 쓸 내용을 알려주었으며 기록에 오류를 범하지 않도록 보호하신 것으로 진술한다.[25] 16세기 말 가장 이른 시기의 성경론을 저술한 것으로 평가받는 소니우스는 기록되지 않은 말씀과 기록된 말씀을 구분하고,[26] 영감을 기록된 하나님의 말씀에 연결시킨다. "기록된 하나님의 말씀은 하나님께서, 직접 부름받고 성령으로 영감받은 인간들을 통해서, 대필자같은 그들을 통해서, 기록으로서 알리신 것이다."[27] 소니우스는 대필자들을 하나님의 도구(instrumentum)로 생각한다. 헤페도 영감이 기록에 연결되는 개념으로 바뀌는 시기를 16세기 말로 생각한다.[28] 영감을 발화에만 연결시키고 기록에는 연결시키지 않는 《벨직 신앙고백서》의 3항은 초기 개혁교회의 성경론의 한 면을 보여준다고 할 수 있다.

《벨직 신앙고백서》가 영감론의 진술에서 초기 개혁교회의 모습을 보여준다고 할 때, 이것이 섣불리 후기 개혁신학자들의 것과 근본적으로 다르다고 할 수 없다. 우리는 칼빈을 통해서 이 주제에 대해 더 고찰해 볼 수 있다. 《기독교 강요》에 의하면, 하나님께서 말씀과 환상을 통해 자신을 족장들에게 알리셨으며 또는 후손들의

---

25 Heinrich Heppe, *Die Dogmatik der evangelisch-reformierten Kirche* (Neukirchen: Neukirchener 1958), 10.

26 기록되지 않은 말씀과 기록된 말씀의 구분에 대한 역사는 다음을 참고하라: Muller, *Post-Reformation Reformed Dogmatics*, vol. 2, 197-200.

27 "Verbum Dei εγγραφον est, quod Deus per homines immediate vocatos, & Spiritu sancto afflatos, tanquam amanuenses, literis prodit." Georgius Sohnius, "De verbo Dei," in *Operum Georgii Sohnii* (Herborn: Christophorus Corvinus, 1591), 8.

28 Heppe, *Die Dogmatik der evangelisch-reformierten Kirche*, 18.

손에 그들이 전달해야 할 것을 인간의 도구와 봉사를 통해서 제공하셨다. 계속해서 칼빈은, 교리의 확고한 확실성이 그들의 마음에 새겨졌다는 사실에 의심의 여지가 없고 그래서 그들은 그들이 배웠던 것이 하나님께로부터 왔다는 것을 확신했고 이해했다고 말한다.[29] 마침내 하나님께서 교리의 진리가 모든 세대에 걸쳐 존속하도록 동일한 말씀을 공적 서판에 기록되도록 하셨다는 것이다. 칼빈의 이러한 진술에서 축자영감이 명확하지 않다는 지적들이 있다. 《벨직 신앙고백서》도 같은 지적을 받을 수 있다. 그런데 칼빈에게 아직 계시와 영감의 구분이 명확하지 않았으며 나아가 영감을 기록에 연결시킬 어떤 필요가 없었다는 사실을 염두에 두어야 한다. 칼빈에게 축자영감설이 보이지 않는다고 말하면서 섣불리 사상영감설로 규정짓는 것도 옳지 않다. 칼빈의 의도를 볼 때 오히려 사상영감설과는 거리가 멀다. 칼빈은 성경의 저자가 하나님(auctorem eius esse Deum)이며(4절), 성경이 하나님으로부터 왔음(a Deo esse Scripturam)을(5절) 의심하지 않는다. 칼빈은 성경에서 "마치 하나님 자신의 신성(ipsius Dei numen)을 보는 것과 다르지 않게 인간들의 봉사를 통해 하나님의 바로 그 자신의 입에서 우리에게 왔다"는 입장에 분명히 선다.[30]

칼빈은 베드로후서 1:20과 디모데후서 3:16에서 영감에 관해 더 많이 진술한다. 칼빈은 베드로후서의 감동하심에 대해 "마음 밖에 있었기 때문이 아니라 … 그들이 순종하여 지시자인 성령을 따랐기 때문인데 성령은 그들의 입을 자신의 성소처럼 다스렸다"고 한다.[31] 마음을 떠난 상태에서 말한 것이 아니기 때문에 정신상

---

29 *Inst.*, 1.6.2.

30 "… (non secus acsi ipsius Dei numen illic intueremur) hominum ministerio, ab ipsissimo Dei ore ad nos fluxisse." *Inst.*, 1.7.5.

31 "Impulsos fuisse dicit, non quod mente alienati fuerint … sed quia nihil a se ipsis ausi fuerint: tantum obedienter sequuti sint spiritum ducem, qui in ipsorum ore, tanquam in suo sacrario, regnabat." *CO* 55, 453.

태가 정지된 상태에서 영감받았다는 기계론적 영감설이 여기에서 거절된다. 동시에 성령이 그들의 입을 자신의 성소처럼 다스렸다고 함으로써 단순히 사상에 영감되었다는 것과도 다르다. 칼빈은 인간이 "자기 마음대로 자기 선택으로 자기의 만든 이야기를 이야기한 것이 아니"라고 말한다.[32] 그는 디모데후서 3:16에서 선지자들을 성령의 거룩한 도구(Spiritus sancti organa)라고 부르며 "율법과 예언들이 인간들의 자의로 나온 교리가 아니라 성령께로부터 받아 쓴 (dictatam) 것"이라고 한다.[33] 하나님의 감동하심으로 그들이 말한 것은 "실제로는 주의 입이 말한 것"이다.[34] 그는 성경이 오직 하나님께로부터만 나왔으며 "인간과 섞인 것은 어떤 것도 없다"고[35] 함으로써 성경에서 인간적인 것과 하나님의 것을 구별할 것을 요구하는 사상적 영감설과도 거리가 멀다.[36]

정리하면 후기 개혁신학자들의 영감설의 개념을 그대로 칼빈과 《벨직 신앙고백서》에 대응시켜 후기 개혁신학자들의 것과 다르다고 규정하는 것은 속단이다. 영감의 방식에서 칼빈은 기계론적 영감설을 부정하지만 동시에 동력적 영감설이나 영감의 범위에 있어서 사상적 영감설과도 거리가 있다. 성경의 저자들을 성령의 대필자(amanuenses)라고 부르는 데서[37] 오히려 위에서 말한 소니우스와 같이 도구로 생각한다. 제베르그는 칼빈을 '구교의학의 영감론의 창시자'(der Schöpfer der sog.

---

32 "… non autem sponte vel suo arbitrio effutierint sua commenta." *CO* 55, 453.

33 "legem et prophetias non esse doctrinam hominum arbitrio proditam: sed a spiritu sancto dictatam." *CO* 52, 383.

34 "… ut res erat, testati sunt os Domini loquutum esse …" *CO* 52, 383.

35 "… quia ab eo solo manavit, nec quidquam humani habet admistum." *CO* 52, 383.

36 Peter Opitz의 경우 칼빈의 영감설을 '인격적 영감'(Personalinspiration)이라고 부르나 그것이 무엇인지 상세하게 규정하지 않는다:Peter Opitz, "Schrift," in *Calvin Handbuch*, ed., Herman J. Selderhuis (Tübingen: Mohr Siebeck, 2008), 238.

37 *Inst.*, 4.8.9.

altdogmatischen Inspirationstheorie)로 규정한다. 칼빈과《벨직 신앙고백서》와 후대의 개혁신학자들과의 차이란, 후대의 신학자들이 성경의 영감을 상세히 다루어야 할 독립된 주제로 생각했다는 점이다.[38] 칼빈과《벨직 신앙고백서》도 성경의 영감을 다루나 발화와 기록의 영감을 엄밀히 구분하지 않는 이유는 아직 구분할 필요가 없었기 때문이다.《벨직 신앙고백서》의 이 항목의 목적은 성경의 오류가능성을 거절하는 것이다.《벨직 신앙고백서》1618년 이 조항의 라틴어 판은 "성경의 기록자들인 선지자와 사도들이 기록할 때에 항상 어디서나 성령의 인도를 받은 것이 아니므로 몇 군데에서는 실수할 수 있다"는 오류를 소개한다.[39] 즉,《벨직 신앙고백서》의 이 조항을 받는 의미는 이 오류의 거절이라는 것이 당시 개혁신학의 보편적 생각이었다. 영감에 대한 진술이 이 정도에서 그친 것은 칼빈, 위그노, 귀도 드 브레, 또 도르트 신학자들 누구도 성경의 오류가능성을 생각지 않았기 때문이며 여기에 대해서 더 예리하게 진술할 필요성이 없었기 때문이다.《벨직 신앙고백서》3항에서 하나님께서 기록하게 하셨다는 내용과 하나님께서 직접 두 돌판을 쓰셨다는 내용을 병렬로 진술하는 것 또한 큰 의미를 갖는다.《벨직 신앙고백서》는 사람에 의해 기록된 하나님의 말씀과 하나님께서 직접 쓰신 돌판을 동일한 권위로 다루기 때문이다. "그러므로 우리는 이런 기록들을 성경이라고 부른다(3항)."

---

38 Louis Berkhof, *Systematic Theology* (Grand Rapids: Eerdmans, 1996), 145.

39 "Prophetas et Apostolos S. Scripturae Scriptores in scribendo non semper, vel ubique, actos a Spiritu S., sed in nonnullis potuisse errare." Andreas Mühling & Peter Opitz (eds.), *Reformierte Bekenntnisschriften*, Band 2/1 (Neukirchen-Vluyn: Neukirchener, 2009), 344.

5. 정경의 권위

칼빈의 초안이 성경을 단순히 '성경의 책들' 또는 '신구약'으로 칭했다면, 《프랑스 신앙고백서》는 구약 39권과 신약 27권의 전체 목록을 보여준다. 이렇게 정경목록을 포함하는 방식은 《프랑스 신앙고백서》가 처음 시작하는 것처럼 보인다. 이 예를 따라서 《벨직 신앙고백서》가 정경목록을 포함했고(4항), 후에 《웨스트민스터 신앙고백서》도 정경목록을 나열했다. 《벨직 신앙고백서》는 6항에서 외경에 대해 "정경과 구별되며 ... 정경의 권위에 손상을 줄 수 없는" 것이라고 규정하며 정경목록의 중요성을 한층 더 알려준다. 로마교회가 득세한 환경 안에서 위그노와 귀도 드 브레에게 진리의 근거인 정경이 무엇인지 구체적으로 언급하는 일은 중요했다.

칼빈의 초안은 성경 권위의 객관적 근거와 주관적 확신을 언급한다. 여기서 칼빈은 성경의 권위가 사람들과 천사들이 아니라 하나님께 근거한다고 말한다. 칼빈에게 있어 권위가 어디서 왔는가 하는 문제는 다시 권위에 대한 주관적 확신의 문제에 연결된다. 칼빈에 의하면, 성경의 권위는 하나님에게서 나왔고 그 권위에 대한 확신을 하나님께서 택한 자들에게 주시며 성령께서 내적으로 인친다. 이렇게 칼빈은 권위의 객관적 근거와 택자들에게 주어진 주관적 확신을 그 근원인 하나님과 연결시켰다.

《프랑스 신앙고백서》에서 성경의 권위는 믿음의 규범과 연결된다. 이 신앙고백서는 성경을 '우리 믿음의 가장 확실한 근거'(reigle trescertaine de nostre foy)라고 부르며, 그 이유를 교회의 합의가 아니라 성령의 증거와 내적 설득이라고 말한다(4항). 성경의 권위는 사람이 아니라 오직 하나님께로부터 받는다(5항).

《벨직 신앙고백서》도 《프랑스 신앙고백서》와 함께 고백한다. 그래서 정경을 믿음을 규정하는 규칙과 믿음의 근거로 받는다(5항). 《벨직 신앙고백서》도 "교회가 이 책들을 이러한 방식으로 받아들이고 승인했기 때문이 아니라 먼저 성령이 우리 마음에 이 책들이 하나님으로부터 왔음을 증거하기" 때문이다고 고백한다. 또한《벨직 신앙고백서》는 성경의 자체가신성도 권위의 근거로서 언급하여 "자신 안에서 그 증거를 갖는다"는 진술을 추가한다. 이렇게《벨직 신앙고백서》는 성령의 내적 증거와 성경 스스로의 증거를 말한다.

칼빈은《기독교 강요》최종판 1권 7장에서 성경의 권위 문제를 다룬다.《기독교 강요》는 교회의 승인에 의해서 성경이 권위를 확보하는 것에 대해서 반대한다. 칼빈에게 교회의 결정에 달려있다는 것은 인간의 결정에 달려있다는 것과 같다.[40] 나아가 하나님이 성경의 저자라는 사실이 권위의 근거다. 그러면 하나님이 성경의 저자라는 것을 어떻게 아는가? 칼빈은 성령의 증거가 모두 누리보다 앞선다 (testimonium Spiritus omni reatione praestantius esse)고 답한다. 즉, "하나님의 말씀이 성령의 내적 증거에 의하여 인쳐지지 않으면" 인간들은 믿음을 가질 수 없기 때문이다.[41] 이 외에《기독교 강요》는 1권 7장 5절에서 자체가신성을 말한다. 그리고 이 자체가신성은 다시 성령의 내적증거와 분리되지 않는다.[42] 즉, 성령의 내적증거가 있는 자들에게만 자체가신성이 유효하게 된다. 이런 점에서 칼빈처럼《벨직 신앙고백서》도 성령의 내적증거와 함께 자체가신성에 대한 함의를 포함한다.

6. 성경의 충분성

성경의 충분성에 대해 칼빈의 초안은, 하나님이 그의 말씀에서 구원을 위해 충분한

---

40 *Inst*., 1.7.1.

41 "... ita etiam non ante fidem reperiet sermo in hominum cordibus quam interiore Spiritus testi-monio obsignetur." *Inst.* 1.7.4.

42 Neuser, "Dogma und Bekenntnis in der Reformation," 244.

정도로 자신의 뜻에 대한 증거를 주셨다고 첫 부분에서 밝혔다. 《프랑스 신앙고백서》는 성경의 권위로부터 성경이 진리의 척도라는 결과를 고백한다. 그것은 예배와 구원에 필요한 모든 것을 포함하는 진리의 척도다. 그렇기 때문에 인간적인 것들에서 나온 권위가 성경을 반대하는 것은 불법이 되며 반대로 성경이 그들을 시험한다. 《프랑스 신앙고백서》는 《사도신경》, 《니케아 신경》, 《아타나시우스 신경》을 받는다고 하는데, 그 이유가 이 신조들이 하나님의 말씀에 일치하기 때문이다. 즉 진리의 척도인 성경에 일치할 때에 교회의 문서도 유효하다는 것이다.

《프랑스 신앙고백서》를 따라 《벨직 신앙고백서》도 7항에서 성경의 완전성을 주제로 다음과 같이 고백한다.

우리가 믿는 바 이 거룩한 성경이 하나님의 뜻을 완전히 포함하며 인간들이 구원을 얻기 위해 믿을 필요가 있는 것은 무엇이든지 그 안에서 충분히 가르친다. 하나님께서 우리에게 요구하는 하나님을 예배하는 모든 방법이 자세히 기록되어 있으므로 어떤 사람도 즉 사도라 할지라도, 사도 바울이 말한 것처럼 하늘로부터 온 천사라 할지라도 우리가 이미 성경에서 배운 것과 다르게 가르치는 것은 가하지 않다. 누구라도 하나님의 말씀에 어떤 것을 더하거나 빼는 일이 금지되어 있으니 이 교리가 가장 완전하며 모든 면에서 완결되었다는 것을 그 자체로 충분히 알려준다. 그러므로 인간의 어떤 글도, 아무리 많은 경건이 포함된 글이라도, 어떤 관습도, 바로 이 하나님의 성경과 비교할 수 없으며, 다수성도, 고대성도, 시대와 사람들의 계승도, 회의와 결정과 규정도 (하나님의 진리가 모든 것을 능가하기 때문에) 하나님의 진리와 비교할 수 없다. 왜냐하면 모든 인간은 거짓말쟁이이니 그들 스스로 헛됨보다 헛되다. 따라서 우리는 가장 확실한 이 규칙과 동의하지 않는 것은 온 마음으로 버리니 사도들로부터 배운바와 같다. 말하기를, "오직 영들이 하나님께 속하였나 분별하라", "누구든지 이 교훈을 가지

지 않고 너희에게 나아가거든 그를 집에 들이지도 말고 인사도 하지말라"라고 했다.[43]

첫 부분에 나오는 "하나님의 뜻을 완전히 포함"한다는 진술이 7항의 핵심적인 주제다. 성경의 이런 완전성 아래서 세 가지 주제를 더 설명한다. 첫째, 구원과 예배를 위한 충분성이다. 성경의 완전성은 그 목적과 관계해서 충분성으로 나타난다.[44] 이것은 이미 《프랑스 신앙고백서》도 언급했던 것으로 《벨직 신앙고백서》는 조금 더 자세하게 풀어 쓴다. 로마 가톨릭이 구원과 예배를 위해서 성경 외에 교회의 전통이 필요하다고 주장했기 때문에 로마 가톨릭의 핍박 속에 있던 귀도 드 브레의 이 항목은 더 특별한 의미를 갖는다. 《벨직 신앙고백서》는 성경의 충분성과 함께, 다른 것을 첨가할 수 없다는 성경의 금지명령을 가져온다. 그리고 이런 구원과 예배를 위한 충분성은 두 번째 주제인 완결성과 연결된다. "이 교리가 가장 완전하며 모든 면에서 완결되었다"라고 고백한다. 성경에 무엇을 첨가하거나 감할 수 없다

---

43 "Credimus Sacram hanc Scripturam Dei voluntatem perfecte complecti et quodcumque ab hominibus, ut salutem consequantur, credi necesse est, in illa sufficienter edoceri. Nam cum illic omnis divini cultus ratio, quem Deus a nobis exigit, fusissime descripta sit, nulli hominum, ne Apostolis quidem, fas est aliter docere, quam iampridem in Sacris literis edocti sumus; immo vero, etiamsi e caelo Angelus foret, ut ait Apostolus Paulus. Cum enim vetitum sit, ne quis Dei Verbo quicquam addat aut detrahat, satis eo ipso demonstratur, doctrinam illius perfectissimam omnibusque modis consummatam esse. Sed nec cum Divinis iisdem Scripturis, ulla hominum, quantavis sanctitate praeditorum scripta, neque ulla consuetudo, cum divina veritate, (veritas enim rebus omnibus antecellit) neque multitudo, neque antiquitas, neque temporum personarum-que successio, neque Concilia, Decreta, aut Statuta comparari possunt. Omnes enim homines mendaces ex seipsis sunt, ipsaque vanitate vaniores. Idcirco, toto animo reiicimus quidquid cum certissima hac regula non convenit, quemadmodum edocti ab Apostolis sumus, cum dicunt: Probate spiritus an ex Deo sint. Item: Si quis venit ad vos et hanc doctrinam non adfert, ne recipite eum in domum vestram." [벨직신앙고백서 7항] Bakhuizen van den Brink, *De Nederlandse belijdenisgeschriften*, 79.

44 Heppe, *Die Dogmatik der evangelisch-reformierten Kirche*, 12.

는 앞선 진술에서 성경계시의 종결성을 말했기 때문에 이 부분에서는 성경이 가르치는 교리의 완전성과 완결성을 의미하는 것으로 보인다. 성경의 교리의 완전성과 완결성은 세 번째 주제인 비교불가한 특성으로 연결된다. 성경이 가르치는 교리의 완전성과 완결성은 어떤 다른 인간의 것들과 비교할 수 없다. 《벨직 신앙고백서》가 열거하는 관습, 다수성, 고대성, 계승, 회의와 결정과 규정은 로마 가톨릭을 떠올리게 한다. 이것들은 모든 것을 능가하는 하나님의 진리와 비교할 수 없다. "모든 인간은 거짓말쟁이이니 그들 스스로 헛됨보다 헛되다"(7항). 그래서 《벨직 신앙고백서》는 성경의 가르침과 부딪히는 것들을 온 마음으로 버린다.

칼빈은 《기독교강요》에서 성경의 권위에 대해서 충분히 논할지라도 충분성을 하나의 독립된 주제로 삼아 논하지는 않는다. 성경의 필요성(6장)과 권위(7장)와 신빙성(8장)을 논하면서 성경의 충분성을 함의했기 때문에 논할 필요를 생각하지 못했던 것으로 보인다. 칼빈은 성경이 구원하는 지식을 위해 충분한 때를 성령의 내적 설득에 의해 확실성이 있을 때라고 한다.[45] 이렇게 성령의 내적증거는 성경의 충분성을 전제한 진술이다. 성경을 지식의 규칙(intelligentiae regulam)으로 소개하면서 그 이유로 성경의 충분성을 이렇게 진술한다. "성경이 성령의 학교이기 때문이다. 알아야 할 필요가 있고 유익한 것들은 여기에서 아무것도 빠트리지 않았고, 알도록 요구하는 것이 아니면 어떤 것도 가르치지 않는다."[46] 《벨직 신앙고백서》가 충분성을 언급하면서 사도들조차도 다른 교리를 가르칠 수 없음을 언급하는데, 칼빈도 4권 8장 9절에서 사도들도 하나님이 주신 것 외에 넘어설 수 없었다고 말한다. 여기서 "인간적인 생각의 모든 발명"(omnes humanae mentis inventiones)은 제거하고 순수

---

45 "Quare tum vere demum ad salvificam Dei cognitionem Scriptura satisfaciet, ubi interiori Spiritus sancti persuasione fundata fuerit eius certitudo." *Inst.*, 1.8.13.

46 "Est enim scriptura, schola Spiritus sancti, in qua ut nihil praetermissum est scitu et necessarium et utile, sic nihil docetur nisi quod scire conducat." *Inst*, 3.11.3.

한 하나님의 말씀이 가르쳐져야 한다고 주장한다.[47] 이 문맥 아래서 성경의 완결성도 이해된다. 흔들릴수 없는 원칙(axioma)은 "먼저 율법과 선지서들과 그다음 사도들의 글들로 구성된 것 외에 다른 어떤 것에게도 교회 안에서 하나님의 말씀의 자리가 주어질 수 없으며, 하나님의 말씀의 지시와 규정에서 나온 것이 아니라면 교회 안에서 옳게 가르칠 다른 방법은 없다"는 것이다.[48] 그래서 새로운 교리를 만드는 일은 금지되며 사람의 권위는 하나님의 말씀의 판단에 굴복된다. 이어서 성경의 비교불가한 특성이 제시된다. "하나님이 새로운 교리를 가져올 능력을 사람에게서 박탈하신 것은 오직 그만이 우리에게 영적 교리의 교사이고자 하신 것이다. 그분만이 거짓말이나 속이는 말을 하실 수 없는 것과 같다."[49] 이제 교회회의와 목사와 주교는 하나님의 말씀의 표준에 따라 판단받는다.[50] 칼빈이 성경의 완결성과 비교불가한 특성을 말하는 곳은《기독교 강요》4권에서 로마 가톨릭의 주장을 논박하는 부분이다.《벨직 신앙고백서》가 예로 드는 인간적인 것들이 로마 가톨릭을 함의하는 것과 만난다. 정리하면, 성경의 충분성과 완결성과 비교불가한 특성에 있어서도 칼빈과《벨직 신앙고백서》는 같은 고백을 하고 있다.

---

47 *Inst.*, 4.8.9.

48 "Non aliud habendum esse Dei verbum, cui detur in ecclesia locus: quam quod Lege primum det Prophetis, deinde scriptis Apistolicis continetur: nec alium rite docendi in ecclesia modum nisi ex eius verbi praescripto et norma." Calvin, Inst. IV, viii, 8. 칼빈의 이 원칙(axioma)은《기독교강요》1548년부터 나타난다. 참고: Henk van den Belt, *The Authority of Scripture in Reformed Theology: Truth and Trust* (Leiden: Brill, 2008), 104.

49 "Deum icciroco adimere hominibus proferendi novi dogmatis facultatem, ut solus ipse nobis sit in spirituali doctrina magister: ut solus est verax qui nec mentiri nec fallere potest." *Inst.*, 4.8.9.

50 *Inst.*, 4.9.12.

나가며

우리가 지금까지 살핀 것처럼 《벨직 신앙고백서》와 칼빈의 신학적 내용을 비교 고찰하면, 내용면에서 크게 다르지 않음을 확인할 수 있다. 하나님과 계시의 연결에서, 일반계시와 특별계시의 구분에서, 성경의 영감과 기록에서, 성경의 권위와 성경의 충분성에서 함께 하고 있다. 그러나 이것이 귀도 드 브레와 《벨직 신앙고백서》가 배타적으로 칼빈의 영향 아래에서만 있었다고 평가하는 근거가 될 순 없다. 오히려 칼빈의 초안과 《프랑스 신앙고백서》와 《벨직 신앙고백서》가 성경론에서 같은 노선에 있다는 점은 초기개혁교회가 동일하게 근본적으로 같은 신앙 안에 있었다는 사실을 보여준다. 그러면서도 각각이 독특성을 드러내는 것은 각각이 상황에 맞게 (그것이 공간적으로든 시간적으로든) 또 다른 필요를 마주하고 있었다는 것을 알려준다.

3장

예정론

먼저 우리가 확인할 것은 루터의 예정론이 개혁주의 예정론과 근본적으로 다르지 않다는 점이다. 오히려 예정론을 빼고선 루터의 종교개혁을 말할 수 없다. 루터는 1515년에 시작한 로마서 강의 전체에서 이미 반펠라기우스주의(Semi-Pelagianism)를 비판했다. 특히 로마서 8장에서 예정론을 상세히 다루고 인간의 자유의지 능력을 부인하며 예정에 대한 반대를 육신의 생각으로 규정한다. 그래서 예정과 선택이 "택함 받은 자들에게 또한 성령을 가진 자들에게 가장 달콤하나 육신의 생각에는 쓰며 거칠다"라고 말한다.[1] 루터에 의하면, 만일 하나님의 계획이 없다면 구원이 우리의 의지와 우리 자신에게 있다는 말이며 이것은 구원을 우연에 두는 일이고 있을 수 없는 일이다.

루터의 이런 생각은 1517년에 발표한 《스콜라신학에 대한 반대》(Contra Scholasticam Theologiam)에서도 계속된다. 여기서 루터는 인간의 본성이 부패하여 하나님의 은혜를 가져올 수도 없고 요구할 수 없는 상태에 있음을 밝히면서, "은혜에 이르는 실패하지 않는 최선의 준비와 유일한 마련은 하나님의 영원한 선택과 예정이다"라고 말한다.[2] 이 논제가 95개 조항을 세상에 알리기 전에 발표되었다는 사실은 하나님의 예정과 인간 자유의지에 대한 부인이 루터의 종교개혁의 핵심에 있음

---

1 "… dulcissima electis et iis, qui spiritum habent, amara vero et dura prudentiae carnis ..." *WA* 56: 381.

2 "Optima et infallibilis ad gratiam praeparatio et unica dispositio est aeterna dei electio et praedestinatio." *WA* 1: 225.

을 보여준다.

　루터가 하나님의 예정을 강조하고 인간 자유의지 능력을 부인하자 에라스무스는 《자유의지론》(de libero arbitrio, 1524)을 통해 루터를 비판했다. 이 책에서 에라스무스는 은혜에 협력할 수 있는 자유의지를 주장했다. 루터는 《노예의지론》(de servo arbitrio, 1525)으로 답했다. 여기서 루터는 구원이 하나님의 일하심이 아니라 인간 자신의 능력에 의존한다면 죄인인 인간은 필연적으로 악을 향해 간다고 주장했다.[3] 나아가 우리의 구원을 위해 유일하게 하나님만이 일하심을 부정하는 것은 하나님이 하나님이길 원하지 않는 것과 같다고 말했다. 그래서 루터에게 예정에 대한 부정은 하나님의 신성에 대한 부정과 같다.[4]

　루터는 《노예의지론》과 그의 요리문답서만을 후대에 남기고 싶다고 고백했을 정도로 이 책을 인정했다.[5] 칼빈과 후대의 개혁신학자들은 루터의 예정론이 자신들과 다르지 않다고 생각했으며, 1590년대 루터주의자들과 예정론 논쟁이 뜨거웠을 때 독일의 개혁신학자 키메돈키우스는 해설을 추가한 루터의 《노예의지론》을 재출간함으로써 루터주의자들이 예정론에 있어서 루터와 다른 길을 가고 있음을 드러내려고 했다.

　원래 개혁주의와 루터주의의 분기점은 성만찬론이지 예정론은 아니었다. 칼빈과 불링거의 《취리히 협의서》(Consensus Tigurinus, 1549) 이후 소위 제2성만찬 논쟁을 거치면서 개혁주의와 루터주의는 결정적으로 멀어졌다. 그결과 루터주의자들이 하이델베르크를 떠나야만 했다면 찬키우스는 스트라스부르를 떠났다. 루터주의자들이 성만찬 문제때문에 하이델베르크를 떠났다면 스트라스부르에서 찬키우스가

3　*WA* 18: 634.

4　*WA* 18: 716.

5　"Nullum enim agnosco meum iustum librum, nisi forte de Servo arbitrio et Catechismum." *WABR* 8: 99.

칼 빈 주 의
뿌 리 내 리 다

맞닥뜨린 주된 문제는 예정론 논쟁이었다. 스트라스부르 예정론 논쟁은 개혁신학자들과 루터주의 신학자들 사이에서 예정론 논쟁이 어떻게 발생하고 어떤 차이를 보여주는지 중요한 예가 된다.

그러므로 첫 번째 글은 찬키우스가 참여한 스트라스부르의 예정론 논쟁을 볼 것이다. 개혁주의와 루터주의 사이의 논쟁에서 찬키우스는 처음에 의도하지 않은 예정론 논쟁에 들어갔으며 이때 루터주의와 개혁주의의 예정론의 차이가 드러났다. 찬키우스의 예정론은 여러 개혁주의 도시들의 승인을 받았다. 이 논쟁은 제2성만찬 논쟁이 예정론 논쟁으로 확대되는 상황과 개혁주의와 루터주의의 예정론 차이를 드러낸다.

이 책이 예정론에 관하여 다룰 두 번째 질문은 칼빈 자신의 예정론과 후대 개혁신학자들 즉 칼빈주의자들의 예정론에 차이에 관한 문제다. 칼빈은 그의 기독교 강요를 증보해가면서 예정론 부분도 증보해갔다. 따라서 기독교 강요 최종판을 통해서 가장 체계적인 칼빈의 교의학적 예정론을 만날 수 있다. 칼빈은 이 저술의 3권 21장에서 24장까지 예정론을 상세히 설명했다. 예정론의 유익과 필요를 주장하고 성경에 근거한 예정론을 가르친다. 여기서 그는 분명한 이중예정의 입장에 선다.

한편 노이저는 칼빈이 설교에서 예정을 《기독교강요》와는 다른 방식으로 가르쳤음을 언급한다. 그러나 접근에서 다른 것이지 둘 사이에 모순이 있다는 말이 아니다.[6] 《기독교강요》 최종판에서 반대자들의 이설이 언급되고 칼빈의 변증이 따라오며 이중예정이 논리적으로 등장한다. 칼빈이 만난 여러 이설들이 논리적으로 논박된다. 반면 설교에서는 선택을 중심으로 가르치되 목회적이고, 유기를 언급해도 선택받은 이들에게 감사의 의무를 강조하기 위해서 였다.

---

6 Wilhelm Neuser, "Prädestination," in *Calvin Handbuch*, ed. Herman J. Selderhuis (Tübingen: Mohr Siebeck, 2008), 317.

우리가 《기독교강요》 초판으로 가게 되면 선택받은 백성으로서 교회를 만나게 된다. 여기서 칼빈은 성경 본문을 증거삼아 선택을 전제하여 교회를 가르친다. 칼빈은 로마서 8장을 근거하여 선택받은 이들이 부름받는다고 말한다. 이 외에도 칼빈은 선택된 백성으로서 교회의 불멸과 견인을 가르친다. 유기도 언급되는데 선택받은 자들에 대한 구별에 관한 문맥에서 언급된다.[7] 《기독교강요》 초판에서 칼빈은 아직 논쟁에 들어가지 않고 성경의 논리에 따라 교회론의 문맥에서 선택과 유기를 다룬다. 《기독교강요》 최종판의 예정론과 설교의 예정론이 접근이 다를 뿐 다른 내용을 가르친 것이 아니듯 《기독교강요》의 초판과 최종판의 예정론이 모순된다고 말할 수 없다. 칼빈이 초판에서는 논쟁없이 성경의 예정론을 가르쳤다면, 시간이 지나며 논쟁을 겪은 후 변증의 필요를 만났고 따라서 성경의 예정론을 변증하기 위해 논쟁에 깊이 들어간 최종판의 체계적인 예정론을 가르친 것이다.

칼빈 후대의 개혁신학자들의 신학적 여정도 이와 유사하다. 이들은 처음에는 논박을 위한 목적보다는 하나님의 말씀이 가르치는 대로 예정을 가르치려고 했다. 이들은 예정론이 비판받자 예정론을 변호하기 위해 논쟁에 들어갔으며 이때 교육보다는 변증과 논박의 형태를 드러낸다. 그럼에도 예정론을 위한 근본적인 자세는 변하지 않았다. 개혁신학자들은 성경이 예정을 가르치듯이 하나님의 백성을 하나님의 변하지 않는 선택까지 끌어올려 거기에 안착하게 하고 이들이 여러 시험과 고난을 이기고 거룩 안에서 감사와 찬송하는 삶을 살도록 권했다.

교리사적인 논의에 있어서 개혁주의 예정론에 관한 오해가 있어왔는데, 그것은 본래 목회적이었으며 실천적이었던 칼빈의 예정론이 칼빈 이후 세대에서 목회적이며 실천적인 관점에서 멀어졌으며 17세기 이후 소위 정통주의 신학자들에 의해서 사변적인 것이 되어버렸다는 주장이다. 이 주장에서 17세기 이후로 예정론이

---

7 *CO* 1: 75.

칼빈주의
뿌리내리다

사변화 되었다는 중요한 첫 번째 증거는 17세기 초에 있었던 도르트 총회이다. 17세기 이전과 이후의 개혁주의 신학을 불연속적인 관점에서 평가하려는 시각에서 언급되는 주장 중 하나는 도르트 신경이 칼빈이 구현했던 구원론적이며 교회론적인 예정론과 거리가 멀다는 것이다. 구체적으로 예정론에 대한 개혁신학의 초기 이해가 '아래로부터'(a posteriori)의 방식(즉, 목회 실천적 방식)이며, 나중에 '위로부터'(a priori)의 방식(즉, 사변적 방식)으로 바뀌었다는 주장이 있다.

과연 도르트 총회를 통해서 예정론에 대한 결정적 변화가 있었는가? 예정론과 관련해서 '아래로부터'(a posteriori)와 '위로부터'(a priori)는 어떤 맥락에서 사용되었는가? 이 사실의 확인을 위해서 칼빈 이후 도르트 신학자들 사이를 이어주는 신학자들의 입장을 살펴보아야 할 것이다.

그래서 이 글은 예정론에 관해 두번째로 16세기 말 하이델베르크의 신학자들의 예정론 이해를 고찰할 것이다. 이들에게 예정이 하나님이 주시는 위로와 확신의 근거로서 이해되었음을 확인하고, 예정론에 대한 이런 이해가 하이델베르크 신학자들을 고리로 해서 도르트 신경의 구조까지 이어지고 있음을 확인할 것이다.

I. 개혁주의와 루터주의의 초기 예정론 논쟁 이해: 찬키우스와 스트라스부르 예정론 논쟁

들어가며

"이 무관심이 슬프게도 오늘날까지 계속되고 있다."[1] 이것은 우리가 다루려는 찬키우스의 생애와 글이 주목받고 있지 않음에 대하여 한탄하는 말이다. 제롬 찬키우스(Jerom Zanchius/Girolamo Zanchi/Hieronymus Zanchius, 1516-1590)는 16세기 후반 영향력 있는 뛰어난 그리고 유명한 개혁신학자로서, 나아가 "베자와 함께 가장 중요한 칼빈주의 정통주의 형성의 창시자"(Neben Beza der wichtigster Begründer calvinistischer Orthodoxiebildung)로 평가받음에도 불구하고[2] 많이 알려져 있지는 않다. 그의 생애에 대한 글은 독일저널에 실린 게 가장 상세한데 무려 150년 전의 것이다.[3] 그래도 찬키우스를 가장 많이 알린 것은 그의 《절대예정론》일 것이다. 톱라디가 번역하여 알려진 것이 영국과 미국에서 여러 번 출판되었다.[4]

가장 많이 알려진 《절대예정론》도 톱라디가 정확히 무엇을 번역한 것인지 잘 알려져 있지 않았거나 잘못 알려져 있다.[5] 역자 톱라디가 서문에서 밝히듯이 스트

---

1 Joseph N. Tylenda, "Girolamo Zanchi and John Calvin - A Study in Discipleship as seen Through Their Correspondence," *Calvin Theological Journal* Vol. 10 (1975): 102.

2 Heinz Brunotte und Otto Weber, eds., *Evangelisches Kirchenlexikon*, vol. 3 (Göttingen: Vandenhoeck & Ruprecht, 1959), 1883.

3 Charles Schmidt, "Girolamo Zanchi," *Theologische Studien und Kritiken* 32 (1859): 625-708.

4 Augustus Montague Toplady, trans., *The doctrine of Absolute Predestination stated and asserted with a preliminary discourse on the Divine Attributes. Translated in great measure from the Latin of Jerome Zanchius with some account of his life prefixed* (London, 1769).

라스부르 예정론 논쟁이 찬키우스가 이 글을 작성하게 된 직접적인 배경이다. 찬키우스는 예정론, 성도의 견인, 성만찬에 대한 자신의 변론을 스트라스부르에 제출했는데, 톱라디는 이 중 예정론부분을 자기시대의 필요에 맞춰 삭제하거나 확장시키면서 번역한 것이다. 특히 찬키우스가 스트라스부르 교회의 예정론에 대한 전통적 입장을 근거로 자신을 변론하는 상당한 분량의 마지막 부분은 불필요성 때문에 톱라디에 의해 번역되지 않았다. 이 유명한 책의 직접적 배경은 스트라스부르 예정론 논쟁임에도 배경과 내용이 충분히 알려져 있지 않다.

《절대예정론》이 많이 알려져 있기 때문에서만이 아니라, 스트라스부르 예정론 논쟁은 교리사적으로 상당히 의미있는 논쟁이다. 찬키우스는 칼빈과 불링거의 취리히협의서(Consensus Tigurinus 1549) 이후 개혁주의와 루터주의의 갈등이 커지고 있던 시기에 스트라스부르에 머물렀다(1553-1563). 성만찬 문제가 중요한 배경이었어도 논쟁이 예정론에서도 생겼다는 점은 개혁주의와 루터주의의 차이가 성만찬론만이 아니라 예정론에서도 나타나기 시작했다는 사실을 보여준다. 고소당한 측인 찬키우스의 논제는 다른 도시들로부터 이단이 아니라는 평가를 받아야 했다. 그래서 이 논쟁은 예정론에 대한 찬키우스 자신의 견해, 스트라스부르의 도시의 입장, 나아가 같은 시기 다른 개혁 도시들의 예정론에 대한 입장도 알 수 있게 해준다는 의미에서 중요하다.

스트라스부르 논쟁 후에 작성된 합의서도 주목할 가치가 있다.[6] 찬키우스는 해

---

5   예를 들어 Tylenda의 글 각주2에 따르면 그는 톱라디가 찬키우스의 전집 2집(Tom. 2, de Natura Dei seu de Attributis Dei)에 있는 5권의 예정부분에서 가져온 것으로 알고 있다. 그러나 라틴어 원문은 7집(Tom. 7, Miscellaneorum ...)의 스트라스부르 시에 제출한 고백(confessio)에 위치해 있다.

6   스트라스부르 예정론 논쟁을 다룬 다음과 같은 연구가 있으나 합의서의 내용을 상세히 다루지는 않았다. 19세기말의 개혁신학자 알렉산더 슈바이처는 예정론 논쟁사를 다룬 책에서 스트라스부르 예정론 논쟁을 개혁주의 입장에서 다루었다(Alexander Schweizer, *Die Protestantischen Centraldogmen*, vol. 1 [Zürich, 1854], 418-448). 20세기 하반기 들어서면서 독일에서 찬키우스가 주목된다. 몰트만은 견인교리를 다루는 그의 책에서 스트라스부르 논쟁을 다루었다(Jürgen Moltmann, *Prädestination*

석에 따라 이것이 받아들여질 수 있다고 생각하고 이 합의서에 서명했다. 그러나 칼빈은 이 합의서가 불경건한 점은 없을지라도 분명한 진리를 가리웠다고 평가했다. 이 합의서에 만족할 수 없었던 찬키우스는 결국 스트라스부르를 떠났다. 받아들일 수는 있으나 만족할 수 없는 그 간격은 무엇일까? 이것은 개혁주의와 루터주의가 추구하는 신학적 경향이나 관점이 달랐다는 것을 보여주는 것은 아닐까? 찬키우스의 논제와 다른 도시들의 평가서가 바라보는 관점과 합의서가 바라보는 관점을 비교하는 것은 개혁주의와 루터주의가 추구하는 신학적 경향 또는 관점의 차이가 이미 제2 성만찬 논쟁 이후부터 달랐다는 사실을 보여줄 것이다.

이 글은 찬키우스의 생애를 간략히 그려보고, 스트라스부르의 논쟁의 배경, 찬키우스가 제출한 예정론 논제의 의미, 이 논제를 평가한 다른 도시들의 예정론에 대한 입장, 합의서의 내용을 살펴볼 것이다. 그 과정에서 역사적 배경 만이 아니라 개혁주의와 루터주의가 취하는 예정론에 대한 관점의 차이가 드러날 것이다.

und Perseveeranz [Neukirchen Kreis Moers, 1961], 72-109). 그륀들러는 찬키우스의 신론과 예정론을 분석해서 칼빈주 정통주의자들이 신학적 경향에 있어서 칼빈과 다른 길을 갔다고 결론내려서 논란을 야기시켰다(Otto Gründler, *Die Gotteslehre Girolamo Zanchis und ihre Bedeutung fuer seine Lehre von der Praedestination* ([Neukirchen-Vluyn: Neukirchener Verlag des Erziehungsvereins GmbH, 1965]). 찬키우스와 칼빈의 관계를 스트라스부르 논쟁을 주제로한 편지교환을 통해 고찰한 타일렌다의 연구가 있다(Joseph N. Tylenda, "Girolamo Zanchi and John Calvin: A Study in Discipleship as Seen through Their Correspondence," 101-41). 노이저도 간략하게 이 논쟁을 다룬다(Wilhelm Neuser, "Dogma und Bekenntnis in der Reformation: Von Zwingli und Calvin bis zur Synode von Westminster," in *Handbuch der Dogmen-und Theologiegeschichte*, vol. 2, ed. Carl Andresen [Göttingen: Vandenhoeck & Ruprecht, 1988], 303-306). Schmidt는 찬키우스의 생애를 소개하면서 합의서의 내용을 소개하나 찬키우스가 왜 이 합의서에 만족할 수 없었는지 의아해하는 뉘앙스를 준다(Schmidt, "Girolamo Zanchi," 666-667).

칼 빈 주 의
뿌 리 내 리 다

1. 찬키우스의 생애

그의 생애가 잘 알려져있지 않기 때문에 여기서 간략히 소개한다. 1516년 2월 2
일 찬키우스는 이탈리아의 알차노(Alzano)에서 태어났다. 톱라디는 스투르미우스
(Sturmius)의 의견을 빌어 알차노가 아니라 버가모라고 길게 그 이유를 설명하는데,[7]
정확히 말하면 버가모 근교의 알차노(Alzano bei Bergamo)에서 찬키우스는 태어난 것
이다.[8] 아버지 프란체스코는 법률가이자 역사가였다. 찬키우스가 15살이던 1531
년 2월 버가모의 성령수도원에 들어갔을 즈음 그의 부모는 세상을 떠났다.

　　1541년 찬키우스는 루카의 수도원으로 자리를 옮기면서 설교자가 되었다. 이
때 수도원 원장으로 찬키우스의 삶에 결정적이며 지속적인 영향을 끼치는 피터 마
터 버미글리(Peter Martyr Vermili)가 왔다. 이 수도원에서 버미글리의 영향아래에 있
던 인물로는 후에 개혁교회의 목사가 되는 첼소 마르티넹고(Chelso Martinengo), 하
이델베르크의 구약교수가 되는 임마누엘 트레멜리우스(Immanuel Tremellius), 첼리
오 세콘도 쿠리오네(Celio Secondo Curione), 파올로 라씨치(Paolo Lacizi) 등이 있었다.[9]
버미글리가 머문 기간은 15개월 밖에 안되었지만 이들에게 성경해석과 종교개혁
에 대한 관심을 일으키기에는 충분한 시간이었다. 버미글리는 매일 바울서신과
시편을 강의했다. 버미글리의 지도 아래 찬키우스는 멜란히톤의 《신학총론》(Loci
communes), 부써의 글, 무스쿨루스의 마태복음 주석, 칼빈의 《기독교강요》를 읽었
다. 버미글리는 1542년 신앙의 자유를 위해 스트라스부르로 떠났지만 찬키우스는

7　Toplady의 번역 *The doctrine of Absolute Predestination*의 서문, xix-xx.

8　Dagmar Drüll, *Heidelberger Gelehrtenlexikon* 1386-1651 (Berlin/Heidelberg: Springer, 2002),
　　564.

9　Luca Baschera and Christian Moser, eds., *Girolamo Zanchi De religione christiana fides-Confes-
　　sion of Christian Religion* (Leiden: Brill, 2007), 1-2.

남았다. 찬키우스의 동료 마르티넹고가 버미글리의 뒤를 이어 원장이 되었고 찬키우스는 여기서 신학을 가르쳤다. 이탈리아에 머무르는 동안 찬키우스는 《기독교강요》를 기초로 이미 《신학개론》을 작성했다.[10]

찬키우스의 친구 마르티넹고는 탁월한 설교자로 이탈리아에서 명성이 높아지고 있었다. 그러나 종교개혁적 설교 때문에 위험이 드리우자 1551년 마르티넹고는 망명길에 올라 스위스로 갔다. 다음해 제네바에 거주하던 이탈리아 망명인들을 위한 설교자가 되었다. 친구 마르티넹고를 따라 찬키우스도 1551년 10월 이탈리아를 떠났다. 이후 스위스 그리종(Grisons)에 8개월 머무르다가 제네바로 갔다. 찬키우스는 여행길에 베른에서 무스쿨루스를, 로잔에서 비레를 만나기도 했다. 제네바에서 9개월 머무르면서 칼빈의 설교와 강의를 들으며 큰 영향을 받았다.[11]

1553년 버미글리의 추천으로 영국에 가려고 했으나 스트라스부르에서 그를 원했으므로 거기로 갔다. 이후 스트라스부르에서 약 십년간 교수생활을 했으나 루터주의자 마르바흐와 갈등이 깊어지면서 긴 논쟁에 들어갔다. 1563년 11월 스트라스부르를 떠나 키아벤나(Chiavenna)에서 목회했으며 1567년 9월 하이델베르크로 갔고 그곳 신학부에서 자카리아스 우르시누스(Zacharias Ursinus)의 뒤를 이어 교의학을 가르치기 시작했다. 1568년 6월 신학박사학위를 받고 사역을 계속하다가 1577년 프리드리히 3세의 사후 새로운 선제후가 된 루드비히 6세가 루터주의를 도입하면서 대학에서 쫓겨났다. 루드비히 6세의 동생 카시미르(Casimir)가 프리드리히 3세의 개혁주의 전통을 이어가기 위해 1578년 노이슈타트(Neustadt)에 카시미리아눔(Casimirianum)을 열었을 때 찬키우스가 개교강연을 했다.[12] 1583년 하이델베르크에

---

10 이 글은 찬키우스 사후에 출판된다. *Compendium Praecipuorum Capitum Doctrinæ Christianæ ... in Lucem edium* (Neustadt an der Haardt: Harnisch, 1598).

11 Tylenda, "Girolamo Zanchi and John Calvin," 104.

12 Drüll, *Heidelberger Gelehrtenlexikon 1386-1651*, 565.

다시 개혁주의가 세력을 얻어 교수들과 학생들이 하이델베르크로 돌아갔으나 찬키우스는 자신의 노령을 이유로 노이슈타트에 계속 머물렀다. 1590년 11월 19일 하이델베르크를 방문했을 때 하나님의 부르심을 받았고 대학 옆 베드로교회에 묻혔다. 그의 비문에 이렇게 쓰였다.

> 그리스도의 사랑으로 고향을 떠나 망명길에 올랐던 제롬 찬키우스의 유골이 여기 묻혔다. 그는 위대한 신학자요 철학자였다. 그가 쓴 많은 책들이 그것을 증거한다. 그가 학교에서 그 목소리로 가르쳤던 모든 이들이, 또 교회에서 그가 가르치는 것을 들었던 모든 이들이 그것을 증거한다. 그러므로 지금 그가 영으로는 이곳을 떠나있지만 그 명성은 우리에게 남아있다.[13]

2. 커져가는 갈등

1553년 찬키우스가 제네바에 칼빈의 강의와 설교를 들으며 지내고 있을 때 영국에서부터 청빙이 왔다. 대주교 크랜머의 초청으로 흠정교수직을 수행하고 있던 버미글리의 추천이 있었다. 찬키우스는 감사하는 마음으로 승낙하고 영국으로 떠날 채비를 하며 바젤에 들렀다. 그 즈음 스트라스부르는 종교개혁가이자 개혁신학자인 카스파르 헤디오(Caspar Hedio, 1494-1552)의 소천으로 공석이 된 교수를 구하고 있었

---

13 "HIERONYMI HIC SUNT CONDITA OSSA ZANCHII ITALI. EXULANTIS CHRISTI AMORE A PATRIA, QUI THEOLOGUS QUANTUS FUERIT ET PHILOSOPHUS, TESTANTUR HOC LIBRI EDITI AB EO PLURIMI, TESTANTUR HOC, QUOS VOCE DOCUIT IN SCHOLIS: QUIQUE AUDIERE EUM DOCENTEM ECCLESIAS. NUNC ERGO QUAMVIS HINC MIGRARIT SPIRITU: CLARO TAMEN NOBIS REMANSIT NOMINE." Renate Neumüllers-Klauser, *Die Inschriften der Stadt und des Landkreises Heidelberg* (Stuttgart: Druckenmüller, 1970). 256.

다. 스트라스부르의 학교지도자들은 피터 마터와 같은 정신을 가진 이탈리아인이면 좋겠다고 생각했다. 몇 사람이 찬키우스를 추천했다. 찬키우스는 이미 영국으로 가기로 확답한 상태이기 때문에 크랜머가 양해하면 갈 수 있다고 답했다. 스트라스부르는 찬키우스를 데려오기 위해 크랜머의 허락을 받고 정식으로 찬키우스에게 청빙서를 보냈다. 스트라스부르로 오기 위한 모든 비용을 스트라스부르에서 부담한다는 내용도 첨부했다. 영국으로 가려고 바젤에 머물던 찬키우스는 청빙을 받아들이는 감사 편지를 보냈다. 찬키우스는 스승 버미글리가 있던 곳, 위대한 종교개혁가 마틴 부써가 일했던 곳에 가게 되어서 기뻐했다.[14] 처음 찬키우스가 스트라스부르로 들어가는 과정은 이렇게 서로가 서로를 원하고 기뻐하는 모습이었다.

그러나 카스파르 헤디오의 죽음 이후에 교회 지도자 역할을 요하네스 마르바흐(Johannes Marbach, 1521-1581)가 맡게 되면서 보이지 않는 균열의 그림자가 이미 드리워 있었다. 요하네스 마르바흐는 열다섯 살에 린다우(Lindau)에서 스트라스부르로 와서 마틴 부써에게 배운 후, 비텐베르크로 가서 루터와 멜란히톤에게 배웠던 인물이다. 이스니(Isny)에서 사역하게 되었을 때에 그의 강한 루터주의적 경향 때문에 개혁주의자들과 갈등한 이후 1545년 스트라스부르로 와서 목사로 일하고 있었다. 스트라스부르는 특정노선을 강하게 드러내지 않는 모습을 취하고 있었기 때문에 이 일이 가능했다. 그러나 부써를 이어 스트라스부르의 교회의 지도자역할을 수행하던 개혁주의자 헤디오가 죽고 이 역할을 루터주의자 마르바흐가 맡게되자 스트라스부르의 상황은 변하기 시작했다.

1553년 3월 15일 찬키우스가 스트라스부르에 도착했다. 다음날 학장이던 요한 슈트름(Johann Sturm, 1507-1589)의 집에서 식사를 할 때 마르바흐와 찬키우스 사이에 교황을 위하여 기도할 수 있는가에 대하여 의견차이가 있었다. 기도가 필요없다는

---

14 Schmidt, "Girolamo Zanchi," 629-630.

마르바흐와는 달리 찬키우스는 기도가 필요없는 소망없는 자는 성령을 대적하는 자인데 그것이 교황인지는 알 수 없다고 답했다. 둘 사이의 의견차이는 심각한 것이 아니라 식탁에서 흔히 있는 종류의 사적대화였지만 둘 사이에 앞으로 있을 갈등의 예고였다.[15]

게다가 마르바흐는 찬키우스의 취임강연이 썩 마음에 들진 않았다. 강단에서 찬키우스가 다음과 같이 말했기 때문이다.

> 어떤 것이 아우구스티누스에게 더 잘 드러났다면 히에로니무스는 침묵해야 한다. 루터보다 성경에 더 어울리는 것이 칼빈에게 보였다면 루터는 침묵해야 하고 칼빈이 말해야 한다. 나아가 츠빙글리보다 루터가 말한 것이 성경에 더 조화로울 때는 츠빙글리는 루터 앞에서 물러나야 한다.[16]

찬키우스는 취임강연에서 교회와 학교에서 가르치고 배워야할 것은 하나님의 말씀 외에는 없다는 것을 강조했다. 그는 인간의 사상과 말이 높아지면 안된다는 것을 강조하고, 앞선 종교개혁가들도 닫혀진 체계로 받아들이면 안되고 하나님의 말씀의 권위 아래서 살펴봐야 한다고 말했다. 그러나 이 말은 마르바흐에게는 루터를 염두에 둔 말로 들렸다. 마르바흐는 일기에 자신의 쓸쓸한 마음을 기록했다.[17]

찬키우스는 구약을 맡아 강의했지만 스트라스부르에 있었던 10년 넘는 기간에 비하면 다룬 성경은 많지 않다. 다룬 내용이 이사야 12장까지, 시편 몇 편, 호세아,

---

15 Tylenda, "Girolamo Zanchi and John Calvin," 106.

16 "Si aliquid melius revelatum fuerit Augustino, taceat Hieronymus. ita si quid magis congruens divinae scipturae Calvino revelatum fuerit, quam Luthero, taceat Lutherus et loquatur Calvinus: porro, si magis consonant divinae scripturae Lutheri dicta, quam Zwingliii, cedat Zwinglius Luthero ..." Zanchius, *Operum Theologicorum*, Tom. 7-2, 272.

17 Schmidt, "Girolamo Zanchi," 634.

요한서신이었던 것을 볼 때 진도는 느렸다. 왜냐하면 성경전체의 교훈과 연결시켜서 단 한 구절에서도 여러 신학적 주제를 다루면서 상세하게 가르치려고 했기 때문이다. 나중에 스트라스부르에서 철학을 가르칠 사람이 필요하자 찬키우스는 철학도 가르쳤다.

찬키우스가 1553년 가을 결혼을 위해 스트라스부르를 잠시 떠났을 때, 스트라스부르의 마지막 원로라고 할 수 있는 야콥 슈트름(Jacob Sturm)은 찬키우스에게 빨리 돌아오라고 말했다. 그러나 10월 슈트름이 죽었으므로 이 말은 찬키우스가 그에게서 들은 마지막 말이 되었다. 마지막 원로가 죽자, 이제 살아있는 루터주의자 마르바흐의 세력확장이 분명해 졌다. 얼마 후 버미글리가 영국에서 돌아왔으므로 스승의 귀환에 찬키우스가 크게 기뻐했지만, 마르바흐는 서서히 자신의 방식대로 일을 진행해갔다. 마르바흐는 스트라스부르의 옛 선생인 버미글리에게 아우크스부르크 신앙고백서에 서명할 것을 요구했다. 마르바흐는 더 많이 알려진 1540년 변경판이 아니라 1530년 비경변판을 가지고 요구했다.[18] 버미글리는 옳고 유익한 이해 아래서 인정한다고 추가 한 후 서명했다.[19] 즉 루터주의의 공재설의 이해를 따라서는 받을 수 없다는 의미였다. 똑같은 요구가 찬키우스에게도 있었다. 찬키우스는 처음에 이 요구를 거절했다. 찬키우스가 스트라스부르로 올 때 요구받은 것은 부써와 버미글리의 정신을 따라 가르치는 것이었기 때문이다. 그러나 1554년 최종적으로는 평화를 위해서 "아우크스부르크 신앙고백서에 포함되고 정통대로 이해되는 정통교리를 따라"(secundum orthodoxam doctrinam in Augustana confessione

---

18 Tylenda, "Girolamo Zanchi and John Calvin," 107-108. 둘 다 멜란히톤이 작성했는데, 개혁주의자들의 관점에서 개정판이 성만찬에서 오해의 여지가 상대적으로 적다.

19 Tylenda, "Girolamo Zanchi and John Calvin," 108. 버미글리의 이 행동에 대해서 Tylenda는 다음을 참고한다: Joseph C. McLelland, *The Visible Words of God: An Exposition of the Sacramental Teaching of Peter Martyr Vermigli* (Edinburgh, 1957), 285-87.

contentam et orthodoxe etiam intellectam)라는 조건을 붙여 서명했다.[20]

마르바흐의 요구는 여기에 그치지 않고 스트라스부르에 있던 프랑스 피난민 교회를 향했다. 1554년 3월 프랑스피난민 교회 강단에 오른 마르바흐는 요구하기를, 모든 사람이 아우크스부르크 신앙고백서를 받아야 하며 성만찬에 대해서도 그것을 따라야 한다고 했다. 스트라스부르의 피난민 교회 목사였던 장 가르니(Jean Garnier)는 그것이 옳게 받아들여지고 해석되어지면 받겠다고 했다. 프랑스 피난민 교인들은 무슨 일이 더 생길까 염려했으나 일단 외적으로는 평화가 유지되었다.[21]

1556년 여름 더 이상 견딜 수 없었던 버미글리가 자유와 평화를 찾아서 취리히로 떠나자 찬키우스는 스트라스부르에 남아 있는 거의 유일한 개혁신학자가 되었다. 마터가 떠난 뒤에도 찬키우스는 학교를 위해 수고를 다하였으며 하나님의 예정과 바른 성만찬 교리를 변호하기 위해서 애썼다. 멜란히톤이 골로새서를 강의하면서 그리스도가 인성으로는 하늘에 계시다고 가르쳤다는 사실이 1557년 찬키우스에게 알려졌다. 찬키우스는 멜란히톤을 인용하면서 그리스도의 인성이 편재한다는 주장을 반박했다. 마르바흐는 찬키우스를 만나 스트라스부르의 평화를 위해서 그리스도의 몸과 피를 신자들이 먹지만 그 먹는 방식에 대해서는 침묵하자고 제의해서 둘 사이에 합의가 이루어졌다. 침묵과 함께 외적 평화가 한동안 있었다.[22]

그러나 이런 외적 평화는 오래갈 수 없었다. 찬키우스가 성만찬에 있어서 마르바흐와 하나가 되었다는 소문이 1559년 퍼졌기 때문이다. 이런 소문이 들리자 찬키우스는 침묵할 수 없었다. 자신이 생각을 바꾼 것이 아니라 스트라스부르의 평화를 위해서 침묵하고 있던 것이라고 그간의 사정을 밝히며 그리스도의 몸과 피를 먹

20 Neuser, "Dogma und Bekenntnis in der Reformation: Von Zwingli und Calvin bis zur Synode von Westminster," 303.

21 Tylenda, "Girolamo Zanchi and John Calvin," 108-110.

22 Schmidt, "Girolamo Zanchi," 639-640.

음은 영적이라는 사실을 공적으로 드러내기로 했다. 마르바흐와 약속한 것이 있기 때문에 그는 마르바흐에게 자신이 더 이상 침묵하지 않는다는 것을 알려주기 위해 편지를 보여주었다.[23]

마르바흐는 틸레만 헤스후스(Tilemann Heshus, 1527-1588)의 책을[24] 인쇄해서 스트라스부르에 퍼뜨리려고 했다. 헤스후스는 하이델베르크에서 있다가 팔츠의 새로운 선제후 프리드리히 3세가 개혁주의로 노선을 정하자 쫓겨난 인물이다. 헤스후스는 자신을 하이델베르크에서 떠나게 한 프리드리히 3세에 대한 비판을 서문에 포함시켰다. 마르바흐는 바로 이 책의 출판도시를 막데부르크(Madeburg)라고 고쳐 인쇄하고 판매하려고 했다. 찬키우스가 이 사실을 알게 되자 하이델베르크에 알렸고, 하이델베르크는 불쾌함을 표했다. 외교문제로 번지지 않기를 바라는 스트라스부르의 시당국은 이 책을 판매금지했다. 바로 이 사건으로 인해 외적 평화는 완전히 깨졌고, 찬키우스와 마르바흐 사이에 논쟁이 시작되었다.

3. 찬키우스의 예정론 논제

마르바흐는 찬키우스가 정통의 길로 가지 않는다고 시 당국에 고소했다. 찬키우스는 14개의 논제를 제출했다. 이중 처음 세 논제는 세상의 종말과 적그리스도에 대해 다루고 나머지는 예정론을 다룬다. 예정과 성도의 견인에 관한 논제들은 다음과 같다.[25]

---

23 Schmidt, "Girolamo Zanchi," 641-642.

24 *De praesentia corporis Christi in coena Domini, contra sacramentarios* (Ienae, 1560).

25 Zanchius, *Operum Theologicorum*, vol. 7-1 (Genevae: sumptibus Ioannis Tornaesij, 1649), 63-64. 전체 논제의 라틴어원문은 이 글 뒤에 첨부한다.

(예정에 대하여)

4. 영생을 얻도록 선택받은 자들의 수와 멸망으로 유기된 자들 곧 멸망으로 예정된 자들의 수는 하나님께 확정적이다.

5. 생명으로 선택받은 자들이 멸망할 수 없고 그래서 필연적으로 구원받는 것처럼, 영생으로 예정되지 않은 자들은 구원받을 수 없고 필연적으로 심판받는다.

6. 한번 선택받은 자는 유기자일 수 없고 유기될 수 없다.

(우리가 그리스도와 교회에 연결되는 끈들에 대하여)

7. 그리스도와 교회에 연결되는데 필수적인 두 가지 끈이 있다. 그리스도 안에 있는 영원한 선택의 끈과 그리스도 안에 있는 성령의 끈(그래서 또한 그리스도를 믿는 믿음의 끈)이다. 이 두 가지 끈은 우선 내적이고 보이지 않는데, 그래서 끊어질 수 없다.

8. 우리를 교회에 (외적 모습에 관한한) 연결하는 두 가지 끈이 있다. 그리스도의 교리의 고백과 성례에 참여하는 것이다. 이 두 가지 끈은 우선 외적이고 보이는데, 그래서 끊어질 수 있다. 누군가 교리를 거절하고 성례를 거절할 수 있기 때문이다.

(믿음에 대해)

9. 선택받은 자들은 이 세대에 하나님에게서 참 믿음을 단 한번 받는다. 이 믿음을 받은 자는 (특히 성인에 대해서 말한다면) 자신 안에서 이 믿음을 깨닫는다. 즉 자

신이 참되게 믿는다는 것을 인식하고 안다.

10. 한번 참 믿음을 받고 성령을 통해 그리스도에게 참되게 접붙여진 선택된 자들은 믿음을 결코 잃을 수 없고 성령을 결코 버릴 수 없으며 그리스도에게서 완전히 떠나갈 수 없다. 이것은 하나님의 약속 때문이며 그리스도의 중보기도 때문이다. 그런데 여기서 회개가 부정되거나 방종이 허락될 수 없다.

11. 중생한 선택받은 자들 안에는 두 사람, 속사람과 겉사람이 있다. 겉사람을 따라서는, 즉 어떤 부분에 있어서 (그들은 그 부분에서 중생하지 않은 것이다) 죄를 범할지라도 속사람을 따라서는 죄를 범하지 않기를 원한다. 이들은 죄를 미워하며 하나님의 율법을 즐거워한다. 그래서 전체심령으로 또는 완전한 의지로 죄를 범하지 않는다.

12. 베드로가 그리스도를 부정했을 때, 입술의 신앙고백에서 떨어졌지만 마음의 신앙고백에서 떨어진 것은 아니다.

(약속에 대해)
13. 하나님의 값없는 자비에 대한 약속들과 확실하며 영원한 구원에 대한 약속들은 보편적으로 모든 사람에게 제시되며 설교되어져야 함에도 오직 선택받은 자들에게만 해당한다.

14. 그러므로 "하나님은 모든 사람이 구원얻기를 원하신다"라고 바울이 말한 것에서 어떤 이가 '모두'를 인간들의 각 계층에 있는 택함받은 자에게 제한한다면, 또한 요한일서 2장에서 그리스도는 온 세상죄를 위한 화목제물이 되었다는

것을 세상에 퍼지거나 퍼질 보편적인 택함받은 자들로 해석한다면 성경을 왜곡한 것이 아니다.

이 짧은 논제들은 향후 개혁신학에서 발전할 내용을 보여준다. 먼저 이중예정이 조직적 방식으로 진술되었다. 예정론에 대한 이 짧은 논제가 스트라스부르의 여러 사람에게 거칠게 보였던 이유는 예정론이 조직적인 방식으로 진술되었기 때문이다. 이 조직적인 방식을 루터주의는 거칠다고 생각했지만 개혁주의는 이 방식을 교의학에 도입했다. 16세기 말 개혁신학자들은 예정을 다루거나 전달하는 방식에 대하여 조직적인 방식과 분석적이 방식 두 가지를 구분한다. 조직적인 방식은 에베소서의 방식으로 불리며, "하나님이 예정하셨다. 그러므로 내가 믿는다"의 방식이다. 분석적인 방식은 로마서의 방식으로 불리며, "내가 믿는다. 어떻게 내가 믿으며 믿음 안에서 견디는가? 하나님께서 예정하셨기 때문이다"의 방식이다. 다니엘 토사누스는 둘 다 옳으며, 조직적인 방식이 학교에 더 어울리는 방식이라 했고, 분석적인 방식이 교회에 더 어울리는 방식이라 했다.[26] 토사누스의 관점에서 찬키우스는 조직적인 방식을 취한다. 그리고 후에 그가 남긴 예정에 대한 글은 이런 조직적인 방식으로 쓰여진다.

찬키우스는 7항과 8항에서 두 개의 끈, 곧 선택과 성령을 그리스도와 교회에 연결되는 끊어질 수 없는 내적 끈으로 소개한다. 또 끊어질 수 있는 외적인 두 개의 끈으로 교리고백과 성례참여를 말한다. 비슷한 내용이 후대 개혁신학자들에게 나타난다. 올레비아누스는 로마서에서 다음과 같이 해설한다.

---

26 Daniel Tossanus, *de Praedestinatione ...* (Hanau, 1609), 21; 참고: Nam Kyu Lee, *Die Prädestinationslehre der Heidelberger Theologen 1583-1622* (Göttingen: Vandenhoeck & Ruprecht, 2009), 163.

가지들이 줄기에 접붙여지는 일이 정해진 수단들과 끈들로 되는 것처럼 복된 후손 안에서 아브라함에게 약속했던 주님의 언약 안에 접붙여지는 일도 그런 식이다. 이 접붙임에는 이중적 끈이 있다. 두 개의 외적 끈, 곧 외적 소명, 말씀, 언약의 표, 그리고 바로 이 소명의 외적인 승인 또는 교리를 고백하는 것과 성례에 참여하는 것이다. 접붙이는 내적인 두 개의 끈, 곧 값없는 선택 그리고 믿음의 성령이다. 이 [내적] 끈들은 끊어질 수 없으나 저 [외적] 끈들은 끊어질 수 있다.[27]

올레비아누스가 소개하는 내적 끈(선택과 믿음의 성령)은 찬키우스와 완전히 같다. 외적 끈에 대한 진술에서는 올레비아누스가 외적소명과 소명의 승인을 구분했음에도 소명의 승인에 교리의 고백과 성례에 참여함을 언급했다는 사실에서 찬키우스와 유사하다. 다만 올레비아누스는 아브라함에게 했던 언약에 묶는 끈으로 소개하는 반면, 찬키우스는 그리스도와 교회에 묶는 끈으로 소개한다는 점에서만 다르다. 올레비아누스 이후로 언약론이 개혁신학 내에서 성장하면서 내적인 끈과 외적인 끈의 구분은 언약의 내적실행(보이지 않는 교회에 속한 자들에게 해당)과 외적실행(보이는 교회에만 속하는 자들에 해당)의 구분으로 개혁교의학에 자리잡아 갔다.

'믿음에 대해'라고 붙인 9-12항에서 찬키우스는 선택받은 자들이 한 번 믿게 되면 이 믿음을 인식할 뿐 아니라 믿음에서 떠날 수 없다고 강조한다. 비록 범죄할지라도 죄를 미워한다는 것이다. 이 부분은 더 정확히 말하면 성도들이 믿음 안에서

---

27 "Porro quemadmodum insitio surculorum in stipites certis fit mediis & vinculis: ita & haec insitio in foedus Domini promissum Abrahamo in semine benedicto. Duplica autem sunt vincula huius insitionis. Duo externa: Vocatio externa, verbum & signa foederis: & eiusdem vocationis externa approbatio sive professio doctrinae & sacrameontorum participatio: interna vincula insitionis etiam duo: electio gratuita & Spiritus fidei: haec vincula non possunt abrumpi, illa possunt." Caspar Olevianus, *In Epistolam D. Pauli Apostoli ad Romanos notae* (Geneva: apud Eustathium Vignon, 1579), 569.

견디고 인내함에 대한 것, 즉 성도들의 견인에 대한 것이다. 바로 이 부분 때문에 찬키우스의 논제는 정통적 견인교리의 시작이라고 불리기도 한다.[28] 이 논제들은 찬키우스가 예정교리를 목회적 관점에서 인식하고 있었음을 보여준다.[29] 찬키우스의 목회적 관심은 스트라스부르 시당국에 제출한 《고백》(confessio) 중 예정론의 많은 부분을 할애해서 실천적 의미를 강조한 점에서도 나타난다.[30] 《고백》에는 예정론 만이 아니라 견인 교리 곧 '성도들이 믿음 안에서 견딤'(de perseverantia sanctorum in fide)도 포함되었다.[31] 9-12항의 내용이 논란이 되었기 때문이다. 여기서 믿음은 택함받은 자들에게 주어지며 이들은 끝까지 믿음 안에서 견딘다는 내용을 확고히 주장하고 성경과 교부들, 특히 루터와 부써에게 많은 호소를 했다. 이 견인교리는 17세기 초 도르트 총회(1618-1619)에서 공식적으로 승인되었다.

'약속들에 대해서'라고 소제목을 붙인 13항과 14항에서는 약속들이 보편적으로 제시되지만 선택받은 자들에게만 주어진다고 말한다. 그래서 요한일서 2:2의 '모두'를 세상에 보편적으로 흩어진 택함받은 자들로 이해한다. 더 정확히는 '약속들의 보편성과 제한성'을 다루는 것이다. 성경에 나오는 보편적인 용어들과 제한적인 표현들을 어떻게 이해할 것인가에 대하여 나중에 벌어질 논쟁이 여기에 있다. 1586년 몽벨리아르(Montbeliard)에서 베자와 안드레애(Jaccob Andreä)는 이 문제로 논쟁했으며, 개혁주의와 루터주의의 견해가 많이 다르다는 사실을 보여주었다. 안드레애는 '모두'를 한 사람도 **빼놓지** 않은 실제적인 '모두'로 보았다. 안드레애의 관점에서 그리스도께서 '모두'의 실제적인 죄사함을 위해 죽으셨기 때문이다. 그러나

---

28 Moltmann, *Prädestination und Perseveeranz*, 91-94.

29 Neuser, "Dogma und Bekenntnis in der Reformation: Von Zwingli und Calvin bis zur Synode von Westminster," 304-305.

30 Zanchius, *Operum*, tom. 7-1, 324-334.

31 Zanchius, *Operum*, tom. 7-1, 347-388.

베자의 관점에서 그리스도의 피한방울이 온 세상의 죄를 사하고도 남지만 그리스도의 의도는 택함받은 자들의 죄를 사하는 것이었다. 찬키우스가 내놓은 이 논제는 16세기 말 그리스도의 속죄 대상 논쟁에서도 계속되었으며 도르트 총회에서도 토론되었고, 그리스도의 죽으심의 효과가 오직 택함받은 자들에게만 있다고 도르트 총회는 결정했다.

4. 다른 도시들의 반응

1561년 가을 찬키우스는 자신의 신학적 입장에 대한 지지를 얻고자 하이델베르크와 마부르크를 들렀다. 그 후 다시 슈투트가르트, 튀빙겐, 샤프하우젠, 취리히, 바젤을 여행했다. 그리고 마부르크, 하이델베르크, 취리히, 샤프하우젠, 바젤로부터 평가서를 받았다.[32] 이 평가서를 통해서 다른 도시의 신학자들의 반응과 함께 당시 예정과 견인 등에 대한 입장이 무엇인지를 알 수 있다. 샤프하우젠의 신학자들이 찬키우스를 지지하는 글을 보내왔으나 이 글은 전적인 동의의 내용 외에 다른 신학적견해를 읽어내기엔 너무 짧고, 바젤의 평가서는 찬키우스의 의견의 전체적인 면을 보고 정죄하지 않을지라도 화해를 촉구하는 것이 주 내용이었다. 따라서 이 글은 신학적 입장을 확인할 수 있는 마부르크, 하이델베르크, 취리히의 평가서의 내용을 살펴본다.

---

32 찬키우스가 제네바의 평가를 받지 않은 것은 마르바흐가 찬키우스의 모든 이단적 내용이 칼빈과 베자의 책에서 받은 것들이라고 했기 때문에 제네바보다는 다른 교회의 증언이 필요했던 것으로 보인다. 참고: Tylenda, "Girolamo Zanchi and John Calvin," 125.

칼빈주의
뿌리내리다

1) 마부르크

1561년 8월 15일에 기록된 마부르크의 신학자들의 평가서가 가장 먼저 도착했다.[33] 이 평가서는 하나님이 인간을 구원하는 순서를 가장 먼저 소개한다. 에베소서 1장을 인용하면서 하나님께서 창세 전에 우리를 택하시고, 그 기쁘신 뜻대로 예정하셔서 은혜의 영광을 찬송하게 하셨다고 한다. 그래서 예정을 가장 첫 번째 순서로 가져온다. 두 번째는 영원 전에 그리스도 안에서 우리에게 주신 은혜를 따르는 소명이다(딤후 1:9). "영원전부터 앞서가는 선택이 시간 안에 있는 소명의 원인이다."[34] 세 번째 순서는 믿음이다. 믿음은 하나님의 선물이다. "온전한 믿음도 영원전에 되어진 선택에 의존한다."[35] 네 번째는 이 믿음으로 예수 그리스도 안에 있는 구속을 통해 값없이 의롭게 된다는 것이다. 다섯 번째, 칭의에 참여한 자들이 누리는 성화와 영화를 언급한다.

따라서 이들은 찬키우스의 의견에 완전히 동의하면서, 선택받은 자들에게 한번 주어진 믿음이 상실되지 않는다고 했다. 비록 죄가 선택받은 자들과 유기된 자들에게 다 나타나지만, 선택받은 자들 안에는 성령이 거주하며 죄와 싸우지만 유기된 자들은 오직 죄의 지배만 받는다는 것이다. 범죄했던 다윗과 그리스도를 부인했던 베드로의 예를 들며 다음과 같이 말한다. "참되고 완전한 믿음이 흔들리며 날아간다고 이해될 수 없다. 마치 한 순간 사라졌다가 다시 회복되는 것처럼 말이다. 그러나 성경이 우리에게 분명히 가르치듯이 이 믿음은 지속적이며 변하지 않고 지지

---

33 Zanchius, *Operum*, tom. 7-1, 65-69. 서명한 학자들은 다음과 같다: Andreas Hyperius, Johann Lonicerus, Johann Garnerius, Wigandus Orthius, Nicolaus Rodingus, Johann Pincierus, Johann Postorius.

34 "Praecedens ab aeterno electio, vocationis in tempore caussa est." Zanchius, *Operum*, tom. 7-1, 65.

35 "... ex electione ab aeterno facta, etiam fides perfecta pendet." Zanchius, *Operum*, tom. 7-1, 65.

않으며 어떤 병기로도 정복되지 않는다"[36] 나아가 이들은 이 주제를 그리스도께서 하나도 잃지 않으리라고 약속하신 말씀에 근거해서 설명했다. 그리스도는 사탄을 이기시는 분이지 지는 분이 아니다. 전능자의 손에서 선택받은 자를 뺏을 수 없다고 마부르크 신학자들은 말한다. 이들은 찬키우스의 의견에 전적으로 동의하면서 부써가 가르쳤던 학교에서 이 논제 때문에 논쟁이 된다는 사실에 유감을 표하며 마무리 짓는다.

2) 하이델베르크

프리드리히 3세의 치하에서 이제 막 개혁주의로 노선을 정한 하이델베르크 신학자들의 평가서도 도착했다. 1561년 8월 25일에 이 평가서에 서명한 사람들은 이후 팔츠를 개혁주의 위에 확립시키는데 영향을 끼칠 피에르 부캥(Pierre Bouquin, Petrus Boquinus), 임마누엘 트레멜리우스(Immanuel Tremellius), 카스파르 올레비아누스(Caspar Olevianus), 미하엘 딜러(Michael Diller)였다.

이들도 마부르크의 신학자들처럼 하나님의 작정에서부터 시작한다. 로마서 8:30의 순서를 '가장 영광스런 순서 또는 사슬'(pulcherrima gradatio seu catena)이라 칭하고, 다시 이것을 영원 전 하나님의 변치 않는 계획과 작정에서 나오는 '선택받은 자들의 구원의 모든 단계'(gradus omnes salutis electorum)라고 칭한다. 따라서 성부가 성자에게 준 자들이 그의 손과 능력에서 빼앗겨지는 일은 있을 수 없다고 말한다. 나아가 그들이 중생하여 영생을 얻도록 주어진 성령의 능력을 완전히 잃어버린다는 일도 있을 수 없다는 것이다. 하이델베르크 신학자들은 여기서 중생의 상징인

---

36 "Nec potest fides vera perfectaque intelligi res fluxa & volubilis, quae momento temporis & auferatur & restituatur. Sed perspicue docet nos Scriptura, esse constantem, immobilem, invict-am, nullis machinis expugnabilem." Zanchius, *Operum*, tom. 7-1, 67.

세례가 반복되지 않는다는 점을 지적한다. 계속해서 성령으로 중생케 된다는 것이 택함받은 자들의 견인의 확실한 증거라고 지적한다. "만일 한번 은혜 안으로 받아들여진 피택자들이 나중에 여기서 떨어진다면 성령은 결코 견고하며 확실한 구원의 보증이 아니며 불확실하고 의심받는 증거일 뿐이기 때문이다."[37]

하이델베르크 신학자들은 병든 자와 죽은 자의 차이를 사용해서 죄에 빠진 선택받은 자들의 상태를 설명한다. 선택받은 자들은 죽은 자처럼 생명이 없는 자가 아니라 병든 자처럼 건강이 회복되면 된다. 성령이 이들 안에서 육신의 부패와 항상 싸우기 때문에 이들은 이 땅 위에서 항상 전쟁 속에 있다. 이들의 약함과 죄 때문에 성령이 이들을 떠나지 않는다. 성령이 주어진 이유는 약함 가운데 있는 이들을 고치고 무장하기 위해서다. 하이델베르크 신학자들은 찬키우스의 의견에 동의하면서 부써가 가르쳤던 학교에서 진리가 의심받는 일에 대하여 유감을 표하면서 평가를 마무리한다.[38]

3) 취리히

1561년 12월 29일 불링거와 당시에 취리히에서 가르치던 버미글리 등 취리히의 신학자들은 찬키우스의 논제를 지지하는 평가서에 서명했다.[39] 이들은 첫 부분에서, 찬키우스의 논제들을 면밀히 검토한 결과 경건치 못하다던가 성경에 어긋나는

---

37 "Nam si electi semel in gratiam recepti, ab ea postea exciderent: ... nequaquam esset Sp.S firmis & certum salutis pignus, essetque eius testimontum infirmum ac dubium." Zanchius, *Operum*, tom. 7-1, 70.

38 Zanchius, *Operum*, tom. 7-1, 72.

39 취리히 교회의 목사들과 교수들로서 서명한 이들은 다음과 같다: Heinfich Bullinger, Rodolf Gwalther, Johann Wolf, Peter Martyr, Josias Simler, Ludwig Lavater, Wolfgang Haller, Johann Jacob Wick, Ulrich Zwingli.

점을 발견하지 못했으며 옳게 이해된다면 벌이 아니라 칭찬받을 가치가 있다고 밝힌다.

취리히 신학자들은 선택받은 자들의 수가 하나님께 확정적인 이유를 구원받는 자들에게 필요한 은혜와 믿음과 성령을 주시는 분이 하나님이라는 사실에서 찾고 있다. "하나님의 의지는 새롭지 않고 영원하며 나아가 하나님 자신이 불변하시는 분으로서 변하지 않기 때문에 양편의 수가 이미 그에게 결정되었다는 것이 결론된다."[40] 이런 전제 아래서 성부가 그리스도에게 주신 무리 중 아무도 빼기지 못한다는 결론이 나온다. 하나님의 의지는 질 수 없기(invicta) 때문이다. 취리히 신학자들은 택함받은 자들이 필연적으로 구원받는다고 할 때, 필연적으로라는 단어 때문에 비난받아야 한다고 생각하지 않는다. 왜냐하면 억압의 필연성(necessitas coactionis)이 아니기 때문이다. 그리스도께서 자신의 손에서 누구도 그들을 빼앗을 수 없다고 했기 때문에 성경이 가르치는 것은 피택자들이 멸망하지 않는다는 것이다. 이들에 의하면, 한번 선택받은 자가 유기자일 수 없고 유기될 수 없다는 것에 대해서도 토론할 필요가 없다. 왜냐하면 하나님의 의지는 변하지 않기 때문이다.[41]

이들은 또한 참되게 접붙여진 자가 믿음과 성령을 완전히 잃어버릴 수 없다고 말한다. 그래서 믿음이 한 번 주어지는 것이지 주어졌다가 잃는 것이 아니라고 한다. 약속의 말씀인 하나님의 씨가 그들 안에 머무르기 때문이다. 이 약속의 말씀이 믿는 하나님의 자녀들 안에 머무르는데, 바로 성령이 이 믿음을 붙잡고 있다. 성령이 성도들 안에 계속 거주하기 때문에 육신의 부패와 싸움이 성도들 안에 있다. 중생자는 온 마음으로 죄짓지 않으며 분별이 없거나 약함으로 죄짓는다. 또 취리히

---

40 "... cumque voluntas Dei non sit nova sed aeterna nec ipse mutetur, ut qui sit prorsus immutabilis: consectarius est numerum utriusque ordinis iam apud eum esse constitutum." Zanchius, *Operum*, tom. 7-1, 73.

41 "Id autem non opus habet discussione: cum voluntas Dei ... sit immutabiis." Zanchius, *Operum*, tom. 7-1, 74.

칼 빈 주 의
뿌 리 내 리 다

신학자들에 의하면, 약속은 모두에게 선포될지라도 모두에게 주어지지 않는다는 것이 성경과 경험이 알려주는 것이다. 즉, 사역자는 누가 피택자인지 모르는 채로 말씀을 선포하며 그 말씀을 통해 성령은 피택자 안에서 역사한다는 것이다. 따라서 취리히 신학자들은 '모두'가 다만 택함받은 자들이라고 규정하는 찬키우스의 의견에 대해서, 똑같은 것을 말했던 아우구스티누스에게 호소하며 동의한다. 결론적으로 찬키우스의 "이 명제들에 대해서 우리는 성숙하고 좋은 것이라고 생각하고 이것들 안에 어떤 이단적인 것이나 부조리한 어떤 것도 없다고 선언한다. 나아가 우리는 그것들이 일부는 필수적이며 일부는 신뢰할만한 것들로서 성경과 전혀 모순되지 않는 것이라고 받는다"[42]라고 취리히 신학자들은 최종적으로 평가한다.

짧은 글로 전적으로 동의하는 샤프하우젠까지 포함해서, 마부르크, 하이델베르크, 취리히는 찬키우스의 논제에 찬성했다. 이 일이 의미하는 바는 예정교리에 대해 이미 이 시기에 개혁교회의 일치가 있었다는 것이다. 비록 취리히의 입장표명에 대한 평가가 엇갈려 강한 칼빈주의 예정교리에 대한 개혁교회의 찬성으로 보는 견해도 있지만,[43] 정치적 이유 때문에 이렇게 표현했다고 보기도 한다.[44] 그러나 취리히가 마르바흐의 의견에 찬성한 것은 아니기 때문에 취리히의 평가를 축소시킬 수 없으며, 찬키우스의 명제에 더 설명이 필요하다로 보았고 오해를 불러오는 표현보다 더 나은 표현을 선호했다고 볼지라도 찬키우스와 기본적으로 다르지 않다고 보

---

42 "De sententiis itaque ... nos re mature ac bene considerata pronunciamus nihil in eis contineri vel haereticum vel absurdum. Imo eas amplectimur, partim ut necessarias, partim ut probabiles, quaeque divinis literis minime repugnent." Zanchius, *Operum*, tom. 7-1, 75.

43 "Diese Gutachten sind also sehr merkwürdige Uebereinstimmungsformeln der reformirten Sitze Marburg, Zürich, Schaffhausen, Heidelberg für die calvinisch strenge Prädestination." Schweizer, *Die Protestantischen Centraldogmen*, 462.

44 "sie wird offensichtlich durch kirchenpolitische Gründe mitbestimmt." Neuser, "Dogma und Bekenntnis in der Reformation: Von Zwingli und Calvin bis zur Synode von Westminster," 306.

는 것이 옳다고 보인다.[45] 비록 취리히가 예정이란 단어에 선택만 포함시키길 원했을 지라도, 영생으로 선택된 자와 선택되지 않은 자에 대한 구분에 찬성하고 있으며,[46] 하이델베르크, 마부르크, 샤프하우젠은 예정에 선택과 유기를 포함하는 것에 찬성한 것이다.[47] 이들 모두는 구원을 예정하시고 출발시킨 하나님에게로 올라가 거기서 성도들의 견인의 근거를 말한다는 점에서 일치했다.

5. 합의서에 나타난 차이

스트라스부르 시 당국은 마르바흐와 찬키우스가 화해하도록 위원회를 조직했다. 주변 도시에서 네명의 신학자와 네명의 법률가, 이렇게 외부인사 8명과 4명의 스트라스부르 대표, 총 12인이 화해할 수 있는 길을 모색하기로 했다. 외부에서 도착

---

45 Neuser는 취리히가 찬키우스와 거리를 두려고 했다는 근거로 취리히가 '선택된 자들과 유기된 자들이라는 구분'보다 '생명으로 선택된 자들과 생명으로 선택되지 않은 자들이라는 구분'을 선호했다는 것을 언급한다(Neuser, "Dogma und Bekenntnis in der Reformation: Von Zwingli und Calvin bis zur Synode von Westminster," 305). 이것은 찬키우스 자신이 이미 논제 5번에서 그 구분을 사용(electi ad vitam ... qui ad vitam aeternam praedestinati non sunt)했기 때문에 결정적 근거가 되지 못한다. 나아가 '필연적으로'(necessario)에 대한 보충 설명은 찬키우스와 다른 개혁신학자들도 그렇게 동의하는 내용이기 때문에, 부당한 비난에 대한 변호가 그 이유라고 할 수 있다. 따라서 오해와 비난의 가능성 때문에 더 많은 설명이 필요하다는 생각을 가졌던 것이지, 찬키우스의 의견을 거절하거나 예정자체를 거절하는 식의 본질적으로 다른 평가를 갖고 있었다고 할 수 없다.

46 이중예정(praedestinatio gemina)이란 선택과 유기를 예정이란 단어에 포함시켜 설명하는 것을 말한다. 이중예정을 거절하고 예정에 선택만 포함시켰다는 것은, 유기를 소극적인 차원에서 (선택과 동일한 적극적인 차원이 아니라) 다루려고 했다는 것이지 유기라는 사실 자체를 거절했다는 것(간혹 오해하듯이)이 아니다(참고: Richard Muller, *Dictionary of Latin and Greek Theological Terms* [Grand Rapids: Baker Book House, 1996], 234-235).

47 "Die Durchsicht der Gutachten ergibt, dass die von ihm vertretene doppelte Prädestination zu dieser Zeit in Marburg, Heidelberg und Schaffhausen fester Bestandteil der Lehre ist." Neuser, "Dogma und Bekenntnis in der Reformation: Von Zwingli und Calvin bis zur Synode von Westminster," 306.

한 신학자들은 마르바흐에 힘을 실어주는 자들이었다. 튀빙겐 대학의 교수인 야콥 안드레애(Jacob Andreae), 바젤대학의 교수인 시몬 슐처(Simon Sulzer), 쿤만 플린스바흐(Cunmann Flinsbach), 바젤의 목사인 울리히 쾨흘린(Ulrich Köchlin)이었다. 이중 야콥 안드레애와 시몬 슐처는 강한 루터주의자였다. 이들은 찬키우스의 논제가 이단적인 것은 아니라고 공식적으로 평가했으나 찬키우스가 강의시간에 주의없이 가르쳤을 수 있다는 가정 아래 화해를 위해 목사들과 교수들이 서명할 합의서를 작성했다. 이단이 아니라는 평가를 받았지만 찬키우스가 이 합의서를 대했을 때 바로 서명하지는 않았다.

찬키우스는 이 문서의 의도를 알고 있었다. 이 합의서는 겉으로 중립적인 자세를 취하는 것처럼 보이지만, 찬키우스가 보기에 마르바흐의 견해만 담고 있었다.[48] 이 합의서는 성만찬과 예정에 대한 문제가 논란이 되는 두 가지 문제라고 규정한다.[49] 성만찬에 대해서 그리스도의 살과 피의 참되고 실체적인 현존(veram & substantailem praesentiam)이 빵과 포도주와 함께 만찬에 참여하는 자들에게 제시되고 배분된다(cum pane & vino exhibentur in Coena vescentibus distribununtur)라고 했다. 이 정도의 수준은 겉으로 보기에 루터파도 받고 개혁파도 양보해서 받을 수 있는 내용일지 모르나, 그동안 찬키우스가 수없이 공개적으로 예수 그리스도의 현존이 영적인 방식이라고 말했던 것과 차이가 있었다. 이 정도 수준에서 강의하라는 것은 사실 찬키우스가 더 분명한 방식으로 개혁주의의 내용을 전달하는 일이 스트라스부르에서 쉽지 않을 일이 될 것을 보여준다.

합의서는 예정론을 취급함에 있어서도 찬키우스의 방식과 전혀 다르게 접근했

---

48 Tylenda, "Girolamo Zanchi and John Calvin," 129.

49 합의서 전문은 다음을 참고하라: Valentin Ernst Loescher, *Ausführliche Historia Motuum zwischen den Evangelisch-Lutherischen und Reformirten*, vol. 2 (Franckfurt und Leipzig: Johann Grossens seel, 1723), 229-231.

다. 이 문서는 하나님의 예정을 (이중예정은 거절하지만) 인정하나 하나님께 있는 비밀로 규정하고 오직 그리스도 안에 계시된 것에서만 약속을 찾으라고 한다.[50] 작정의 내용이란 예외없이 모든 죄인들을 부르시는 계획으로 말해진다. 그 계시된 내용이란 보편적으로 부르시는 하나님의 약속이다.[51] 이것이 가장 참된 최고의 위로 (verissima & summa consolatio)이다. 그래서 성도의 위로의 근거를 보편적인 부르심에서 찾았다. 모두를 부르시는 하나님께서 모두에게 믿음을 주시지 않는 것도 하나님의 비밀로 두고, 신자가 그 믿음을 알 수 있는가에 대해서 말하지 않았다. 선택의 확신이 주는 위로는 언급하지 않고 선택에 의지해서 죄의 욕심에 빠질 때 성령을 잃을 것(Spiritum santum amittunt)이라고 경고한다. 이 합의서는 틀렸다고는 할 수 없겠지만 (후에 칼빈의 평가도 그렇다), 취리히, 마르부르크, 하이델베르크의 평가서에 나타난 내용과 차이가 있다. 평가서들이 위로의 근거를 선택하시고 성령을 주시며 믿음을 주시고 견디게 하시는 하나님께 둔다면, 합의서는 위로를 보편적 부르심에 둔다는 점이 가장 큰 차이다. 개혁파는 신론적으로 루터파는 인간론적으로 생각하는 경향이 이미 이때부터 나타난다.[52]

찬키우스가 그동안 공개적으로 고백해왔던 선택에 대한 확신은 빠졌다. 나아가 욕심에 순종하는 자는 성령을 잃는다는 진술이 오히려 해석에 따라서는 찬키우스의 견해와 부딪혔다. 게다가 찬키우스는 이 문서를 집으로 가져가 자세히 검토하기를 원했지만 계속 거절당하다가 서명하기 전날에야 가능했다. 찬키우스는 3월 18

---

50 "... aeterna Dei est praedestinatio, quae ad electos pertinet ... Haec autem cum sit abyssus & extra Christum considerata, in praecipitium inferni adducat, non nisi in Christo quaerenda est ... " Loescher, *Ausführliche Historia Motuum*, 230.

51 "Est ... Dei aeternum decretum ... quotquot in Christum credunt, gratiam Dei ... consequantur. ... Promissiones ... sint universales." Loescher, *Ausführliche Historia Motuum*, 230.

52 비교: Herman Bavinck, *Gereformeerde Dogmatiek*, vol. 1 (Kampen: Kok, 1928), 박태현 역.《개혁교의학1》(서울: 부흥과 개혁사, 2011), No. 54.

칼빈주의
뿌리내리다

일 서명하는 당일까지도 서명하지 않기로 결심했다고 고백한다. 그는 도시에서 쫓겨나고 죽는 것이 서명하는 것보다 낫다고 느끼고 있었다고 한다. 그래서 스트라스부르의 교수들과 목사들이 서명하러 건물에 들어갔을 때, 그는 그 건물에 들어가지도 않고 집으로 가고 있었다. 그러나 한 동료의 설득에 의해 서명하는 자리에 들어갔고 자기 차례가 왔을 때 찬키우스는 서명했다. 서명하기 전에 자신의 서명이 그동안 자신이 가르치고 고백했던 것의 어떤 포기를 의미하지 않는다는 것과 문서의 내용이 자신의 해석에 따라 옳다고 판단함으로 해석한다고 선언하고 서명했다. 그래서 그는 자신의 이름 옆에 다음과 같이 붙였다. "나 찬키우스는 교리에 대한 이 문서를 내가 경건하다고 인정하는 방식에 따라 받는다."[53]

찬키우스의 서명은 주변 도시의 여러 사람들에게 회자되었다. 불링거는 칼빈에게 "이 훌륭한 사람이 조금 사려깊지 않게 행동한 것처럼 내게는 보입니다. 그는 적들과 중재인들에게 너무 많이 내어 준 것 같습니다"라고 적었다.[54] 자신의 그동안의 사정을 긴 글로 알리고 조언을 구한 찬키우스에게 칼빈은 "예정에 대해 불경건한 어떤 것도 드러나지 않도록 했지만, 밝은 빛을 어둠으로 덮었다"라고 평가했다.[55] 칼빈은 찬키우스가 자신의 의견을 공개적으로 밝히는 것이 필요하다고 권면했다.[56]

찬키우스는 칼빈의 권면에 따라 공개적으로 자신의 입장을 밝혔다. 성만찬에 대해서는 그리스도의 몸이 공간적으로 현존하지 않으며 그 몸은 멀리 떨어져 있으나 신자들의 마음에 교통으로 현존하신다고 자신의 서명의 의미를 설명했다. 나아

---

53 "Hanc doctrinae formulam, ut piam agnosco, ita eam recipio Ego H. Zanchius" *CO* 19: 675.

54 "Mihi videtur vir bonus paulo imprudentius egisse, et nimium dédisse et hostibus et compositoribus etc." *CO* 19: 710.

55 "De praedestinatione nihil palam impium protulerunt ... tenebras clarae luci obduxerunt." *CO* 20: 23.

56 *CO* 20: 24; 참고. Tylenda, "Girolamo Zanchi and John Calvin," 133.

가 예정과 성도들의 견인에 대해서도 분명히 밝혔다. 찬키우스는, 죄의 욕심을 따르는 자가 은혜를 잃는다고 합의서에 진술되었는데, 성령이 거주하는 택함받은 자들의 경우 어떤 싸움도 없이 죄를 따르는 일은 없다고 밝혔다. 자신의 입장이 받아들여지면 스트라스부르에 계속 머무를 것이며 그렇지 않으면 떠날 마음이었다.[57]

찬키우스의 반대편에 있던 자들은 찬키우스가 스트라스부르에 새로운 전쟁을 일으켰다는 불만을 제기했다.[58] 스트라스부르 시의회는 이 문제를 어떻게 다룰지 당혹스러워 했다. 찬키우스 자신도 긴 논쟁으로 지쳐있었다. 때마침 키아벤나(Chiavenna, 스위스국경을 가까이한 북이탈리아의 도시)의 개혁교회가 찬키우스를 담임목사로 청했다. 이 청빙이 스트라스부르의 문제를 해결해주었다. 1563년 11월 말 스트라스부르의 마지막 개혁신학자 찬키우스가 키아벤나로 떠나면서 그 도시의 긴 논쟁은 끝났다.

나가며

이 글은 교리사적으로 상당히 의미있는 스트라스부르의 예정론 논쟁을 살핌으로써 다음과 같은 사실을 확인했다.

첫째, 제2성만찬 논쟁 중에 개혁주의와 루터주의의 사이가 본격적으로 갈라지면서 성만찬론만이 아니라 예정론에 있어서도 멀어지는 역사적 배경을 확인했다. 이제 논쟁이 성만찬론만이 아니라 예정론까지 확대되었음을 스트라스부르 논쟁은 보여준다. 루터의 예정론과 칼빈의 예정론은 근본적으로 다르지 않았지만 1549년

---

57 *CO* 20: 104-105.

58 Schmidt, "Girolamo Zanchi," 672.

《취리히 협의서》(Consensus Tigurinus) 이후 루터주의자들은 예정론에 있어서도 개혁주의자들과 다른 견해를 보여준다.

둘째, 개혁주의와 루터주의가 예정론에 대한 접근이 다름을 확인했다. 취리히, 마르부르크, 하이델베르크, 샤프하우젠은 찬키우스의 예정론 논제에 동의했다. 이 도시들의 공통적인 견해가 보여주듯이 개혁교회는 하나님께서 영생을 주시기로 예정한 자들에게 믿음을 주시며, 선택된 자는 성령의 역사에 의해 믿음을 선물로 받았으므로 이 믿음을 잃지 않는다는 관점을 가졌다. 성령은 신자 안에 거주하시는 구원의 보증이시고 신자 주위에서 흔들리는 의심의 증인이 아니기 때문이다. 이렇게 개혁교회는 믿음을 주신 성령과 믿음을 주시기로 예정하신 하나님께 올라갔다. 반면 찬키우스가 그토록 서명하기 싫어했던 그러나 서명하고야 말았던, 루터주의자들이 주도해 만든 화합을 위한 문서에 따르면, 예정은 인정될지라도 신자는 계시된 말씀과 믿음 안에서만 위로를 찾고 더 이상 높은 것으로 올라가는 것은 금지되었다. 루터주의는 계시된 말씀과 그것을 믿는 인간의 믿음에 머무르며 거기서 위로를 찾으려 했다면 개혁주의는 말씀을 계시하시고 믿음을 주신 하나님, 곧 구원을 주시기로 예정하신 하나님께 올라가 거기서 위로를 얻으려고 했던 것이다.

〈첨부: 찬키우스가 시에 제출했던 논제〉

(출처: Operum Theologicorum D Hieronymi Zanchi, Tomus Septimus, 63-64)

1. (De fine Seculi) Quoto die, vel quoto mense, vel quoto anno, vel quoto seculo futurus sit finis Mundi, & rediturus Dominus: neque ulla certa scientia, neque ullis certis coniecturis cognosci ab ullo mortalium potest.

2. (De Antichristo) Etsi revelatum est iampridem regnum Antichristi, quique in illo primatum tenet & regnat, verus est Antichristus: dicere tamen, sub finem seculi insignem quendam & omnium iniquitate excellentissimum, verum & perfectum Antichristum, qui etiam miracula edat, venturum esse, non pugnat cum sacris literis.

3. (De Signis finis Seculi)

Dicere, pro conciliatione loci Luc.18. Putas cum veniet filius hominis, inveniet fidem in terra? cum loco Pauli Rom.11. Nolo vos ignorare mysterium hoc, quod caecitas etiam ex parte contigit in Israel, donec plenitudo gentium advenerit, & sic omnis Israel saluus fiet: dicere inquam, pro conciliatione horum duorum locorum, quod, dum regnabit ille summus & ultimus Antichristus, propter ipsius tyrannidem parum fidei reperietur in terra: sed post illum occisum spiritu oris Christi, copiosa Iudaeorum multitudo ad Christum sit convertenda (id quod sit per fidem) & quod tunc futura sit multa fides in terra: non est contra verbum Dei.

칼 빈 주 의
뿌 리 내 리 다

4. (De praedestinatione) Certus est apud Deum, tum electorum ad vitam aeternam, tum reprobatorum & ad interitum praedestinatorum, numerus.

5. Sicut electi ad vitam perire non possunt, ideoque salvantur necessario ita quoque qui ad vitam aeternam praedestinati non sunt, salvari non possunt: ideoque necessario damnantur.

6. Qui semel electus est, non sit, nec fieri potest reprobus.

7. (De vinculis quibus colligamut Christo & Ecclesiae) Duo sunt vincula, quae ad hoc, ut Christo & Ecclesiae vere colligemur, prorsus necessaria sunt: vinculum aeternae electionis in Christo, & vinculum Spiritus Christi ideoque fidei in Christum. Atque haec duo primo interna sunt & invisibilia, deinde indissolubilia.

8. Duo vincula sunt, quibus Ecclesiae (quo ad externam eius faciem attinet) coniungimur: professio doctrinae Christi, & participatio Sacramentorum, atque haec primum externa sunt, & visibilia, deinde dissolubilia: quatenus potest quis & ipsam doctrinam reiicere & ipsa sacramenta respuere.

9. (De fide) Electis in hoc seculo semel tantum vera fides a Deo datur, & qui ea donatus est (praesertim de adultis loquor) eam in seipso sentit, id est, certo cognoscit & sentit se vere credere.

10. Electi semel vera fide donati, Christoque per Spiritum sanctum vere insiti, fidem prorsus amittere, Spiritum Sanctum, omnino excutere & a Christo excidere penitus non possunt, idque tum propter promissionem Dei, tum propter Christi precationem neque tamen hinc sequitur, vel poenitentiam negari, vel licentiam concedi.

11. (De promissionibus) In electis regeneratis duo sunt homines, interior & exterior. Ii cum peccant secundum tantum hominem exteriorem, id est, ea tantum parte, qua non sunt regeniti, peccant: secundum vero interiorem hominem nolunt peccatum, detestantur peccatum, & condelectantur lege Dei, quare non toto animo, aut plena voluntate peccant.

12. Petrum, cum negavit Christum, defecit quidem fidei confessio in ore, sed non defecit fides in corde.

13. Promissiones de gratuita Dei misericordia, deque certa & aeterna salute, etsi universaliter omnibus proponuntur, & praedicandae sunt: ad ipsos tamen tantum electos reipsa pertinent.

14. Quare cum Paulus ait, Deus vult omnes homines salvos fieri, si quis illam vocem Omnes, restrigat ad electos, in quocunque hominum ordine sint: item si illud I.Iohan.2. Christus est propitiatio pro peccatis totius Mundi, interpretetur pro electis universis, per totum orbem dispersis, aut dispergendis, non depravat Scripturas.

II. 16세기 말의 예정론 이해: 하이델베르크를 중심으로

들어가며

선제후 프리드리히 3세에 의해 개혁신학으로 방향을 정한 이후 하이델베르크 개혁
신학자들이 처음 예정론에 관한 견해를 공적으로 드러낸 일은 방금 살핀 1561년부
터 1563년까지 있었던 스트라스부르의 논쟁과 관련된다. 상술한 바와 같이 이 논
쟁은 하이델베르크와 밀접한 관련이 있는 사건이었다. 1559년 선제후 프리드리히
3세가 개혁신학으로 노선을 정하면서 루터주의 신학자 틸레만 헤스후스(Tilemann
Heshus, 1527 - 1588)는 하이델베르크를 떠나야만 했다. 이후 그는 개혁신학자들을,
특히 하이델베르크 신학자들을 비판하는 책을 출판했다.[1] 이 책이 개혁주의 성만찬
론만이 아니라 예정론도 비판했기 때문에 베자는 개혁주의 예정론을 변호해야만
했다.[2]

앞에서 살핀대로 스트라스부르에서 요한 마르바흐(Johann Marbach)가 헤스후스의
이 책을 출판해서 판매하려고 했을 때, 찬키우스는 교리와 프리드리히 3세의 명예
를 위해서 이 책의 판매금지를 관철시켰다. 루터주의 신학자들과 찬키우스 사이에
갈등이 생겼고 논쟁은 성만찬 뿐 아니라 적그리스도와 종말, 그리고 성도들의 예정
과 선택에 대한 것으로 확장되었다. 찬키우스는 영생으로 선택된 자들의 수와 유기

Tileman Heshus, *De praesentia corporis Christi in Coena Domini* (Jena, 1560).

A. Schweizer, *Die protestantischen Centraldogmen in ihrer Entwicklung innerhalb der reformirten Kirche*, vol. 1 (Zürich: Fuessli und Comp, 1854), 401.

된 자들의 수가 하나님께 정해져 있다는 예정교리를 주장했으며,[3] 다른 개혁주의 도시들과 함께 하이델베르크 신학자들은 찬키우스의 견해를 지지하였다.[4] 이 논쟁 후에 찬키우스는 목사로 청빙받아 스트라스부르를 떠났으나 얼마 후에 하이델베르크 대학으로 와서 가르치게 된다. 이런 일들은 처음부터 하이델베르크 개혁신학이 찬키우스의 이중예정교리를 승인하는 전통가운데에 있었음을 보여준다.

이런 전통 가운데 있던 하이델베르크 개혁신학자들은 1590년대에 들어서면서 루터주의자들과 예정론에 대한 거친 논쟁에 들어가게 되었다. 이 논쟁의 기원에 1586년 3월에 있었던 개혁신학자 베자(Theodore Beza)와 루터주의 신학자 안드레애(Andreä) 사이 있었던 몽벨리아르의 토론이 있다. 베른의 대표자로서 아브라함 무스쿨루스(Abraham Musculus)와 페트루스 휘브너(Petrus Hübner)가 이 토론에 참여해서 베자의 의견에 찬성하는 서명을 했다. 그런데 베른 근교의 목사였던 사무엘 후버(Samuel Huber)는 이 일을 계속 문제삼았고 베른은 예정론 문제로 시끄러워졌다. 결국 공적 토론을 통해서 무스쿨루스가 승리하고 후버는 베른을 떠나야만 했다.

후버는 그후 튀빙겐 근교에서 목회하게 되었는데, 이때부터 하이델베르크 신학자들을 비판했다. 그의 대표작으로 불릴 만한 1590년에 출판된 《논제, 예수 그리스도가 모든 인간들의 죄를 위해서 죽으셨다》(Theses, Jesum Christum esse mortuum pro peccatis omnium hominum)에서 하이델베르크의 제일교수 즉 신약교수였던 다니엘 토사누스(Daniel Tossanus)의 실명을 언급하며 비판했다. 이후 이 둘 사이에 출판물을 통한 격한 논쟁이 있었다. 또 하이델베르크 대학의 교의학교수였던 야콥 키메돈키우스(Jacob Kimedoncius)가 동료 토사누스를 변호하면서 사무엘 후버를 비판하자, 후

---

3 "Certus est apud Deum, tum electorum ad vitam aeternam, tum reprobatorum & ad interitum praedestinatorum numerus."(영생으로 선택된 자들의 수와 유기된 자들의 또는 멸망으로 예정된 자들의 수는 하나님께 확실하다). Zanchius, *Operum Theologicorum*, vol. 7-1 (Genevae: sumptibus Ioannis Tornaesij, 1649), 63.

4 Zanchius, *Operum Theologicorum*, vol. 7-1, 69-72.

칼 빈 주 의
뿌 리 내 리 다

버는 키메돈키우스를 비판하는 책《논제, 예수 그리스도가 전 인류를 위해서 죽으셨다 … 키메돈키우스의 논제들에 반박을 추가한다》(Theses, Christum Jesum mortuum pro peccatis totius humani generis … accessit quoque confutatio Thesium Kimedoncii, 1592)를 내놓는다. 그런데 후버의 의견은 너무나 극단적이어서 나중에 다른 루터주의 신학자인 후니우스(Aegidius Hunnius)의 비판을 받게 되었다. 하이델베르크 신학자들은 미리 보여진 믿음으로(praevisa fide) 구원얻는다고 주장하는 후니우스(Aegidius Hunnius)도 비판하였다. 이렇게 하이델베르크 신학자들은 루터주의 신학자들과 논쟁하면서 예정론을 변증하기 위해 여러 책을 출판하며 개혁주의 예정론을 자세히 설명하게 된다.

1. 위로와 확신의 근거인 하나님의 예정

예정교리를 위로와 확신에 연결시킨 대표적인 신학자는 헤르만 렌네헤루스(Herman Rennecherus)다.[5] 잘 알려져 있지 않은 이 신학자의 주저는 1589년에 내놓은《구원의 황금사슬》(Aurea Salutis Catena)이라는 책인데, 이 책은 1597년에 재판되었다. 렌네헤루스의《구원의 황금사슬》은 윌리암 퍼킨스의《황금사슬》(Armilla Aurea)에 대한 '대륙판 짝'이라고 불리워지기도 한다.[6] 그런데 그의 작품은 퍼킨스의 것보다 일년 앞서 나왔으므로 퍼킨스로부터 독립적이다.

---

5 1550년 오스나부르크에서 태어나 1567년 하이델베르크에서 공부했다. 1575년 설립된 레이든대학에서 짧은 기간 히브리어 교수로 봉사했다. 1594년부터 하이델베르크에서 히브리어교수로 재직한다.

6 "Diese Veröffentlichung bildet das kontinentale Gegenstück zu der Armilla aurea des Engländer William Perkins …" G. Adam, Streit, *Der Streit um die Prädestination im ausgehenden 16.Jahrhundert, Eine Untersuchung zu den Entwürfen von Samuel Huber und Aegidius Hunnius* (Neukirchen-Vluyn, 1970), 138.

렌네헤루스가 소개하는 '구원의 황금사슬'은 부서질 수 없고 분리될 수 없다. 이 사슬은 로마서 8장 29절과 30절을 따라서 예지, 예정, 소명, 칭의, 영화 이 다섯 가지 고리로 이루어져 있다. 이들 중 하나라도 받은 자는 나머지를 다 받게 될 것이다.[7] 신자는 아직 받지 않은 것도 이제 받을 것으로 소망할 수 있다. 구원의 황금사슬의 이런 이해는 구원의 확신과 위로의 기초가 된다. 렌네헤루스에 의하면 바울은 신자들이 위로받도록 이 사슬에 대해서 말하고 있다.[8]

렌네헤루스는 선택의 특징들을 논하면서 구원의 확신과 위로에 관해 말한다. 몇 가지만 살펴보면, 먼저 선택이 영원한 작정(decretum aeternum)이라는 것이다.[9] 영원이 의미하는 바는 시간 속에 일어나는 어떤 것도 그것을 변화시킬 수 없다는 것이다. 사탄과 인간의 능력이 영원에 다다를 수 없고, 따라서 사탄의 시험과 택함 받은 자들의 약함이 그들의 구원을 방해할 수 없다고 한다. 또 선택은 자비롭고 값 없는 작정(misericors et gratuitum)이다. "이 하나님의 자비 위에 모든 신자들의 소망과 위로가 기초해 있다."[10] 렌네헤루스는 이 선택을 "위로의 작정"(consolatorium decretum)이라고 칭한다. 그는 묻는다. "값없는 선택의 교리나 지식 외에 무엇으로 너는 비참하고 슬픈 인간을 회복시키며 가장 좋은 소망을 향하게 하고 위로 할 수 있느냐?"[11]

1589년부터 교리학교수로서 가르치기 시작한 야콥 키메돈키우스(Jacob

---

7 Herman Rennecherus, *Aurea Salutis Catena*(Herborn, 1589), 272 - 273.

8 "Primo hic sciendum est, quod.S.Paulo propositum fuerit, ut fideles firmiter consolaretur & in bonam spem erigeret." Rennecherus, *Aurea Salutis Catena*, 9.

9 Rennecherus, *Aurea Salutis Catena*, 43.

10 "In hac Dei misericordia omnium fidelium spes et consolatio est fundata." Rennecherus, *Aurea Salutis Catena*, 63.

11 "[…] quid enim hominem miserum et tristem ita recreare, et in optimam spem erigere, atque consolari poteris, quam gratuitae electionis doctrina et cognitio?" Rennecherus, *Aurea Salutis Catena*, 102.

Kimedoncius)도 하나님의 예정이 주는 위로와 확신에 대해서 말한다.[12] 그는 루터주의자들이 과연 루터를 따르는지 물으면서 오히려 하이델베르크 신학자들이 루터의 편에 있다고 주장하고 1591년 루터의 《노예의지론》을 주석을 달아 다시 출판했다. 키메돈키우스의 가장 중요한 작품은 《인류의 구속에 대하여》(De redemtione generis humani)이다. 이 책은 무려 800쪽의 분량을 가진 책으로서 그리스도의 구속과 예정을 다룬다.

여기서 키메돈키우스는 예정의 불변이 모든 위로와 구원의 가장 참된 기초라고 하였다.[13] 우리가 흔들리지 않도록 성경이 확실히 우리의 위로를 위해서 이것을 말한다.[14] 키메돈키우스는 특히 선택의 확신에 대해서 자세히 다루면서 로마 가톨릭의 입장을 비판했다. 로마 가톨릭은 선택과 구원을 확신할 수 없다고 한다. 키메돈키우스는 로마 가톨릭의 교리를 '하나님의 은혜에 대한 의심의 교리'(doctrina dubitationis de gratia Dei)라고 부른다. 그에게 선택의 확신을 부정하는 것은 은혜를 부정하는 것이다.[15] 키메돈키우스는 선택의 확신과 위로를 다음과 같이 함께 묶는다.

이 썩어져가는 것안에서 곧 이 세대의 귀향살이에서 사는 동안 우리의 위로를 위하여 우리의 구원에 대해 우리가 더 확신하게 되는 방식이 우리에게 분명히 있음이 확실하다. 이럴 때에야 우리가 영생을 위해 선택된 것을 알고 확신할 수

---

12 1554년 현재 독일 지역의 Kempen에서 태어나서 1568년에 하이델베르크 대학에 들어갔고 1573년에 이미 사피엔스 콜레기움(Collegium Sapientiae)에서 자카리아스 우르시누스(Zacharias Ursinus)를 도와서 사역했다.

13 "… hoc est verissimum omnis consolationis, & salutis fundamentum, & velut basis …" Jacob Kimedoncius, *De redemtione generis humani* (Heidelberg, 1592), 669.

14 "Certe ad consolationem nostram hoc dicit scriptura, ne turbemur." Kimedoncius, *De redemtione generis humani* 669.

15 Kimedoncius, *De redemtione generis humani*, 686.

있음이 필연적으로 결론된다. 구원이 택함받은 자들에게 있다면, 그 확실성은 과연 구원의 샘이며 근원이고 기초인 하나님의 선택의 확실성 없이는 있을 수 없다.[16]

후버와 많은 논쟁을 했던 다니엘 토사누스(Daniel Tossanus)도 똑같이 위로와 확신을 강조했다.[17] 사무엘 후버가 칼빈주의 신앙 안에서는 어떤 위로도 찾을 수 없다고 하이델베르크 신학자들을 비판했을 때, 그의 책 《기초증명》(Gründliche Beweisung)의 마지막에 큰 그림 한 장을 추가했다. 이 그림에서 절망적으로 죽어가는 그리스도인이 있는데 그 옆에 칼빈이 서 있다. 이 그림의 설명에서 후버는 토사누스를 칼빈주의 교리를 가르치는 선생으로 지목했다. 이 책에서 후버는 그리스도가 세상의 모든 죄를 위해서 죽으셨는데도 칼빈주의자들은 그리스도가 모든 사람을 구원하셨음을 부정하고 복음의 위로를 빼앗아갔다고 주장했다.[18] 토사누스는 처음에는 침묵했으나 얼마 후에 설교를 통해서 여기에 반대했다. "너 시온의 딸아 기뻐하라 너의 왕이 너에게 온다"는 스가랴 9장 9절을 본문 삼아서 "주 그리스도가 누구를

---

16 "Fixum igitur maneat, dum in hac mortalitate, & tanquam exilio huius seculi vivitur, viam & rationem nobis non deesse, qua ad nostril consolationem de salute nostra fiamus certiores. Hoc vero stante, necessario consequitur, quod electionem quoque nostri ad vitam aeternam cognitam exploratamque habere possumus. Nam cum salus tantum electorum sit, eius profecto certitudo constare nequit sine certitudine divinae electionis, quae salutis fons, origo & fundamentum est." Kimedoncius, *De redemtione generis humani*, 698.

17 1541년 몽벨리아르(Montbéliard/Mömpelgard)에서 태어나 1573년 궁중설교자로서 하이델베르크에 왔다가 1577년부터 노이슈타트(Neustadt)에서 목사와 교수로 섬기다가 1584년 다시 하이델베르크로 왔고, 1586년부터 하이델베르크대학 교수로 일했다.

18 사무엘 후버가 소개하는 '칼빈주의 신앙안에서 죽어가는 신자가 위로받아야 하는 칼빈주의 교리'(Calvinische Articul/ damit ein Christ/ der in dem Calvinischen Glauben absterben will/ sich trösten soll)에서 첫 번째는 '그리스도께서 모든 사람을 위해 죽지 않았다'(Christus ist nicht für alle Menschen gestorben)는 것이다: Samul Huber, *Gründliche Beweisung / Daß Christus Jesus gestorben seie / für die Sünden des gantzen menschlichen Geschlechts*. (Tübingen, 1590), [첨부].

칼빈주의
뿌리내리다

위하여 세상에 오셨는가"(wem der Herr Christus zu gut in die Welt kommen sey)에 답하고 있다. 여기서 하나님의 아들이 누구에게 오셨고 그의 강림과 고난과 죽음으로 누가 위로받아야 되는지에 대해서 중점적으로 다룬다.[19] 예수는 처음부터 신자들의 소망이요 위로였음을 설명하는데, 위로에 대해서 이렇게 설명하는 이유는 그가 복음의 전체 위로를 파괴하고 그리스도의 고난을 허망하게 만든다는 후버의 비판 때문이다.[20] 토사누스는 하이델베르크 신학자들의 교리가 새로운 교리나 교활한 지식이 아니라, "복음적이며 건전하며 위로하는 옛 교리"(die alte Evangelische / gesunde und tröstliche lehr)라고 규정한다.

토사누스는 딸 시온 곧 교회가 기뻐하는 이유는 유기자나 멸망자가 아니라 '너에게' 왕 구주가 오시기 때문이라고 한다. 자기 백성 곧 믿는 자에게, 즉 그 마음의 원대로 역사하시는 자의 뜻을 따라 예정된 자에게 그리스도가 오셨다. 신자들의 위로의 근거는 선택이 된다.

> 그래서 하나님의 자녀들은 그들의 이름이 하늘에 기록되었으므로 기뻐하며 위로받습니다. 우리의 믿음이 약하고 우리는 종종 많은 시험과 싸워야만 하지만 그리스도의 양들은 하나도 잃어버려질 수 없고, 하나님의 택한자들이 타락된 채로 있는 것은 불가능함을 우리는 알며 확신합니다.[21]

---

19 "Wem der Sohn Gottes gesandt sey / und welche sich seines Advents / wie auch seines Leydens und Sterbens / zu trösten haben." Daniel Tossanus, *Drey Christliche Predigten* (Heidelberg, 1591), 25.

20 Tossanus, *Drey Christliche Predigten*, 28.

21 "Da freuen sich die Kinder Gottes und seinde getrost/ daß ihre Nahmen im himme. Geschrieben seind. Unnd ob schon unser glaub schwach ist / unnd wir offt nie vielen anfechtungen zu kämpfen haben / wissen wir / und seind gewiß / daß der Schäfflein Christi keines kann verloren werden / und unmöglich / daß die Außerwehlten Gottes verführt bleiben." Tossanus, *Drey Christliche Predigten*, 61.

토사누스에게는 이렇게 세상이 만들어지기 전에 그리스도안에서 하나님의 이런 특별하고 영원한 사랑에 의해 우리가 선택되었다는 사실이 가장 큰 위로였다.

따라서 토사누스 사후에 출간된 예정론에 대한 책은 예정론의 사용의 중요한 부분으로서 위로를 말한다.[22] 여기서 이 위로는 구원의 확신과 연결되어 있다. 그는 예정교리가 우리 구원의 확신에 대하여 우리를 아주 많이 확고하게 하는데, 구원이 우리나 다른 움직이는 원인에 달려있지 않고 영원하며 변치 않는 하나님의 기뻐하심에 달려있기 때문이라고 한다. 특히 많은 환난 앞에 그들이 설지라도 그 뜻대로 부르심을 입은 자들에게는 모든 것이 합하여 선을 이룬다는 것을 그들이 안다. 그래서 그들이 복음을 반대하는 세상의 무서운 어둠과 흉한 격동을 목격할지라도 그들은 의심하지 않는다는 것이다. 이런 확신가운데서 신자는 의롭게 선다. 이 책은 이렇게 끝난다. "택함 받은 자들은 이 세상의 바다를 항해하며 두 바위, 구체적으로 육체의 안락과 불신을 피하며, 진실하게 하나님앞에서 낮아지며, 모든 구원을 오직 하나님의 은혜에 돌리며, 내적으로는 그에 대한 소망을 안전하고 견고한 닻처럼 붙잡는다."[23]

2. 선택에 대한 확신 방식: 아래로부터(a posteriori)

선택의 확신이 강조되는 것과 동시에 그 방식도 강조되었다. 그것은 '위로부터'(*a priori*)의 방식이 아니라 '아래로부터'(*a posteriori*)의 방식이다. 렌네헤루스는 우리가

---

22 Tossanus, *Doctrina De Praedestinatione* (Hanoviae, 1609), 44-5.

23 "electi in enavigando mari huius mundi utrimque scpulum, Scyllam & Charybdin, videlicet securitatem carnalem & difidentiam vitant, dum serio se coram Deo humilliant, totamque salutem soli eius gratiae acceptam ferunt, & interim spem suam tanquam tutam & firmam anchoram obtinent." Tossanus, *De Praedestinatione*, 47.

예정론을 다루면서 특히 고려해야 할 것으로서 이 방식을 강조한다. 즉, 우리가 우리의 선택과 우리의 구원을 확신하고 그 열매들을 얻기위해서 절대로 위로부터 즉 '선택의 기초나 처음'에서 시작하면 안되는데 그것은 우리만이 아니라 천사들에게도 닫혀있기 때문이라고 그는 말한다. 우리는 아래서부터, 즉 선택의 결과들로부터 선택과 구원의 확신을 잡아야 하고 얻어야 한다는 것이다.[24] 그는 1597년에 출판된 책 《교육과 변론을 위한 글》(*Scriptum didascalicum et apologeticum*)에서도 구원의 인식이 가장 비밀스런 하나님의 작정으로부터 내려오는 방식이 아니라 올라가는 방식으로 얻어질 수 있다고 다시 강조한다.[25]

토사누스도 선택의 확신은 수단들에서 발견되어야만 하다고 했다. 그에 따르면 하나님께서 택자들을 위해서 단지 목적만이 아니라 수단들도 정하셨기 때문이다.[26] 하늘로 올라가는 것이나 말씀 밖에 있는 하나님의 비밀을 찾는 것도 필요하지 않다. 그러나 아래로부터, 즉 복음의 사역을 통한 하나님의 소명에서부터, 성령의 사역에서부터, 그리고 우리의 칭의에서부터 우리의 선택의 확신을 얻을 수 있다.[27]

키메돈키우스도 확신의 방식에 있어서 '위로부터'(*a priori*)의 방식을 거절한다.

---

24 "… ut de electione & salute nostra certi simus & eius fructum pericipiamus, nequaquam a priore, nempe ab ipsis electionis causis & principiis, incipiendum erit. … Sed a posteriore tanquam per electionis effecta, electionis & salutis certitudinem discere & percipere debemus." Rennecherus, *Aurea Salutis Catena*, 162.

25 "… in hoc myterii capite minime ignorandum tibi est, quod salutaris eius cognitio a priore per caussas in secretissimo Dei consilio petenda non sit; … illud sublime mysterium a posteriore per effecta tibi cognoscendum est …" Rennecherus, *Hermanni Rennecheri scriptum didascalicum et apologeticum* (Hanau: 1597), 224.

26 "… ad finm nimirum simul, & ad media praedestinati …" Tossanus, *De ea parte Praedestinationis divinae* (Heidelberg: 1586), Thesis 28.

27 "… ita neque coelum conscendere, neque arcana divina extra verbum rimari necesse est, sed ex posteriore, nempe ex vocatione Dei per ministrerium Evangelii, & operationem S.sancti, & ex nostra iutificatione certiores reddimur de nostra electione, certo statuentes, cum vere credimus in Christum, nos esse membra Christi, & electos Dei …" Tossanus, *De ea parte Praedestinationis*

우리가 우리 구원에 대한 영원하신 작정안에서 사변적으로 즉 위로부터 들어간다면 헤아릴수 없는 깊음이 우리를 잡아채갈 것이라고 한다.[28] 그래서 선택의 확신은 아래로부터(*a posteriori*) 얻을 수 있다는 것이다. 키메돈키우스는 선택에 대한 삼중적 계시, 즉 선택의 결과들, 약속의 말씀, 그리고 성령의 인치심이 있다고 말한다.[29] 첫번째 선택의 결과들에는 그리스도에 대한 참되고 살아있는 믿음, 칭의, 중생, 그리고 의를 향해 사는 것이 있다. 믿음과 회심은 결과적으로 선택의 특징이며, 거룩을 향한 노력은 우리의 선택에 대한 가장 확실한 증거가 된다.[30] 이것은 다시 두번째 증거인 하나님의 약속의 말씀과 연결된다. 믿는 자는 영생을 얻었고 잃어버림을 당하지 않는다고 하나님은 약속하셨다. 그렇다면 "내가 믿는다. 그리고 나아가 나는 구원 받을 것이고 결론적으로 내가 선택받았음이 결론된다."[31]

또 키메돈키우스는 하나님의 말씀과 아래서부터 확신하는 방식이 칼빈과 루터의 방식이었다는 점도 강조한다.[32] 그는 칼빈의 말을 직접 인용한다. "우리의 선택의 확신을 얻으려고 할 때는 저 아래의 증거들 안에 견고히 있을 때가 가장 좋은 순서를 따르는 것이다. 아래의 증거들은 선택의 확실한 증거들이다."[33] 이렇게 키메

---

divinae, Thesis 29.

28 "Quod si spekulativ, & a priore ut loquuntur, ad aeternum Dei consilium de salute nostra penetrare tentemus, abyssus abripiet nos …" Kimedoncius, *De redemtione generis humani*, 700.

29 "Est autem triplex fere electionis revelation, nimirum per effecta ipsius electionis certissima, per verbum promissionis, & per obsignationem spiritus sancti." Kimedoncius, *De redemtione generis humani*, 700.

30 Kimedoncius, *De redemtione generis humani*, 703.

31 "Sub hac promissione universali assumat in animo quisquis doni Dei particeps est: Ego sum fidelis; & porro concludat: Ergo servabor, & per consequens sum electus." Kimedoncius, *De redemtione generis humani*, 704.

32 칼빈은 《기독교강요》 3권 24장에서 선택의 확신을 다룬다. 키메돈키우스는 3절과 4절에서 이와 관련한 많은 내용을 직접 인용하고 있다. 루터는 창세기 26장을 해설하면서 이 방식에 대해서 다룬다.

33 "… optimum tenebimus ordinem si in quaerenda electionis nostrae certitudine, in iis signis pos-

칼빈주의
뿌리내리다

돈키우스는 선택의 확신의 방법으로 '아래로부터'의 방식을 진술하고 이 방식이 칼빈과 루터에게서도 발견된다고 함으로써 이 방식의 보편성을 확보하려고 했다.

3. 예정론이 다루어지는 방식의 구분

하인리히 헤페는 독일 개혁신학이 처음에는 멜란히톤에게 머물러 있다가 후에 칼빈주의로 이동했다고 주장했다.[34] 이 주장의 중요한 근거로 언급되는 신학자가 게오르기우스 소니우스(Georgius Sohnius)다. 헤페에 의하면, 독일 개혁교의학에서는 원래 예정론이 예정의 결과를 통해서만 이해되었는데, 칼빈주의의 영향 때문에 소니우스가 처음으로 예정론에 있어서 '위로부터'의 방식과 '아래로부터'의 방식 둘 다를 받아들였다.[35] 이런 헤페의 의견은 개혁주의 예정론 이해에 있어서 여러 오해를 가져왔다. 칼빈주의 영향아래서 독일 개혁교의학이 예정론을 다룰 때 '아래로부터'의 방식에서 '위로부터'의 방식으로 변화된 것처럼, 개혁신학이 17세기로 넘어가면서 '위로부터'의 방식이 승리를 거둔 듯이 진술되곤 하기 때문이다. 헤페의 주장이 정당한지 소니우스의 글을 고찰하여 평가하는 것이 필요하다.

소니우스가 전집 2권《아우크스부르크 신앙고백서 해설》에서 예정론을 상세히 다룬다.[36] 여기서 예정론은 칭의론 뒤에 위치해 있다. 그는《신학의 방법》(*Methodus*

---

teriorbus, quae sunt certae eius testificationes, haereamus." Kimedoncius, *De redemtione generis humani*, 712. 참고: Calvin, *Inst. III.* 24. 4.

34 Heinrich Heppe, Dogmatik des deutschen Protestantismus, vol. 2 (Gotha, 1857), 71 - 72.

35 "… in der ursprünglichen deutschenreformierten Dogmatik gelehrt war, dass die Prädestination-slehre nur ab effectis praedestinationis aufzufaßen sei, lehrte Sohnius jetzt … modus tractationis et cognitionis huius doctrinae de praedestinatione duplex est, alter a priore, alter a posteriore, und rechtfertigte beide Btrachtungsweisen." Heppe, *Dogmatik des deutschen Protestantismus*, 70.

Theologiae)에서도 예정론을 칭의론 뒤에서 다루었다.[37] 그 이유에 대해 예정이 칭의와 연결되어있기 때문이라고 한다. 이렇게 칭의론 뒤에 예정론을 다루었기 때문에 소니우스의 예정론은 '아래로부터 모델'(*a posteriori Modell*)로 간주되어지곤 했으며 소니우스가 주로 위로와 확신을 의도했다고 알려져 있다.[38] 전체 교의학 내에서 예정론의 위치만을 놓고 보면 그렇다. 그러나 그가 예정론을 해설 할 때는 가장 먼저 '위로부터 방식을 따라'(*secundum priorem modum*) 다루고 있다. 즉, 그의 예정론의 위치는 아래로부터의 방식이지만 그가 가장 먼저 해설하려고 한 방식은 위로부터의 방식이었다. 따라서 단순히 전체 교의학 내의 예정론의 위치를 근거해서, 한 신학자의 예정론이 위로부터의 방식인지 또는 아래로부터의 방식인지를 결정하는 일이 정확하지 않다.

정확히 말하면 위로부터(a priori)와 아래로부터(a posteriori)라는 용어를 소니우스는 '예정에 관해 다루고 인식하는 방식'(modus tractationis & cognitionis de praedestinatione)에 대해 말할 때 사용한다.[39] 소니우스에 의하면, 예정을 다루고 인식하는 방식이 이중적이어서 위로부터(a priori)의 방식과 아래로부터(a posteriori)의 방식이 있다. 위로부터 내려간다는 말은 원인으로부터 결과로 내려간다는 의미이고, 아래로부터 올라간다는 말은 결과로부터 원인으로 올라간다는 의미다. 소니우스는 위로부터 내려가는 방식의 예가 구원의 첫 기초로부터 결과로 내려가는 에베소서라고 한다. 아래로부터 올라가는 방식의 예는 칭의에서 예정으로 올라가는 로

---

36 Georgius Sohnius, *Operum Georgii Sohnii, Sacrae Theologiae Doctris, Tomus secundus, continens Exegesin Praecipuorum articulorum Augustanae Confessionis* (Herborn: Rab Christoph, 1591), 1049-1069.

37 Sohnius, *Operum Georgii Sohnii, Sacrae Theologiae Doctris, Tomus primus* (Herborn: Rab Christoph, 1591), 272-275.

38 Herman Bavinck, *Gereformeerde Dogmatiek*, vol. 2 (Kampen: Kok, 1928), Nr. 236.

39 Sohnius, *Operum II*, 996.

칼 빈 주 의
뿌 리 내 리 다

마서가 된다고 한다. 위로부터 내려가는 방식의 목적은 지식이며 아래로부터 올라가는 목적은 믿음의 견고와 위로다.[40] 소니우스에 의하면, 위로부터 내려가는 방식의 특징은 종합적(Synthetica)이고 아래로부터 올라가는 방식의 특징은 분석적(Analytica)이며, 전자는 선택된 자들이 시간속에서 믿는다고 말하고, 후자는 믿고 끝까지 견디는 자는 선택된 자였다고 말한다.

소니우스는 두 방식이 다 허용된다고 본다. 헤페에 의하면 소니우스가 이렇게 두 방식을 다 인정하는 일이 소니우스의 초기방식이 아니라 변화된 모습이다. 헤페는 소니우스가 처음에는 멜란히톤의 예정론을 가르쳤는데 후에 예정의 이해에 있어서 변화를 겪고 절대적 예정론을 가르쳤다고 주장한다. 그 증거는 소니우스가 초기에 내 놓은 《멜란히톤 전체 교리의 요약》(Synopsis totius Corporis doctrinae Philippi)이다. 여기서 소니우스는 멜란히톤의 주장을 반복해서 인용하는 반면,[41] 후기 작품에서는 위에서 살펴본 것처럼 두 방식을 인정했다는 것이다.[42] 그러나 헤페의 이러한 주장은 다음의 네가지 오류 때문에 받아들여질 수 없다.

첫째, 헤페는 소니우스가 《멜란히톤 전체 교리의 요약》에서 멜란히톤의 《신학총론》을 요약한 내용을 소니우스 개인의 주장처럼 인용한다. 헤페는 소니우스의 논제 4, 9, 11, 12, 16, 19, 20을 그대로 인용하고 이것이 멜란히톤의 글과 거의 비슷하다고 말한다. 그러나 이것은 헤페가 소니우스의 《멜란히톤 전체 교리의 요약》의 의도를 고의적으로 간과한 듯한 인상을 준다. 왜냐하면 이 책의 의도는 멜란히톤의 《신학총론》의 요약이기 때문이다. 따라서 예정론 뿐만 아니라 다른 모든 교리들이 멜란히톤의 《신학총론》의 요약이요 인용이다. 소니우스가 멜란히톤의 《신학

---

40 "… finis prioris illius modi est scientia : huius autem posterioris est confirmatio in fide & consolatione." Sohnius, *Operum II*, 997.

41 Heppe, *Dogmatik des deutschen Protestantismus*, 65-66.

42 Heppe, *Dogmatik des deutschen Protestantismus*, 70.

총론》을 요약하여 출판한 일이 소니우스에게 끼친 멜란히톤의 영향력의 증거는 될 수 있으나, 소니우스가 멜란히톤의 의견에 완전히 동의했다는 증거는 될 수 없다.

둘째, 소니우스가 멜란히톤의 《신학총론》을 요약한 일 자체가 멜란히톤의 내용에 전폭적으로 동의한 증거라고 이해하여도 문제는 남는다. 왜냐하면, 소니우스는 《멜란히톤 전체 교리의 요약》의 서문에서 멜란히톤에 대한 존경심을 표현하면서도, 자유의지와 예정에 대해서 멜란히톤의 초기 작품이 더 신뢰할 만한 것으로, 또 성만찬에 대해서는 후기 작품이 더 신뢰할 만하다고 말한다.[43] 그리고 이렇게 생각하게 된 시점이 언제인지 알 수는 없으나, 소니우스는 이 요약본을 사용했던 1582년 마부르크에서부터 이미 멜란히톤에게 전적으로 의존하지 않았다고 한다. 멜란히톤의 《신학총론》보다 성경과 선지자와 사도들로부터 논제들이 모아지는 것이 더 적당하다고 어떤 이가 소니우스에게 말한다면, 소니우스는 자신의 수업시간에, 즉 1582년의 멜란히톤의 요약본을 사용했던 수업시간에 이미 성경과 선지자와 사도들로부터 가르쳤다고 말한다. 뿐만 아니라 그는 성경의 명제를 따라서 토론을 진행했다고 말한다.[44] 이런 언급은 그가 멜란히톤을 존경했을 지라도, 성경을 근거한 자신만의 해석이 있음을 의미한다.[45]

셋째, 헤페의 주장에는 멜란히톤의 《신학총론》의 사용이 곧 절대적 예정론에 대한 반대라는 전제가 있다. 그러나 이 전제는 오류가 있다. 왜냐하면, 교의학 교과

---

43 "De libero arbitrio, de praedestinatione, & de sacramento Coenae, si quid vel minus explicate vel minus commode convenienterque alicubi dictum videtur, ex alius eiusdem autoris scriptis, atque illud quidem ex prioribus, hoc ex posterioribus explicari & declarari potest atque debet." Sohnius, *Operum II*, 8.

44 "Si quis dicat, ex Bibliis seu libris Propheticis & Apostolicis, Theses potius sumendas fuisse. Resp. I. Id a me iam ante in eadem privata Schola factum esse. II. Has Theses ad normam Scripturae Sacrae inter disputandum examinatas esse." Sohnius, *Operum II*, 8-9.

45 Nam Kyu Lee, *Die Prädestinationslehre der Heidelberger Theologen 1583 - 1622* (Göttingen: Vandenhoeck & Ruprecht, 2009), 60.

칼 빈 주 의
뿌 리 내 리 다

서로서 멜란히톤의 《신학총론》을 사용하면서도,[46] 하이델베르크 신학자들은 초기부터 선택과 유기를 포함하는 절대적 예정론을 가르쳤기 때문이다.[47] 즉, 멜란히톤의 《신학총론》을 사용한 일이 절대적예정론을 거부하거나 받아들이지 않는다는 의미가 될 수 없다. 또 절대적 예정론을 가르치기 시작한 일이 독일 개혁신학의 후기라는 주장도 맞지 않는다.

넷째, 헤페의 주장에는 멜란히톤은 아래로부터의 모델을 주장했으나 칼빈과 그의 후예들은 위로부터의 모델을 가르쳤다는 전제가 깔려있다. 헤페의 이 전제를 다루기 위해서 '위로부터'(a priori)와 '아래로부터'(a posteriori)라는 용어의 세 가지 사용을 구분해야만 한다.[48] 첫 번째 사용은 예정과 구원의 기원에 대해서 사용하는 것이다. 개혁신학은 예정이나 구원은 실질적으로 아래서부터(a posteriori) 올라가는 것이 아니라 위에서부터(a priori) 내려온다고 항상 주장한다. 두 번째 사용은 선택과 구원의 확신에 대한 것이다. 개혁신학은 선택과 구원의 확신에 대하여 아래서부터(a posteriori)의 방식을 항상 주장해왔다. 세 번째 사용은 예정론을 어떻게 다루고 어떻게 가르칠 것인가에 대한 것이다. 위로부터 내려가는 방식으로 다루는가, 아니면 아래로부터 올라가는 방식으로 다루는가에 대한 것이다. 소니우스가 두 방식을

3. 예정론

---

46 하이델베르크대학은 오트하인리히에 의해서 행해진 대학의 개혁시기(1556년 4월)부터 멜란히톤의 *Loci*를 교리학교재로 사용했으며 1602년부터는 팔츠 정부의 제안에 따라 칼빈의 《기독교강요》를 주로 사용하였다. - E. Winkelmann, *Urkundenbuch der Universiaet Heidelberg*, vol. 1 (Heidelberg: Carl Winters Universitaetsbuchhandlung), 351.

47 스트라스부르의 예정론 논쟁시(1561-1563)에 하이델베르크 신학자들은 찬키우스의 의견에 동의를 표현함으로써 이중예정론을 받아들였음을 보여주고 있다. - "Die Durchsicht der Gutachten ergibt, dass die von ihm vertretene doppelte Prädestination zu dieser Zeit in Marburg, Heidelberg und Schaffenhausen Bestandteil der Lehre ist." W. Neuser, "Dogma und Bekenntnis in der Reformation. Von Zwingli und Calvin bis zur Synode von Westminster," in: *Handbuch der Dogmen und Theologiegeschichte*, ed., Carl Andresen, vol. 2 (Göttingen: Vandenhoeck & Ruprecht, 1989), 165-352.

48 Lee, *Die Prädestinationslehre der Heidelberger Theologen 1583-1622*, 60.

사용하고 인정한다고 했을 때, 바로 이 세 번째 사용, 즉 예정론을 다루고 가르치는 방식을 말한다.

이 구별이 필요한 이유는 때때로 선택의 확신의 방식에 대해 언급된 '아래로부터'를 마치 예정론의 전체적인 이해 방식으로서 생각해선 안되기 때문이다. 예를 들어, 예정을 '위로부터'의 방식으로 다루는 대표자로 항상 언급되는 베자의 경우도 구원의 확신의 방식에 대해서는 '아래로부터'를 주장한다. 베자는 멜란히톤에 동의하며 이렇게 말한다. "우리의 시련 중에 모든 소망은 하나님의 은혜롭고 변치 않는 선택 안에 있다. 우리는 이것을 비밀스럽고 찾지못할 하나님의 판단 가운데서 찾지 않고 아래로부터, 즉 소명의 결과인 믿음으로부터 연다."[49] 다루는 방식으로서 두 방식이 다 인정되나 선택의 확신은 아래로부터의 방식만 인정된다는 내용이 16세기 말 토사누스에게서도 나타난다.[50] 따라서 선택의 확신 방식으로 '아래로부터'만을 언급한다고 해서 이것이 예정론를 다루는 방식으로서 '아래로부터'만을 고집한다는 말은 아니다. 따라서 소니우스가 다루는 방식으로서 두 가지 방식을 인정한 일이 소니우스의 신학적 변화라고 규정하기는 불합리하다. 덧붙이자면 예정론의 위치(즉, 어디에 예정론이 위치에 있는가, 앞쪽의 신론인가 아니면 뒤쪽의 구원론이나 교회론인가?)로 '위로부터'의 방식인지 '아래로부터'의 방식인지를 구분하는 것도 엄밀한 의미에서 정확하지 않다.

---

49 "… tota in afflictionibus nostris spes est in gratuita & immutabili Dei electione, quam quidem in arcano & inscrutabili iudicio non quaerimus: sed a posteriori, id est a fide, quae est vocationis in nobis efficacia, colligimus …" Theodore Beza, *De Haereticis a ciuili Magistratu puniendis Libellus, adversus Martini Bellii farraginen, & novorum Academicorum sectam* (Frankfurt a.M., 1973), 54. Mahlmann도 이 인용을 하면서 멜란히톤이 예정론에 있어서 칼빈주의자들과 근본적 차이가 없음을 강조한다. Mahlmann, "Melanchthon als Vorläufer des Wittenberger Kryptocalvinismus", in: Frank, Günter/Selderhuis, Herman J. (편), *Melanchthon und der Calvinismus* (Stuttgart, 2005), 217.

50 "Atque ita neque coelum conscendere, neque arcane divina extra verbum rimari necesse est, sed ex posteriore …" Tossanus, *de ea parte*, Thesis 29; Tossanus, de Praedestinatione, 21.

칼빈주의
뿌 리 내 리 다

4. 교회에서 예정론이 전달되는 방식에 대한 제안

토사누스도 소니우스처럼 두 가지 방식을 말하는데, 위로부터의 방식을 종합적인 것이라고 하고, 아래서부터의 방식을 분석적인 것이라고 하였다. 그는 이 두 방식이 서로 모순되지 않다고 하였다. 다만 종합적인 것은 학교와 학자들에게 어울리는 방식인 반면 분석적인 것은 교회와 일반인에게 유익하다고 말하면서 교회 회중에게는 분석적 방식 즉 아래로부터의 방식으로 전달되는게 유익하다고 제안한다.

토사누스에 의하면 이런 아래로부터의 방식은 지식이 적은 자들에게 가르치는 방식일 뿐 아니라 복음을 받아들인 자들이 예정론에 다다르게 되는 경로가 된다. 학습자는($\varkappa\alpha\tau\eta\chi o\upsilon\mu\varepsilon\nu o\varsigma$)는 믿음의 열매와 표시로 이끌려져야만 하며, 동시에 다양한 유혹과 고난들이 그에게 알려져야 한다. 이 때 예정교리의 필요성이 바로 나타난다. "왜냐하면 이렇게 혼란한 인간의 큰무리로부터 이렇게 작은 무리가 믿으며 끝까지 견디는 일이 어디서부터 있게 되었는지 경건한 마음은 생각할 것이기 때문이다. 또한 어떻게 이렇게 작은 믿음의 무리가 그런 사탄의 계략과 세상의 미움과 핍박 안에서 상존할 수 있는지 생각할 것이다."[51] 이렇게 토사누스는 교회에서 예정론을 가르치는 방식으로서 아래로부터 올라가는 방식을 선호했다.

이 방식을 도르트 총회(1618-1619)에 참석했던 하이델베르크 신학자들이 제안했다. 장기간의 회의가 끝나갈 무렵 총대들이 판단문을 제출해야 했을 때, 팔츠의 총대들, 즉 하이델베르크 신학자들은 첫째 항목에 대한 판단문을 낭독한 후 '예정교리를 대중들에게 가르치는 방식'(*Modus docendi populariter doctrinam de Praedestinatione*)을 제안했다.[52]

---

51 "Nam statim cogitabit pia mens, unde fiat, quod es tam magna hominum turba tam pauci vere credunt & perseverant ad finem. Item quomodo tam exiguus coetus credentium inter tot in sidias Diaboli, odia & persequutiones mundi consistere posint." Tossanus, *de Praedestinatione*, 26.

이 제안을 요약하면 다음과 같다. 1항에서 "하나님은 첫 부모의 무서운 타락 후에 범죄한 천사들과 마찬가지로 인간들을 영원한 불로 심판하실 수 있었는데, 그것을 행하지 않으시고 오히려 자신의 은혜를 인간들에게 약속하셨다"라고 한다. 그리고 "하나님은 이 은혜를 자신의 의가 손상되지 않으면서" 성취하시려고 독생자를 "우리 죄를 위한 희생제물이 되시고 그의 죽음으로 우리를 영원한 죽음으로부터 해방하실 중보자로 약속하셨다."[53] 2항은 복음 선포를 말한다. "하나님은 이 아들을 선포된 말씀 안에서 인간들에게 제시하시고, 복음을 듣는 자마다 그리스도에게 회심할 것을 진지하게 명령하신다."[54] 3항에서 인간의 부패와 무능력을 말한다. 즉, "인간은 타락으로 말미암아 죄 때문에 부패하여서" 복음의 설교를 이해할 수 없고 받아들일 수 없는데, 오직 "하나님께서 성령을 통하여 이끄셔서 그의 마음을 여시고 그리스도의 사랑을 불어넣는 것 밖에 없다."[55] "그래서 복음은 하나님의 선물이며 모든 사람에게 일반적이지 않다."(4항)[56] 5항에서는 죄 때문에 인간이 자

---

52 "Iudicia Theologorum Exterorum De Quinque Controversis Remonstrantium Articulis, Synodo Dordrechtanae exhibita. Anno 1619," in: *ACTA Synodi Nationalis, In nomine Domini nostri IESU CHRISTI, Autoritate DD.Ordinum Generalium Foederati Belgii Provinciarum, Dordrechti Habitae Anno 1618 et 1619* (Dordrecht 1620), 23.

53 "Deum post horrendum lapsum primorum parentum, homines aeque, ac qui peccarunt Angelos, igni aeterno adiudicare potuisse. Verum id non fecisse: sed suam hominibus gratiam pollicitum fuisse. Quam ut salva iustitia sua praestare illis posset, unigenitum Filium suum promisisse Mediatorem, qui pro peccatis nostris victima fieret, & morte sua nos ab aeterna morte liberaret." "Iudicia Theologorum Exterorum," in: *Acta*, 23.

54 "Hunc Filium, in Verbo praedicato Deum hominibus offerre, serioque mandare, ut quotquot Evangelium audiunt, ad Christum se convertant." "Iudicia Theologorum Exterorum," in: *Acta*, 23.

55 "Sed hominem per lapsum propter peccata, ita corruptum esse, ut concionem Evangelii nec intelligere, nec si intelligat, admittere possit, nisi Deus illum per Spiritum trahat, & cor eius, ut Lydiae, aperiat, Christique amorem inspiret." "Iudicia Theologorum Exterorum," in: *Acta*, 23.

56 "Itaque non solum Evagelium esse singulare Dei donum, non omnibus populis commune, sicut scriptum est Psal. 147. Vers. Ult. Actor. 16.7. Sed etiam intelligentiam & obedientiam Evangelii, vel, ut verbo dicam, Fidem esse singulare Dei donum, sicut scriptum est Ephes. 2.8. 2.Thess.3.2."

신의 능력으로 믿음을 얻을 수 없음을 말한다.[57] "그래서 하나님께서 순수한 은혜로 믿음의 선물을 원하시는 자에게 주신다"[58] 7항에 가서야 선택이 등장한다. 7항은 "영원전에 하나님께서 타락한 인류로부터 믿음을 통하여 구원받도록 그리스도에게 주시기를 원하셨던 어떤 사람들을 자기의 소유로 선택하셨다"라고 하며 선택의 원인은 하나님의 기뻐하심이며, 하나님은 누구에게도 빚지지 않으셨고, 자유로운 의지와 은혜로 결정하셨음을 말한다.[59] 8항은 이 선택의 견고함을 말하며 "성도들이 종종 심하게 미끄러질지라고 저들의 실패와 저들의 타락에도 분리되거나 깨어질 수 없다"라고 한다.[60] 9항에선 선택의 확신에 대해서 "각 그리스도인은 자기의 선택의 확실함에 대해서 확신해야 한다"라고 하면서, "하늘에서 자신에 대하여 무엇이 결정되었는지 이해하기 위해서 숨겨진 하나님의 지혜의 숨겨진 곳으로 들어가는 것"을 금지한다. "왜냐하면 그것은 숨기워졌고 불가능한데 생명의 책은 봉

"Iudicia Theologorum Exterorum," in: *Acta*, 23.

57 "Nec posse quenquam hominum mereri, ut sibi hoc donum a Deo detur: siquidem omnes sunt peccatores, Rom.3.23. Quin tantum abesse, ut homo mereri fidem possit, ut nec disponere se ad credendum, nec boni spiritualis vel minimi cupiditatem habere queat, quippe in peccato mortuus, Ephes.2.1. adeoque omni veri boni sensu destitutus." "Iudicia Theologorum Exterorum," in: *Acta*, 23.

58 "Deum igitur ex mera gratia, donum fidei dare cui vult: sicut scriptum est, Rom.9.18." "Iudicia Theologorum Exterorum," in: *Acta*, 23.

59 "Eundem Deum, ab aeterno sibi ex genere humano lapso, certos homines, quasi in peculium suum, elegisse, quos vellet per fidem Christo servandos dare: sicut scriptum est Ioh. 17.6. Tui erant quos dedisti mihi e mundo. Unde clarum sit, Fidem electionis fructum esse, Sicut Scriptura est, Electio assecuta est, reliqui occalluerunt, Rom.11.7. Et, Crediderunt quotquot ordinati erant ad vitam aeternam. Actor.13.48. Clarum item, caussam electionis esse beneplacitum Dei, qui nemini quicquam debens, liberrima voluntate ac gratia huius prae illo misereri, eumque Christo per fidem servandum dare decrevit: sicut scriptum est Matth.11, Etiam Pater, quia ita placuit tibi." "Iudicia Theologorum Exterorum," in: *Acta*, 23.

60 "Hanc Electionem ita firmam esse, ut quamlibet graviter saepe labantur Sancti, tamen nec defectibus nec lapsibus illorum interrumpi, multo minus abrumpi possit. Sicut scriptum est; Solidum stat fundamentum Dei, habens sigillum hoc, Dominus novit, qui sint sui. 2.Tim, 2.19." "Iudicia Theologorum Exterorum," in: *Acta*, 23.

인되었기 때문이다.” “그러나 열려진 하나님의 말씀으로 견고하게 올라가져야 한다”라고 가르쳐 선택의 확신에 대해 ‘아래로부터’ 올라가는 방식을 말한다.[61] 이 선택의 확실함이 우리에게 계시된 이유는 “육체의 안전으로 우리가 미끄러져들어가지 않고 오히려 우리의 구원을 위해 경외와 떨림가운데서 우리가 힘쓰도록 하기 위해서다”(10항).[62] 11항에서 다음과 같은 위로를 말하며 마친다.

이 떨림과 함께 분명히 저 위로가 연결되어 있다. 능력을 넘어 시험받도록 두지 아니하는 하나님은 신실하시다(고전 10:13). 상한 갈대를 꺾지 아니하시고 꺼져 가는 등불을 끄지 아니하신다(사 42:3). 이런 경외와 떨림이 모든 위로의 저 충만한 신학의 실천 논리와 연결되어 있다. 그리고 마음의 가장 큰 두려움안에서 훈련되어야만 할 것이다. ‘택자들은 분리되지 않을 것이다. 나는 선택되었다. 따라서 나는 결코 떨어지지 않을 것이다. 역시 그리스도의 양은 하나도 그의 손에서 빼앗기지 않을 것이다. 나는 그리스도의 양이다. 나의 목자를 내가 알며 그를 내가 사랑하며 그를 내가 믿으며 그를 위해 내가 살며 그를 위해 내가 죽는다. 따라서 나는 나의 하나님안에서 안전하며 행복하다. 나는 바울의 것을 반복한다. 누가 나를 그리스도의 사랑에서 끊으리요?’[63]

---

61 “Caeterum de Electionis suae certitudine quemque Christianum certum esse debere. Ut autem certus esse possit, non esse, cur in abditos divinae sapientiae recessus conetur perrumpere, ut intelligat, quid de se sit constitutum in caelis (hoc enim & vertitum & impossibile est, siquidem liber vitae est obsignatus. 2.Tim.2) sed firmiter adhaerescendum verbo Dei patefacto. Quod docet, Deum nos elegisse in Christo. Ephes.1.4. Hoc est, non aliter decrevisse salvare, nisi per Christum: & severe mandat, ut resipiscamus, & credamus in propositum nobis Servatorem. Quod qui facit, is certissimum electionis suae habet testimonium.” “Iudicia Theologorum Exterorum,” in: *Acta*, 23-4.

62 “Idcirco autem hoc, & non alio modo, Deum Electionis nostrae certitudinem nobis patefacere velle, ne in securitatem carnalem prolabamur, sed cum timore ac tremore salutem nostram operemur, sicut praecipit Aost. Philip.2.12” “Iudicia Theologorum Exterorum,” in: *Acta*, 24.

63 “Cum hoc timore certo coniunctam esse consolationem illam, fidelem esse Deum, qui non pa-

칼빈주의
뿌리내리다

이것은 예정론에 대한 실천적 이해를 보여준다. 이것은 전형적인 '아래로부터'의 방식이며 위로와 확신을 강조한다. 흥미롭게도 선택이란 단어는 일곱째 논제에서야 나타난다. 이런 구조, 즉 '죄와 하나님의 진노 - 복음 - 믿음 - 선택 - 확신 - 실천적 이해'의 구조는 《도르트 신경》의 첫번째 교리 항목과 같다.[64]

5. 《도르트 신경》의 입장

3. 예정론

하이델베르크 신학자들이 도르트 총회에 끼친 영향력은 이 회의의 중요한 결과물인 《도르트 신경》에 분명히 드러난다. 도르트 총회의 의장 요하네스 보거만(Johannes Bogermann)은 하이델베르크 대학에서 신학을 공부했던 인물이다. 그는 의장으로서 1619년 3월 22일 첫번째 신경의 내용을 낭독했다. 그러나 이것이 보거만의 손에서 독단적으로 만들어졌다는 이유로 반대가 있었다. 의장이 낭독한 내용에 만족했던 스쿨테투스(Scultetus)와 루베르투스(Lubbertus)는 신경의 작성이 의장 보거만의 손에 있다고 주장했으나 회의는 합의를 위해 신경작성을 위한 위원회를 구성했다. 위원회는 의장과 두명의 보좌관, 칼레톤(Carleton), 스쿨테투스, 데오다투스(Deodatus), 폴리안더(Polyander), 발레우스(Walaeus), 트리그란트(Trigland)로 이루어졌다. 보거만이 작성한 내용들은 위원회를 통해 검토되었고 변경되었으나 근본적으

---

tiatur nos tentari supra vires, 1.Cor.10.13.nec frangat arundinem quassatam, aut linum fumigans estinguat, Esaiae 42.3. Cum hoc timore & tremore coniunctam fore illam omnis consolationis plenissimam Theologiae practicae logicam, etiam in maximis animi angoribus exercendam; Electi non seducentur: Ego electus sum : igitur nunquam seducar. Item: Oves Christi nemo rapiet de ipsius manu. Ego Christi Ovis sum:novi enim pastorem meum, hunc amo, huic credo, huic vivam, huic moriar. Igitur securus, & laetus sum in Deo meo, & ingemino illud Pauli; Quis me separabit a caritate Christi?" "Iudicia Theologorum Exterorum," in: *Acta*, 24.

64 Lee, *Die Prädestinationslehre der Heidelberger Theologen 1583-1622*, 183.

로 바뀐 내용은 없었다.[65] 신경작성에서 보거만에게 중요한 요소는 성도들의 건덕과 교회의 평화였다. 그런데 이 두가지에 대해서 하이델베르크 신학자들도 여러가지 경로를 통해서 강조했다. 특히 보거만은 하이델베르크 신학자들이 작성한 '예정 교리를 대중적으로 가르치는 방식'을 따랐기 때문에 《도르트 신경》과 팔츠 총대들의 제안이 같은 구조를 갖는다.[66]

첫 번째 교리를 살펴보면, '죄와 하나님의 진노 - 복음 - 믿음 - 선택 - 확신'의 구조를 따른다. 즉, 《도르트 신경》의 진술을 보면, 모든 인간이 범죄하여서 저주아래 있고(1항), 그러나 하나님은 독생자를 보내심으로 자기의 사랑을 보여주시며(2항), 복음이 전파되도록 하셨고(3항), 주 예수를 믿는 자에게는 영생을 선물로 주신다(4항). 그런데 이 믿음은 하나님의 선물이며(5항), 이 선물을 받고 받지 못하고는 하나님의 영원 전의 작정에 달려있다(6항). 하나님이 영원 전에 일정한 수를 정하셔서 그들이 구원을 얻는다(7항). 선택은 인간의 믿음이나 선행 조건으로 된 것이 아니며, 이것들은 선택의 결과이다(9항). 하나님의 기뻐하심이 선택의 유일한 원인이다(10항). 구원의 확신은 열매로서 되어진다(12항). 확신은 겸손과 감사와 사랑을 가져온다(13항). 이 선택교리는 하나님의 영광과 신자들의 위로를 위해 있다(14항) 등. 이렇게 《도르트 신경》은 그 진술 구조에서 선택에서 시작하지 않고 죄에 대한 하나님의 진노 그리고 죄인에 대한 하나님의 사랑과 함께 시작하고, 선택보다 믿음을 먼저 설명함으로써 분명히 '아래로부터'(a posteriori)의 구조를 갖는다.

그러나 앞서 살핀 하인리히 헤페의 주장과 비슷하게 제베르그(Seeberg)도 교리사적 맥락에서 도르트 총회의 결정의 의미는 예정론의 자리 변화라고 주장한다. "도르트의 결정은 구원 교리에 있어서 본래의 사상구조의 변경을 뜻한다. 예정은

---

65 Klaas Dijk, *De Strijd over Infra- en Supralapsarisme in de Gereformeerde Kerken Van Nederland* (Kampen 1912), 169.

66 Dijk, *De Strijd*, 171.

칼빈주의
뿌리내리다

구원의 확신의 한 버팀목이었는데 지금은 근본사상으로 올라갔다. 이전에는 아래에서부터 위로, 즉 칭의에서 예정으로 올라갔는데, 이제 위에서 아래로 즉 예정에서 칭의로 내려온다."[67] 제베르그는 예정론의 자리가 '아래로부터'에서 '위로부터'로 변화했다고 주장하는 것이다. 그러나 우리가 살핀대로 《도르트 신경》은 여전히 '아래로부터'의 구조를 갖고 있다.

제베르그의 주장은 위에서 말한 것처럼 '위로부터'와 '아래로부터'란 용어 사용의 세 가지 구별을 하지 못해서 생긴 오해로 보인다. 도르트 총회는 구원이 실제적으로 '아래로부터'라는 항론파의 주장을 정죄한 것이지, 예정론을 다루는 방식에 있어서 '아래로부터'의 방식을 정죄한 것이 아니다. 오히려 도르트 신경은 예정론을 '아래로부터'의 방식으로 고백한다. 즉, 《도르트 신경》은 17세기 정통주의라 불리는 개혁신학자들도 전통과 분리된 방식으로 예정론을 다루지 않음을 보여주는 증거가 된다.

나가며

하이델베르크 신학자들은 신자들의 위로와 구원의 확신의 중요한 근거로서 하나님의 예정을 말했다. 예정론을 다루는 방식으로 '위로 부터'의 방식과 '아래로부터'의 방식을 구분하고 둘 다 인정했다. 다만 대중들에게 가르치는 방식으로서 '아래로부터'의 방식을 제안하고, 《도르트 신경》이 이 방식을 따른다. 이것은 개혁신학

---

[67] "Die Beschlüsse von Dordrecht bedeuten aber eine Verschiebung des ursprünglichen Gedankengefüges in der Heilslehre. Einst war die Prädestination eine Stütze der Heilsgewissheit, jetzt ist sie zum Grundgedanken erhoben. Einst stieg man von unten nach oben: von der Rechtfertigung zur Prädestination, jetzt von oben nach unten: Von der Prädestination zur Rechtfertigung." R. Seeberg, *Lehrbuch der Dogmengeschichte*, vol. 2 (Erlangen und Leipzig, 1898), 415.

의 교리사적 맥락에서 예정론의 이해가 변화했다거나 도르트 총회를 통해 예정론의 위치가 변경되었다는 주장들이 정확하지 않음을 보여준다. '위로부터'의 방식과 '아래로부터'의 방식의 세가지 사용을 구별하여 이해할 때 도르트 총회는 개혁신학의 전통을 깬 분기점이 아니라 오히려 연속성 아래에 있다고 말해야 한다.

4장

인간론
자카리아스 우르시누스의
초기 정통주의 인간론

들어가며

이 글은 개혁주의 언약론의 발전에 전환점을 준 자카리아스 우르시누스(Zacharias Ursinus, 1534-1583)의 인간론을 다룬다.[1] 우르시누스는 하이델베르크(1561-1577)와 노이슈타트(1578-1583)에서 가르치며 당대에 이미 많은 학생들에게 영향을 끼쳤고, 사후에 출판된 전집들을 통해 지속적인 영향을 끼쳤으며 그중 《요리문답 해설서》는 지금까지도 여러 언어로 번역되어 영향을 끼치고 있다.

우르시누스가 남긴 자료 중 주로 세 가지 자료를 통해서 살펴볼 것이다. 먼저 1562년에 작성했을 것이라 생각되는 《신학요목문답》(Catechesis summa theologiae)을 사용할 것이다.[2] 우르시누스는 1562년 하이델베르크 대학의 교의학 교수직을 맡아 1567년 찬키우스가 올 때까지 담당했다. 사후에 출판된 이때의 강의안 《신학총론》

---

1 우르시누스의 생애와 신학에 대하여 다음을 보라: Karl Sudhoff, *C. Olevianus und Z. Ursinus* (Elberfeld: R.L. Friderichs, 1857); Erdmann K. Sturm, *Der Junge Zacharias Ursin, sein Weg vom Philippismus zum Calvinismus (1534-1262)* (Neukirchen: Neukirchener Verlag, 1972); Derk Visser, *The Reluctant Reformer His Life and Times* (New York: United Church Press, 1983); 이남규, 《우르시누스, 올레비아누스 - 하이델베르크 요리문답서의 두 거장》 (서울: 익투스, 2017).

2 Zacharias Ursinus, "Catechesis, summa theologiae per questions et responsiones exposita," in Quirinus Reuter ed., *D. Zachariae Ursini ... opera theologica* (Heidelberg: Johan Lancellot, 1612), 10-33. 이 작품의 제목은 신학요목문답이라고 번역될 수 있다. 대개 우르시누스의 대요리문답서라 불리기도 한다. 본래 문답번호가 없던 이 글은 문답번호와 함께 다음에 실린다: August Lang (ed.), *Der Heidelberger Katechismus und vier verewandte Katechismen* (Leipzig: A. Deichert'sche verlagsbuchh. Nachf., 1907), 152-199.

(Loci Theologici) 참고할 것이다.[3] 사후에 출판되어 가장 많이 알려진 《요리문답 해설서》도 중요한 자료다.[4]

우르시누스가 인간의 상태를 다루고 목적을 다루나, 이 글의 진행상 인간 창조의 목적을 먼저 다룰 것이다. 이후 인간의 상태의 서론에 해당하는 인간의 구성, 그리고 인간 상태의 핵심을 말해주는 하나님의 형상을 다룬 후 '의지의 자유'가 뒤따를 것이다. 우르시누스의 죄론에서 어떤 독특한 점이 있는지 확인하고 은혜언약을 다룰 것이다. 우르시누스의 견해를 살핌으로써 개혁파 정통주의의 초기 인간론을 확인할 것이다.

1. 인간 창조의 목적

우르시누스는 처음부터 인간 창조에 관하여 어떤 상태로(qualis) 창조되었는지 그리고 어떤 목적을 위하여(ad quid) 창조되었는지에 대한 관점으로 보았다. 다른 종교들과 비교하여 기독교만이 참 종교인 이유도 "오직 기독교만이 인간이 어떤 상태로 또 무엇을 위하여 하나님에 의해 창조되었는지 또 어떻게 이 목적에 이르게 되는지 가르쳐준다"는[5] 사실에 있다고 말한다. '어떤 상태'와 '어떤 목적'은 우르시누스가 인간을 어떻게 이해했는지, 인간의 구원을 어떻게 이해했는지 알 수 있는 중요한

---

3 Ursinus, "D. Zachariae Ursini Loci Theologici traditi in Academia Heidelbergensi," in Quirinus Reuter ed., *D. Zachariae Ursini ... opera theologica* (Heidelberg: Johan Lancellot, 1612), 416-743.

4 Ursinus, "Explicationes Catecheseos Palatiae, sive corpus Theologiae," in Quirinus Reuter ed., *D. Zachariae Ursini ... opera theologica* (Heidelberg: Johan Lancellot, 1612), 46-413.

5 "Christiana vero religio sola ostendit, qualis et ad quid conditus sit homo a Deo, et quomodo hunc finem assequatur." [7문] Ursinus, "Catechesis, summa theologiae," 10.

출발점이다. 이렇게 두 시점에서 인간을 바라보는 방식은 계속되어서 그의 사후에 나온 하이델베르크 요리문답서 해설서에서도 인간의 창조와 관련해서 상태와 목적이란 두 관점으로 바라보고 해설한다.[6]

우르시누스는 《신학요목문답》에서 인간 창조의 목적에 관하여 다음과 같이 밝힌다.

13문: 그는 무엇을 목적하여서 창조되었습니까?
답: 그의 전체 삶으로 하나님을 영원한 복 안에서 예배하기 위해서 입니다.

14문: 하나님에 대한 예배는 무엇입니까?
답: 하나님 자신이 영광을 받으셔야하는 제일 목적으로, 그의 율법을 따라 하나님께 드려진 순종입니다.[7]

인간 창조의 목적은 예배인데, 여기서 주목할 것은 바로 이어서 진술되는 예배에 대한 정의이다. 예배는 율법을 따르는 순종이다. 즉 인간 창조의 목적은 율법을 따른 순종이 된다. 율법과 순종은 "우리가 우리 주 하나님을 우리의 마음을 다하고 목숨을 다하고 뜻을 다하여 사랑하는 것 그리고 우리의 이웃을 우리 자신처럼 사랑하는 것"으로 요약된다(15문). 더 구체적으로 말하면, 하나님을 사랑하는 것은 하나님을 창조자와 보존자와 구원자로 알고, 모든 일에 있어서 온 삶으로 온전히 하나님

---

6 "De hominis creatione praecipue quaeritur: I. Qualis. II. In quem finem, seu ad quid homo a Deo sit conditus." Ursinus, "Explicationes Catecheseos," 60.

7 "[13문] Ad quid autem est conditus? Ut universa vita sua Deum in aeterna beatitudine colat. [14문] Quid est cultus Dei? Est obedientia Deo secundum ipsius legem praestita, hoc fine principali, ut ipse honore afficiatur." Ursinus, "Catechesis, summa theologiae," 10.

께만 순종하는 것이며, 하나님을 거스르기보다 피조물을 포기하는 것이다.[8] 이웃을 사랑하는 것이란 "하나님의 온전한 영광이 허용하는 만큼, 우리가 우리에게 일어나기 원하는 것처럼 모든 사람에게 선한 것을 원하고 각자의 능력에 따라 행하는 것이다."[9] 인간은 이러한 방식으로 하나님을 사랑하고 이웃을 사랑하는 것을 목적하여 창조되었다.

1562년부터 강의한 교의학에서 우르시누스는 인간의 궁극적 목적으로 하나님의 영광을 놓고 그 아래 하부목적을 놓아서 개혁파 정통주의의 모습 한 모습을 보여준다.[10] 하이델베르크 요리문답 해설서에서도 인간의 궁극적인 목적인 하나님의 영광을 먼저 놓고, 이 첫 번째 목적을 섬기는 다른 목적들을 열거한다. 우르시누스가 하나님의 영광을 말할 때, 그것은 구체적이며 순종과 연결되어 있다.

그러므로 사람이 창조된 궁극적인 목적은 바로 하나님께 영광을 올려 드리기 위한 것이다. 즉, 하나님의 이름을 고백하고 부르기 위한 것이고, 찬송하고 감사를 올려드리기 위한 것이며, 사랑하고 순종하기 위한 것이니, 이 순종은 하나님과 이웃에 대한 의무들이다. 왜냐하면 이 모든 일들이 하나님께 영광을 올려드리는 일에 다 포함되기 때문이다.[11]

---

8 [16문] Ursinus, "Catechesis, summa theologiae," 11.

9 [17문] Ursinus, "Catechesis, summa theologiae," 11.

10 Ursinus, "Loci Theologici," 567-568. Heinrich Heppe, ed. Ernst Bizer, *Die Dogmatik der Evangelisch-Reformierten Kirche* (Neukirchen: Neukirchener Verlag, 1958), 178.

11 "Homo igitur conditus est principaliter ad celebrationem Dei, hoc est, ad professionem & invocationem nominis divini, ad laudes & gratiarum actionem, dilectionem & obedientiam, quæ constat officiis erga Deum & homines. Hæc enim omnia celebratio Dei complectitur." Ursinus, "Explicationes Catecheseos," 61.

칼빈주의
뿌리내리다

이 후에 종속되는 목적들이 따라와서 두 번째로 하나님을 아는 것(agnitio Dei)이 있다. 왜냐하면, 하나님을 알지 못하면 하나님께 영광을 올려드릴 수 없기 때문이다. 세 번째로 사람의 복락(felicitas & beatitudo)이니, 우르시누스는 이것을 하나님과 교제하고 하늘의 축복을 누리는 것이라 말한다. 이것은 하나님을 아는 것에 종속되니, "이것들로 인하여 하나님의 선하심과 긍휼하심과 능력이 알려지기 때문이다."[12] 네 번째로 하나님의 계시(patefactio)인데, 우르시누스는 이것을, 선택받은 자들을 구원하심에서 하나님의 긍휼이, 또 유기된 자들을 벌하심에서 공의가 선언되는 것으로 말한다. 계시는 위의 두 목적 즉 하나님을 아는 것과 복락에 연결된다. 우리가 하나님을 알기 위해선 하나님께서 자신을 계시하셔야 하기 때문이다. 다섯 번째 목적은 인류사회의 보존(conservatio societatis humanae)인데 인류는 계시의 대상이다. 여섯 번째 목적은 사람이 서로에게 의무를 나누는 것(communicatio officiorum inter homines)이다. 이것은 다시 다섯 번째 목적(인류 사회의 보존)과 연결된다. 이런 식으로 첫 번째 목적인 하나님의 영광을 궁극적 목적으로 놓고 다른 목적들이 이 궁극적 목적을 섬기기 위한 목적으로 차례대로 위치해 있다. 이를 통해 우리의 모든 삶의 영역과 순간들이 결국 하나님의 영광과 연결된다는 사실이 확인된다.

인간 창조의 목적은 인간의 상태와 연결되어 있다. 우르시누스는 인간의 상태를 다룬 후에 목적을 다룬다. 창조된 상태와 목적을 다룸으로써 목적을 지향했어야 할 우리가 현재는 얼마나 큰 비참함 가운데 있는지 알 수 있다. 인간의 상태는 하나님을 사랑하고 이웃을 사랑함으로써 하나님께 영광을 돌려야 하는 인간의 목적과 연결된다. 하이델베르크 요리문답서 6문도 하나님을 옳게 알고(erkennte), 마음으로 사랑하며(liebte) 영원히 하나님과 함께 살아서(lebte) 하나님을 찬송하며 영광을 돌리도록(in zu loben und zu preisen) 창조된 인간을 말한다. 또한 하나님의 형상과 의

---

12 Ursinus, "Explicationes Catecheseos," 61

와 거룩이라는 인간의 상태를 하나님을 향한 예배라는 목적과 연결했다. 이렇게 하이델베르크 요리문답서(6문)는 상태(qualis)와 목적(ad quid)를 함께 묶어 진술하며 그 강조는 인간의 비참한 상태에 대한 책임을 하나님께 돌릴 수 없다는 데 있다.

2. 인간의 구성

요리문답 해설서는 인간의 상태(qualis)에 관해 먼저 인간의 이중적 구성에 관하여 간략히 설명한다. "몸은 땅의 흙으로 영혼은 무로부터 만들어졌고, 육은 의의 상태에 있으면 불멸이지만 타락하면 죽을 몸으로 만들어졌다. 영혼과 몸 이 둘이 연합되어 하나의 인격체(unum hyphistamenon)가 되어 인간 본성에 맞는 내적 외적 행위들을 행한다."[13] 이중적 구성에 대해서는 이미 하이델베르크 요리문답서 1문에서 "나의 몸과 영혼이" 예수 그리스도에게 속했다고 고백하면서 언급했다. 우르시누스는 인간의 이중적 구성에 대하여 몇 가지 추가하되, 몸과 영혼이 이중체(duality)가 아니라 결합되어서 단일체(unity) 즉, '하나의 인격체'를 이룬다고 가르친다. 몸과 영혼의 구성으로 한 단일 인격체인 인간이 됨을 보여주었다.

하이델베르크 대학에서 교의학을 가르칠 때, 우르시누스는 인간의 단일체적 성격을 강조하면서 동시에 일원론을 반대했다. 다음과 같은 유물론적 일원론을 소개한다. "짐승들의 것과 똑같은 인간 영혼은 육체의 기질과 완전성에서 생성된 생명 또는 살아있는 능력 외에 아무것도 아니며 그래서 육체와 함께 하나되어 죽고 파괴된다. ... 육체가 죽으면 잠을 자니, 즉 육체의 부활까지 움직임이나 감각이 없으며, 사실상 죽은 정신 외에 다른 것이 아니다. 즉, 육체 안에 있던 상태나 능력이 육체

---

13 Ursinus, "Explicationes Catecheseos," 61.

가 사라지면 무가 된다."[14] 이에 대해 우르시누스는 가장 먼저 성경의 증거들로 영혼의 불멸성을 증거한 후 다음과 같이 정리한다.

> 인간의 영혼은 육체의 기질로부터 생성된 형식, 완전성, 기질, 능력, 힘, 활동 일 뿐 아니라, 비육체적이고 살아있으며 지성적인 본질이며, 육체 안에서 머물며 육체를 지탱하고 움직이는 본질이다.[15]

이 진술 전반부에서 인간 영혼이 육체의 영향 아래 있는 것을 인정하면서, 후반부에서는 육체를 지탱하고 움직이는 영혼의 주도성과 우선성을 밝힌다. 정리하면, 인간은 영혼과 육체로 구성되나 둘이 한 인격체를 구성하며, 영혼은 육체의 영향 아래 있을지라도, 영혼은 육체에 존재를 의존하지 않으면서 육체를 지탱하며 움직이며 불멸인 특징을 갖는다. 이러한 영혼과 육체의 관계에 대한 우르시누스의 견해는 개혁파 정통주의의 내용과 다르지 않다.[16]

---

14 "... hominis animam perinde ut brutorum nihil aliud nisi vitam aut vim vitalem, ex corporis temperamento et perfectione ortam esse ac proinde una cum corpore interire et exstingui et ... corpore moriente dormire, h.e. sine motu et sensu esse usque ad corporis resuscitationem, quod revera non est aliud quam animum mortalem h. e. in corpore tantum qualitatem seu δύναμις dissoluto autem corpore nihil esse ..." Ursinus, "Loci Theologici," 560-561.

15 "... non tantum formam seu perfectionem seu temperamentum seu vim ac potentiam sive agitationem ex temperamento corporis ortam sed substantiam incorpoream, vivam, intelligentem, in corpore habitantem illudque sustentantem, ac moventem esse hominis animam ..." Ursinus, "Loci Theologici," 560.

16 Heppe, *Die Dogmatik der Evangelisch-Reformierten Kirche*, 174.

3. 하나님의 형상

《신학요목문답》제1문의 답은 "나는 하나님에 의해 영생을 위해 그의 형상을 따라 창조되었다"라고[17] 시작한다. 인간의 창조 상태(qualis)를 가장 잘 드러내는 것은 하나님의 형상이다.

> 11문: 인간은 어떤 상태로 창조되었습니까?
> 답: 하나님의 형상을 따라 창조되었습니다.[18]

우르시누스가 하이델베르크에서 교의학 강의를 하면서 인간론을 가르칠 때 가장 먼저 인간의 상태를 논했고, 인간의 상태를 다룰 때 가장 먼저 다룬 주제가 하나님의 형상이다. 즉, 우르시누스는 인간론을 강의하면서 가장 먼저 하나님의 형상을 가르쳤다. 이때 우르시누스는 하나님의 형상을 인간 영혼의 능력(facultas)과 연결시켰는데, 영혼의 주요 능력은 지성(intellectus)과 의지(voluntas)에서 나타난다. 그래서 "인간 영혼의 이러한 능력들[지성과 의지]과 행위들 안에서, 그리고 이것들이 필연적으로 결과와 표현으로 수반하는 것들 안에서 하나님의 형상을 찾아야 한다. 왜냐하면 내적 감각들은 지성에, 감정들은 이성에 종속되기 때문이다."[19] 하나님의 형상을 지성과 의지와 연결해서 생각하기 때문에, 우르시누스는 신학요목문답에서

---

17 "Quod a Deo ad imaginem eius et vitam aeternam sum conditus ..." Ursinus, "Catechesis, summa theologiae," 10.

18 "[11문] Qualis est homo conditus? Ad imaginem Dei." Ursinus, "Catechesis, summa theologiae," 10.

19 "In his animae facultatibus & actionibus, & in iis quae necessario eas comitantur effectibus & signis, imago Dei quaerenda. Nam intellectui sensus interiores voluntati affectus subiiciuntur" Ursinus, "Loci Theologici," 558.

하나님의 형상을 이렇게 정의한다.

> 12문: 이 형상은 무엇입니까?
> 답: 하나님과 하나님의 뜻에 대한 참 지식, 그리고 오직 이것만을 따라 살려는
> 전인의 경향과 열망입니다.[20]

지성에 연결된 부분을 하나님과 하나님의 뜻에 대한 지식으로 정의했고, 의지에 연결된 부분을 이 지식을 따라 살려는 전인의 경향과 열망으로 정의했다.

하나님의 형상에 대한 이런 관점이 하이델베르크 요리문답해설서에서도 근본적인 차이 없이 계속된다.

> 사람 안에 있는 하나님의 형상은 하나님의 본성과 뜻과 일하심에 대해 바르게
> 아는 지성, 하나님께 자유롭게 순종하는 의지, 모든 경향과 갈망과 행위가 하나
> 님의 뜻에 일치함, 그리고 마지막으로 영적이며 불사인 영혼의 본성이며, 전인
> 의 순결과 온전함이고, 완전한 복이며, 하나님 안에서 안식하는 기쁨이고, 다른
> 자연물들을 능가하고 다스리는 인간의 위엄과 존엄이다.[21]

---

20 "[12문] Quae haec est imago? Vera Dei et divinae voluntatis agnitio, et secundum hanc solam vivendi, totius hominis inclinatio et studium." Ursinus, "Catechesis, summa theologiae," 10.

21 "Imago Dei in homine est mens recte agnoscens Dei naturam, voluntatem & opera ; voluntas libere obtemperans Deo, omniumque inclinationum, appetitionum & actionum cum voluntate Dei congruentia; & denique spiritualis et immortalis animae natura, totiusque hominis puritas & integritas, perfecta beatitudo, laetitia acquiescens in Deo, & dignitas hominis ac majestas, qua caeteris naturis antecellit ac dominatur." Ursinus, "Explicationes Catecheseos," 62. 하나님의 형상에 대한 이 정의는 1560년대에 하이델베르크에서 행해진 교의학 강의안의 정의와 거의 같다 (Ursinus, "Loci Theologici," 559).

그는 하나님을 아는 지성을 가장 먼저 앞에 놓은 후 하나님께 순종하는 의지를 언급한다. 이어서 경향과 갈망과 행위가 하나님의 뜻에 일치함이 따라간다. 하나님의 형상을 구성하는 내용에 창조된 인간의 상태에 대한 자세한 묘사와 다른 피조물을 다스리는 인간의 지위 등이 포함되었다. 이렇게 하나님의 형상은 지성과 의지로 시작해서 영혼의 불사적 성격, 여러 활동과 감정, 나아가 피조물에 대한 관계에까지 확장되어서 정의된다.

창조된 인간의 상태가 하나님의 형상이라고 한다면, 타락 후의 인간의 상태는 어떻게 말해야 할 것인가? 우르시누스는 하나님의 형상의 상실을 말하면서도 동시에 아직 남은 것(reliquiae)을 언급한다. 타락 후 하나님의 형상의 잔여물이 중생하지 않는 자들에게도 있다. 타락 후에 인간은 죄로 인해서 이 가장 고귀한 하나님의 형상을 상실했다. "그런데 저 형상의 남은 것과 불꽃이 타락 후에도 있으며, 아직 중생하지 않은 인간들안에도 남아있다."[22] 여기에 속한 것을 간략하게 요약하면, 1) 불멸하는 영혼의 본질과 능력, 그리고 의지의 자유, 2) 지성에 있는 하나님과 피조물에 대한 지식, 3) 도덕과 절제의 흔적, 4) 현세에 있는 많은 선한 열매, 5) 다른 피조물에 대한 지배도 어느 정도 남아있다. 하나님의 형상의 남은 것들이 죄로 인해 손상되고 어두워졌으나 여전히 어느 정도 보존되었다.[23]

하나님의 형상의 남은 것이 있을지라도 "하나님의 형상 가운데 정말 높고 큰 선한 것들이 상실되었다."[24] 간략히 열거하면, 1) 하나님과 그의 뜻에 대한 참되며 완전하고 구원하는 지식, 2) 하나님의 역사하심에 대한 지식의 순결함과 지성의 밝은

---

22 "Sed post lapsum homo per peccatum hanc pulcherrimam imaginem Dei amisit ... Manserunt quidem aliquae illius reliquae & scintillae post lapsum, quae etiam in non renatis hominibus adhuc restant." Ursinus, "Explicationes Catecheseos," 63.

23 Ursinus, "Explicationes Catecheseos," 63.

24 "Sed amissa sunt de imagine Dei longe plura & maiora bona." Ursinus, "Explicationes Catecheseos," 63.

칼 빈 주 의
뿌 리 내 리 다

빛, 3) 모든 성향과 욕구와 행동의 올바름, 그리고 의지와 마음과 외적 지체들 안에서 율법과 일치함, 4) 피조물들에 대한 순수하고 완전한 주권, 5) 자녀들에게 허락된 피조물에 대한 사용권, 6) 현세와 내세의 복락이 있다. 우르시누스는 상실한 내용에 우리가 처한 상태를 각각 대응시킨다. 예를 들어, 비참한 처지에는 현세와 내세의 행복 대신 현세의 죽음과 영원한 죽음이 있다.

우르시누스가 하나님의 형상의 남은 것과 상실한 것을 구분하고 일일이 열거한 사실은 개혁파 정통주의의 모습을 보여주는 한 증거다. 개혁주의 초기 전통에서 인격적으로 존재함(persönlich Sein)과 원의(iustitia orginalis)의 구분을 통해[25] 타락 후 인간이 원의를 상실했으나 여전히 인격적 존재임을 드러내었다. 때로 '형상'과 '모양'을 구분하여서 넓은 의미를 '모양'에 대응시키려고 한 신학자도 있었으나 개혁신학에 정착하지 못했다. 하나님의 형상이란 용어를 동일하게 사용하되 남은 부분과 상실한 부분으로 구분하는 방식은 하나님의 형상의 넓은 의미와 좁은 의미를 구분하는 방식으로 정착했다. 이런 구분을 통해서 개혁신학은 하나님의 형상의 남은 것 때문에 타락한 후에도 인간을 하나님의 형상으로 볼 수 있었으며, 그러나 상실한 부분(원의 또는 가장 중요한 선) 때문에 인간이 영원한 죽음의 정죄 상태에 있음을 말할 수 있었다.

하나님의 형상의 회복은 어떻게 일어나는가? 먼저 하나님의 형상의 회복은 하나님과 동일한 본질로 회복되는 것이 아니다. 창조된 인간이 하나님의 형상이라 불리는 이유는 인간의 본질이 하나님과 같거나 동등하기 때문이 아니라, 인간의 어떤 속성들이 정도와 본질에 있어서가 아니라 종류와 유사성에서 어울리기 때문이다.[26] 우르시누스는 삼위일체적 관점에서 하나님의 형상의 회복을 바라본다. "성부

25 Heppe, *Die Dogmatik der Evangelisch-Reformierten Kirche*, 186.

26 "... nominantur imago Dei ... non propter essentiae similitudinem vel aequalitem, sed propter quandam proprietatum convenientiam, non gradibus vel essentia, sed genere & imitatione." Ur-

하나님은 아들을 통하여 회복시키신다. 아들은 성령을 통하여 회복시키신다. 성령은 말씀과 성례로 회복시키신다."[27]

4. '의지의 자유'(libertas voluntatis)와 '자유로운 선택능력'(liberum arbitrium)[28]

우르시누스는 1560년대부터 이 주제를 인간의 창조에서 다루지 않고 인간의 죄를 다룬 이후에 다루었으며, 사후에 출간된 하이델베르크 요리문답 해설서에서도 '의지의 자유'와 '자유로운 선택능력'은 인간의 부패를 다루는 부분(8문)에 자리한다.[29] 의지의 자유가 하나님의 형상에 포함되어 있고 하나님의 형상은 인간 창조부분에서 다루어지지만, 의지의 자유는 죄론 이후에 다루어진다. 그 이유는 부패한 인간의 상태와 관련한 논의에서 의지의 자유에 관한 질문이 더 많이 제기되기 때문으로 보인다. 우르시누스는 여러 개념들에 대한 정의를 시도하고 여러 질문들에 답하면서 상당한 분량에 걸쳐 이 주제를 다룬다.

'의지의 자유'와 '자유로운 선택능력'은 밀접하게 연결되어 있어 두 정의가 유

---

sinus, "Explicationes Catecheseos," 62.

27 "Restituit Deus pater per filium ... filius per Spiritum S. ... Spiritus sanctus per verbum & usum sacramentorum" Ursinus, "Explicationes Catecheseos," 63.

28 liberum arbitrium은 '자유의지' 또는 '자유선택' 등으로 번역되기도 하나 여기서는 우르시누스가 사용하는 맥락과 의도를 생각하여 '자유로운 선택능력'으로 번역한다. 우르시누스는 arbitrium을 능력을 의미하는 facultas나 potestas로 보기 때문이다. 물론 이 능력은 의지의 능력이다.

29 *Loci Theologici*를 따르면, 성경론, 하나님, 세상의 창조, 천사의 창조, 인간의 창조, 죄, 자유로운 선택능력, 하나님의 율법, 십계명 해설(7계명까지)의 순서를 따른다. 다른 여러 개혁신학자들과 신앙고백서도 '자유로운 선택능력'을 타락전 인간을 다룰 때보다는 죄론에 포함시켜 다루거나 죄론을 다룬 이후에 다루었다. 벨직신앙고백서는 14장에서 타락과 관련시켜 다루며, 웨스트민스터 신앙고백서는 인간의 타락을 다룬 이후인 9장에서 자유의지를 다룬다.

사하지만, 교회적 용어는 아니다. 우르시누스는 '의지의 자유'를 정의한 후에 이 정의에 근거하여 '자유로운 선택능력'을 정의한다. "의지의 자유는 의지하는 능력과 연결된 지성적인 본성의 특질 즉 본성적 능력을 말한다. 이것은 또한 억압없이 자신의 고유한 움직임으로 지성이 지시한 대상과 행동을 택하거나 거부할 수 있는 가능성이다."[30] 이렇게 우르시누스는 '의지의 자유'를 배타적으로 오직 의지에만 관련된 것으로 보지않고 지성을 전제한 상태에서 '의지의 자유'를 말한다. 그래서 이성적 피조물들에게 있는 '의지의 자유'에서 자유를 정의한다면, "자유는 택하여지고 거절되어지도록 이성이 설득하는 그것을, 어떤 억압없이 자기 자신의 고유한 움직임으로 택하고 거절하는 능력이나 기능을 의미한다."[31] "선택능력(arbitrium)은, 택할 때에 생각의 판단을 따르고 거절하는 의지 자체를 말한다. 따라서 두 기능이 포함되는데, 생각하는 것과 의지하는 것이다."[32] 이렇게 '자유롭다'와 '선택능력'이 정의되어 '자유로운 선택능력'은 다음과 같이 정의 된다.

따라서 자유로운 선택능력은 억압없이, 고유의 움직임과 특성으로 지성이 택하거나 거절하도록 지시한 그것을 원하거나 원하지 않는 능력 또는 가능성이

---

30 "Voluntatis libertas qualitatem, hoc est, potentiam naturalem significat naturae intelligentis, coniuctam cum potentia volente. Estque facultas eligendi aut repudiandi obiectum vel actionem ab intellectu monstratam, suo ac prorprio motu, sine coactione ..." Ursinus, "Loci Theologici," 634.

31 "Cum autem voluntatis libertas in Deo & creaturis rationalibus esse dicitur, libertas potentiam seu facultatem significat eligendi aut repudiandi proprio ac suo motu sine ulla coactione, id quod ratio eligi aut repudiari suadet. ... Arbitrium vero ipsam quidem voluntatem significat, sed quae mentis iudicium in eligendo sequitur aut repudiat: atque idcirco facultatem utramque complectitur, intelligendi nimirum & volendi." Ursinus, "Loci Theologici," 634.

32 "Cum autem voluntatis libertas in Deo & creaturis rationalibus esse dicitur, libertas potentiam seu facultatem significat eligendi aut repudiandi proprio ac suo motu sine ulla coactione, id quod ratio eligi aut repudiari suadet. ... Arbitrium vero ipsam quidem voluntatem significat, sed quae mentis iudicium in eligendo sequitur aut repudiat: atque idcirco facultatem utramque complectitur, intelligendi nimirum & volendi." Ursinus, "Loci Theologici," 634.

다. 택해져야 하거나 거절되어야 하는 대상을 생각이 의지에 보여주는데, 이 생
각과 관련하여서 선택능력(arbitrium)이라 하며, 의지가 아무쪽으로나 자의로
지성의 판단을 따르거나 거절하는데, 이 의지와 관련해서 자유롭다(liberum)고
칭한다.[33]

우르시누스는 의지의 자유를 '본성의 능력'(potentia naturalis)이라고 칭하지만, '자
유로운 선택능력'에는 '본성적'이란 수식을 사용하지 않는다. 의지의 자유는 창조
될 때 하나님의 형상의 일부로서 인간에게 본성적으로 주어져 있기 때문에,[34] '인
간의 의지에 자유가 있는가?'(Sitne aliqua libertas humanae voluntatis?)란 질문에 그렇다
고 답한다. 우르시누스는 인간의 의지에 자유가 있다는 사실을 입증한 이후에 "속
박된 것은 자유롭지 않다. 타락 이후 우리의 선택능력이 속박되었다. 따라서 자유
롭지 않다"는 반론을 다룬다.[35] 즉, 타락 이후에 '자유로운 선택능력'이 없다면, '의
지의 자유'가 없는 것 아닌가? 여기에 대해 우르시누스는 자유롭다는 의미가 선을
택하는 능력이라면 의지는 속박되었다고 답한다. 그러나 자유롭다는 것이 자의로
하는 것을 의미한다면 인간 의지의 자유는 있다. 타락 후의 인간의 상태에서 "의지
는 자유롭게 행하나 악에 이끌리며 죄 짓는 것 외에는 아무것도 할 수 없다."[36] 타락

---

33 "Est igitur liberum arbitirum facultas seu potentia volendi aut nolendi, sine coactione, proprio
motu & aptitudine ad alterutrum, id quod intellectus eligendum aut repudiandum esse dictat. Ac
nominatur hac facultas arbitrium respectu mentis monstrantis voluntati obiectum eligendum aut
repudiandum: Liberum vero respectu voluntatis utro & sua sponte sequentis iudicium intellectus,
aut repudiantis." Ursinus, "Loci Theologici," 634.

34 Ursinus, "Explicationes Catecheseos," 79.

35 "Quod est servum, non est liberum. Arbitrium nostrum post lapsum est servum. Ergo non est
liberum." Ursinus, "Explicationes Catecheseos," 79.

36 "... libere ... agit voluntas, sed fertur tantum ad malum, & nihil nisi peccare potest." Ursinus,
"Explicationes Catecheseos," 80 [책의 해당 쪽수 표기 66은 오타다].

후 인간에게 '의지의 자유'(libertas voluntatis)는 있으나 '자유로운 선택능력'(arbitrium liberum)은 없다고 할 수 있다. 반면, '자유로운 선택능력'이 영화의 상태에서 있을 때 인간의 자유로운 의지는 악은 택하지 않고 오직 선만을 택한다. 이 때에 인간 의지의 자유가 완전하다.[37]

5. 인간의 타락과 죄

인간의 타락 또는 첫 번째 죄는 아담과 하와의 불순종, 즉 하나님이 금하신 열매를 먹은 일이다.[38] 이 첫 번째 죄는 교만, 불신앙, 하나님에 대한 경멸과 불순종 등의 죄가 함께 하는 크고 심각한 범죄다. 이 죄로 인해서 "1) 죽음의 죄책(reatus mortis)과 저 부모 안의 하나님의 형상의 상실과 파괴, 2) 후손들의 원죄, 즉 영원한 죽음의 죄책 그리고 본성 전체의 부패와 하나님으로부터의 도피, 3) 원죄로부터 나오는 모든 자범죄. 원인의 원인은 결과의 원인이므로, 첫 범죄는 원죄의 원인이요 자범죄의 원인이다. 4) 죄 때문에 부과되는 모든 악한 형벌이 있다."[39] 이 나열에는 신학적 고려를 한 순서가 있다. 첫 번째 죄로 인해서 아담과 하와에게 죄책과 상실 → 후손들의 원죄(죄책과 부패) → 자범죄 → 형벌의 순서로 열거된다. 아담과 하와가 죄책과 상실을 가졌듯이, 후손도 죄책과 부패를 갖는다. 우르시누스는 원죄에 부패만 포함시키지 않고, 죄책과 부패 둘 다 포함시켰다는 면에서 정통주의의 모습을 보여준다.

---

37 Ursinus, "Explicationes Catecheseos," 81 [책의 해당 쪽수 표기 67은 오타다].

38 Ursinus, "Explicationes Catecheseos," 64.

39 Ursinus, "Explicationes Catecheseos," 65.

죄는 다음과 같이 정의된다.

죄란 불법 또는 율법을 거스르는 것이다. 즉, 의의 결핍 또는 하나님의 율법을 거스르는 성향이나 행위이고 하나님을 대적한 것이며, 그리고 중보자 하나님의 아들로 인한 죄용서가 없으면 피조물을 하나님의 영원한 진노에 해당하는 죄책에 둔다.[40]

우르시누스는 죄의 종류(genus)에 결핍, 성향, 또는 행위를 열거하고, 이어서 바로 적절한 것으로서 결핍을 말하고 성향과 행위는 질료적 죄들로 칭한다.[41] 죄의 종류의 적절한 것에서 성향과 행위를 제외시켰다는 점은 주목해야 한다. 종교개혁 초기에 행위도 죄로 불렀으나 개혁파 정통주의에 이르면 행위 자체는 죄의 적절한 정의에서 배제되게 된다. 왜냐하면, 행위 자체는 중립적이며 어떤 면에서는 하나님께 속해 있기 때문이다.[42] 행위를 죄의 정의에 포함시키나 적절한 죄의 종에서는 제외시킨다는 면에서 우르시누스는 초기 정통주의의 모습을 보여준다. 그럼에도 우르시누스의 죄에 대한 정의는 정당한데, 가장 앞서 죄를 불법(ἀνομία)으로 정의했기 때문이다. 우르시누스는 처음부터 죄를 '율법을 어긋남'(transgressio legis)으로 정의했었다.[43]

---

40 "Peccatum est ἀνομία, seu quicquid cum lege Dei pugnat, h.e. defectus, vel inclinatio, vel actio, pugnans cum lege Dei, offendens Deum, & ream faciens creaturam aeternae irae Dei, nisi fiat remissio propter filium Dei mediatorem." Ursinus, "Explicationes Catecheseos," 66.

41 "Genus peccati est defectus, inclinatio vel actio: proprie tamen defectus: inclinatio vel actio potius sunt materiale peccati," Ursinus, "Explicationes Catecheseos," 66.

42 "Daher ist nicht die Tat selbst, in welcher gesündigt wird, sondern der in ihr betätigte Widerspruch mit dem Gesetze Gottes Sünde."(죄가 되어진 행위 자체가 아니라 그 행위 안에서 행해진 하나님의 율법에 어긋남이 죄다). Heppe, *Die Dogmatik der Evangelisch-Reformierten Kirche*, 255; 헤페의 더 자세한 설명은 같은 책, 260-261.

칼빈주의
뿌리내리다

우르시누스의 원죄에 대한 다음 설명도 주목해야 한다.

원죄는 우리 첫 부모의 타락 때문에 있게 된 인류 전체의 죄책 그리고 상실인데, 즉, 생각에서 하나님과 하나님의 뜻을 아는 지식의 상실, 그리고 의지와 마음에서 하나님께 순종하려는 성향의 상실이다. 이것들 안에 있는, 하나님의 율법이 금하는 것을 향한 성향과 하나님의 율법이 명한 것에 대한 혐오이다. 첫 부모의 타락 이후 이들에게서 나와 모든 후손에게 전해져 이들의 모든 본성을 부패시켜 이 부패 때문에 모두가 하나님의 영원한 진노의 죄책이 있게 되었고, 중보자 하나님의 아들의 용서와 성령님을 통한 본성의 새롭게 함이 없이는 하나님을 기쁘시게 할 어떤 것도 할 수가 없게 되었다.[44]

4. 인간론

이 긴 정의에서 우르시누스는 원죄가 죄책 그리고 (지식과 성향의) 상실로 구성됨을 먼저 말한다. 죄책 뒤에 진술되는 상실은 문장 구성상 죄책에 대한 보충이 아니라 죄책과 병렬관계에 있는 상실이다. 이 상실은 부패에 대한 묘사의 한 방식이다. 그래서 우르시누스는 "따라서 원죄는 1) 첫 부모의 타락으로 인한 영원한 저주의 죄책과 2) 타락 이후 인간 본성 전체의 부패로 이루어져 있다"라고 짧게 말한다.[45] 원

---

43 Ursinus, "Loci Theologici," 606.

44 "Originale peccatum est reatus totius humani generis propter lapsum primorum parentum, & privatio agnitionis Dei & voluntatis divinae in mente, & inclinationis ad obediendum Deo in voluntate & corde: & in his inclinatio ad ea, quae lex Dei vetat, & aversio ab iis, quae praecipit: secuta lapsum primorum parentum, & ab his derivata in omnes posteros, ac totam eorum naturam sic depravans, ut omnes propter hanc pravitatem rei sint aeternae irae Dei, neque Deo placens facere quicquam possint, nisi fiat remissio propter filium Dei mediatorem & renovatio naturae per Spiritum sanctum." Ursinus, "Explicationes Catecheseos," 67.

45 "Duo igitur complectitur peccatum originis. 1. reatum aeternae damnationis propter lapsum primorum parentum. 2. pravitatem totius naturae humanae post lapsum." Ursinus, "Explicationes Catecheseos," 67.

죄가 오염이나 부패로서 설명되기도 하였지만, 개혁파 정통주의에서는 죄책과 부패로 구성되는 원죄를 말했다.[46] 죄책과 부패에 대한 대응관계로 "중보자 하나님의 아들의 용서와 성령님을 통한 본성의 새롭게 함"이 뒤따른다.

위 인용에서 후손에게 부패가 전해지고 "이 부패 때문에 모두가 하나님의 영원한 진노의 죄책이 있게 되었고"라는 표현에 근거하여 우르시누스가 죄의 전가에 관하여 간접전가설을 주장했다고 말할 수는 없다. 이 당시 아직 직접전가설과 간접전가설의 논쟁이 본격화되지 않았으며, 또 부패 때문에 영원한 진노의 죄책이 있는 것도 사실이기 때문이다. 간접전가설을 정죄한 《스위스 일치신조》(Formula Consensus Ecclesiarum Helveticarum, 1675)에서도 직접전가설을 옹호하면서, 죄책만이 아니라 유전되는 부패 때문에도 인류가 진노의 대상이 된다고 말한다.[47] 직접전가설과 간접전가설의 핵심적인 차이가 인간이 죄책에 놓여있는 첫 번째 근거가 아담의 첫 범죄 때문인가 아닌가에 있다고 할 때에 우르시누스는 직접전가설 편에 가깝다. 그는 펠라기우스와 같은 잘못된 주장을 반박하기 위해 명심해야 하는 네 가지 사실을 보여주는데, 가장 첫 번째로 "우리 첫 부모의 불순종 때문에 인류 전체가 하나님의 영원한 진노의 죄책이 있다"[48]라고 말하기 때문이다.

---

46 Heppe, *Die Dogmatik der Evangelisch-Reformierten Kirche*, 256.

47 인간은 "자범죄 이전에 아담의 허리 안에서 범한 범죄와 불순종 때문에, 그리고 그 결과 잉태될 때 심긴 유전되는 부패 때문에 하나님의 진노와 저주의 대상이 된다." (Formula Consensus Ecclesiarum Helveticarum, 1675) [11항].

48 "Totum genus humanum esse reum aeternae irae Dei propter inobedientiam primorum parentum" Ursinus, "Explicationes Catecheseos," 67.

6. 은혜언약 : 그리스도를 통한 인간 창조의 목적 성취

"오직 기독교만이 인간이 어떤 상태로 또 무엇을 위하여 하나님에 의해 창조되었는지 또 어떻게 이 목적에 이르게 되는지 가르쳐준다"라고 했는데,[49] 인간의 목적은 어떻게 성취되며 인간의 상태는 어떻게 회복되는가? 우르시누스는 신학요목문답에서 그리스도를 통해서 실현되는 인간의 목적과 회복되는 인간의 상태를 가르친다. 율법을 지킬 수 있는 예외적인 상태를 성령에 의해 거듭나는 상태로 말하는 소요리문답서(8문)와 하이델베르크 요리문답서(8문)와 달리 신학요목문답 18문은 율법에 대한 완전한 순종을 성취하신 예수 그리스도를 소개한다.

> 우리들 중 어떤 이가 이 순종을 완수할 수 있습니까?

> 오직 그리스도 밖에는 인간들 중 어느 누구도 한번도 이 생애에서는 그것을 완수하지 못했고 못할 것입니다.[50]

인간의 목적인 하나님께 올리는 예배, 즉 율법에 대한 완전한 순종은 그리스도께서 완수하셨다. 복음은 그리스도 안에 있는 우리에게도 인간의 목적이 성취되고 그리스도의 영을 통해 회복된다는 것을 가르친다.[51] 여기서 성령을 그리스도의 영이라 칭함으로써 인간 목적의 성취와 인간 상태의 회복이 모두 그리스도에게 돌려지도

---

49 [7문] Ursinus, "Catechesis, summa theologiae," 10.

50 "[18문] Potest ne quisquam nostrum hanc obedientiam praestare? Solo Christo excepto, nullus unquam hominum in hac vita eam praestare neque potuit, neque poterit." Ursinus, "Catechesis, summa theologiae," 11.

51 "[36문] Evangelium ... ostendit nobis eius iustitiae, quam Lex requirit, impletionem in Christo, et restitutionem in nobis per Christi Spiritum ...," Ursinus, "Catechesis, summa theologiae," 14.

록 작성되었다. 우르시누스는 창조된 인간을 상태(하나님의 형상)와 목적(예배, 즉 율법에 대한 완전한 순종)으로 규정했는데, 이제 그리스도를 통해 창조의 목적에 다다르고 완전한 상태를 회복한다고 가르친 것이다.

인간의 창조 목적인 율법에 대한 순종은 우르시누스의 언약이해와 직접적으로 연결된다.[52] 우르시누스의 신학요목문답을 따르면, 인간 창조의 목적인 하나님을 향한 예배인 율법에 대한 순종은 은혜언약 안에서 성취된다.[53] 두 언약에서 율법이 중요한 자리를 차지하며, 율법의 다른 역할로 '창조 때의 언약'(in creatione foedus)과 '은혜언약'이 구분된다. 율법은 하나님이 인간과 맺은 '창조 때 언약'(in creatione foedus)이 어떤 종류인지 말해주며, 인간이 '은혜의 새언약'(novum foedus gratiae)을 맺은 후 어떤 삶을 살아야 하는지 알려준다.[54] 이 두 언약의 차이는 율법과 복음의 비교에서 두드러지는데, 복음이 율법을 대체한다기보다 복음이 율법을 성취하는 방식으로 설명된다.

율법은 창조할 때 하나님이 인간들과 맺었던 본성언약을 포함한다. 즉, 인간들에게 본성적으로 알려진다. 그리고 우리에게 하나님에 대한 완전한 순종을 요구하고, 지킨 자들에게 영원한 생명을 약속하나 지키지 않은 자들에게는 영원한 벌을 경고한다. 반면 복음은 은혜언약을 포함한다. 곧 이것은 존재하지만 본성적으로 알려지지 않는다. 복음은 율법이 요구하는 의가 그리스도 안에서 성취된다는 것, 그리고 그리스도의 영을 통해 우리 안에서 회복된다는 것을 우리에

---

52 더 자세한 내용은 졸저의 다음을 참고하라: 이남규, "우르시누스의 《대요리문답서》에 나타난 언약신학", 〈신학정론〉 38권(1호) (2020), 289-317.

53 그러나 우르시누스의 본성언약 개념은 이후 그의 작품에서 부각되지 않았고 올레비아누스에게서 계속된다. Bierma는 우르시누스의 본성언약 개념이 혁신적이었다고 평가한다. Bierma, *The Covenant Theology of Caspar Olevianus* (Grand Rapids: Reformation Heritage Books, 2005), 62.

54 [10문] Lang, *Der Heidelberger Katechismus und vier verewandte Katechismen*, 153.

게 보여준다. 그리고 그리스도 때문에 그리스도를 믿는 자들에게 영원한 생명을 값없이 약속한다.[55]

창조할 때 맺은 언약을 여기서는 본성언약이라고 부르며 율법은 본성언약을 포함한다. 본성언약과 은혜언약의 관계 속에서 율법에서 요구하는 의는 복음에서도 포기되지 않는다. 그리스도께서 하신 일은 율법이 요구하는 의를 성취하신 것이며, 본성언약에서 율법의 완전한 순종을 조건으로 약속된 영원한 생명은 은혜언약에서 그리스도를 믿는 자에게 주어진다. 이 글이 1562년에 나왔다는 점을 고려한다면 우르시누스는 아주 이른 시기에 인간 창조의 목적과 연결된 본성언약과 은혜언약을 생각했다고 평가할 수 있다.

그러므로 본성언약과 은혜언약의 구도 속에서 인간 창조 목적의 실현을 위한 그리스도의 필요성이 더욱 부각된다. "우리가 하나님 앞에서 의롭기 위해서 왜 그리스도의 만족과 의가 전가되는 것이 필요합니까?"란 질문에 우르시누스는 이렇게 답한다.

> 왜냐하면, 변함없이 의롭고 참되신 하나님이 이러한 방식 안에서 은혜언약 안으로 우리를 받기 원하시기 때문인데, 즉 하나님은 창조 때에 시작된 언약을 거슬러서 행하실 수 없으시기에, 우리 자신에 의해서나, (우리 자신에 의해서는 일어날 수 없기에) 우리 대신 다른 사람을 통해서나, 그의 율법이 온전히 만족되지 않으

---

55 "[36문] Lex continet foedus naturale, in creatione a Deo cum hominibus initum, hoc est, natura hominibus nota est; et requirit a nobis perfectam obedientiam erga Deum, et praestantibus eam, promittit vitam aeternam, non praestantibus minatur aeternas poenas. Evangelium vero continet foedus gratiae, hoc est, minime natura notum existens: ostendit nobis eius iustitiae, quam Lex requirit, impletionem in Christo, et restitutionem in nobis per Christi Spiritum; et promittit vitam aeternam gratis propter Christum, his qui in eum credunt." Ursinus, "Catechesis, summa theologiae," 14.

면 우리를 의롭다고 인정하실 수 없고 영원한 생명을 주실 수 없기 때문이다.[56]

불변성과 의라는 속성을 가지신 하나님은 율법의 완전한 만족을 포기하시지 않는다. 하나님은 본성언약을 포기하는 방식으로 우리를 구원하시지 않는다. 그리스도의 만족과 의의 전가의 필요성은 이 본성언약을 포기하시지 않는 방식으로 구원하시는 하나님의 의지이다. 이렇게 인간 창조의 목적인 하나님을 향한 예배 즉 율법에 대한 완전한 순종은 은혜언약 안에서 그리스도를 통해 이루어진다.

나오며

우르시누스는 인간을 상태와 목적의 관점으로 바라보았다. 인간은 하나님의 영광을 위하여 창조되었으며 우리 모든 삶의 부분들은 하나님의 영광을 목적한다. 율법을 따르는 순종이 하나님께 드리는 최고의 예배다. 영혼과 육체로 구성되어 단일한 한 인격체를 이루는 인간 상태의 핵심은 하나님의 형상이다. 타락 이후에 하나님의 형상을 이루는 가장 중요한 선한 것들(하나님을 아는 지식과 그 뜻대로 행하는 의지 등)이 상실되었으나 흔적과 남은 것들이 있다. 남은 것들도 죄로 인해 손상되고 어두워졌다. '의지의 자유'는 하나님의 형상 중 남은 것이나 타락 이후 선한 것을 택할 '자유로운 선택의 능력'은 없다. 이로 인해 인간은 그 스스로 창조된 목적을 실현할 수 없게 되었다. 인간 창조의 목적은 은혜언약에서 그리스도를 통해서 실현된다. 율법

---

56 "[135문] Cur nobis satisfactionem et iustitiam Christi imputari necesse est, ut iusti simus coram Dei? Quia Deus, qui immutabiliter iustus et verax est, ita nos in foedus gratiae vult recipere, ut nihilominus contra foedus in creatione initum non faciat, id est, nec pro iustis nos habeat, nec vitam aeternam nobis det, nisi integre ipsius legi vel per nos ipsos, vel, cum hoc fieri non possit, per alium pro nobis satisfactum sit." Ursinus, "Catechesis, summa theologiae," 20.

칼 빈 주 의
뿌 리 내 리 다

이 요구하는 의는 그리스도 안에서 성취되며 그리스도의 영을 통해 회복되기 때문이다.

교의학의 역사적 맥락에서 본다면 우르시누스는 개혁주의 정통주의 초기 모습을 보여준다. 인간 창조의 목적에 하나님의 영광을 놓고, 그 아래 다른 하부 목적을 놓는 것, 육체와 영혼으로 구성된 단일한 인격체이나 영혼이 육체를 지탱하는 방식, 하나님의 형상에서 상실한 것과 남은 것의 구분, 자유의지, 죄 특히 원죄의 정의, 본성언약의 언급 등에서 개혁파 정통주의의 모습이 나타난다. 그러나 본성언약과 은혜언약의 구성은 주로 초기에만 나타나고 본성언약에서 아담을 머리로 한 언약의 모습이 선명하게 등장하지 않는다. 따라서 개혁파 정통주의 초기의 모습이라고 말할 수 있다.

5장

언약론
언약신학의 형성

들어가며

개혁신학의 언약론은 그 뿌리를 츠빙글리에게서 찾고 불링거와 칼빈을 통해서 발전했으며 하이델베르크 신학자 우르시누스와 올레비아누스에게 계승되었다고 평가된다.[1] 우르시누스는 처음으로 언약의 기초위에서 교리전체가 체계적으로 작성된 요리문답서를 작성했다.[2] 올레비아누스는 언약신학의 실제적인 설립자(der eingentliche Gründer der Föderal-Theologie)로 불린다.[3] 따라서 개혁주의 언약론이 칼빈과 우르시누스와 올레비아누스를 거쳐 어떻게 정착되는지를 고찰하는 것은 개혁주의 언약신학의 역사를 이해하기 위해 필요하다.

　본 글은 올레비아누스에게 이르기까지 각 신학자의 언약론의 특징을 개괄적으로 살핀다. 츠빙글리 언약론의 가장 중요한 동기였던 옛언약과 새언약의 통일성에 대한 설명 방식이 신학자들을 거치면서 어떤 변화를 겪는지 드러날 것이다. 이것을 통해 17세기에 꽃피우는 개혁주의 언약신학의 그림자를 그려볼 수 있을 것이다.[4]

1　Herman Bavinck, *Gereformeerde Dogmatiek*, vol. 3 (Kampen: KOK, 1929), 189f.

2　August Lang, *Der Heidelberger Katechismus und vier verwandte Katechismen* (Leipzig, 1907), LXIV.

3　Karl Sudhoff, *C. Olevianus und Z. Ursinus: Leben und ausgewählte Schriften der Väter und Begründer der reformierten Kirche* (Elberfeld: R. L. Fridrichs, 1857), 460.

4　17세기 언약신학에 관하여 다음을 참고하라: 안상혁,《언약신학 쟁점으로 읽는다》(수원:영음사, 2014).

초기 개혁신학내의 언약론을 이해하기 위해서 칼빈의 언약론에 영향을 주었을 것이라 생각되는 츠빙글리와 불링거의 언약론을 짧게 다루고, 칼빈, 우르시누스, 올레비아누스의 언약론을 차례로 다룰 것이다.

1. 개혁신학에서 언약론의 등장

개혁신학에서 언약론의 등장은 츠빙글리에게서 시작한다. 언약개념에서 츠빙글리가 옛언약과 새언약의 통일성을 강조하게 된 계기는 재세례파와 논쟁하면서 유아세례의 정당성을 변증한 일이다. 츠빙글리에 의하면 옛언약과 새언약이 하나의 동일한 언약이기 때문에, 할례가 유아들이 스스로 답할 수 있기 전에 행해졌듯이 할례를 대체한 세례도 그들이 답할 수 있기 전에 주어진다. 즉 "이스라엘 백성과 맺었던 바로 그 언약을 새로운 시대에 우리와 맺어서 우리는 그들과 한 백성, 한 교회가 되었고, 한 언약을 갖게 되었다."[5] 구약의 성도들은 "따라서 우리와 함께 하나의 동일한 구원자를 가지며, 우리는 그들과 함께 그들은 우리와 함께 하나의 백성이며 하나의 교회이다."[6] 그래서 츠빙글리는 묻는다. "… 아브라함의 후손들처럼 똑같이 그리스도인의 유아가 언약, 교회, 또는 계약 안에 있다. 지금 기독교회 안에 그들이 있다면, 당신들은 그들에게서 왜 언약의 표를 뺏으려고 하는가?"[7] 물론 언약의 통

---

5 "Idem ergo foedus, quod olim cum populo Israëlitico, in novissimis temporibus nobiscum pepigit, ut unus essemus cum eis populus, una ecclesia, et unum foedus quoque haberemus." Ulrich Zwingli, "In catabaptistarum strophas elenchus," in *Huldreich Zwinglis sämtliche Werke 6.1*, Corpus Reformatorum 93.1 (Zürich: Berichthaus, 1961), 163.

6 "Salvatorem igitur unum eudemque nobiscum habentes unus nobiscum atque nos cum illis populus sunt, una ecclesia …" Zwingli, "In catabaptistarum strophas elenchus", 166.

7 "… der Christen Kinder glych im testament, kirchen, oder pundt sind wie der som Abrahams. Sind sy nun in der Kirchen Christi, warumb wöllend ir inen das testamentzeichen abschlahen?" Zwing-

일성과 함께 차이점도 있다. 츠빙글리는 언약의 핵심(*summa*)과 차이점(*discrimen*)이라는 용어를 사용한다. 언약의 핵심은, 하나님이 우리 하나님이시고 우리는 그의 백성인 것이다. 두 언약에 차이가 있으나 핵심에 관한 한 어떤 차이도 없다고 츠빙글리는 말한다.[8]

츠빙글리의 후계자 불링거의 언약론은 츠빙글리와 근본적으로 다르지 않다. 불링거도 언약의 통일성을 중요하게 생각한다. 불링거는 백성과 언약과 교회와 구원의 방식에서 어떤 차이도 없고, 하나의 동일한 교리, 동일한 믿음, 동일한 성령, 동일한 소망, 동일한 유산, 동일한 기대, 동일한 기도, 동일한 성례가 있다고 규정하고,[9] 여기에 대해 길게 설명한 후, 이렇게 결론내린다. "확실히 본질에서 어떤 차이도 발견할 수 없을 것이다, 실행의 방식과 어떤 경우들과 상황들 안에 차이가 있다."[10] 이렇게 해서 언약의 본질(*substantia*)과 실행(*administratio*)의 구분이 불링거에게서 시작되었다.

---

li, "Antwort über Balthasar Hubmaiers Taufbüchlein," in *Huldreich Zwinglis sämtliche Werke 4*, Corpus Reformatorum 91(Leipzig: Heinsius, 1927), 588.

8 "Summa in hac re sunt: deus deus noster est; nos populus eius sumus. In his duobus minimum atque adeo nihil est discriminis. Eadem enim summa hodie est, quae olim erat. … Haec ergo sunt, quę vetus testamentum videntur a novo distinguere, qum re ipsa, vel quod ad summa pertinet, nihil differant." Zwingli, "In catabaptistarum strophas elenchus", 169.

9 "Idem certe populus, idem testamentum, eadem ecclesia, eademque salutis ratio illis est, apud quos eadem invenitur doctrina, eadem fides, idem spiritus, eadem spes, haereditas, & expectatio, eadem invocatio, & eadem sacramenta." Heinrich Bullinger, *Sermonum Decades Quinque, de potissimis Christianae religionis apitibus …*, tomus primus (Lodon, 1549), (Dacadis III. 8), 186.

10 "In substantia quidem nullum reperias discrimen, in modo administrandi & accidentibus quibus-dam circunstantiisque existit differentia." Bullinger, *Sermonum Decades Quinque*, 189.

2. 칼빈의 언약론

언약이란 용어가《기독교강요》전체에서 종종 사용된다. 칼빈이《기독교강요》에서 언약을 주로 다루는 곳은 2권 율법과 복음의 관계를 다룬 후인 10장(신구약의 유사점)과 11장(신구약의 차이점), 그리고 4권의 성례부분 특히 유아세례를 다루는 16장이다. 츠빙글리와 불링거가 바라보았던 방식에서 근본적으로 달라진 것은 없다. 칼빈도 츠빙글리와 불링거처럼 재세례파의 유아세례에 반대하면서 언약의 통일성을 주장한다. 그리고 불링거처럼 본질과 실행의 구분을 사용한다.

칼빈의 언약론의 출발점은 "세상의 시작부터 하나님이 자기 백성의 모임으로 택하신 사람들은 누구나 동일한 율법 그리고 우리에게 효력있는 동일한 교리의 띠로 그와 언약을 맺었다"는 진술이다.[11] 그래서 모든 족장들과 맺은 언약은 우리가 맺은 언약과 본질(substantia)과 그 자체 있어서(re ipsa) 어떤 차이도 없는 하나이고 같은 것이다.[12] 칼빈은 이와 관련해서 세 가지 중요한 점을 언급한다. 첫째, 육적 번영과 복이 유대인들의 궁극적 목표가 아니었다. 오히려 그들은 불멸의 소망 가운데 받아들여졌다. 둘째, 그들이 하나님과 맺은 언약은 그들의 공로에 의해서가 아니라 불러주신 하나님의 자비에 의해 유지되었다. 셋째, 저들은 중보자 그리스도를 가졌고 인식했다. 그들은 그리스도를 통해 하나님께 묶여지고 그의 약속에 참여했다.[13] 이 복음이 하나님이 선지자들로 말미암아 성경에 미리 약속하신 것이라는 사실은, 복음의 약속들이 율법에 포함되어 있다는 의미다.[14] 구약의 목적은 항상 그리스도

---

11 "… quoscunque ab initio mundi homines Deus in populi sui sortem cooptavit, eadem lege atque doctrinae eiusdem, quae inter nos viget, vinculo fuisse ei foederatos …" *Inst.* 2.10.1.

12 *Inst.* 2.10.2.

13 *Inst.* 2.10.2.

14 *Inst.* 2.10.3.

와 영생이었다고 말할 수밖에 없다.[15] 그들에게도 우리에게 있는 동일한 성령이 거하셨다. 따라서 주님이 이스라엘과 맺은 언약은 땅의 것에 제한되지 않고 영적이고 영원한 생명의 약속을 포함했다.[16]

칼빈은 신구약의 차이점도 말한다. 이 차이점들은 본질에 대한(*ad substan-tiam*) 것이 아니라 실행의 방식에 대한(*ad modum administrationis*) 것이다.[17] 첫째, 구약에서는 현세의 축복을 보게 하심으로써 하늘나라를 바라보게 하셨으나, 신약에서는 미래의 삶의 선물을 더 명백하고(*clarius*) 더 분명하게(*liquidius*) 계시하셨고, 우리가 이것을 직접 묵상하도록 이끄신다. 구약의 성도들은 현세적인 축복에 갇혀있지 않고, 하나님을 영원한 분깃으로, 산업과 잔의 소득으로 고백하였다(시 73:26, 시 16:5). 둘째, 구약은 실체 없이 형상과 그림자를 보여주었고, 신약은 실체를 보여주었다. 이것은 명료성의 차이이며, "너희 눈은 봄으로 너희 귀는 들음으로 복이 있다"(마 13:16)는 말씀이 신약에 적용된다. 셋째, 구약은 문자적이지만 신약은 영적이다. 예레미야 31:31-34와 고린도후서 3:6-11에 근거한 이 차이를, 칼빈은 구약에 구원이 없었다는 의미로 보지 않는다. 칼빈에게 이것은 은혜의 풍성함의 차이를 비교하는 방식의 차이이다. 넷째, 구약은 속박의 언약이고 신약은 자유의 언약이다. 구약이 마음에 공포를 주었고 신약은 신뢰와 확신을 주기 때문이다. 구약은 두려움과 떨림으로 양심을 괴롭히지만, 신약에서는 언약의 혜택으로 자유롭게 하고 기뻐하게 한다. 다섯째, 구약은 그리스도가 오실 때까지 이스라엘 한 나라에 제한되었다면, 그리스도가 오신 후 신약에서는 이방인에게 확대되었다.[18]

---

15 *Inst.* 2.10.4.

16 *Inst.* 2.10.23.

17 *Inst.* 2.11.1.

18 *Inst.* 2.11.1-12.

칼빈에 의하면 위 차이점 중 두 번째, 세 번째, 그리고 네 번째의 차이점은 율법과 복음에 관한 것이다. 칼빈은 자주 율법을 구약과 같은 의미로, 복음을 신약과 같은 의미로 사용한다. 따라서 이런 구분아래서 구약의 성도들이 복음에 참여할 수 있었는가라는 질문을 던질 수 있다. 즉, 구약에서 백성들은 형상에만 갇혀 있고, 문자적 영향아래에만 있고, 두려움과 떨림 안에만 있는가? 그렇다면 구약 아래서 어떻게 은혜언약에 속할 수 있는가? 여기에 답하기 위해서는 칼빈이 율법을 어떻게 이해했는가를 알아야 한다.

칼빈은 율법을 크게 두 가지 의미로 이해한다. 첫째, 칼빈은 율법을 의롭게 사는 규범(*regula iuste vivendi*)으로 이해한다.[19] 이 때 율법은 하나님의 요구이며, 불순종하는 자는 하나님의 저주아래 있게 된다. 둘째, 다른 한편 칼빈에게 율법은 구약에서 복음을 증거했다. 곧, 복음은 율법과 선지자들에게 증거를 받은 것이다. 이 때 율법은 복음과 같은 내용을 갖는다. 그래서 율법전체와 관련해서 율법과 복음의 차이는 보임의 명백성에만 차이가 있다고 칼빈은 말한다.[20] 전자의 율법이 명령이라면, 후자의 율법은 복음으로서 약속을 포함한 구약성경전체를 말한다.

칼빈의 율법 구분은 그가 신구약의 차이점을 어떻게 이해하였는가를 알기 위해서 중요하다. 칼빈은 구약과 신약의 차이를 율법과 복음의 차이로 볼 때가 있으며, 이 때 율법은 좁은 의미의 율법, 즉 명령으로서 율법이다. 세 번째와 네 번째 차이점에서 이 부분이 분명하게 드러난다. 세번째 차이점(구약은 문자적이고 신약은 영적이다)에서 율법은 약속들을 제외한 율법이다. 이 때 칼빈은 예레미야 31:31-34와 고린도후서 3:6-11을 논하는데, 그에 의하면 예레미야나 바울이나 원래 율법에 고유한 것(*proprium eius*)을 다룬다. 율법이 긍휼의 약속을 포함하지만, 율법의 순순한 본

---

19 *Inst*. 2.9.4.

20 "… ubi de tota Lege agitur, Evangelium respect dilucidae manifestationis tantummodo ab ea differre …" *Inst*. 2.9.4.

칼 빈 주 의
뿌 리 내 리 다

성에 대하여 토론이 있을 때에는 (즉 렘 31:31-34와 고후 3:6-11의 경우) 그 약속들은 포함되지 않는다.[21] 그래서 칼빈은 세 번째 차이점을 좁은 의미의 율법과 복음의 관점에서 보면서 구약은 죽음과 정죄를 가져오고, 신약은 영생의 도구로서 해방과 회복을 가져온다고 진술한 것이다.

이 구분이 네번째 차이(구약은 노예됨의 언약이고 신약은 자유의 언약이다)에도 적용된다. 칼빈은 갈라디아서 4:22-31의 하갈의 후손과 사라의 후손에 구약과 신약을 대조시킨다. 칼빈에 의하면 구약의 족장들이 자유와 기쁨을 누렸을 때 율법에서 제외된 것이 아니라 율법으로 인한 속박과 번민으로 불안함을 느껴서 복음으로 피한 것이다. 그런데 그들이 복음에 의해 자유를 느꼈어도 속박에 매여 있었다는 면에서 네번째 차이는 여전히 유효하다고 한다. 칼빈는 여기서 좁은 의미의 율법을 생각하고 있는 것이다. 칼빈은 구약의 공통적인 율법 앞에서 저 악한 것들에서 제외된 것은 신약의 특별한 열매라고 말한다.[22]

따라서 칼빈이 구약을 율법의 언약(*foedus legale*)이라고 신약을 복음의 언약(*foedus evangelicum*)이라고 부르고, 《웨스트민스터 신앙고백서》가 구약을 율법시대의 언약(*Foedus sub Lege, Covenant in the time of the Law*)으로, 신약을 복음시대의 언약(*Foedus sub Evangelio, Covenant in the time of the Gospel*)이라고 말할 때에, 칼빈과 웨스트민스터 신앙고백서의 개념 사이에 완전한 대응이 있다고 말할 수 없다. 《웨스트민스터 신앙고백서》와 다르게 칼빈에게 있어서 옛 언약인 율법의 언약은 때로 긍휼의 약속을 제외한 좁은 의미의 율법의 역할도 포함하기 때문이다. 넓은 의미의 율법에 포함된 약속은 복음과 즉 신약과 연결된다. 그래서 넓은 의미의 율법이 말

---

21 "… Lex misericordiae promissiones passim continet, … non veniunt in Legis rationem, quum de pura eius natura sermo habetur." *Inst.* 2.11.7.

22 "… peculiarem Novi Testamenti fructum fuisse, quod praeter communem Veteris Testamenti legem illis malis exempti fuerunt." *Inst.* 2.11.9.

하는 긍휼의 약속에 참여한 자는 신약에 참여한 자가 된다. 칼빈은 율법이 그 자체에 약속을 갖고 있어서 창세 이후 믿음으로 이 약속을 받는 자는 새언약에 속해 있다는 아우구스티누스의 말에 동의한다. 칼빈에 의하면 족장들은 구약아래서 살았으나 거기에 제한되지 않았고 항상 신약을 갈망했고, 신약과 확실한 교통을 가졌다.[23] 즉, 약속을 포함하는 넓은 의미의 율법 개념 아래의 율법의 언약(칼빈의 견해)이 《웨스트민스터 신앙고백서》의 '율법 시대의 언약'과 대응한다.

칼빈에게 있어서 신구약이 통일성을 갖는 이유는 넓은 의미의 율법이 복음과 같은 약속들을 갖기 때문이다. 그런데 몇몇 차이점은 율법의 좁은 의미에 대한 것이다. 이때 구약은 불순종에 저주를 불러오는 좁은 의미로서의 율법, 신약은 좁은 의미인 신구약을 관통하는 복음을 의미한다. 칼빈이 구약을 율법언약으로 부르면서 율법을 좁은의미로 파악하고 있을 때, 후대의 소위 행위언약의 율법과 저주를 생각하는 것이며, 반면 넓은의미로 파악하고 있을 때, 은혜언약의 복음 약속을 생각하는 것이라고 말할 수 있다.[24]

후대의 입장에서 보자면 칼빈처럼 구약을 율법언약(*foedus legale*)으로 파악하면서 율법의 좁은 의미와 넓은 의미를 다 포함하려는 것은 신학 논의에 있어서 한계가 있어 보이기 때문에 더 분명한 용어사용이 요구되었다고 할 수 있다. 그래서 앞으로 우리가 살펴보겠지만, 우르시누스와 올레비아누스를 거치면서 율법언약(*foedus legale*)이란 용어는 율법의 좁은 의미를 담는 개념으로 분화되면서 칼빈의 율법언약과 다른 의미를 갖게 된다. 칼빈과 후대의 신학자들이 근본적으로 다른 관점을 보여주었다는 말이 아니라, 칼빈이 율법언약 안에 폭넓게 담으려고 했던 것을

---

23 "… ita sub Veteri Testamento vixisse, ut non illic restiterint, sed aspirarint semper ad Novum, adeoque certam eius communionem amplexi sint." *Inst.* 2.11.10.

24 Lyle D. Bierma, *The Covenant Theology of Caspar Olevianus* (Grand Rapids, Michigan: Reformation Heritage Books, 2005), 46.

칼 빈 주 의
뿌 리 내 리 다

후대의 신학자들은 더 분명하고 일관적인 표현을 위해 옛언약(은혜언약의 옛 경영)과 율법언약을 구분하였다는 말이다.

3. 자카리아스 우르시누스(1534-1583)의 언약론

하이델베르크 신학자 자카리아스 우르시누스(Zacharias Ursinus, 1534-1583)는 《하이델베르크 요리문답서》의 주저자로서 유명하다.[25] 그는 《하이델베르크 요리문답서》를 만들기 전에 《소요리문답서》(*Catechesis minor*)와[26] 《대요리문답서》(*Catechesis maior*)를 만들었다. 《소요리문답서》는 《하이델베르크 요리문답서》의 초안으로 추정되며, 《대요리문답서》도 《하이델베르크 요리문답서》를 만들기 전에 작성된 것으로 주로 신학교육을 위해 사용된 것으로 보인다.

《대요리문답서》의 원래 이름은 《신학요목문답》(*Catechesis summa theologiae*)인데,[27] 이 작품에서 우르시누스는 이전의 종교개혁가들이 보여주지 못했던 새로운

---

25 우르시누스의 생애와 신학에 대하여 다음을 보라: Karl Sudhoff, *C. Olevianus und Z. Ursinus, Leben* (Elberfeld, 1857); Erdmann K. Sturm, *Der Junge Zacharias Ursin, sein Weg vom Philippismus zum Calvinismus (1534-1262)* (Neukirchen: Neukirchener Verlag, 1972); Derk Visser, *The Reluctant Reformer His Life and Times* (New York: United Church Press, 1983); 이남규, 《우르시누스, 올레비아누스 - 하이델베르크 요리문답서의 두 거장》 (서울: 익투스, 2017).

26 Zacharias Ursinus, "Catechesis minor; perspicua brevitate christianam fidem complectens," in *D. Zachariae Ursini ... opera theologica*, ed., Quirinus Reuter (Heidelberg: Johan Lancellot, 1612), 34-39. 본래 문답번호가 없던 이 글은 문답번호와 함께 다음에 실린다: August Lang (ed.), *Der Heidelberger Katechismus und vier verwandte Katechismen* (Leipzig: A. Deichert'sche verlagsbuchh. Nachf., 1907), 200-218; 영역참고: Lyle D. Bierma, *An Introduction to the Heidelberg Catechism* (Grand Rapids: Baker Academic, 2005), 141-162.

27 Ursinus, "Catechesis, summa theologiae per questions et responsiones exposita," in *D. Zachariae Ursini ... opera theologica, 10-33.* 본래 문답번호가 없던 이 글은 문답번호와 함께 다음에 실린다: Lang, *Der Heidelberger Katechismus und vier verwandte Katechismen*, 152-199; 영역참고: Bierma, *An Introduction to the Heidelberg Catechism*, 163-223.

접근을 보여줌으로써 "언약 체계를 최종적으로 구성한 건축가"란 칭호를 들으며,[28] "예전의 교리를 하나의 새로운 틀 안에 부어넣었다"는 평가를 듣는다.[29] 우르시누스는 《대요리문답서》에서 언약에 어떤 새로운 접근을 보여주었는가? 그의 언약신학이 칼빈과 같은 이전의 종교개혁가들과 어떤 점에서 다른가? 그의 언약신학은 이후 개혁신학에 어떻게 공헌했는가?

이 질문들은 개혁신학의 언약론의 발전을 이해하기 위해서 중요하며, 성경의 언약과 구원 이해를 위해서도 중요하다. 이 질문에 답하기 위해서 먼저 우리는 《신학요목문답》 즉 《대요리문답서》에 나타난 우르시누스의 언약신학의 몇 가지 중요한 특징을 살핀다. 이로써 개혁주의 언약론의 발전에 끼친 우르시누스의 공헌이 드러날 것이다.

1) 신학 전체의 연결고리로서 언약

우르시누스는 언약을 매개로 하여 신학의 각 부분을 연결한다. 앞선 개혁신학자들, 츠빙글리, 불링거, 칼빈, 무스쿨루스 등이 언약을 잘 다루었어도 한 주제(locus)로서 다룬 것이지 신학 전체에 걸쳐 언약을 놓거나, 신학의 각 부분을 언약에 연결시키는 방식은 아직 아니었다. 우르시누스에게 신학은 네 부분으로 구성되며(8문), 네 부분은 "하나님의 율법의 요약 또는 십계명, 복음의 요약 또는 사도신경, 하나님께 구함 또는 주기도, 교회 사역의 원리"이다.[30] 그런데 이 신학의 네 부분은 언약에 연

---

28 "the architects of the final formulation of the covenant scheme"란 칭호를 Trinterud은 우르시누스와 올레비아누스 두 사람에게 돌린다. Leonard Trinterud, "The Origins of Puritansim," *Church History* 20 (March 1951): 48.

29 Bierma, *The Covenant Theology of Caspar Olevianus*, 61.

30 "Summa legis divinae seu Decalogus: Summa Evangelii seu symbolum Apostolicum: Invocatio Dei seu precatio Dominica: et institutio ministerii Ecclesiae." [9문] Lang, *Der Heidelberger Kat-*

결된다.

　신학의 첫 번째 부분인 율법은 "창조에서 하나님이 인간과 어떤 종류의 언약을 맺었는지, 인간이 이것을 지킴에 있어서 어떤 방법으로 처신해야 했는지, 그리고 새로운 은혜언약을 그와 맺기 시작한 후에 하나님이 그에게 무엇을 요구하시는지를 가르친다. 즉, 어떤 종류로 또 무엇을 목적하여서 인간이 하나님에 의해 창조되었는지, 어떤 신분으로 그가 떨어졌는지, 그리고 하나님께 화목된 자가 그의 삶을 어떤 방식으로 세워야만 하는지를 가르친다."[31] 여기서 율법은 두 언약과 관계한다. 첫째는 창조할 때의 언약(*foedus in creatio*)이고, 둘째는 은혜의 새언약(*novum foedus gratiae*)이다. 창조할 때의 언약에서 율법은 인간의 본래 자리와 목적을 알려준다면, 은혜언약에서 하나님과 화목한 자가 어떻게 살아야 하는지 알려준다. 결과적으로 율법은 두 위치에서 소개된다. 율법 부분에서 인간의 죄와 형벌을 알려주기 위해서 소개되고, 복음의 설명 중에 화목한 자가 회개의 삶을 사는 법을 알려주기 위해서 십계명이 해설된다. 회심한 자들에게도 십계명은 여전히 필요한데, 하나님께서 언약의 당사자들에게 요구한 예배가 무엇인지 가르쳐주기 때문이다.[32]

　신학의 둘째 부분인 복음은 은혜언약을 알려준다. 영원한 형벌 가운데 있는 인간은(29문) 영원한 생명의 소망을 하나님이 그리스도를 믿는 자들과 새롭게 시작하신 은혜언약으로부터(*Ex foedere gratuito, quod Deus denuo cum credentibus in Christum iniit*) 소유한다(30문). 하나님이 이런 언약을 맺었다는 것을 복음으로부터 안다(34

---

echismus und vier verwandte Katechismen, 153.

31　"Quale in creatione foedus cum homine Deus iniverit; quo pacto se homo in eo servando gesserit: et quid ab ipso Deus post initum cum eo novum foedus gratiae, requirat; hoc est, qualis et ad quid conditus sit homo a Deo, in quem statum sit redactus: et quo pacto vitam suam Deo reconciliatus debeat instituere." [10문] Lang, *Der Heidelberger Katechismus und vier verwandte Katechismen*, 153.

32　"Primum, ut discant, quos cultus probet Deus et a confoederatis suis requirat." [15문] Lang, *Der Heidelberger Katechismus und vier verwandte Katechismen*, 154.

문). 이 부분에서 사도신경이 해설되며 《대요리문답서》에서 가장 많은 부분을 차지한다.

신학의 세 번째 부분인 기도도 언약과 연결된다. 기도가 필요한 세 가지 이유가 있다. 첫째, 은혜언약은 우리에게 예배를 요구하는데, 예배의 중요한 부분이 기도다. 둘째, 택함받은 자들이 언약을 지키기 위해서는 성령의 은혜가 필요한데, 이 성령의 은혜를 기도를 통해서 구해야 한다. 셋째, 하나님을 옳게 부르는 자, 즉 기도하는 자는 양자의 영을 받았고 하나님의 언약 안에 받아들여졌고, 그래서 신적 언약의 증거가 마음에 있기 때문이다. 이렇게 해서 기도는 언약의 증거가 된다.

신학의 네 번째 부분인 교회사역의 목적은 하나님이 "우리를 자기의 언약으로 받으시고, 언약 안에서 우리를 보존하시고, 우리가 언약 안에 있고 영원히 거할 것을 우리에게 확신시키기 위한" 것이다.[33] 교회사역이 성령의 도구이기 때문에 우리는 교회사역을 통해 하나님의 언약 안에 받아들여지고 보존된다. 성령은 이 도구를 가지고 "언약 안에서 우리에게 요구하시는 믿음과 회심을 택자들의 마음에 역사하시고 확증하신다."[34] 교회사역에는 설교, 성례, 권징이 포함된다. 설교를 통해서 하나님이 언약 안에 약속하신 것과 요구하신 것이 가르쳐진다.[35] 성례는 언약의 표(signa foederis)인데, 세례는 은혜언약 안으로 받아들여졌다는 증거이며, 성만찬은 세례에서 시작한 하나님과의 언약이 영원히 저들에게 유효하게 된다는 증거이다. 교회 권징이 필요한 이유에는 "성례와 신적 언약의 모독을 피하기 위해서"라는 목

---

33 "Ut per illud nos in foedus suum recipiat, in eo nos retineat, in eoque nos esse et in aeternum mansuros, nobis certo persuasum reddat." [265문] Lang, *Der Heidelberger Katechismus und vier verwandte Katechismen*, 190.

34 "Quia instrumentum Spiritus sancti est, quo fidem et conversionem, quam in foedere suo Deus a nobis requirit, in electorum cordibus operator et confirmat." [266문] Lang, *Der Heidelberger Katechismus und vier verwandte Katechismen*, 190.

35 "… docet nos, quid Deus in foedere suo nobis polliceatur, et quid vicissim a nobis requirat." [272문] Lang, *Der Heidelberger Katechismus und vier verwandte Katechismen*, 191.

적이 있다.[36]

이 네 부분이 《대요리문답서》 제1 문답에서 이미 나타난다. 《하이델베르크 요리문답서》와 유사한 첫 번째 질문 "사나 죽으나 당신에게 어떤 견고한 위로가 있는가?"란 질문에 다음과 같이 답한다.

> 나는 하나님에 의해 그의 형상과 영원한 생명을 위하여 창조되었다. 내가 의지적으로 아담 안에서 이것을 잃어버린 후에, 하나님은 크고 값없는 자비로 나를 자신의 은혜언약 안으로 받으셔서, 육신 안으로 보내어진 자기 아들의 순종과 죽음 때문에, 믿는 내게 의와 영생을 주셨다. 그리고 그의 형상을 따라 나를 다시 만드시고, 내 안에서 아바 아버지라 외치는 그의 성령으로 말미암아, 그의 말씀과 보이는 그의 언약의 표를 통해, 자신의 이 언약을 내 마음에 인치셨다는 것이다.[37]

이 1문은 최고선에 대한 질문이고, 여기서 언약은 위로의 핵심이다. 하나님의 크고 값없는 자비가 은혜언약의 기원이며, 이 기원에서 시작해서 아들의 순종과 죽음 때문에 의와 영생을 주시며, 성령님으로 말미암아 말씀과 성례(즉, 언약의 표)를 통해 언약을 우리 마음에 인치신다. 그리고 이 내용이 우리가 앞서 살핀 신학의 네 부분

---

36 "Secundo, ut sacramentorum et foederis divini profanatio vitetur: quae accidit, cum Ecclesiae consentiente admittuntur ad sacramentorum usum, qui confessione aut vita se alienos a foedere Dei ostendunt." [323문] Lang, *Der Heidelberger Katechismus und vier verwandte Katechismen*, 199.

37 "Quod a Deo ad imaginem eius et vitam aeternam sum conditus: et postquam hanc volens in Adamo amiseram, Deus ex immensa et gratuita misericordia me recepit in foedus gratiae suae, ut propter obedientiam et mortem Filii sui missi in carnem, donet mihi credenti iustitiam et vitam aeternam: atque hoc foedus suum in corde meo per Spiritum suum, ad imaginem Dei me reformantem et clamantem in me Abba Pater, et per verbum suum et signa huius foederis visibilia obsignavit." [1문] Lang, *Der Heidelberger Katechismus und vier verwandte Katechismen*, 152.

(율법, 복음, 기도, 교회사역)과 연결된다. 창조의 목적으로 등장하는 영생은 율법의 순종에 대한 약속이며,[38] 은혜언약은 복음에 포함되었고, 성령은 아바 아버지라 부르는 기도를 하게 하시고, 그리고 말씀과 보이는 언약의 표(즉 성례)는 성령의 도구인 교회사역이다. 우르시누스는 이미 1문에서 인간 위로의 핵심인 언약을 신학 전체의 핵심요소로 파악하고 신학의 구성요소 모두를 언약에 연결시킨 것이다. 이러한 시도는 앞선 개혁신학자들에게는 보이지 않는다.

2) 일방성과 쌍방성

우르시누스의 《대요리문답서》에는 언약의 일방성과 쌍방성 둘 다 나타난다. 그래서 하나님과 인간 양편의 화목으로 은혜언약이 진술되며, 이 모든 것을 주도하시는 분은 하나님으로 묘사된다. 은혜언약을 이렇게 말한다.

이 언약[은혜언약]이 무엇인가?

그리스도의 중보로 얻어진 것으로 하나님과 화목하는 것이다. 이 안에서 하나님은 그리스도 때문에 신자들에게 영원히 자비로우신 아버지일 것이라고 또 영원한 생명을 주실 것이라고 약속하셨다. 그리고 바꾸어서 이들은 이 은택들을 참된 믿음으로 받을 것이라고 또 즐거워하며 순종하는 아들들이 마땅히 해야하듯이 영원히 영광을 올려드릴 것이라고 약속한다. 그리고 양편이 이 상호

---

38 창조의 목적은 온 생으로 영원한 복락안에서 하나님을 예배하는 것인데(13문), 하나님을 예배하는 것은 율법을 따라 하나님께 드려진 순종(Est obedientia Deo secundum ipsius legem praestita)이다(14문).

적인 약속을 우리가 성례라고 부르는 보이는 표로서 공적으로 확증한다.[39]

여기서 언약은 하나님과 화목(reconciliatio)하는 것과 동의어다.[40] 하나님과 인간의 화목은 예수 그리스도의 중보로 얻어진다. 언약은 쌍방성의 관점에서 진술되어 중보자 그리스도는 언약을 맺는 양편에서 중요하다. 먼저, 하나님 편에서 그리스도 때문에 아버지가 되시며 생명을 주신다고 약속하신다. 다음, 신자들 편에서 그리스도로 인해 가능하게 된 이 은택들을 믿음으로 받고 순종하는 자녀로서 영광을 올려 드린다고 약속한다. 언약의 두 당사자인 하나님과 신자들 양편의 약속은 성례를 통하여 확증된다.

그런데 이 쌍방성이 《대요리문답서》 전체를 지배하지 않는다. 우르시누스가 묘사한 언약의 쌍방성의 형식은 더 높은 일방성의 구도 아래에 있다. 또는 언약은 일방성의 기초 위에서 쌍방성의 외형을 갖는다. 1문에서 확인한 것처럼 하나님은 은혜언약을 주도하신다. 은혜언약은 "하나님이 크고 값없는 자비로 나를 은혜언약 안으로 받으시는" 일에서 시작된다. 하나님은 자기 아들의 순종과 죽음 때문에 영생을 주시며, 성령으로 말미암아 말씀과 언약의 표를 통해 언약을 인치신다(1문). 하나님의 형상을 회복하고 나를 만드시는 분도 성령님이다(1문). 여기서 의와 영생을 받는 대상이 '믿는 나'로 나오는데, 신자들에게 요구된 믿음은 신자들에게서 기원하지 않고 성령에게서 기원한다(38문). 31문의 언약 설명에서 성례를 통해 하나

---

39 "Quod est illud foedus? Est reconciliatio cum Deo, Christi intercessione impetrata, in qua Deus promittit, se credentibus, propter Christum perpetuo fore Patrem propicium, ac daturum vitam aeternam: et ipsi vicissim spondent, se haec beneficia vera fide accepturos, et sicut gratos et obedientes filios decet, perpetuo celebraturos: et utrique hanc promissionem mutuam signis visibilibus, quae sacramenta vocamus, publice contestantur." [31문] Lang, *Der Heidelberger Katechismus und vier verwandte Katechismen*, 155.

40 비어마의 제안에 따르면 올레비아누스가 하나님과 화목하는 것을 은혜언약으로 정의하는 것은 우르시누스가 원천일 수 있다. Bierma, *The Covenant Theology of Caspar Olevianus*, 151.

님과 인간 양편의 약속이 함께 확인되지만(쌍방성), 1문에서는 하나님만이 인을 치신다(일방성). 이렇게 《대요리문답서》의 은혜언약은 일방성(1문)으로 시작해서 쌍방성(31문)으로 나아간다.

언약의 일방성이 강조되거나 쌍방성이 강조되거나 그리스도는 언제나 언약의 근거로 있다. 후자의 관점에서 하나님이 신자들의 하나님이실 근거요 생명을 주실 근거가 그리스도이며, 신자들이 믿음으로 받아야 할 은택의 내용의 핵심도 그리스도다(31문). 전자의 관점에서 언약의 기원은 하나님의 크고 값없는 자비이며, 언약의 근거는 "육체안으로 보내어진 그의 아들의 순종과 죽음"이다(1문). 하나님이 주도하시는 이 일방성이 언약의 쌍방성을 가능하게 한다.

3) 본성언약과 은혜언약

우르시누스는 '창조 때 언약'(*in creatione foedus*)과 은혜언약을 구분한다. 이 구분은 율법이 가르치는 두 내용에서 분명하다. 율법이 가르치는 첫 번째 내용은 하나님이 인간과 어떤 종류의 '창조 때 언약'(*in creatione foedus*)을 맺으셨는지에 대한 것이다 (10문). 두 번째 내용은 '은혜의 새언약'(*novum foedus gratiae*)을 맺은 후 어떤 삶을 살아야 하는지 알려준다.[41] 이렇게 율법은 두 언약에서 다른 기능을 한다. 이 두 언약의 차이는 율법과 복음의 비교에서 두드러진다. 이 비교에서 율법이 두 언약에서 어떤 위치를 갖는지 드러난다.

　　율법은 창조할 때 하나님이 인간들과 맺었던 본성언약을 포함한다. 즉, 인간들에게 본성적으로 알려진다. 그리고 우리에게 하나님에 대한 완전한 순종을 요

41　[10문] Lang, *Der Heidelberger Katechismus und vier verwandte Katechismen*, 153.

칼빈주의
뿌리내리다

구하고, 지킨 자들에게 영원한 생명을 약속하나 지키지 않은 자들에게는 영원한 벌을 경고한다. 반면 복음은 은혜언약을 포함한다. 곧 이것은 존재하지만 본성적으로 알려지지 않는다. 복음은 율법이 요구하는 의가 그리스도 안에서 성취된다는 것, 그리고 그리스도의 영을 통해 우리 안에서 회복된다는 것을 우리에게 보여준다. 그리고 그리스도 때문에 그리스도를 믿는 자들에게 영원한 생명을 값없이 약속한다.[42]

1문에서 창조할 때 맺은 언약을 여기서는 본성언약이라고 부른다. 율법은 본성언약을 포함한다.[43] 율법과 복음을 대조할 때 복음에서도 율법은 포기되지 않음을 확인할 수 있다. 본성언약에서 요구되었던 율법의 완전한 순종 요구는 복음에서 성취되며 회복된다. 율법이 요구한 의는 그리스도 안에서 성취되며, 그리스도의 영을 통해 우리 안에서 회복된다. 그리스도를 믿는 자는 그리스도 때문에 영원한 생명을 값없이 약속받는다. 이렇게 1562년의 문서에서 우리는 17세기에 꽃피울 언약론의 그림자를 확인한다.

---

42 "Lex continet foedus naturale, in creatione a Deo cum hominibus initum, hoc est, natura hominibus nota est; et requirit a nobis perfectam obedientiam erga Deum, et praestantibus eam, promittit vitam aeternam, non praestantibus minatur aeternas poenas. Evangelium vero continet foedus gratiae, hoc est, minime natura notum existens: ostendit nobis eius iustitiae, quam Lex requirit, impletionem in Christo, et restitutionem in nobis per Christi Spiritum; et promittit vitam aeternam gratis propter Christum, his qui in eum credunt." [36문] Lang, *Der Heidelberger Katechismus und vier verwandte Katechismen*, 156.

43 우르시누스의 창조언약 또는 본성언약이 어디서 온 것인지, 누구의 영향하에 온 것인지에 대하여 여러 논의가 있다(Bierma, 55-56). 슈투엄(Sturm)의 경우 칼빈, 베르미글리, 불링거에게 있던 언약개념을 멜란히톤의 율법과 복음 교리에 연결해서 나온 결과라고 생각한다(Erdmann K. Sturm, *Der junge Zacharias Ursin* [Neukirchen-Vluyn: Neukirchener Verlag, 1972], 258). 릴벡(Lillback)의 경우, 우르시누스가 칼빈에게 있던 행위언약 초기개념의 영향을 받았다고 생각한다(Peter Lillback, "Ursinus' Development of the Covenant of Creation: A Debt to Melanchthon or Calvin?" *Westminster Theological Journal* 43 [Spring 1981]: 248). 기원에 관하여 의견이 다르지만 슈투엄과 릴벡 둘 다 우르시누스의 창조언약 개념의 독창성을 인정한다.

율법			복음		
창조할 때 맺었던 본성언약 포함			은혜언약 포함		
인간들에게 본성적으로 알려짐			본성적으로 알려지지 않음		
완전한 순종요구	지킨 자에게 영원한 생명 약속	율법이 요구하는 의	그리스도 안에서 성취	믿는 자에게	
	지키지 않은 자에게 영원한 벌 경고		그리스도의 영을 통해 우리 안에서 회복	영원한 생명 약속	

본성언약과 은혜언약의 관계 속에서 율법에서 요구하는 의는 복음에서도 포기되지 않음을 보여준다. 그리스도께서 하신 일은 이 율법이 요구하는 의에 대한 일이며, 본성언약에서 율법의 완전한 순종 요구를 만족시킨 자들에게 약속되었던 영원한 생명은 은혜언약에서 그리스도를 믿는 자에게 주어진다.

이러한 본성언약과 은혜언약의 구도 속에서 그리스도의 필요성이 더욱 부각된다. 우르시누스는 '창조 때의 언약' 즉 본성언약에서 율법의 요구가 지속된다는 전제 아래서 그리스도의 필요성을 말한다. "우리가 하나님 앞에서 의롭기 위해서 왜 그리스도의 만족과 의가 전가되는 것이 필요합니까?"란 질문에 우르시누스는 이렇게 답한다.

왜냐하면, 변함없이 의롭고 참되신 하나님이 창조 때에 시작된 언약을 반대해서 행하시지 않는 방식으로 은혜언약 안에 우리를 받으시기를 원하시기 때문이다. 곧 하나님은 우리 자신에 의해서나 (이것이 일어날 수 없기에) 우리 대신 다른

칼빈주의
뿌리내리다

사람을 통해서 그의 율법이 온전히 만족되는 일 없이는 우리를 의롭다고 인정하시지 않고 영원한 생명을 주시지 않으신다.[44]

여기서 주목할 부분은 하나님이 창조 때에 시작된 언약, 즉 본성언약에 반대하여 행하실 수 없으시다는 진술이다. 본성언약은 율법에 포함되어 있으며, 이 율법은 완전한 순종을 요구하고 이에 따라 영원한 생명과 영원한 벌이 있다(36문). 하나님은 율법의 완전한 만족을 포기하시지 않는데, 가장 근본적인 이유로 우르시누스는 불변성과 의라는 하나님의 속성을 언급한다. 따라서 하나님은 이 본성언약을 포기하는 방식으로 우리를 은혜언약 안으로 받으시지 않는다. 그리스도의 만족과 의의 전가의 필요성은 이 본성언약을 포기하시지 않는 방식으로 구원하시는 하나님의 의지이며, 이 의지는 의와 불변성이란 하나님의 속성에 근거를 둔 의지이다.

이렇게 해서 본성언약은 후에 올 개혁신학의 행위언약과 연결된다. 가깝게는 바로 동료 올레비아누스의 본성언약과 창조언약에 영향을 끼쳤을 것이다.[45] 더 멀게는, 우르시누스의 본성언약이 창조 때에 하나님과 인류와 맺은 언약이며(36문), 율법이 이 언약을 포함하고(36문), 이 언약은 인간의 타락한 신분을 알려주며(1문, 10문), 시내산의 율법은 새로운 것이 아니라 이성적 피조물에 대한 요구의 반복이며(158문), 은혜언약은 이 언약에서 요구한 율법의 요구를 포기하는 방식이 아니라 성취하는 방식으로 선다(135문)는 점에서 17세기의 행위언약 개념과 분명히 연결된

---

44 "Cur nobis satisfactionem et iustitiam Christi imputari necesse est, ut iusti simus coram Dei?"에 대한 답, "Quia Deus, qui immutabiliter iustus et verax est, ita nos in foedus gratiae vult recipere, ut nihilominus contra foedus in creatione initum non faciat, id est, nec pro iustis nos habeat, nec vitam aeternam nobis det, nisi integre ipsius legi vel per nos ipsos, vel, cum hoc fieri non possit, per alium pro nobis satisfactum sit." [135문] Lang, *Der Heidelberger Katechismus und vier verwandte Katechismen*, 171.

45 Bierma, *The Covenant Theology of Caspar Olevianus*, 151.

다.[46] 우르시누스의 본성언약 개념은 이후 그의 작품에서 부각되지 않았고 올레비아누스에게서 계속된다.[47]

4) 옛언약과 새언약의 차이점

십계명 해설을 복음에 대한 설명 이후에 다루고 있기 때문에 '은혜의 새언약'은 창조 때 맺은 언약과 대비되는 새언약 곧 은혜언약을 말한다. 우리가 위에서 이미 살핀 대로 은혜언약은 그리스도의 중보로 얻어진 것으로서 하나님과 화목하는 것이다. "유언자의 죽음이 생기지 않으면 유언이 유효하지 않는 것처럼, 이 언약은 그리스도의 죽음 없이 실효화되지 않기 때문에"[48] 이 언약은 유언(testamentum)으로 불린다. 이 사실을 밝힌 후에 옛 유언(구약)과 새 유언(신약)의 차이를 묻는 일(33문)은 '은혜의 새언약'이 은혜언약으로서 옛언약과 새언약을 다 포함한다는 것을 알려준다. 뱀의 머리를 부술 여자의 후손에 대한 약속이 낙원에서부터 주어졌고, 이 첫 약속에서부터 세상 마지막까지 모든 택함 받은 자들과 맺은 언약은 동일한 하나님의 언약이다.[49] 옛 언약에서는 오실 그리스도를 믿었으며 새언약에서는 나타나신 그리스도를 믿는다는 차이가 있다. 구약에서도 그리스도를 믿은 택함 받은 자들이 있었

---

46 Trinterud가 우르시누스와 올레비아누스를 언약설계의 건축가라고 할 때 그 근거는 본성언약개념이다. Leonard Trinterud, "The Origins of Puritansim," *Church History* 20 (March 1951): 48.

47 Bierma는 우르시누스의 후기 작품에서 본성언약 개념이 사라지는 사실이 본성언약 개념이 당시에 얼마나 혁신적이었는가를 보여준다고 말한다. Bierma, *The Covenant Theology of Caspar Olevianus*, 62.

48 "... quia sicut testamentum non est ratum, nisi interveniente morte testatoris: ita foedus hoc sanciri non potuit nisi morte Christi." [32문] Lang, *Der Heidelberger Katechismus und vier verwandte Katechismen*, 155-6.

49 "Idem testamentum est seu foedus Dei cum omnibus electis inde a prima promissione edita in Paradiso de semine mulieris conculcaturo caput serpentis, usque ad mundi finem ..." [33문] Lang, *Der Heidelberger Katechismus und vier verwandte Katechismen*, 156.

칼 빈 주 의
뿌 리 내 리 다

으나, 새언약에서는 바뀐 환경과 언약의 표 때문에 옛언약과 새언약의 차이가 있다. 복음에 속하는 은혜언약은 옛언약과 새언약을 다 포함한다.

신구약의 차이를 말하는 부분에서 우르시누스는 칼빈과 다른 부분이 있다. 우르시누스에게 신구약의 차이점은 네 가지다. 첫째, 구약에서는 오실 그리스도를 믿었는데, 신약에서 우리는 오신 그리스도를 믿는다. 둘째, 구약에서는 이스라엘 나라를 그리스도의 때까지 보호하는 약속이 있었고 신약에서는 모든 통치 아래서 교회를 보호하신다는 일반적 약속이 있다. 셋째, 구약에서는 레위의 의식들이 있고, 신약에서는 이것들이 폐해지고 그대신 그리스도께서 세례와 성만찬을 규정하셨다. 넷째, 구약은 더 희미하고 신약은 더 분명하다.[50] 우리가 앞서 살핀대로 칼빈은 신구약의 차이를 다섯 가지로 정리했는데 이 중 세 번째와 네 번째는 우르시누스에게서 보이지 않는다.

칼빈이 말한 세 번째와 네 번째의 차이가 우르시누스에게 나타나지 않는 이유는 무엇일까? 구약은 문자적이고 신약은 영적이라는 칼빈의 세 번째 차이는 율법과 복음의 차이이며, 이런 의미에서 칼빈은 구약은 죽음과 정죄를 가져오고 신약은 영생의 도구로서 해방과 회복을 가져온다고 말한다. 네 번째 차이인 노예됨과 자유의 차이도 율법과 복음의 차이이다. 이런 의미에서 구약의 족장들이 구약에 속하지 않고 신약에 속했다는 아우구스티누스의 표현을 칼빈은 인용한다. 그러나 신구약이 동일한 은혜언약이기 때문에 옛언약도 은혜언약으로서 유효하며, 옛언약 아래서도 복음의 은혜를 받게 된다. 따라서 진술 자체로만 본다면, 구약이 죽음과 정

---

50 "Primo enim in veteri credebatur in Christum venturum: in novo in exhibitum credimus. Secundo, vetus habebat promissionem de servanda usque ad Christum politia Israelitica: in novo tantum generalem promissionem habemus de servanda Ecclesia sub quibuscunque imperiis. Tertio, vetus habebat ceremonias Leviticas, quibus in novo abolitis, Christus baptismum et coenam suam instituit. Quarto, vetus obscurius, novum clarius est." [33문] Lang, *Der Heidelberger Katechismus und vier verwandte Katechismen*, 156.

죄를 가져온다거나, 성도들이 구약에 속하지 않았다는 칼빈의 표현은 논리적 일관성을 잃게 된다. 옛언약 아래서 신약의 성도들과 동일한 언약을 가졌던 구약의 성도들이 동시에 죽음과 정죄에 속했다는 의미가 되기 때문이다. 칼빈은 구약의 족장과 우리가 속한 언약이 본질에 있어서 어떤 차이 없이 하나요 동일하다고 말한다.[51] 사실 칼빈이 여기서 신구약의 차이를 율법과 복음의 대조처럼 생각한 이유(세번째와 네 번째의 차이처럼)는 그가 율법을 두 가지 면에서 생각했기 때문이다. 앞서 보았듯이 칼빈에게는 복음을 의미하는 넓은 의미의 율법과 의롭게 사는 규범의 좁은 의미의 율법이 있다. 세 번째와 네 번째 차이는 엄밀히 말하면 좁은 의미의 율법과 복음의 대조라고 할 수 있다. 칼빈이 신구약의 차이에 포함시켰던 이 율법과 복음의 대조를 우르시누스는 본성언약과 은혜언약의 대조에 옮겨 넣었다. 바로 이 점이 칼빈과 우르시누스의 신구약 차이점 이해가 다른 이유다.

이렇게 우르시누스는 칼빈에게 있던 좁은 의미의 율법을 '창조 때 맺은 언약' 즉 본성언약에 연결시켰다. 좁은 의미의 율법은 본성언약을 포함하고 복음은 은혜언약을 포함한다. 칼빈이 말한 신구약의 세 번째 차이와 네 번째 차이는 우르시누스의 율법과 복음의 비교에 더 어울린다. 이제 좁은 의미의 율법에 속할 내용들(죄, 저주, 종됨)은 동일한 은혜언약인 옛언약과 새언약의 차이가 아니라 율법과 복음의 비교에 더 어울린다. 이제 옛언약은 신약과 동일한 은혜언약으로서 복음의 의미를 갖는다(34문). 그러나 이 변화가 칼빈과 우르시누스의 신구약 이해가 근본적으로 달랐던 말은 아니다. 종교개혁 후 신학자들이 동일한 내용에 대한 더 좋은 신학적 표현과 설명을 찾아갔던 것처럼 우르시누스도 대요리문답서에 더 나은 설명방식을 시도한 것이다.

---

51 *Inst.* 2.10.2.

6) 우르시누스의 언약론의 공헌

우르시누스의《대요리문답서》는 언약사상의 발전의 관점에서 볼 때 중요한 변화를 가져왔다. 우르시누스는 개혁신학자 중 가장 처음 언약을 중심에 놓고 언약을 고리로 신학 전체를 설명하려고 시도했다. 인간의 위로로 규정된 은혜언약은 하나님과 인간 언약의 두 당사자가 그리스도의 중보로 화목하는 쌍방적 모습을 보여주나, 이 화목은 하나님이 시작하시고 주도하시는 언약의 일방성에 근거한다. 무엇보다도 본성언약과 은혜언약의 대응은 우르시누스의 공헌으로 언급되어야 한다. 율법은 본성언약을 포함하고 순종 여부에 따른 생명의 약속과 형벌의 경고가 있다. 은혜언약을 포함하는 복음에서 율법이 요구하는 의는 포기되지 않고 오히려 그리스도 안에서 성취될 뿐 아니라 그리스도의 영에 의해서 우리 안에서 회복된다. 이렇게 해서 본성언약은 행위언약의 그림자가 된다. 이 결과 옛언약과 새언약의 차이점에 대한 설명에서 우르시누스는 칼빈과 다른 방식을 취한다. 좁은 의미의 율법은 옛언약과 새언약의 차이에서 설명되지 않고 율법과 복음의 비교에서 설명된다.

이렇게 해서 우르시누스는 언약론에서 새로운 길을 열었다. 무엇보다도 언약을 매개로 신학전체를 엮으려고 했다는 점에서, 그리고 창조 때 맺은 본성언약과 은혜언약을 대응시켰다는 점에서 독창적이다. 이 구도 안에서 율법의 의를 성취하기 위한 그리스도의 사역과 우리 안에서 그 의를 다시 회복하는 성령의 사역이 연결되어 드러났다. 이런 언약의 구도가 대요리문답서 이후의 우르시누스에게서 명확히 드러나지 않을지라도, 그의 언약신학은 동료 올레비아누스에게 전달되어 발전하였고, 이들이 만든 틀 위에서 17세기 개혁신학은 부요한 언약 이해에 이르렀다.

4. 올레비아누스의 언약론

1) 세 가지 저술

올레비아누스는 교리해설서로 대표적인 세 가지 저술을 내놓았다. 첫 번째는 1567년에 나온 《견고한 기초》(*Vester Grund*)인데 이 책은 올레비아누스 사후에 그의 성만찬설교와 다른 초기 독일어 글들과 함께 《하나님의 은혜언약》(*Der Gnadenbund Gottes*)이란 제목으로 출간된다. 두 번째는 1576년의 《사도신경해설》(*Expositio Symboli Apostolici*)인데, 표지에 따르면 이 책에는 '하나님과 신자들 사이의 값없는 영원한 언약의 핵심이 짧고 분명하게 다루어졌다'(*…summa gratuiti foederis aeterni inter Deum et fideles breviter et perspicue tractatur*). 세 번째는 그의 말년인 1585년 출간된 《하나님과 선택받은 자들 사이의 언약의 본질에 대하여 그리고 이 언약의 본질을 우리에게 전달하는 수단들에 대하여》(*De substantia foederis inter Deum et electos, itemque de mediis, quibus ea ipsa substantia nobis communicatur*)이다. 이 작품들의 제목에서 '언약'의 위치는 흥미롭다. 첫 저술 《견고한 기초》의 제목에는 언약이란 용어가 없으나 이 저술은 올레비아누스 사후에 다른 작품과 함께 《하나님의 은혜언약》이란 제목을 만난다. 두 번째 책인 《사도신경해설》에서는 언약이 제목에 대한 설명에 들어가고, 세 번째 책에는 제목 자체에 들어간다. 이런 변화는 올레비아누스의 신학에서 언약의 자리가 점점 강화되어지고, 언약이 그의 신학의 중심원리가 되어가는 여정을 의미한다.[52]

《견고한 기초》는 "인간의 복락이 어디 있는가?"(*Worin stehet des Menschen Seligkeit?*)란 질문으로 시작한다. 이 질문에 "모든 선과 영원한 복락의 유일한 근원

---

52 Bierma, *The Covenant Theology of Caspar Olevianus*, 148.

이신 하나님과 하나가 되고 그와 사귀는 것에 있다"라고 답한다.[53] 올레비아누스의 언약론은 이 대답에서 시작한다. 사람은 하나님과 사귀어야 하는데, 타락으로 인하여 하나님의 원수가 되었고, 이 복락(하나님과 하나되고 사귀는 것) 안에 있지 못하였다. 은혜언약은 인간이 이 복락 안에 있도록 해주는 방식, 즉 중보자가 하나님께 원수된 인간을 다시 하나님께 화목시키는 방식이다. "사람의 구원과 하나님과의 화목이 왜 언약의 방식안에서 즉 은혜언약의 방식 안에서 우리에게 오는가?"란 질문에 대해, "하나님과 우리사이의 변함없는 영원한 평화와 우호가 그 아들의 희생제사를 통해서 이루어지는 것을 우리가 확신하기 위해서다. 그렇게 하나님은 우리를 구원하는 방식을 하나의 언약 곧 영원한 언약에 비유하신다"라고 답한다.[54]

하나님과 인간의 화목을 위해서 중보자가 참 하나님이시며 참 사람이셔야 한다. 이 책에서 올레비아누스가 은혜언약을 신학의 많은 주제와 연결시킴에도, 즉 하나님의 삼위일체, 지혜와 전능속성들, 섭리, 교회, 죄용서 등을 다 은혜언약과 연결시킴에도,[55] 이 책에서 언약이 가장 많이 언급되는 부분은 그리스도의 두 본성을 설명할 때다.[56] 언약의 중보자인 그리스도의 두 본성의 통일성은 하나님과 우리사이의 언약의 견고함과 연결된다.[57] 이렇게 《견고한 기초》에서 올레비아누스는 구

---

53 "Indem, daß er mit Gott, als dem einigen Brunnen alles Guts und ewiger Seligkeit, vereiniget sei, und Gemeinschaft mit ihm hab …" Caspar Olevianus, "Vester Grund," in *Der Gnadenbund Gottes* (Herborn: Christoff Raben, 1590), 1.

54 "Warum wird die Erlösung oder Versöhnung des Menschen mit Gott, in der Form einesBunds, und zwar eines Gnadenbunds, uns fürgetragen? Auf daß wir gewiß und versichert werden, daß ein beständiger ewiger Fried und Freundschaft zwischen Gott und uns gemacht sei, durch das Opfer seines Sohns: So vergleichet Gott den Handel von unserer Seligkeit, einem Bund, und zwar einem ewigen Bund." Olevianus, "Vester Grund", 4.

55 Olevianus, "Vester Grund", 22, 25, 30, 37, 131, 136.

56 Olevianus, "Vester Grund", 58-69.

57 "Nun zeig an, warum diese beide Naturen in Christo müssen persönlich vereiniget sein? Auf daß der Grund des Gnadenbunds oder der Vereinigung zwischen Gott und uns fest und unbeweglich

원의 핵심을 은혜언약으로 설명하고 언약으로 여러 주제들을 묶고 있다. 이 언약론을 그의 전 생애를 통해 계속 발전시켜나가는 것이 올레비아누스의 특징이다.[58]

《견고한 기초》가 독일어로 기록되어 더 많은 독일인들을 대상으로 한 반면, 《사도신경해설》은 라틴어로 기록되어 공부하고 있던 학생들을 대상으로 한다. 이 책은 그리스도의 왕국으로 시작한다. 신자들이 소유하는 그리스도의 왕국이 사도신경 안에서 우리에게 나타나 있다. 올레비아누스는 그리스도의 왕국과 언약을 연결한다. "그리스도 왕국의 보편적 경영은 저 새언약이다(*Universa haec regni Christi administratio foedus illud novum est …*). 이 언약을 교회의 제사장이시며 왕이신 그리스도께서 하나님과 우리 사이에 자기의 공로로 영원히 인준하셨고, 그 효과를 매일 우리 안에 실행하신다(*Hoc foedus Christus Sacerdos & Rex Ecclesiae inter Deum & nos merito suo in aeternum sancivit, & efficacia sua quotidie in nobis administrat*)." 그래서 그의 중보와 희생이 이 왕국의 영원한 기초이다. 그리스도는 이 기초에 의해서 하나님의 의를 만족시키셨고 우리를 죄와 율법의 저주로부터 또 사탄의 왕국과 힘으로부터 구원하셨다. 그리스도께서 부르신 자들 안에 하나님과 화목하는 노력을 일으키시고 화목을 제공하시고 선물하시는데 언약의 형식으로서 하신다.[59] 이것은 은혜언약의 형식(*forma foederis gratuiti*)이다. 인간이 하나님과 화목하는 것 또는 구원의 일, 즉 공로와 효과로 택자들을 구원하시는 일은 언약으로 불린다. 그리고 하나님이 우리에게 언약의 형식을 세우셨다. 왜냐하면 쌍방간에 상호적인 동의를 세우고 믿음

---

wäre …" Olevianus, "Vester Grund", 65.

58 Bierma, *The Covenant Theology of Caspar Olevianus*, 148.

59 "Postqua rex et sacerdos Ecclesiae Christus in iis quos vocat, studium reconciliandi se Deo generavit, ipsam etiam reconciliationem offert & donat, & quidem forma foederis …" Olevianus, *Expositio symboli apostolici, sive articulorum fidei, in qua summa gratuiti foederis aeterni inter Deum & fideles breviter & perspicue tractatur* (Frankfurt: Andrea Wechelus, 1580), 9.

을 견고하게 하기 위한 적당한 다른 형식이나 실행할 방법이 없기 때문이다.[60]

언약은 은혜언약인데, 언약전체가 값이 없기 때문이다. 언약이 제공되는 방식(성령이 우리를 믿게하심)과 중보자가 주어지는 방식들이(믿음으로 공로가 전가됨) 다 값이 없다. 그래서 모든 면에서 우리의 가치나 공로의 어떤 조건에 의존하지 않는다. 언약이 값이 없기 때문에 영광이 온전히 하나님께 돌아가고, 우리 양심이 평안을 얻는다.

언약의 이중은택 개념이 여기서 등장한다. 그것은 믿음으로 되는 두 가지 일로서, 죄의 값없는 용서와(gratuitam peccatorum remissionem)와 하나님의 형상으로 새롭게 되는 것(renovationem ad Dei imaginem ... generet)이다.[61] 죄의 용서와 새롭게 됨은 현재 우리가 사용하는 교리적 용어로는 칭의와 성화이다. 올레비아누스는 사도신경에서 이 두 가지에 대해 특별히 관심을 가져야 한다고 지적한다. 언약이 어떻게 성취되고, 신자들이 언약의 유익을 어떻게 누리는가가《사도신경 해설》을 통해 밝혀진다.

언약에 대한 마지막 방대한 작품인 올레비아누스의《언약의 본질》은 첫 번째 부분에서《사도신경해설》처럼 언약에 대한 서론과 중보자에 대한 소개를 한 후 사도신경해설을 한다. 그리고 내용마다 언약이란 주제를 폭넓게 적용하고 있다.《견고한 기초》에서 언약이 서론과 중보자에 집중했다면,《사도신경해설》에서 더 많은 주제들에 적용되고,《언약의 본질》에서 더 확장되었다.

이 책이 특별한 점, 두 번째 부분에 성례에 대한 교리가 자세하게 추가되어

---

60 "Reconciliatio autem hominis cum Deo, sive hoc salutis negotium, merito & efficacia servandi electos, ideo foedus vocatur, & forma etiam foederis a Deo nobis proponitur, quia nulla forma sive ratio agendi, aptior est ad constituendum mutuum inter partes assensum, stabiliendamque fidem." Olevianus, *Expositio*, 9.

61 R. Scott Clark, *Caspar Olevian and the Substance of the Covenant* (Grand Rapids, Michigan: Reformation Heritage Books, 2005), 137-209.

올레비아누스의 언약론이 완전한 형태를 가지게 되었다는 점이다. 이 부분은 언약이 전달되는 수단들로서 들을 수 있는 증거(*testimonia audibilia*)와 볼 수 있는 증거(*testimonia visibilia*)를 소개한다. 그런데 분량으로 보면, 볼 수 있는 증거인 성례에 대한 설명을 주로 한다. 분량으로는 성례에 집중하지만, 올레비아누스는 언약이 우리와 우리 후손에게 전달되는 주요한 방식은 선포된 복음의 약속이라고 한다.[62] 세례는 우리가 은혜언약 안으로, 그리고 그의 중보자 그리스도 안으로 접붙여졌다는 것과 이로써 전가된 의와 중생의 시작을 증거하고 인 친다.[63] 성만찬에 이것이 더욱 증가되기 때문에 자주 해야 한다.[64] 이렇게 언약의 이중은택인 칭의와 성화가 세례와 성만찬에 적용된다.

2) 다양한 언약 개념

i) 시간 전의 언약

비어마(Bierma)는 올레비아누스에게서 은혜언약(옛언약, 새언약)외에도 다섯 가지의 다른 언약개념을 발견했다. 곧 시간 전(*pretemporal*)의 언약, 창조언약, 율법언약, 사

---

62 "Praecipuum ergo quo Deus substantiam foederis gratuiti nobis seminique nostro coniunctim offert, est promissio Evangelii solenniter promulgati." Olevianus, *De substantia foederis inter Deum et electos, itemque de mediis, quibus ea ipsa substantia nobis communicatur* (Geneva: Eustathius Vignon, 1585), 309.

63 "Baptismus enim insitionem nostram in foedus gratuitum, eiusque Mediatorem Christum testificatur & obsignat, atque ita imputatam iustitiam & regenerationis initium." Olevianus, *De substantia*, 334.

64 "Sacrae Eucharistiae alia est ratio, quia semel renati in celebratione beneficiorum frequentes esse debent, & in Christo crescere; ideoque testimonium celebrationis & augmenti koinonias saepe ab iis usurpati." Olevianus, *De substantia*, 333.

칼빈주의
뿌리내리다

탄과 맺은 언약, 그리고 피조물과 맺은 언약이다.[65] 비어마의 정리를 따라 먼저 시간 전 언약에 대해서 살펴보면, 구속협약(*pactum salutis*)이란 용어는 발견되지 않는다. 나아가 개념에 있어서도 후대처럼 삼위일체 안에서 성부와 성자간의 협약이라는 구체적 진술 형태로는 등장하지 않는다. 그러나 시간 전의 언약은 성부의 명령과 맹세, 성자의 보증과 동의 등의 개념과 함께 등장한다.[66] 성부는 죄를 위한 완전한 제물로 성자를 정하고, 성자는 성부의 명령을 성취하기로 약속한다. 구원하려는 성자의 영원한 의지는 성부의 의지와 같다.[67] 아버지에 의해서 언약의 중보자로 임명된 하나님의 아들은 두 가지를 보증한다. 이 보증은 언약의 이중은택인데, 즉 성부가 성자에게 주신 모든 자들의 죄를 만족 시킬 것과 자기에게 접붙여진 자들이 양심의 평화를 맛보고 하나님의 형상을 닮아가는 결과가 있을 것을 성자가 보증하였다.[68] 따라서 성부와 성자간의 시간 전의 협약이란 개념이 올레비아누스에게 있었다고 말할 수 있다.[69] 이 협약에 의해 그리스도는 하나님 앞에서 영원한 제사장으로 세워진다. 그리고 그리스도가 영원한 제사장이 되기 때문에 그리스도의 죽음이 있기 전인 다윗의 시대에도 죄가 용서되었다.[70] 이런 방식으로 시간 전의 언약도 신구약의 통일성을 반영한다.

---

65 Bierma, *The Covenant Theology of Caspar Olevianus*, 107-140.

66 "Fundamentum autem est, Sacerdotium Christi aeternum, id est, munus illud, quod non solum mandato, sed etiam iuramento solenni certae huic personae, immensa sapeintia & misericordia a Patre est impositum, …" Olevianus, *Expositio*, 73.

67 "… est perpetua voluntas servandi in hoc mediatore, consentiens cum voluntate Patris …" Olevianus, *Expositio*, 154.

68 "… Filius Dei mediator foederis a Patre constitutus spondet pro duabus rebus, primo se satis-facturum pro peccatis omnium quos Pater ei dedit … Secundo se etiam effecturum ut sibi insiti pace conscientiae fruantur atque … renoventur ad Dei imaginem." Olevianus, *De substantia*, 23.

69 R. Scott Clark, *Caspar Olevian and the Substance of the Covenant*, 178.

70 Olevianus, *Expositio*, 117.

ii) 창조언약

창조언약(*foedus creationis*)은 우르시누스가 사용했던 창조 시의 언약 즉 본성언약의 개념과 유사하다. 올레비아누스에게 창조언약은 첫번째 언약(*primum foedus*), 본성언약 또는 자연언약(*foedus naturale*), 창조율법(*ius creationis*)과 동의어이다.[71] 이것은 하나님의 형상으로 창조된 인간이 하나님께 일치해야 하는 것을 알려주며, 이 일치가 본성적인 의무라는 것을 알려준다. 본성적으로 알려진 법이 우리의 본성적 의무를 알려준다. 후대에 등장하는 행위언약과 완전히 일치하는 개념은 아니지만, 후대에도 행위언약을 계속해서 본성언약으로 불렀다는 점에서, 또 이 언약이 양심에 쓰여 있다는 점을 후대에도 강조했고 올레비아누스도 양심을 강조했다는 점에서, 그리고 우리가 살펴볼 율법언약이 창조언약의 갱신이라는 점에서, 이 언약은 행위언약의 그림자 개념이다.

iii) 율법언약

율법언약은 창조언약의 갱신이다. 올레비아누스에게 율법은, 하나님께서 본성에 심으시고 그의 계명 안에서 반복하시고 새롭게 하신 가르침이다.[72] 하나님은 율법을 지킨다는 조건과 함께 영생을 약속하셨다. 반면 지키지 않는 자에게는 저주가 있다. 시내산에서 율법이 재진술된 것은 그 의무를 분명하게 알게 해주기 위해서였다. 이 율법언약 때문에 죄의 지식이 있고, 그래서 율법언약은 우리를 그리스도에게 피하게 한다. 그리스도인이 회심해서 은혜언약 안에 들어오기까지는 율법언약

---

71 Bierma. *The Covenant Theology of Caspar Olevianus*, 113.

72 "Das Gesetz ist ein solche Lehr/ die Gott der Natur eingepflanzt/ und in seinen gebotten widerholet und vernewert hat …" Olevianus, "Vester Grund", 8.

칼빈주의
뿌리내리다

아래 있다.[73]

이런 율법언약의 이해 때문에 올레비아누스는 새언약과 옛언약의 통일성을 더 분명한 방식으로 말한다. 우르시누스처럼 올레비아누스에게도 은혜언약이 옛실행과 새실행으로 구분되며, 이 차이는 약속이나 조건이나 은택에 있는 본질적 차이가 아니라 약속의 시제와 명확성과 은택들의 향유에 있다.[74] 그런데 올레비아누스가 두 언약의 통일성을 언약의 객관적 차원과 주관적 차원의 구분을 통해서 더 명쾌하게 이해했다. 객관적이라는 것은 공로적 차원에서 그리스도의 구속사역이 역사 안에서 이루어지는 것이며, 주관적이라는 것은 효과적 차원에서 신자들에게 적용되는 것을 말한다. 아지 구속사역이 역사 안에서 이루어지지 않을 때도 효과적 차원에서는 신자들에게 은혜언약이 적용되며, 구속사역이 역사 안에서 이루어진 후에도 효과적 차원에서 불신자들에게 율법언약은 적용된다.[75]

iv) 사탄과 맺은 언약

사탄과 맺은 언약(*foedus cum Diabolo*)은 인간이 죄를 통해 자신을 하나님으로부터 분리시키면서 시작되었다.[76] 죄가 들어올 수 있도록 하나님을 배반하고 사탄과 언약을 시작한 사람이 있으므로, 틀림없이 하나님과 화목 시키고 하나님과 하나 되게 하며 모든 복의 근원이 될 중보자는 사람이어야 한다. 그래서 사탄과 맺은 언약은 은혜언약을 보조하는 개념이다.

---

73 Bierma, *The Covenant Theology of Caspar Olevianus*, 124-5.

74 Bierma, *The Covenant Theology of Caspar Olevianus*, 131.

75 Bierma, *The Covenant Theology of Caspar Olevianus*, 138-9.

76 "Homo autem per peccatum se a Deo separverat, foedusque cum Diabolo inierat." Olevianus, *Expositio*, 89.

v) 피조물과 맺은 언약

피조물과 맺은 언약(*foedus cum creaturis*)은 《사도신경해설》에서 섭리의 설명을 시작하고 끝맺을 할 때 사용된다. 그래서 피조물과 맺은 언약은 섭리와 관련된다. 우리와 영원한 언약을 맺으신 하나님이 피조물에게 모든 움직임을 주시되 우리에게 선이 되도록 주신다.[77] 피조물이 창조주의 의지 없이는 움직일 수 없음을 볼 때, 창조주 하나님의 언약의 당사자들인 신자들은 필연적으로 피조물들과의 언약을 갖는다.[78] 그래서 피조물과 맺은 언약도 은혜언약의 견고함을 위해 봉사하는 개념이다.

3) 올레비아누스의 언약론의 공헌

올레비아누스의 언약론은 우르시누스와 달리 전 생애를 통해 축적되었다. 언약에 대한 세 가지 저서가 출판된 순서대로, 즉 《견고한기초》, 《사도신경해설》, 《언약의 본질》을 통해, 그 발전이 드러난다. 외적인 형식으로보면, 언약의 구조가 아니라 사도신경의 구조를 사용해서 신학을 해설했다.[79] 그러나 사도신경의 구조 속에서, 각 부분은 언약이란 주제로 묶여진다. 언약의 당사자로서 하나님과 인간(신론과 인간론), 언약의 중보자로서 예수 그리스도와 그의 사역(기독론), 인간이 어떻게 은혜언약에 들어가는지(구원론), 언약의 백성들과 언약의 표(교회론), 그리스도께서 언약의 백성들을 지키시고 마지막에 다시 오실 것(종말론)까지 언약을 적용하여 설명했다.

---

77 Olevianus, *Expositio*, 49.

78 "Hoc nimirum foedus illud est, quod fideles, qui Deo creatori confoederati sunt, cum creatoris etiam necessario habent, quandoquidem eae citra Creatoris voluntatem ne movere quidem se possunt, de quo Hoseas 2.cap." Olevianus, *Expositio*, 64.

79 Bierma, *The Covenant Theology of Caspar Olevianus*, 150.

칼 빈 주 의
뿌 리 내 리 다

여러 가지 언약개념들을 사용할 때에도 은혜언약을 더 잘 설명하는데 그 목적이 있었다. 후대와 관련해서 그에게서 구속협약으로 자라날 개념이 이미 등장하고 있으며, 창조언약과 율법언약은 후대에 등장할 행위언약과 분명히 연결된다.

나가며

츠빙글리가 재세례파와의 논쟁 가운데서 등장시킨 언약론은 불링거에게 전해지고 칼빈에게도 나타난다. 칼빈은 《기독교강요》에서 언약을 중요한 주제로 다루고, 특히 신구약의 통일성과 차이점을 자세하게 다루었다. 우르시누스는 《신학요목문답》(또는 대요리문답)에서 언약을 한 부분이 아니라 전체에 적용하고 언약을 고리로 하여 신학의 각 부분을 연결시키려고 하였다. 그러나 우르시누스는 《신학요목문답》의 시도를 계속 발전시키거나 심화시키지 않았다. 우르시누스의 시도를 심화시킨 인물은 올레비아누스였다. 그는 자신의 전 생애 동안 언약교리를 심화시켰다. 이런 의미에서 언약에 대한 마지막 작품인 《언약의 본질》을 통해서 언약신학자로 불릴 수 있는 자리에 서게 되었다. 개혁주의 언약론은 츠빙글리에게서 불링거로, 그리고 다시 칼빈에게서 우르시누스와 올레비아누스를 거쳐서 더 깊어지고 풍부해졌다.

언약론의 발전을 신구약의 통일성에 대한 설명 방식이란 관점에서 정리해 볼 수 있다. 칼빈은 옛 언약과 동의어로 율법언약을 사용하였지만, 올레비아누스에게 이르면 율법언약은 순종을 조건으로 약속된 생명을 의미하는 언약이다. 칼빈은 옛 언약의 동의어로 율법언약을 사용했기 때문에, 때로 구약의 신자들이 옛 언약이 아닌 새 언약에 속했다는 표현을 쓰거나, 또는 신약시대에 살아도 행위를 의지하는 자들이 율법언약에 있는 것처럼 표현하기도 하였다. 칼빈은 신구약의 통일성을 말

5. 언약론

215

하면서 구약이 효과 있다고 말하면서도(넓은 의미의 율법으로 바라보면), 신구약의 차이점을 말할 때는 구약의 성도들이 구약에 머물지 않음으로써(좁은 의미의 율법에서 바라보면) 구원 얻는다고 말한다. 그래서 옛 언약을 일관되게 표현하지 못하는 한계가 있었다고 할 수 있다. 칼빈의 이 좁은 의미의 율법을, 우르시누스는 본성언약이란 개념으로 분리하였다.

　정리하면 칼빈의 옛 언약은 은혜의 옛 경륜과 좁은 의미의 율법이 포함된 용어였다면 우르시누스와 올레비아누스를 거치면서 좁은 의미의 율법을 분리한 표현을 하게 된 것이다. 칼빈의 하나의 언약이 우르시누스에게서 두 언약(은혜언약과 행위언약개념의 시작으로서 본성언약)으로 분화되었고, 17세기 개혁신학의 언약론에 등장하는 세 가지언약(구속협약, 행위언약, 은혜언약)의 윤곽이 올레비아누스에게서 나타난다. 이것은 신구약의 통일성을 더 명확하게 설명해준다.

6장

기독론

16세기 후반 제한속죄 논쟁

들어가며

그리스도의 구속사역에 대해 성경은 보편적 표현을 할 때도 있고 제한적 표현을 할 때도 있다. 예를 들어 보편적 표현을 따르면, 하나님은 세상을 사랑하시며(요 3:16) 모든 사람이 구원을 받기를 원하시며(딤전 2:4) 그리스도는 모든 사람을 대신하여 죽으셨으며(고후 5:15) 우리만 위할 뿐 아니라 온 세상의 죄를 위한 화목제물이다(요일 2:1-2). 그러나 성경은 제한적 표현도 한다. 즉, 하나님은 우리를 위하셔서 우리를 위하여 자기 아들을 내어주셨으며(롬 8:31-32), 그리스도는 자기 백성을 그들의 죄에서 구원하시며(마 1:21) 한 무리의 양의 목자이시며 그들을 위하여 목숨을 버리시며(요 10:15-16) 세상을 위하여 기도하지 않으시고 아버지께서 그들에게 주신 자들을 위하여 기도하신다(요 17:9). 교회사에서 이 성경구절들을 어떻게 이해할 것인가에 대해 논의가 있었다. 신학자들은 성경을 따라 한편으로 성경이 말하는 보편성 또는 일반성을 말하고 동시에 특별성 또는 제한성을 말해야 했다. 여기에서 속죄의 대상 또는 범위에 대한 논쟁이 발생했다.

16세기 후반 속죄의 대상 또는 범위에 대한 논쟁은 야콥 안드레애(Jacob Andreae, 1528-1590)가 개혁신학의 관점에 대해 의문을 제기하면서 시작했다. 그후 사무엘 후버(Samuel Huber, 1547-1624)가 개혁신학자들을 비판하는 격렬한 글들을 출판하고 이후 수년간 이어진 논쟁을 통해서 많은 자료가 남았다. 사무엘 후버가 이 주제로 다룬 주요 신학자들은 하이델베르크의 신학자들, 대표적으로는 다니엘 토사누스

(Daniel Tossanus, 1541-1602)와 야콥 키메돈키우스(Jacob, Kimedoncius, 1550-1596)다. 그러므로 이 주제에 대한 논의가 항론파의 견해에 대해 다루었던 도르트 총회 때 폭발적이었음에도 속죄의 범위에 대한 논쟁이 도르트 총회 때 비로소 시작된 것은 아니다.

하이델베르크 신학자들의 속죄의 대상 또는 범위에 대한 논의를 다룬 연구는 부족하다. 속죄의 범위에 대한 논쟁을 다룬 논문으로 갓프리(Godfrey)의 연구는 탁월하나 도르트 총회에서 다루어진 내용에 대한 연구이며, 이 논문은 속죄범위에 대한 교회의 논의 역사에서 많은 신학자의 생각을 소개하지만 이 주제를 가장 많이 다룬 토사누스와 키메돈키우스는 언급하지 않았다.[1] 곳프리드 아담(Gottfried Adam)의 책에서 사무엘 후버와 하이델베르크 신학자들의 논쟁을 소개하나 이 책은 루터주의신학자들의 의견을 소개하는 책이므로 사무엘 후버의 의견만 주로 소개했다.[2] 교리사를 방대하게 정리한 리츨의 경우도 사무엘 후버의 의견을 짧게 정리하여 소개하는데서 그쳤다.[3] 개혁파 예정론 논쟁의 역사를 훌륭하게 저술한 알렉산더 슈바이처는 후버의 베른논쟁을 다루나 후버와 하이델베르크 신학자들과의 논쟁은 다루지 않았다.[4]

이 글은 도르트 총회 이전의 속죄 대상 논의에서 개혁신학자들이 어떤 견해를 가졌는지 고찰할 것이다. 구체적으로 16세기 후반 하이델베르크 신학자들인 토사

---

1 William Robert Godfrey, "Tensions within International Calvinism: The Debate on the Atonement at the Synod of Dort 1618-1619" (PhD diss., Stanford University, 1974).

2 Gottfried Adam, *Der Streit um die Prädestination im ausgehenden 16. Jahrhundert* (Neukirchen-Vluyn: Neukirchener Verlag, 1970).

3 Otto Ritschl, *Dogmengeschichte des Protestantismus IV. Band* (Göttingen: Vandenhoek & Ruprecht, 1927), 134-146.

4 Alexander Schweizer, *Die Protestantische Centraldogmen in ihrer Entwicklung innerhalb der reformirten Kirche-ertste Hälfte das 16. Jahrhundert* (Zürich: Orell und Füssli, 1854), 501-526.

칼 빈 주 의
뿌 리 내 리 다

누스와 키메돈키우스의 견해를 고찰하되, 그 보다 먼저 그 배경이 되었던 몽벨리아르에서 테오도르 베자의 생각도 살펴본다. 이 작업을 통해서 보편적 표현에 대한 신학자들의 견해, 충분과 효과의 구분에 대한 생각, 보편속죄론자들과 이에 반대하는 개혁신학자들의 차이가 무엇인지 등이 밝혀질 수 있을 것이다.

우리는 다음과 같은 순서로 고찰할 것이다. 첫째, 종교개혁 전 속죄의 대상에 대한 신학자들의 중요한 언급들을 짧게 살펴볼 것이다. 둘째, 하이델베르크 신학자들의 속죄 대상 논쟁의 배경이 되었던 개혁신학자 베자와 루터주의자 안드레애의 몽벨리아르의 토론을 살펴볼 것이다. 셋째, 사무엘 후버와 속죄 대상 논쟁에 참여했던 개혁신학자 토사누스와 키메돈키우스의 견해를 고찰할 것이다.

1. 종교개혁 이전 속죄의 범위에 대한 신학자들의 견해

교회는 처음에 속죄의 보편성을 가르쳤다. 그러나 이 말이 교회가 속죄의 제한적 의미를 정죄했다는 의미는 아니다. 교회는 아직 보편성과 특수성 사이의 구분의 필요성을 알지 못했다. 삼위일체와 기독론이 그러하듯 이단과 오류의 등장과 함께 교회는 말씀을 묵상하고 정당한 내용을 드러내기 시작했다. 오리게네스(Origenes)가 타락한 천사들까지도 포함하여 모든 피조물이 구속되었다고 말했을 때, 교회는 그런 보편적 구속사상을 받아들이지 않았다. 암브로시스는 보편성을 말하면서 동시에 특수성을 말하는 방식으로 표현한 적이 있다. "그리스도가 모두를 위해서 고난당하셨을지라도 특별히 우리를 위해서 고난당하셨다. 왜냐하면 그는 교회를 위해 고난당하셨기 때문이다."[5]

---

5 "Etsi Christus pro omnibus passus est, pro nobis tamen specialiter passus est, quia pro ecclesia

펠라기우스주의와 반(牛)펠라기우스주의가 교회에 나타나자 신학자들은 이 문제를 다룰 필요가 있었다. 아우구스티누스는 펠라기우스와 싸우며 하나님의 예정과 은혜가 모든 각 사람을 향한다고 생각하지 않았다. 그는 한 사람도 제외하지 않는 모든 각 사람을 위한 구원을 부인했다. 아우구스티누스는 디모데전서 2:4의 "하나님은 모든 사람이 구원얻기를 원하신다"는 구절을 모든 계층으로 대표되는 인류전체라고 생각했다.[6] 왕과 백성, 귀족과 평민, 고귀한 자와 비천한 자, 유식한 자와 무식한 자, 강한 자와 약한 자, 남자와 여자, 어린이와 노인, 모든 어족, 모든 직업 등의 다양성을 생각했다.[6] 그는 이런 보편성의 해석에 따라 요한일서 2:2의 "그는 우리 죄를 위한 화목 제물이니 우리만 위할 뿐 아니요 온 세상의 죄를 위하심이라"의 구절에서 '온 세상'을 모든 나라에 있는 교회로 보았다. 즉, 우리만이 아니라 온 세상에 퍼진 교회이다.[7] 구속에 대한 하나님의 예정 즉 하나님의 의도가 예외없는 보편이 아니라면 그리스도의 속죄의 의도도 예외없는 보편이 아니어야 한다는 일관성이 아우구스티누스에게 있다. 그는 성경의 보편적 표현에 대한 해석을 각 구절의 문맥에 따라 인류전체를 대표하는 다양성의 보편성과 시간과 공간을 관통하는 보편으로 본다. 이렇게 해서 아우구스티누스는 속죄의 특수성을 분명하게 가르쳤던 첫 번째 학자로 언급된다.[8]

그럼에도 갓프리(Godfrey)는 아우구스티누스가 암시적이었다고 보고 오히려 아우구스티누스의 제자 프로스퍼가 명시적이었다고 말한다.[9] 프로스퍼가 새로운 것

---

passus est." Ambrosius, "Expositio Evangelii Secundum Lucam Libris X Comprehensa," in *PL* 15, [Liber VI, 25] 1675.

6   Augustinus, *The Augustine Catechism The Enchiridion on Faith Hope and Charity* (New York: Augustinian Heritage Institute, 1999), c. 103.

7   Augustinus, *Ten Homilies on the First Epistle of John* (New York: Augustinian Heritage Institute, 2008), I. 8.

8   Herman Bavinck, *Gereformeerde Dogmatiek*, vol 3 (Kampen, 1928-1930), Nr. 404.

칼빈주의
뿌 리 내 리 다

을 말했다기보다는 아우구스티누스 사후에 반(半)펠라기우스주의가 목소리를 높이자 아우구스티누스를 옹호하면서 논쟁의 방식을 취했기 때문에 더 분명한 방식으로 말했다고 할 수 있다. 프로스퍼는 구원자가 온 세상의 구속을 위해 십자가에 못박히셨는가에 대하여 이렇게 답한다.

> 그리스도 안에서 십자가에 못박히지 않는 자는 그리스도의 십자가로 구원받지 않는다. 그리스도의 몸의 지체가 아닌 자는 그리스도 안에서 십자가에 못박히지 않는다. 물과 성령을 통해 그리스도를 입지 않는자는 그리스도의 지체가 아니다. 그래서 그가 인성을 참되게 입으셨기 때문에, 또 모두가 첫 인간 안에서 공통적으로 멸망했기 때문에, 구원자가 온 세상의 구속을 위해 십자가에서 못박히셨다고 말하는 것이 옳음에도 불구하고 그 자신의 죽음이 유익을 줄 자들을 위해 십자가에서 못박히셨다고 말할 수 있다.[10]

프로스퍼는 우리를 위해 지불된 가치와 크기를 고려한다면 온 세상을 위한 구속이라고 말할 수 있지만 믿음 없는 자에게는 이 구속이 없기 때문에 모두가 실제적으로 죄의 속박에서 자유롭게 된다는 말은 맞지 않다고 지적한다.[11] 이렇게 해서 프로스퍼는 성경의 보편적 표현에 대하여서는 인류를 대표하는 그리스도의 대표성과

---

9 Godfrey, "Tensions within International Calvinism," 74.

10 "... non est salvatus cruce Christi, qui non est crucifixus in Christo. Non est autem crucifixus in Christo, qui non est membrum corporis Christi; nec est membrum corporis Christi, qui non per aquam et Spiritum sanctum induit Christum. ... Cum itaque rectissimus dicatur Salvator pro totius mundi redemptione crucifixus, propter veram humanae naturae susceptionem, et propter communem in primo homine omnium perditionem: potest tamen dici pro his tamen crucifixus, quibus mors ipsius profuit." Prosperus Aquitanus, "Pro Augustino Responsiones Ad Capitula Calumniatium Gallorum," in *PL* 45, 1838.

11 Prosperus Aquitanus, "Pro Augustini Doctrina Responsiones Ad Capitula Objectionum Vincen-

그리스도의 구속의 가치 그 자체로 해석한다. 반면 그리스도의 죽으심의 유익이 누구에게 실제적인 유익이 있는가에서 그리스도의 죽으심의 목적을 바로 신자들 곧 택함받은 자들에게 연결시킨다. 그래서 프로스퍼는 속죄의 대상을 그리스도의 의도라는 관점에서 바라본 초기의 주창자다.[12] 바빙크는 아우구스티누스 계열이 이런 내용에 대하여 일치했다고 다음과 같이 요약한다.

> 아우구스티누스의 모든 추종자들, 프로스퍼, 루키두스, 풀켄티우스 등은 하나님이 지극히 모든 사람을 돌보고 그들에게 온갖 유익들을 준다고 할지라도 모든 사람을 동일한 방식으로 구원하기를 원하는 것은 아니며 모두에게 동일한 정도의 은혜를 수여하지 않으며 그리스도가 비록 어떤 의미에서 모든 사람을 위하여 죽었을지라도 효과에 있어서는 오로지 그리스도의 죽음이 실제적으로 유익이 되는 자들을 위해서만 죽었다는데 의견의 일치를 보였다.[13]

그럼에도 교회회의가 그리스도의 죽으심의 목적을 명백하게 제한하는 방식으로 결정하지는 않았다. 바빙크가 이 주제에 대한 교회회의의 결정을 정리한 내용을 살펴보면, 그리스도가 참으로 구원받는 자들만을 위해서 죽었다고 명백하게 가르쳤던 루키두스에게 그 발언을 취소하게 했던 아를 회의(Arles 475)가 있었다. 오렌지공회(Orange 529)는 모든 세례받는 자들이 구원에 필요한 것을 성취한다는 정도로만 표현했다. 발렌체회의(Valence 855)는 "심지어 세상의 시작부터 주님의 고난에 이르기까지 자신의 악 가운데 죽어 영원한 저주의 형벌을 받은 악인들을 위하여" 자기

---

tianarum," in *PL* 45, 1844.

12 Godfrey, "Tensions within International Calvinism," 76.

13 Bavinck, *Gereformeerde Dogmatiek*, vol 3 : 404.

칼 빈 주 의
뿌 리 내 리 다

피를 쏟았다는 것을 거절했고 "우리 주님이 요한복음에서, 모세가 광야에서 뱀을 든 것 같이 인자도 들려야 하리니 이는 저를 믿는 자마다 영생을 얻게 하려 하심이니라고 말씀하셨는데, 바로 그들을 위해서만 그 값을 지불했다"고 고백했다.[14]

그 후 롬바르두스에 이르면 충분과 효과의 구분이 생긴다. 이 구분은 후에 신학자들이 빈번히 언급하는 중요한 구분이다. 그는 그리스도의 피의 가치가 온 세상을 위할지라도 교회를 위하여 고난받으셨다는 내용을 가치의 충분과 가치의 효과라는 개념을 사용하여 다음과 같이 진술했다.

> 따라서 그리스도는 제사장이다. 바로 그분과 제물이 우리 화목의 값이다. 그는 십자가의 제단에서 자신을 마귀가 아니라 삼위일체께 드렸는데 가치의 충분성을 따라서는 모두를 위해서였다. 그러나 가치의 효과를 따라서는 택함받은 자들만을 위해서였다. 왜냐하면 그가 예정된 자들의 구원을 효과있게 하기 때문이다.[15]

이제 신학에서 충분과 효과는 중요한 개념이 되어서 아퀴나스도 그리스도의 고난이 모든 사람에게 유익할지라도 믿음과 사랑을 통해 그리스도의 고난에 연결된 자들 밖에는 그 효과를 갖지 못한다고 말했다.[16] 그리스도의 사역의 보편성과 특수성에 대한 충분과 효과라는 분명한 구분이 롬바르두스에게서 시작되면서 이후 이 구분은 그리스도의 속죄사역을 이해하는 고전적 개념으로 자리잡았고 종교개혁 이

14　Bavinck, *Gereformeerde Dogmatiek*, vol 3 : 404.

15　"Christus ergo est sacerdos, idemque et hostia pretium nostrae reconciliationis; qui se in ara cur-cis non diabolo, sed Trinitati obtulit pro omnibus, quantum ad ptretii sufficientiam; sed pro electis tantum quantum ad efficaciam, quia praedestinatis tantum salutem effecit." Petrus Lombardus, "Sententiarum libri quatuor, liber tertius," in *PL* 192, 799.

16　Thomas Aquinas, *Summa Theologica*, IIII, qu. 79, art. 7.

후 신학자들에게도 하나의 중요한 표준으로서 자주 사용되었다.[17]

2. 역사적 배경

1) 칼빈

종교개혁 이후 개혁신학자들에게 많은 영향을 끼치게 되는 칼빈은 그의 예정교리에서 알 수 있듯이, 하나님께서 특정한 사람들을 위해 의도하신 구원이 성경적이라고 생각했다. 따라서 속죄에 대한 범위도 제한적으로 본다. 특히 요한일서 2:2의 화목제물이 우리 뿐 아니라 온 세상을 위한다는 구절에 대한 해석에서 칼빈의 이런 생각이 잘 나타난다.

여기 어떻게 온 세상의 죄가 속죄되는지의 문제가 생긴다. 그런데 이 구절에서 모든 유기자들 그리고 나아가 마귀 자신을 구원으로 들여보내는 정신나간 자들의 망상을 생략한다. 이런 끔찍한 것은 논박할 가치가 없기 때문이다. 이런 엉터리를 피하기 원하는 자들이 그리스도가 온 세상을 위해서는 충분히 (*sufficienter pro toto mundo*) 고난을 받으셨으나 오직 택함받은 자들만을 위해서 효과적으로 (*pro electis tantum efficaciter*) 고난받으셨다고 말한다. 이 해결이 학교에서 보통 받아들여진다. 언급된 이것이 사실이라는 것을 내가 고백함에도 불구하고, 이 문맥에서 그것이 합당하다는 것을 부정한다. 왜냐하면 요한의 구상은 이 유익이 온 교회에 공통적으로 만드는 것 외에 다른 것이 아니기 때문이

---

17 Godfrey, "Tensions within International Calvinism," 77.

칼 빈 주 의
뿌 리 내 리 다

다. 따라서 '모든 이에게' 아래 유기자가 포함되지 않는다. 그러나 믿을 자들이
며 세상의 다양한 부분에 흩어진 자들을 나타낸다.[18]

이 주석에 따르면 칼빈은 유기자들에게까지 속죄를 확대하는 것에 대해 분명히 거
절하면서 속죄 대상의 특정성을 강조한다. 이런 방식의 해석은 디모데전서 2:4의
하나님이 모든 사람이 구원얻기를 원하신다는 구절에도 적용된다. 칼빈에 의하면
이 구절의 문맥에서 사도가 가르치려는 것은 구원에서 제외되는 어떤 민족이나 계
층이 세상에 없다는 것이다. 왜냐하면 하나님은 복음이 예외없이 모두에게 전해지
기를 원하시기 때문이다.[19] 칼빈은 충분과 효과의 구분을 말하는 것을 거절하지 않
는다. 그러나 성경구절의 해석에 들어가서 (적어도 지금 요한일서 2:2에서) 이런 구분이
적용되는 것은 합당하지 않다고 본다. 칼빈에게 '세상'이나 '모든'이라는 단어는 예
외없는 모두가 아니라 세상에 흩어진 믿을 자들을 말한다.

2) 베자와 안드레애의 차이

칼빈에게서 하이델베르크 신학자들에게로 오기 전에 우리는 베자를 만난다. 1586
년 안드레애를 대표로 한 루터주의자들과 베자를 대표로 한 개혁주의자들이 몽벨
리아르(Montbéliard, Mömpelgard)라는 곳에서 만나 토론을 했다. 이 만남은 공식적으
로는 논쟁이 목적이 아니라 어떤 합의된 결과물을 의도한 대화였다. 베자가 참여했
던 이 대화 또는 논쟁은 16세기 후반 하이델베르크 신학자들과 사무엘 후버(Samuel
Huber) 사이에 있었던 논쟁의 중요한 배경이 된다. 몽벨리아르는 당시 프랑스 언어

---

18 *CO* 55, 310.

19 *CO* 52, 268.

권임에도 불구하고 독일의 뷔르템베르크의 통치자가 다스렸는데, 이곳에 프랑스 개혁교회 망명자들이 있었다. 이 개혁교회 피난민들이 몽벨리아르의 루터파 교회의 성만찬에 참여해도 되는지 제네바의 목사회에 물었다. 이 문제는 다시 통치자의 귀에 들어갔고 개혁파와 루터파 사이의 공식적인 대화의 자리가 마련되었다. 개혁파를 대표해서 제네바와 베른의 신학자들로 구성된 총대(이들 중에 베자와 아브라함 무스쿨루스[Abraham Musculus] 등이 있었다)가 파송되었고, 루터파를 대표해서 야콥 안드레애(Jacob Andreä)와 루카스 오시안더(Lucac Osiander) 등이 왔다. 이 토론은 1586년 3월 21일에서 29일까지 있었다. 여기서 다룬 주제는 성만찬에서 시작해서 그리스도의 위격과 양성, 세례, 성상, 예정의 문제까지 다양했다. 예정을 다루면서 그리스도의 속죄의 대상과 범위 문제도 다루어졌다.[20]

3월 29일 예정에 대한 논의가 있었다. 안드레애와 뷔르템베르크의 신학자들은 하나님이 사람들의 어떤 것도 고려하지 않고 선택하고 유기했다는 절대적 예정을 거절했다.[21] 특히 안드레애가 하나님의 결정 때문에 영원한 저주에 처해진다는 견해에 대해 의문을 제기했을 때 베자의 답은 하나님의 자비가 결정되었듯이 하나님의 진노도 결정되는 것이라고 로마서 9장을 근거로 대답했다. 다만 그들이 정죄되는 근거는 하나님이 아니라 그들 자신에게 돌려져야 한다고 답했다.[22]

이 예정에 대한 논의는 그리스도의 속죄의 대상과 범위 논쟁까지 확대되었다. 안드레애가 하나님의 변치 않는 작정 때문에 인류의 많은 부분에게 그리스도의 피

---

20 Adam, *Der Streit um die Prädestination*, 29-49; Godfrey, "Tensions within International Calvinism," 82-88.

21 *Acta Colloquij Montis Belligartensis Mompelgartense* (Tubingen: Per Georgium Gruppenbachium, 1587), 502-506.

22 *Acta Colloquij Montis Belligartensis Mompelgartense*, 508-510; "Proposuit ergo Deus, et ab aeterno immutabile decretum fecit omnes causas secundarias antegrediens ..."(하나님께서 계획하셨고 영원전의 변치 않는 작정이 앞서가면서 모든 제이원인을 만든다). *Acta Colloquij Montis Belligartensis Mompelgartense*, 523.

의 가치가 유익하지 못하는가라는 질문을 포함시켰기 때문이다.[23] 하나님은 자신의 영광이라는 확실한 목적을 갖고 인간을 창조하셨다는 것에서부터 베자는 대답을 시작했다. 인간의 창조와 타락에 대해서 설명한 후 그리스도의 성육신과 고난과 죽음에 대해서 설명했다. 공의가 만족되지 않으면 죄인들을 향한 하나님의 자비는 드러날 수 없으므로, 하나님은 택함받은 자들의 죄를 위해 하나님의 공의를 만족시킬 길을 준비하셨으니, 즉 삼위 하나님은 독생자가 인성을 취하시고 그의 고난과 죽음으로 택함받은 자들의 죄를 위해 속죄하도록 결정하셨다는 것이다.[24] 여기서 베자는 '택함받은 자들을 위하여'(pro peccaits electorum)라고 분명히 그 대상을 밝혔지만 아직 대부분의 논의는 예정에 대한 것이었다.

그런데 하나님께서 아무 이유없이 유기하셨다는 것을 받아들일 수 없었던 안드레애의 질문에서부터 그리스도의 속죄의 범위 문제로 주제가 넘어갔다.

> 안드레애: … 지금 저주받은 자들을 또는 미래에 저주받을 자들을 하나님께서
> 사랑합니까?
> 베자: 아닙니다.
> 안드레애: … 요 3[:16] 하나님이 세상을 이처럼 사랑하사 독생자를 주셨으니
> 이는 그를 믿는 자마다 멸망하지 않고 영생을 얻게 하려 하심이라. 다시 묻
> 겠습니다. 그리스도의 이 말씀에서 세상이란 단어는 무엇을 뜻합니까?
> 베자: 택함받은 자들입니다.[25]

---

23 "An Deus … absolutum immutabile decretum fecerit, quod … neque etiam precium sanguinis eius illis prodesse …?" *Acta Colloquij Montis Belligartensis Mompelgartense*, 522.

24 "… sancta Trinitas decrevit, ut Filius Dei Patris unigenitus … sua passione & morte pro peccatis electorum satisfaceret." *Acta Colloquij Montis Belligartensis Mompelgartense*, 526.

25 *Acta Colloquij Montis Belligartensis Mompelgartense*, 540.

이렇게 해서 성경에 있는 구원에 대한 보편적인 표현들을 어떻게 이해할 것인지에 대한 문제가 다루어졌다. 베자가 '세상'을 택함받은 자들로 제한하자 안드레애는 이에 반대하며 '세상'이 전체 인류를 뜻한다고 주장했다. '모두'(omnes)나 '세상'(mundus)이 단지 '어떤 자들'(aliquos)만을 뜻할 수 없다는 것이다.[26] 이에 대해 베자는 요한복음 17장에서 그리스도가 세상을 위해서 기도하지 않았다는 구절을 가지고 와서 그리스도가 모든 인간들을 위해서 기도하지 않는다고 반박했다. 동시에 베자는 '모두'가 의미하는 보편성을, 유대인 중에서만이 아니라 이방인 중에서도 하나님은 자비의 그릇을 준비했다는 다양성의 의미로 해석했다.[27] 또 베자는 요한일서 2장의 '온 세상'을 위한다는 말이 바로 유대인만이 아니라 모든 족속들 중에 있는 택함받은 자들이라고 해석했다.

안드레애는 그리스도가 우리만이 아니라 온 세상을 위한 화목제물(요일 2:4)이라고 할 때의 세상은 모든 인간들이어야 하고, 따라서 요한복음 3장의 세상은 모든 인간들이어야 한다고 주장했다. 여기서 안드레애는 충분과 효과라는 구분을 가져왔다.

> 그리스도께서 모든 인간들을 위해서 충분히 죽으셨으나 효과적으로는 아니다. 왜냐하면 많은 이들이 이 은택을 업신여기기 때문이다. 따라서 그들에게 어떤 유익도 없다. 그리스도가 모두를 위해 유익을 주시길 원하지 않았던 것이 아니라 인간들의 많은 부분이 이것[복음]을 존중하지 않았기 때문이다.[28]

---

26 *Acta Colloquij Montis Belligartensis Mompelgartense*, 541-544.

27 *Acta Colloquij Montis Belligartensis Mompelgartense*, 544-545.

28 "... Christus mortuus est pro omnium hominum peccatis sufficienter, sed non efficienter: quia plurimi hoc beneficium contemnunt: ideo eis nihil prodest. Non quod Christus noluerit omnibus prodesse, sed quod maxima pars hominum ... id nihil curet ..." *Acta Colloquij Montis Belligartensis Mompelgartense*, 546.

칼빈주의
뿌리내리다

여기서 안드레애는 충분과 효과의 구분이 개혁파만이 받아들이는 표현이 아니라 루터파에게도 받아들여진다는 것을 보여준다. 그러나 충분과 효과의 구분에 대한 이해가 달랐다. 안드레애의 충분과 효과의 구분 이해의 핵심은 그리스도의 죽으심의 효과의 유무가 인간에게 달려 있다는 말이다. 안드레애는 그리스도의 죽으심을 속죄의 실제적 충분성으로 보고, 그 효과의 유무는 인간에게 돌렸던 것이다. 나아가 안드레애는 이러한 충분과 효과의 구분에 근거하여서 베자가 충분과 효과의 구분을 부인한다고 공격했다.

베자가 볼 때 안드레애는 그리스도의 죽으심으로 인한 '속죄의 대상'과 '그것이 적용되는 대상'을 분리해서 불일치를 가져왔다. 베자는 '속죄의 대상'과 '속죄가 적용되는 대상'이 일치해야 한다는 것을 지적했다.

> 그리스도는 저주받은 자들의 죄를 위해 죽지 않았다. 보편적 교회가 요한이 여기서 말한 세상이다. 이 세상을 위해 그리스도는 고난받고 십자가에 못박히고 죽으셨다. 이 세상의 속죄는 그의 피안에 있는 그리스도이다. 그는 불경건한자들과 저주받을 자들을 위해서가 아니라 그것[이 세상의 속죄]을 위해 피를 흘리셨는데, 교회지체들인 죄인들의 죄를 위해서지 불경건한자들을 위한 것이 아니다.[29]

베자는 그리스도의 속죄의 충분성이 실제적이라면 그 효과까지 실제적이어야 하기 때문에 안드레애의 말대로라면 저주받을 자까지 속죄의 대상이어야하는

---

29 "Christus autem non est mortuus pro peccatis damnatorum ... Catholica autem Ecclesia mundus ille est, de quo Ioannes hic loquitur: pro quo Christus passus, crucifixus, & mortuus est. Cuius etiam propitiatio est Christus in sanguine suo, quem pro illa, non pro impiis & damnatis effudit in remissionem peccatorum, membrorum Ecclesiae, non impiorum." *Acta Colloquij Montis Belligartensis Mompelgartense*, 547

모순에 빠지므로 그리스도께서 고난과 죽음으로 목적하신 자들은 보편적 교회 (*Catholica Ecclesia*)라고 답한 것이다.

이렇게 해서 충분과 효과의 구분은 새로운 국면으로 들어간다. 즉 롬바르두스 에게서 시작된 이 고전적 표현을 받아들이는지 아니면 거부하는지에 대한 쟁점으로 흘러간 것이다. 안드레애는 베자가 진술한 "그리스도께서 저주받은 자들의 죄를 위해서 죽지 않았다"는 말을 언급하며 베자가 그리스도의 피의 충분성을 거절했다고 공격했다. 온 세상을 위한 그리스도의 피의 충분성을 받아들이지 않는 것은 그리스도의 피의 가치를 무시하는 의미이기 때문에 안드레애는 이 부분을 강조해서 베자를 비판했다. 베자는 이 비판을 피하기 위해서 '만일 주께서 원하셨다면'(*Si Dominus vellet*)이라고 가정적으로 표현하면서 온 세상의 죄를 위해선 피 한방울로도 충분했을 것이라고 답한다.[30] 즉 베자는 그리스도의 피 한방울을 온 세상의 모든 죄와 비교함으로써 그리스도의 피 한방울의 가치의 충분성을 말한다. 그리스도의 피의 가치를 무시해서 보편적 속죄를 거절하는 것이 아니라는 말이다.

나아가 베자는 충분과 효과의 구분을 거절하진 않음에도 신학적 명확성에 있어서 그 표현만으로는 불명확한 점이 있다고 생각했다.

그리스도께서 모든 사람의 죄를 위해 충분히 죽으셨으나 효과적으로는 아니란 말은 바른 판단에서는 진리임에도 불구하고 외국어 만큼이나 거칠고 불분명하다고 말해진다. 왜냐하면 '위하여'란 것이 성부의 계획(이것으로 말미암아 그리스도가 고난받았다), 또는 그의 고난의 효과, 또 나아가 이 양쪽을 말했을 때 그것들 둘

---

30 "... fateor, mortem Christi potuisse sufficere pro peccatis etiam damnatorum, si Deus voluisset illis prodesse."(548) "Si Dominus vellet omnibus prodesse possionem & mortem suam; una gutta sanguinis satis esset pro peccatis totius Mundi ..." *Acta Colloquij Montis Belligartensis Mompelgartense*, 547.

다 택자들 외에 다른 이들을 고려하지 않기 때문이다.[31]

즉 '위하여'가 무엇을 의미할지에 대해 생각하면서, 하나님의 의도와 실제적 효과를 생각하는 '위하여'라면 모든 사람의 죄가 아니라 택자들만을 위하는 것이므로 충분과 효과의 단순한 구분만으로는 신학적으로 불분명하게 이해될 소지가 있다는 것이다. 베자가 볼 때 충분과 효과의 구분이 성부의 의도와 실제적 효과를 온전히 드러내주지 않는다. 성부의 의도와 실제적 효과 이 둘을 고려한다면 개별적인 모두를 위해서 충분히 죽었다는 것은 옳지 않기 때문이다.[32] 그렇다고 베자가 이 구분을 완전히 거절한 것은 아니다. '바른 판단 안에서'(in recto sensu) 옳다고 말하기 때문이다. 이 '바른 판단'이란 표현 안에서 베자가 생각한 것은 '만일 그가 원하신다면' 그리스도의 속죄의 크기는 과연 모두를 위하기에 충분하다는 말일 것이다. 충분과 효과의 구분이 신학적 불분명성을 갖는다는 베자의 지적과, 따라서 바른 판단 안에서 이해되어져야 한다는 제안은 충분과 효과의 구분이 개혁신학자들에게 항상 모두에게 완전히 만족스러웠던 표현은 아니라는 것을 보여준다.

정리하면 칼빈과 베자에게서 아우구스티누스와 프로스퍼와 같은 이해가 드러난다. '세상'과 '모두'라는 보편적 표현들은 지역과 신분에 제한되지 않고 세상의 모든 지역과 모든 계층에 흩어진 택함받은 자들의 보편성을 의미한다. 칼빈과 베자는 충분과 효과의 구분을 부정하지 않고 받아들이나 전폭적으로 받아들이지는 않

---

31 "Illud enim, Christus mortuus est pro omnium hominum peccatis Sufficienter, sed non Efficienter, etsi recto sensu verum est, dure tamen admodum & ambigue non minus quam barbare dicitur. Illud enim PRO, vel consilium Patris ex quo passus est Christus, vel ipsius passionis effectum, vel potius utrumque declarat, quorum neutrum ad alios quam ad electos spectat …" Theodore Beza, *Ad acta Colloquii Montisbelgardensis Tubingae edita*, pars altera, (Gevena: Le Preux, 1588), 217.

32 Godfrey, "Tensions within International Calvinism," 86-87.

는다. 칼빈은 스스로 이 표현을 받는다고 말하면서도 성경구절의 해석에서는 아직 적용하지 않았다. 베자도 이 표현을 '바른 판단' 안에서만 받으면서, 바른 판단 밖에서 오히려 신학적 불명확성이 드러날 수 있다고 지적했다. '바른 판단 안에서'란 표현을 베자가 추가한 이유는 충분과 효과의 구분을 가지고 오히려 신학적으로 다른 길을 갈 수 있다는 사실을 보았기 때문이다.

3) 사무엘 후버

베자와 안드레애의 몽벨리아르 토론의 내용이 출판되자 베른에서 사무엘 후버(Samuel Huber)라는 인물로 인해 예상치 못한 소란이 일어났다. 후버는 개혁파 진영을 대표해서 베자와 함께 몽벨리아르 토론에 참석한 베른의 신학자들이 베른의 전통과 어긋난 행위를 했다고 고소했다. 베른의 신학자들인 아브라함 무스쿨루스(Abraham Musculus)와 페트루스 휘브너(Petrus Hübner)가 베자의 논제에 동의하는 의미로 서명을 했는데, 후버는 이 행위를 비판했던 것이다. 1588년 4월 후버가 제기한 문제를 판단하기 위해 베른에서 공적 토론이 열렸고, 이것을 판단하기 위해서 다른 도시들로부터 신학자들이 도착했다.[33] 무스쿨루스가 옳고 후버가 틀렸다는 판단이 나왔다. 후버는 면직당했고 뷔르템베르크로 갔다. 거기서 같은 주제로 하이델베르크 신학자들과 논쟁을 이어갔다.

사무엘 후버가 하이델베르크 신학자들과 논쟁을 시작하면서 둘 사이에 글 싸움이 몇 년간 벌어진다. 주요 목록은 다음과 같다.[34]

---

33 바젤에서 요한 야콥 그리네우스(Johann Jacob Grynäus), 취리히에서 요한 스튀크(Johann W. Stuck), 샤프하우젠에서 요한 예츨러(Johann Jezler)가 왔다. 자세한 내용은 다음을 참고하라: Adam, *Der Streit um die Prädestination*, 50-90.

34 참고: Adam, *Der Streit um die Prädestination*, 92-93; Nam Kyu Lee, *Die Prädestinationslehre*

Heidelberger Theologen	Samuel Huber
Disputatio Theologica: de illo loco D. Pauli Cor.15.v.22. ... An Christus pro omnibus sit mortuus? (Tossanus, 1589) (신학논쟁: 고전 15:22에 대해 ... 그리고 그리스도가 모두를 위해 죽으셨는가?)	Gründtliche Beweisung Dasz Christus Jesus gestorben seie für die Sünden des gantzen menschlichen Geschlechts Wider ettliche fürnembste Caluinisten ... 1590 (기초증명: 그리스도 예수가 온 인류의 죄를 위해 죽었다. 몇명 주요 칼빈주의자들에 반대하며...) Theses, Jesum Christum esse mortuum pro peccatis omnium hominum (1590) (논제: 예수 그리스도가 모든 사람의 죄를 위해 죽으셨다) Gründliche und ausfuerliche Beweisung, daß die Heidelbergischen Teologen ... ihre grewliche Lehr wider das Leideb Christi verdecken (기초상세증명: 하이델베르크 신학자들이 그들의 어두운 교리로 그리스도의 고난을 덮었다)
Drey Christliche Predigten (Tossanus, 1591) (그리스도에 대한 설교 세편)	Von der Calvinischen Predicanten Schwindelgeist [···] fürnemlich wider D. Tossanus (1591) (속이는 정신을 가진 칼빈주의 설교자에 대하여 특히 토사누스에 반대하여서)
Theses De universalitate redemtionis et gratiae (Kimeodoncius, 1591) (논제: 구속과 은혜의 보편성에 대하여)	Theses, Christum Jesum mortuum pro peccatis totius humani generis [···] accessit quoque confutatio Thesium kimedoncii (1592) (논제: 그리스도 예수가 전 인류의 죄를 위해 죽으셨다. 키메돈키우스에 대한 논박 포함)

der Heidelberger Theologen 1583-1622 (Göttingen: Vandenhoek & Ruprecht, 2009), 39-40.

Desz Schwindelgeists eigentliche gemerckzeichen. In dem unruhigen Mann/ Samuel Huber (Tossanus, 1592) (시끄러운 사무엘 후버안에 있는 속이는 정신의 고유한 증거들) Gülden Kleinot (Anonym, 1592) Güldene Leyter (Anonym, 1592)	Bestendige Entdeckung des Calvinischen Geists [⋯] Gestellet fürnemlich wider drey Heidelbergische Christverläugner. I. Daniel Tossanum II. den Meister mit dem Güldenen Kleinodt. III. Dem Meister mit der Gülden Himmels Leiter (1593) (칼빈주의 정신의 계속되는 발견 ...)
De redemtione generis humani (Kimedoncius, 1592) (인류의 구속에 대하여)	Contra Iacobum Kimedoncium (1593) (키메돈키우스에 대한 반대)
Synopsis de redemtione et praedestinatione (Kimedoncius, 1593) (구속과 예정에 대한 개요)	Disputatio secunda contra Calvinistas, & praesertim Synopsin Kimedoncii (1593) (논제: 칼빈주의자들에 대해, 특히 키메돈키우스의 개요에 반대하면서)

이 목록에서 보여지듯이 논쟁의 중심인물로 토사누스와 키메돈키우스가 서게 된다. 따라서 이 두 신학자의 글을 중심으로 16세기 말의 속죄의 대상과 범위에 대한 개혁신학의 견해를 고찰하는 것이 유익할 것이다.

3. 다니엘 토사누스

위에서 살핀대로 1586년 3월 몽벨리아르에서 베자와 안드레애의 토론이 있었다. 바로 그 해 11월 19일과 23일 토사누스는 예정론 논제를 발표했다. 이 논제는 흥미롭게도 유기를 중심주제로 다루었다. 그리고 1588년 사무엘 후버가 등장하는 베른 논쟁이 있었다. 개혁신학을 가르치던 하이델베르크에도 이 소식은 들려왔을 것이다. 그리고 하이델베르크 신학자들은 당시 루터파와 새로운 논쟁 주제로 떠오른 속죄의 대상에 대한 답을 했다. 1589년 7월 5일 토사누스는 이 주제를 다룬다. 여기서 토사누스는 고린도전서 15:22 "아담 안에서 모든 사람이 죽은 것 같이 그리스도 안에서 모든 사람이 삶을 얻으리라"는 구절을 해석하고 "그리스도가 모두를 위해서 죽었는가?"에 대해 답을 한다.

토사누스는 고린도전서 15:22를 통해서 첫째 아담과 둘째 아담 그리스도를 비교하고 어떻게 모든 사람이 그리스도 안에서 구원을 얻는다고 말하는지 설명한다. 여기서 먼저 첫째 아담과 둘째 아담은 서로 유비적 관계에 있어서 각각 머리와 그들에게서 나오는 족속에 연결된다.[35] 첫째 아담은 죄와 죽음을 출발시켰고 둘째 아담은 의와 생명을 만드는 자요 그 저자이다.[36] 바로 이런 원리 아래서 모든 자들이 아담 안에서 죽었듯이 중생하여 그리스도의 지체가 되는 모든 자들이 그리스도 안에서 산다는 명제가 토사누스의 주장의 핵심이다. 죄인 된 모든 인간이 아담 안에서 죄인이며, 영생을 얻는 모든 자가 그리스도 안에서 영생을 얻는다는 것이다.[37] 따라서 보편적 표현인 '모두'는 바로 이런 이해 아래서 그리스도 안에서 생명을 얻는 모두이다.[38]

모두가 '그리스도 안에서'의 방식으로 생명을 얻는 모두라는 사실은 토사누스에게 중요하다. 이 생명은 그리스도의 속죄와 연결되기 때문이다. 그는 논제의 뒷부분에서 상당한 분량을 할애해서 '살아남'(*vivificatio*) 에 대해 다룬다. 신자들 안에서 새생명은 이미 땅에서 날마다 죄에 대하여 죽고 의에 대하여 산다. 토사누스에

35 Daniel Tossanus, *Disputatio Theologica: de illo loco D. Pauli Cor.15.v.22. ... An Christus pro omnibus sit mortuus?* (Heidelberg, 1589), Thesis 2; 4.

36 Tossanus, *An Christus*, Thesis 7.

37 Tossanus, *An Christus*, Thesis 14.

38 "... sint illi omnes, qui vivificantur. ... quae illa sit vivificatio, & quomodo in Christo vivificemur ...." Tossanus, *An Christus*, Thesis. 43.

게 이 새생명 자체가 바로 속죄의 범위가 특정적이라는 사실을 증명한다. 그리스도가 자신의 죽음을 통해서 아버지에게 우리를 화목시키시고 우리에게 의와 생명을 얻어 주셨기 때문이다. 그리스도가 죽음으로 얻으신 의와 생명 때문에 우리의 살아남이 현재에 시작된다. 생명을 얻음에 있어서 육체는 아무 도움도 주지 못하나 성령 또는 하나님이 살리시는 것이기 때문이다.[39] 그리스도의 죽으심이 생명을 주시기 위한 죽으심이었기 때문에 부름받아 믿어 생명을 얻게 된 것은 그리스도의 죽으심의 효과이다. 따라서 그리스도의 죽으심이 구원에 대해 모든 사람에게 열려진 기회를 제공했고 각 사람이 자신의 믿음으로 그 구속을 적용할 수 있다는 내용은 거절된다. 그리스도는 바로 그 적용자체 곧 생명을 자신의 죽으심으로 우리에게 얻어주셨기 때문이다.

그러므로 그리스도의 속죄의 죽으심은 구원론과 분리할 수 없다. 토사누스에게서 구속의 대상과 성화의 대상은 같다. "디도서 2:14에서 구속의 은택이 성화의 은택과 함께 있다. 즉 그는 자기 자신을 우리를 위해 주셔서 우리를 모든 죄로부터 속량하시고 자기 백성을 선한 일에 특별히 열심을 내는 백성으로 깨끗하게 하려는 것이다."[40] 속죄의 대상과 구원의 대상이 같기 때문에 이것은 다시 교회론과 연결된다. 사도신경에서 '내가 교회를 믿는다'(credo Ecclesiam)라고 할 때에 이 의미는 영원 전에 정하신 무리를 말하며, 그리스도는 이 무리를 위해 자신을 주신 것이다. "이 무리를 복음의 설교와 성령을 통해 값없이 부르시고 이 무리에게 믿음을 주셨다." 그래서 속죄 받은 무리, 믿음을 선물로 받게 되는 무리는 같은 무리로 교회가 되며 이들이 창세 전에 택함받은 무리이다.[41]

---

39 Tossanus, *An Christus*, Thesis 43; 44; 48.

40 "Sic ad Titum.2. v.14. beneficium Redemtionis cum beneficio Sanctificationis coniungit, qui (inquit) dedit semetipsum pro nobis, ut redimeret nos ab omni iniquitate, & purificaret sibi ipsi populum peculiarem studiosum bonorum operum; ...) Tossanus, *An Christus*, Thesis 23.

칼 빈 주 의
뿌 리 내 리 다

토사누스의 생각을 따르면, 보편속죄론자들은 속죄의 대상과 교회를 분리하여 신학적 모순에 빠진다. 토사누스가 강하게 지적하는 모순은 불경건한 자와 유기된 자들이 죄 때문이 아니라 불신 때문에 저주받는다는 주장이다. 보편속죄론자들의 논리 안에서, 그리스도께서 유기된 자들을 포함하는 모든 사람을 위해서 속죄하셨기 때문에 이제 그들이 받아야 할 죄책은 없다. 그러나 그 논리에 따르면, 이 속죄를 믿지 않는 불신이 그들을 멸망하게 한다는 것이다.[42] 이렇게 되면 그리스도의 죽으심은 무력한 죽으심이 된다고 토사누스는 생각한다. 그리스도께서 많은 이들을 위해서 죽었으나 열매가 없기 때문이다. 보편속죄론자들의 논리 속에서 그리스도의 죽으심은 인간들 때문에 헛되 것이 되었다. 나아가 그리스도의 속죄의 죽으심이 모든 종류의 죄를 속죄하지 못한 무력한 것이 된다. 그리스도께서 다른 모든 죄를 위해서 죽으셨을지라도, 최고의 죄이며 다른 죄의 뿌리인 불신이란 죄를 위해선 죽지 않은 것이 되기 때문이다. 그러나 토사누스는 "인간의 죄와 불신때문에 하나님의 약속이나 은혜의 효과가 방해받지 않는 것이 확실하다"고 논박한다. 하나님은 약속하시고 이 약속이 믿음을 요구하는데 약속의 자녀들에게 이 약속을 이루시는 분은 하나님이시고, 그리스도가 택함 받은 자에게 믿음을 주시기 때문이다.[43]

보편속죄론자들은 속죄가 보편적일 때 위로가 있고 제한적일 때 절망적이라고 한다. 그래서 그들은 개혁신학자들을 그리스도의 죽으심에 대한 교리를 절망으로 만드는 자라고 정죄한다. 후버는 자신의 책 뒤에 삽화를 부록으로 넣은 적이 있다.[44] 이 삽화에는 한 칼빈주의자가 칼빈 옆에서 아무 위로없이 불행하게 죽는 장면

---

41 Tossanus, *An Christus*, Thesis 24.

42 "... nec damnari Reprobos propter peccata ... sed propter Incredulitatem ..." Tossanus, *An Christus*, Thesis 20.

43 Tossanus, *An Christus*, Thesis 21; 24; 29.

44 Samuel Huber, *Gründtliche Beweisung Dasz Christus Jesus gestorben seie für die Sünden des gantzen menschlichen Geschlechts* (Tübingen, 1590), [첨부].

이 그려져 있다. 위로를 주는 교리인가 절망을 주는 교리인가는 당시에 교리의 정당성을 판별하는 중요한 질문이었다. 토사누스는 오히려 반대로 보편속죄론자들이 그리스도의 유효한 죽으심을 절망으로 만들었다고 말한다.[45] 오히려 신자 곧 선택받은 자들은 다음의 결론에 이른다. "내가 그리스도와 또 그의 복음을 믿으며 성례의 사용 외에도 성령의 인치심(이것으로 신자들이 구속의 날까지 구속의 인침을 받는다)을 소유했다. 나는 내가 누구를 믿는지 또 내가 무엇을 믿는지 안다. 따라서 나는 그 무리에 속해있는데, 이 무리는 구원받을 것이요 살아나게 될 것이다."[46] 후버는 나중에 토사누스와 하이델베르크 칼빈주의자들이 위로를 뺏는다고 비판했다. 토사누스는 스가랴 9장 9절(너 시온의 딸아 기뻐하라 너의 왕이 너에게 오신다)을 본문으로 한 설교를 출판해서 답했다. 설교제목은 "주 그리스도가 누구를 위해 세상에 오셨는가?"였다. 여기서 그리스도의 오심, 고난, 그리고 죽으심으로 위로받는 자들은 유기자들이 아니라 신자들이라고 말한다. 그리스도는 다른 이가 아니라 시온의 딸곧 '너에게' 오신다. 자기 백성, 곧 믿는 자이며 그 마음의 원대로 역사하시는 자의뜻을 따라 예정된 자를 위해 그리스도가 오셨다고 한다. 그리고 이 교리는 '복음적이며 건전하며 위로하는 옛 교리'이다.[47] 토사누스에게 신자들의 참된 위로는 보편속죄론이 아니라 택자들을 위한 그리스도의 효과적인 죽으심을 믿는 것이다.

토사누스가 충분과 효과의 구분에 대해서는 어떤 입장을 가질까? 그는 기본적으로 충분과 효과의 구분을 받는다. 요한일서 2:2과 베드로후서 2:1을 해석하면서

---

45 Tossanus, *An Christus*, Thesis 38.

46 "Ego credo in Christum & eius Evangelium, & habeo praeter usum Sacramentorum σφραγιδα Spiritus Sancti, quo obsignantur fideles ad diem redemtionis, & scio cui credam, & quid credam: Ergo pertineo ad illum caetum, qui servabitur & vivificabitur." Tossanus, *An Christus*, Thesis 39.

47 이남규, "위로와 확신의 근거-하나님의 예정", 〈성경과 신학〉 58권 (2011): 291-292; Daniel Tossanus, *Drey Christliche Predigten* (Heidelberg: Harnisch, 1591), 28.

칼 빈 주 의
뿌 리 내 리 다

충분과 효과의 구분을 가져올 수 있다고 한다.[48] 그래서 값의 충분성에 있어서는 포함할지라도 효과적으로는 포함하지 않는다고 말한다. 그러나 토사누스는 여기에 완전히 만족하지 못하고, 충분과 효과의 구분이 이런 구절에서 이해될 수도 있으나 택자들에게 적용되는 보편성, 즉 유대만이 아니라 온 세상의 각 부분에 있는 택자들의 보편성으로 해석되어야 한다고 주장한다.[49] 즉 그는 충분과 효과의 구분을 긍정하고 성경해석에 적용될 어떤 여지를 두면서도, 성경해석에 있어서는 충분과 효과의 구분보다는 택자들의 보편성에 더 기울어져 있다. 성경해석에 적용될 여지를 주었다는 면에서 칼빈이나 베자와 다르지만, 충분과 효과를 받으면서도 여기에 완전히 만족하지 못하는 면에 있어서는 칼빈과 베자와 같다.

우리가 다룬 토사누스의 논제는 후버를 직접적으로 상대한 것이라기보다는 안드레애로 인하여 떠오른 루터주의자들의 보편속죄론에 대한 반응이었다. 이후 후버가 토사누스를 공격하면서 하이델베르크 신학자들은 직접적으로 후버를 상대한 글들을 출판했다. 거친 후버를 상대하면서 토사누스의 어조가 격렬해지기도 했지만 기본적인 생각의 방향이 바뀌지는 않았다. 다만 하이델베르크 동료 키메돈키우스가 토사누스를 변호하면서 속죄의 범위에 대한 논쟁은 더욱 격렬해졌다.

---

48 Tossanus, *An Christus*, Thesis 31.

49 "... illas esse certis in locis restringendas ad omnes Electos, quos non in Iudaea solum, sed & in omnibus mundi partibus habet Dominus, quo sensu etiam dici possit: Sanguis Christi propiciatio pro peccatis totius mundi: quanquam hunc locum de sufficientia lieriter intelligimus." Tossanus, *An Christus*, Thesis 30.

4. 야콥 키메돈키우스

토사누스의 논제가 출판된 후 1590년 후버는 논쟁을 폭발시킨 책《논제: 예수 그리스도가 모든 사람의 죄를 위해서 죽으셨다》(Theses, Jesum Christum esse mortuum pro peccatis omnium hominum)를 출판했다. 보편속죄론자들의 주장이 상세하게 해설된 이 책에 반대하여 키메돈키우스는 후버의 의견을 비판했다. 이 후 둘 사이에 글 전쟁이 있게 된다.[50] 후버의 주장의 핵심은 "그리스도가 어떤 차이도 없이 모든 사람의 모든 죄를 위해서 죽으셨고, 모든 인간의 죄는 충분히, 뿐만 아니라 효과적으로 용서되었다"는 것이다.[51] 후버에게 이것은 하늘 아버지가 온 인류를 은혜로 받으셨음을 의미한다. 또 각 사람이 죽음에서 생명으로 옮겼음을 의미한다. 모든 사람이 죄로부터 의로, 옛 것에서 새 것으로 옮겨갔다. 모두가 구원과 은혜의 왕국의 공동체에 속했다. 모두가 (즉 유기된 자와 택함받은 자가) 그들이 믿던 믿지 않던 동일하게 구원받았다는 것이다. 그러면 후버는 멸망의 원인을 무엇이라 생각하는가? 토사누스가 말한대로 후버에게 유기된 자의 멸망의 원인은 죄가 아닌데, 왜냐하면 모든 죄가 그리스도를 통해 사해졌기 때문이다. 그러나 불신이니, 그들에게 주어진 성취된 화목을 오직 불신 때문에 그들 자신이 파괴하고 효과없게 만든다고 후버는 생각한다.[52]

키메돈키우스가 볼 때 후버는 펠라기우스와 같은 생각을 갖고 있다. 즉, 인간의 믿음에 구원이 달려있게 되어서 구원을 인간 자신에게 돌렸다는 점에서 후버의 아

---

50 Lee, *Die Prädestinationslehre der Heidelberger Theologen 1583-1622*, 136-142.

51 "Christum sine discrimine pro omnium hominum peccatis esse mortuum, & omnia omnium hominum peccata, non modo sufficienter, verum etiam efficienter expiasse." Kimedoncius, *De redemtione generis humani* (Heidelberg, 1592), 69.

52 Kimedoncius, *De redemtione generis*, 70-71.

버지는 펠라기우스주의자들이다. 영생이 모두에게 준비되어 있고 구원이 인간의 자유의지에 달려있게 되어서, 후버가 화목의 결정적 원인을 사람의 의지에 놓았다고 키메돈키우스는 평가한다. 키메돈키우스가 속죄의 범위를 다루면서 구원의 근거로서 예정교리를 방대하게 다루는 이유에는 이런 배경이 있다.

후버의 주장에 따르면 칼빈주의자들은 그리스도가 세상의 모든 죄와 모든 사람을 위해서 죽으셨음을 부정한다. 키메돈키우스는 이 주장이 잘못된 주장이라고 생각한다. 키메돈키우스는 그리스도께서 모든 사람을 위해서 죽으셨다는 진술을 거부하지 않는다. "성경이 많은 말들로 표현하려는 것을 누가 부정할 수 있는가?"[53] 키메돈키우스가 보편속죄론을 거절하면서도 이 표현을 받는 이유는 이것이 성경의 표현이기 때문이다. 후에 도르트 총회 이후 그리스도의 죽으심의 의도를 불분명하게 만든다는 이유로 이런 표현에 대해 주의하게 되지만 16세기 후반 키메돈키우스는 그리스도의 죽으심의 크기와 가치를 폄하한다는 반대자들의 공격에 대항하기 위해서 '모두를 위한 그리스도의 죽음'이란 표현을 인정한다.

키메돈키우스는 충분과 효과라는 표현도 받는다. 이 표현으로 그리스도의 공로가 모두를 위한 것인지 아니면 정해진 자들만을 위한 것인지에 대해 답한다. 즉, 키메돈키우스는 그리스도의 공로가 택함받은 자들을 위해서라는 것을 말하기 위해서 충분과 효과라는 표현을 가져온 것이다. 후버는 그리스도가 모두를 위해서 죽었다는 표현을 효과에 연결한다. 그다음 이 충분한 효과를 적용시키는가 아닌가가 인간에게 달려있다고 말한다. 이에 대해 키메돈키우스는 본래 이 표현이 그리스도의 속죄의 제한성을 말하기 위해서 교회에서 사용되었음을 보여준다. 키메돈키우스는 칼빈과 베자와 그리네우스와 다른 개혁신학자들이 충분과 효과의 구분에 동의한다고 생각한다. 보편속죄론자들도 충분과 효과의 구분을 사용하기 때문에 키

---

53 Kimedoncius, *De redemtione generis*, 62.

메돈키우스는 잘못된 사용을 염두에 두고, 건전하고 궤변없는 방식안에서만 이 표현이 받아들여진다고 덧붙인다.[54] 충분성에 대해서는 아우구스티누스가 사용한 표현을 가져와서 가격의 크기와 능력(*magnitudinem & potentiam pretii*)에 대해 충분하다고 말하고, 효과에 대해서는 오직 택함 받은 자들의 죄를 없애주시려는 것이었다(*delecta solum peccata electorum*)고 한다.[55]

그런데 키메돈키우스에 의하면 죽음의 효과와 관련해서도 그리스도가 모두를 위해서 죽었다는 말이 옳게 표현될 수 있다. 첫째, 키메돈키우스가 생각할 때 '모두'란 그리스도에게 속한 모두이다. 성경에는 세 개의 다른 보편적 표현들이 있다. 모든 인류의 집합, 모든 택함받은 자들의 집합, 모든 유기자들의 집합. '모든'은 성경에서 자주 어떤 인간들의 그룹을 위해서 사용된다. 예를 들어, 내가 땅에서 높이 들릴 때에 나는 그들을 모두 내게 끌어 올 것이다(요 12:32). 여기서 모두는 택함 받은자들이다. 왜냐하면 모든 인간들이 예외 없이 그리스도에게 가는 것이 아니기 때문이다.[56] 둘째, '모두'란 표현은 구속의 방식과 관련된다. 여기서 구속되는 모두란 자신의 공로가 아니라 그리스도에 의해 구원되는 모두를 말한다. 그리스도 안에서 보편적 표현은 그래서 옳다. 아무도 그리스도 없이 구원될 수 없기 때문이다.[57] 셋째, '모두'란 모든 인간의 형태로서의 모두를 말한다. 이 해석은 아우구스티누스에게서 기원한다. 아우구스티누스는 '모두'란 표현을 인간의 모든 종류로서 보았다. 구속의 보편성은 교회의 보편성과 관련된다. 교회가 보편적이라고 할 때, 그것은 죄의 사함이 보편적이기 때문이다. 유대인이든, 헬라인이든, 왕이든, 시민이든, 자

---

54 "Tantum candide & sine Sohistice accipiantur vocabula sufficienter & efficienter." Kimedoncius, *De redemtione generis*, 68.

55 Kimedoncius, *De redemtione generis*, 69; 73.

56 Kimedoncius, *De redemtione generis*, 76-77

57 Kimedoncius, *De redemtione generis*, 84.

칼빈주의
뿌리내리다

유인이든, 종이든 차별없이 모두가 믿음을 통해서 구원받는다.[58]

　이 외에도 키메돈키우스는 외적소명과 관련해서 '모두'를 생각한다. 구원이 모두를 위해 준비되었다는 의미에서 '모두'란 표현이 사용된다. 구속의 은혜는 모두에게 해당되지 않지만, 모두에게 선포되고 모두에게 제시되고 모두가 함께 초대받는다.[59]

　보편속죄론자들이 자주 증거로 내세우는 요한복음 3:16의 세상에 대한 해석도 주목할 만하다. 키메돈키우스에 의하면 여기서 '세상'이 한 세상인지 두 세상인지에 대한 논쟁이 생겼다. 후버에게 세상은 구원의 보편성을 의미한다. 왜냐하면, 하나님은 세상을 사랑하셨기 때문이다(요 3:16). 또 "세상 죄를 지고가는 하나님의 양을 보라"(요 1:29)는 말씀도 있다. 이 구절들에 근거해서 후버는 하나님이 인류에게 차이없이 은혜를 주신다고 주장한다. 후버는 '세상'이 사용되는 세가지 방식이 있다고 생각한다. 먼저, 하늘과 땅의 일이나 체계이다. 둘째, 선하거나 악한 인류 전체이다. 셋째, 유기된 자들, 곧 믿지 않는 자들을 위해 사용된다고 한다. 후버는 위에서 인용한 구절에서 세상이 두 번째 사용에 해당한다고 말한다. 이 사용에서 세상은 인류 전체를 의미하는 하나의 세상이다.[60]

　그런데 키메돈키우스는 계속해서 의미를 추가한다. 세상이 유기자와 불신자를 의미하는 것처럼 전체 세상으로부터 분리된 택함 받은 자와 신자들을 의미할 수 있다. 선한자와 악한자는 세상 전역에 흩어졌기 때문이다.[61] 키메돈키우스는 여기서 그리스도가 세상을 위해서 기도하지 않고 믿는 세상을 위해서 기도한다고 말한 아우구스티누스를 인용한다. 키메돈키우스에게 두 가지 세상이 있다. 유기된 자와 불

58　Kimedoncius, *De redemtione generis*, 87.

59　Kimedoncius, *De redemtione generis*, 85.

60　Kimedoncius, *De redemtione generis*, 140.

61　Kimedoncius, *De redemtione generis*, 140.

신자를 위한 세상이 있으며, 택함받은 자와 신자를 위한 세상이 있다.

후버에 따르면 하나의 세상을 위해서 그리스도께서 죽으셨다. 인간의 두 부류는 (믿든지 안 믿든지) 하나의 세상이다. 그리스도는 믿는 자와 믿지 않는 자를 위해서 죽으셨다. 그리스도의 공로도 믿든지 안 믿든지 상관없이 그들에게 해당된다. 여기에 대해 키메돈키우스는 실제적으로 불신자가 있는 현실을 보여준다. 이 현실은 그리스도와 그의 공로가 모두에게 해당되지 않는다는 증거다. 이 사실은 모두가 그리스도의 영을 갖고 있는 것이 아님을 보여준다. 키메돈키우스에 의하면 그리스도의 영을 소유하는 일은 그리스도의 죽음에서 기원한다. 또 그리스도의 구속이 있는 곳에 양자됨이 있다. 그리스도의 구속은 성화, 회개, 영생, 믿음, 성례와 분리되지 않는다.[62]

나가며

아우구스티누스가 펠라기우스를 정죄하면서 밝힌 것처럼 속죄의 효과가 특정적 또는 제한적이라는 것이 교회의 견해이다. 다만 교회는 그리스도의 죽으심의 가치 또는 크기 자체가 작다는 의미도 동시에 거절해왔다. 몽벨리아르에서 베자와 안드레애의 논쟁에서 보듯이 보편속죄론자들은 '충분'을 모든 인류를 위한 실제적인 죄의 속죄 또는 만족으로 보았고, '효과'는 인간들 자신의 믿음에 의존한다고 했다. 이후 하이델베르크 신학자들(특히 토사누스와 키메돈키우스)은 사무엘 후버와 논쟁하면서 그리스도의 속죄의 효과가 택함받은 자들에게만 해당된다고 말했다.

이 때 개혁신학자들은 그리스도께서 모두를 위해서 죽으셨음을 부인한다는 비

---

62 Kimedoncius, *De redemtione generis*, 379-400

칼 빈 주 의
뿌 리 내 리 다

판을 받았다. 덧붙여 그리스도의 죽으심의 가치를 값없게 만든다는 비판도 받았다. 이런 비판에 대해 개혁신학자들은 주로 두 가지로 답했다. 첫째, 그리스도의 죽으심의 가치 자체에 대하여 인정하는 것이다. 베자는 온 세상의 죄를 위해선 그리스도의 피 한방울로도 충분하다('만일 하나님이 온 세상의 죄의 효과적 속죄를 원하셨다면'이란 가정하에)고 말했다. 둘째, '모두' 또는 '세상'에 대해 성경전체와 해당문맥에 따라 의미를 부여하는 것이다. 키메돈키우스가 이것을 잘 정리했다. 1) 특정 무리를 가리키는 보편적 표현을 위해 사용된다. 즉, 택함받은 자들 모두이며 신자들 모두이다. 2) 구속의 방식과 관련한 보편적 표현을 위해 사용된다. 즉, 구원받는 '모두'는 그리스도 안에서만 구원받는다. 3) 온 세상에 흩어진 다양한 형태와 계층을 가리키는 보편적 표현을 위해 사용된다. 즉, 유대인만이 아닌 세상 모든 족속, 남자나 여자, 주인이나 종 모두이다. 4) 외적소명의 대상을 위해서 보편적 표현이 사용된다. 즉, 구원은 모두에게 제시되며 모두가 초청받는다.

충분과 효과의 구분에 대한 개혁신학자들의 입장을 정리하면 이중적 자세가 보인다. 먼저, 이 표현을 칼빈, 베자, 하이델베르크 신학자들 모두가 받고 있다. 이들은 모든 사람을 위한 그리스도의 피의 능력과 가치를 무시한다는 비판에 맞선다. 그러면서도 동시에 바른 판단 또는 건전한 방식아래서만 충분과 효과의 구분이 받아들여질 수 있다고 추가한다. 왜냐하면, 보편속죄론자들도 이 표현을 사용하며, 충분을 그리스도의 모든 사람을 위한 실제적 속죄로 말하고, 효과가 인간의 믿음에 달려있다고 주장했기 때문이다. 개혁신학자들에게 충분은 피의 능력 자체만을 갖고 말하는 것이며 효과는 구원의 모든 은택들을 가져오는 효과이다.

그리스도의 죽으심의 효과가 개혁신학자들과 보편속죄론자들에게 각각 다른 의미를 갖는다. 토사누스에 의하면, 보편속죄론자들은 그리스도의 죽음을 모순적 죽음으로 만든다. 즉, 그들의 논리에서 그리스도의 죽음은 모든 죄를 사하셨으나 죄의 근원인 불신이란 죄는 사하지 못하는 능력없는 죽음이 된다. 개혁신학자들에게 그리스도의 속죄의 죽으심이란 구원의 모든 은택들을 효과적으로 얻으신 죽으심이다. 즉, 그리스도는 성령에 의한 중생, 소명, 신앙, 성화, 영화까지 그의 죽으심으로 얻으셨다. 따라서 그의 속죄의 죽으심과 구원의 적용을 분리할 수 없다. 속죄의 대상과 중보의 대상 곧 구원의 대상이 같다.

보편속죄론자들은 개혁신학자들의 교리가 그리스도의 속죄를 닫으나 자신들은 연다고 주장한다. 보편속죄론자들의 교리가 겉으로 보기에는 그리스도의 피의 가치를 높이고 모두에게 구원을 여는 것 같으나 개혁신학자들이 볼 때 보편속죄론자들은 실제로는 닫는 것처럼 보인다. 왜냐하면, 그리스도의 피를 적용하기 위해서 인간은 자신의 능력으로 불신을 극복해야 할 뿐 아니라 그 신앙을 유지해야 하는데, 어떤 사람도 성령의 능력이 아니고서는 불신을 이길 수 없기 때문이다. 그리스도의 유효한 죽으심이 우리를 위한 믿음을 사셨고, 그리스도의 영이 그의 말씀을 통해 우리에게 믿음을 주셨다. 그리스도의 피는 족속에 제한받지 않고 재산의 유무에 제한받지 않으며 지식의 유무에 제한받지 않고 인간의 불신에 제한받지 않는다. 속죄는 그리스도의 피를 믿는 우리의 믿음의 공로가 아니라 믿음을 주시는 그리스도의 피의 공로에 근거한다.

7장

구원론

그리스도 능동적 순종 전가 교리의 형성

들어가며

개혁신학자들은 16세기말부터 그리스도의 능동적 순종을 명시적으로 가르치게 된다. 이미 칼빈이 수동적 순종과 능동적 순종의 내용에 대한 함의를 갖고 가르쳤으며 베자에 이르러서 더 선명하게 가르쳤다. 그런데 피스카토로가 베자의 칭의론에 반대하자,[1] 개혁교회는 능동적 순종의 전가에 대한 논쟁에 들어가게 되었고 여러 총회에서 이 문제를 다루게 된다.

그렇다면 베자의 능동적 순종의 견해는 무엇이었는가? 이에 대한 피스카토르의 반대는 무엇이며, 그렇다면 두 신학자의 차이는 무엇인가? 이후 개혁신학은 능동적 순종의 전가를 교의학에서 어떻게 다루었는가? 이 질문들을 다루기 위해서 먼저 이 글은 그리스도의 능동적 순종의 전가를 선명하게 가르쳤던 베자의 견해를 그의 신약주석과 교리해설서를 중심으로 살펴볼 것이다. 그후 베자에 반대하여 그리스도의 능동적 순종의 전가를 부인한 피스카토르의 이해를 세 가지 관점에서 살펴

---

1 피스카토르의 능동적 순종 전가 부인과 당시 논쟁에 대하여 다음을 보라: Heber Carlos de Campos Jr., *"Johannes Piscator (1526-1625) and the Consequent Development of the Doctrine of the Imputation of Christ's Active Obedience,"* PhD Diss. (Calvin Theological Seminary, 2009). 이 박사학위 논문이 *Doctrine in Development: Johannes Piscator and Debates over Christ's Active Obedience* (Reformation Heritage Books, 2017)이란 제목으로 출간되었다; Frans Lukas Bos, *Johann Piscator: Ein Beitrag zur Geschichte der reformierten Theologie* (Kampen: J. H. Kok, 1932). 특히 5장 "Einschränkung der causa meritoria justificationis auf Christi Leiden und Tod"(칭의의 공로적 원인을 그리스도의 고난과 죽음에 제한함)에서 논쟁을 상세히 설명하고 부록에서 이 논쟁에 관한 중요한 서신들을 첨부한다.

볼 것이다. 첫째 칭의를 어떻게 이해했는지, 둘째 그리스도의 능동적 순종을 우리의 칭의에서 배제했는지, 셋째 율법 이해에서 베자와 어떻게 다른지를 볼 것이다. 마지막으로 이 논쟁이 격화되던 시기에 아만두스 폴라누스(Amandus Polanus, 1561-1610)의 능동적 순종의 전가 설명방식이 어떻게 변화하는지 볼 것이다.

1. 테오도르 베자(Theodore Beza, 1519-1605)의 분명한 구분

베자는 그리스도의 능동적 순종의 전가에 관해 단순히 함의적으로 말하지 않고 분명하게 구체적으로 말한다. 그는 신자에게 전가된 그리스도의 의를 구분할 뿐 아니라 그 근거도 말한다. 비록 진술하는 방식에서 작은 차이가 있을 수 있으나, 신자에게 전가된 의의 한 구성으로서 그리스도의 능동적 순종에 관한 관점은 초기부터 마지막까지 일관적이다. 요컨대 베자는 그리스도의 능동적 순종과 수동적 순종을 선명히 구분하며 이 둘이 신자에게 전가됨을 분명한 진술로 인정하며 가르치며, 이 관점 아래서 성경을 해석한다. 우리는 이 사실을 두 종류의 자료를 가지고 확인할 것이다. 첫째 신약주석이며, 둘째 교리해설서이다.

1) 신약주석

베자는 1549년부터 로잔에서 헬라어 교수로서 가르치면서 1556년 신약주석을 출판했다. 이 책 로마서 5:18 "그런즉 한 범죄로 많은 사람이 정죄에 이른 것 같이 한 의로운 행위로 말미암아 많은 사람이 의롭다 하심을 받아 생명에 이르렀느니라"에서 그리스도의 수동적 순종과 능동적 순종의 전가를 지지한다. '의로운 행위'(δικαίωμα)와 '의롭다 함을 받음'(δικαίωσις)을 설명하고, '의롭다 함을 받음'이 더 잘 이해되기를 바라면서 그리스도의 형벌에 의해 우리가 죄책이 없음으로 인해 의롭게 되는 것과 우리의 영생을 위해 그리스도께서 율법 조항을 성취하신 것에 대하여 다음과 같이 말한다.

> 죄의 용서에 의해서, 즉 전가된 그리스도의 만족에 의해서 우리가 의롭게 되었다고 말해진다. 즉, 그를 통해 지불된 형벌에 의해 죄책없는 자로서 해방되는 것이다. 그런데 또한 전가된 그리스도의 순종에 의해 우리가 의롭게 되었다고 말해진다. 우리가 율법의 조항으로부터 영생을 청구할 수 있도록 하기 위함이다. 우리가 믿음으로 그리스도를 가졌는데, 이 그리스도께서 우리를 위해 모든 의를 성취하셨기 때문이다.[2]

베자는 여기서 지불된 형벌로서 전가된 그리스도의 만족을 우리 죄의 용서와 연결시키고 전가된 그리스도의 순종을 우리의 영생과 연결시킨다. 이 모두를 우리는 믿음으로 소유한다. 베자의 목적은 둘을 분리하려는 것이 아니라, 우리가 의롭게 되었다는 사실에 대한 더 나은 이해를 위해 '의롭다 함을 받음'에 이 둘이 포함되어 있음을 언급하는 것이다. 즉, 믿음으로 전가된 그리스도의 의를 받는 자들은 죄를 용서 받아 형벌이 없다는 의미에서도 의로우며, 동시에 율법을 성취하여 영생에 합당하다는 의미에서도 의롭다는 것이지 어느 한 부분만을 분리하여 받는다는 말이 아니다.

---

2 "Nam peccatorum remissione.i. imputata Christi satisfactione, dicimur iustificari. id est persoluta per illum poena vt insontes absolui: obedientia vero Christi imputata etiam iusti declaramur, vt ex ipsa quoque Legis formula vitam aeternam petere possimus, quum Christus quem fide possidemus, omnem iustitiam nobis impleuerit." Theodore Beza, *Novum D.N. Iesu Christi Testamentum: Latine Iam Olim a Veteri Interprete, Nunc Denuo a Theodoro Beza Versum ...* (Geneva: Oliva Robertus Stephanus, 1556), 184 [롬 5:18의 주석 마지막 부분이다].

로마서 8장 주석에서 베자는 우리가 하나님 앞에서 의롭고 순결하게 발견되는 의의 세 부분의 구성, 즉 죄의 용서, 율법의 성취, 전가된 성화로서 우리 본성의 순결을 언급하며, 이 세 부분 모두 믿음을 통하여 우리에게 전가된다고 말한다. 주목할 점은 베자가 이 세 부분이 율법의 요구와 연결되어 있음을 밝혔다는 사실이다. 로마서 8장 4절의 '율법의 요구'가 이루어지는 것과 관련하여서, 베자는 "τὸ δικαίωμα τοῦ νόμου"[율법의 요구]를 당대의 알려진 불가타 역과 에라스무스 역의 "율법의 정당화"(iustificatio Legis)와 달리 "율법의 권리"(ius Legis)로 번역한다. 베자가 율법의 권리라는 번역을 선호하는 이유는, 우리가 하나님 앞에서 의로우며 순결한 자로 발견될 것을 율법이 요구하기 때문이다. 이 율법의 요구는 율법의 본성이다. 베자는 이렇게 말한다.

사실 나는 율법의 권리(τὸ δικαίωμα)가 다음도 선언한다고 생각하는데, 곧 하나님의 율법의 본성 그 자체, 즉 율법이 하나님 앞에서 우리가 의로우며 순결하게 발견될 수 있기를 요구하는 것을 말한다. 왜냐하면, 죄의 용서와 의의 성취에 이어서 이 세 번째 즉 우리 본성의 순결(이것을 우리는 온전히 믿음으로 얻은 그리스도를 통해 값없이 소유한다)이 추가되어서 모든 면에서 사탄을 물러나게 하고, 우리는 하나님 앞에서 의로운 것으로 여겨지니, 우리는 가장 절대적인 율법의 조항에 의해서도 의롭다. 이것은 사도가 3장 31절에서 말한 것처럼 율법이 파괴되지 않고 세워지기 때문이다.[3]

---

3 "Ego vero puto τὸ δικαίωμα declarare hoc etiam in loco, ut ... ipsam Legis substantiam id est, quod requirit Lex, ut possimus iusti & integri coram Deo inveniri. Nam quum ad peccatorum remissionem & impletionem iustitiae, accessit etiam hoc tertium, id est naturae nostrae integritas (quae omnia gratis consequimur per Christum fide apprehensum) vt in omnes facies se conuertat satan, iusti sumus coram Deo, etiam ex illa absolutissima Legis formula, quamobrem etiam dixit Apostolus supra 3.d.31, se Legem non euertere sed stabilire." 본문 번역 중 '율법의 권리'는 졸저의 첨가다. Beza, *Novum D.N. Iesu Christi Testamentum* (1556), 189.

칼빈주의
뿌리내리다

이렇게 베자는 '율법의 요구'가 그리스도의 전가된 의에 의하여 어떻게 우리에게 이루어지는가를 설명한다. 율법은 우리에게 하나님 앞에서 의로우며 순결하게 발견될 것을 요구한다. 우리는 그리스도 안에서 믿음을 통해 전가된 의로 인하여 하나님 앞에서 의로우며 거룩한데, 이 의는 죄의 용서, 율법 조항의 완수로서 의의 성취, 그리스도의 전가된 거룩으로 인한 우리 본성의 순결로 구성된다. 베자의 이해를 정리하면, 믿음으로 그리스도 안에 있는 우리가 하나님 앞에서 발견될 때 죄는 용서받았고(*peccatorum remissio*), 율법을 성취했으며(*legis impletio*), 우리 본성은 순결하다(*naturae nostrae integritas*).

2) 교리해설서

신약성경 해설에서 나타난 베자의 생각은 교리를 체계적으로 설명한 저술들에서도 분명하게 드러난다. 여기서는 《신앙고백서》(*Confessio christianae fidei*, 1559/1560), 《질문과 답》(*Quaestiones et responsiones*, 1570/76) 두 권을 중심으로 살펴보기로 한다.

베자의 《신앙고백서》는 1559년 프랑스어로, 1560년 라틴어로 출판되었고 이후 영어, 독일어, 네덜란드어 등 많은 언어로 번역되었다. 이 고백서에서 베자는 우리에게 전가된 의의 구분을 보여주는데, 우리 양심을 향한 사탄의 고소에 대한 치료책을 말하는 문맥에서 말한다. 사탄의 고소 중 하나는 우리가 구원에 필요한 모든 것을 그리스도 안에서 발견할 수 있는가이다. 이 고소는 세 가지 공격을 포함한다. 각 공격에 대한 치료책에서 전가된 의의 구분이 나타난다.

첫째, 우리에게 셀 수 없이 많은 죄가 있다는 것이다.[4] 여기에 대한 치료책은 하

---

4 "... nobis innuberabilia peccata nostra proponuntur ..." Beza, *Confessio christianae fidei* (Geneva, 1560), 29.

나님이시고 사람이신 예수 그리스도께서 자신의 무한한 순종으로 하나님의 무한한 위엄을 충족시키셨다는 사실이다. 나의 죄악이 그리스도의 피로 완전히 지워지고 씻겨졌기 때문에 나의 영혼을 괴롭히지 못한다.[5] "그리스도가 나를 위해 저주가 되었기 때문이다."[6]

둘째, 하나님이 우리에게 요구하시는 그 의가 우리에게 없다는 것이다.[7] 즉, "죄를 짓지 않은 것이나 다른 이를 통해 자기 죄가 충족되어진 것으로는 충분하지 않다. 오히려 율법의 완전한 순종이 요구되니, 즉 우리가 하나님과 이웃을 완전히 사랑하는 것이 요구된다."[8] 이 순종을 예수 그리스도 안에서만 발견할 수 있다. 이 완전한 순종이 요구될 때, 예수 그리스도를 제외하고 성취한 어떤 사람도 없다. 베자는 여기서 이 의를 믿음을 통해 우리에게 적용하는 그리스도의 '또 다른 보화'로서 칭한다.[9] 앞선 보화와 구분되는 보화로서 보인다.

의의 성취는 단순히 생애 동안의 순종이 아니라 죽음의 순종을 포함한다. 하나님과 이웃에 대한 완전한 사랑이 율법의 요구인데, 그리스도는 아버지를 완전히 사랑하셨고, "자신의 원수를 완전히 사랑하셨으니 이는 그들을 위해 저주가 되심을 감당하셨기 때문이다. 즉 하나님의 진노를 감당하신 것이다."[10] 이 절대적인 완전

---

5   Beza, *Confessio christianae fidei*, 35.

6   "Est enim Christus pro me factus execratio ..." Beza, *Confessio christianae fidei*, 35.

7   "... nusquam in nobis extat iustitia illa, quam Deus merito a nobis requirit." Beza, *Confessio christianae fidei*, 36.

8   "Non satis est non peccasse, vel pro suis peccatis per alium satissecisse: sed praeterea requiritur perfecta & Legis praestatio, id est ut Deum & proximum perfecte dilexerimus." Beza, *Confessio christianae fidei*, 36.

9   "Hic igitur rursum discamus nobis per fidem applicare alterum hunc Christi thesaurum, id est ipsius iustitiam." Beza, *Confessio christianae fidei*, 36.

10   "... hostes suos adeo perfece amavit, ut sustinuerit etiam maledictio pro eis fieri, id est iram Dei sustinere ..." Beza, *Confessio christianae fidei*, 36.

칼 빈 주 의
뿌 리 내 리 다

한 의가 믿음을 통해 우리에게 전가되어 우리는 그리스도의 형제요 공동 상속자로서 하나님께 받아들여진다는 것이다.[11] 이렇게 베자는 소위 능동적 순종에 의한 의의 전가를 명시적으로 또한 그 근거까지 분명하게 밝혔다. 여기서 또 주목할 것은, 베자에게 그리스도의 능동적 순종은 그리스도의 십자가의 죽음과 분리할 수 없고, 오히려 수동적 순종과 분리할 수 없이 묶여있다는 점이다. 강조하기 위해 위 인용을 다시 불러온다면, 하나님과 이웃에 대한 완전한 사랑이라는 율법의 요구를 원수까지 사랑하시사 "그들을 위해 저주가 되심을 감당하셨기 때문이니 즉 하나님의 진노를 감당하신 것이다."[12]

셋째, 우리는 본성이 부패하여 하나님께 미움이 되었다는 것이다.[13] 그리스도 안에서 죄에 대한 형벌이 만족되었고 의로 옷 입혀졌어도 본성이 아직 부패한 채로 있다고 사탄은 공격한다. 여기에 대한 치료책도 그리스도 안에서 발견된다. 믿음으로 우리가 예수 그리스도 안에 연합되었고 한 몸이 되었으며 뿌리박았고 접붙여져 있기 때문이다. 그리스도 안에 있는 인성의 성화가 믿음을 통해 우리에게 전가되며, 이로 인해 중생한 우리 안에 여전히 있는 부패의 찌꺼기가 하나님 앞에서 발견되지 않게 되기 때문이다.[14]

베자는 《질문과 답》에서도 수동적 순종의 전가와 능동적 순종의 전가의 구분을 드러낸다. 이 두 개념을 율법 아래로 오신 일에 연결시키고, 이 두 종류에 순종이라는 이름을 붙인다. "율법 아래로 오셔서 모든 의를 성취하시고 우리의 죄에 대한 마땅한 형벌을 지불하셨다. 사도는 이 둘을 순종이라는 이름으로 이해했다."[15] 그래

11 Beza, *Confessio christianae fidei*, 36.

12 Beza, *Confessio christianae fidei*, 36.

13 "... natura simus corrupti, ac proinde Deo exosi." Beza, *Confessio christianae fidei*, 37.

14 Beza, *Confessio christianae fidei*, 39.

15 "Quod factus sub Lege omnem iustitiam implevit, & poenas nostris peccatis debitas luit: quod

서 "당신은 무엇을 전가라고 부르는가?"란 질문에 대해 "하나님 아버지의 은택인데 이로 인해, 마치 우리 자신이 율법을 성취하고 우리 자신이 우리 죄를 위해 만족시킨 것처럼, 저 그리스도의 순종을 우리의 순종으로 여긴다고 인정된다."라고 답한다.[16]

베자는 그리스도께서 율법을 성취하신 일이 우리를 위해서이며, 율법 아래 있는 자들을 구원하시려고 율법 아래로 오셨다고 율법의 역할을 중요하게 말한다.[17] 율법의 요구는 하나님 앞에서 의롭게 되는 것과 연결되어 있다. "율법은 영원한 죽음으로 경고하면서 하지 말 것을 금지할 뿐 아니라, 하나님과 이웃을 대한 완전한 사랑을 명령한다. 그러므로 누군가 하나님 앞에서 의롭기 위해서는 두 가지가 필수적으로 요구되는데, 즉 모든 죄가 없어야 하는 것과 율법을 따른 모든 의의 성취이다."[18] 그리고 율법의 요구를 이루신 이는 "죄를 결코 범하지 아니하시고 모든 율법을 완전히 성취하신 그리스도 밖에는 없다"고[19] 말한다. "그러므로 고난을 당하심으로써 행하시면서 또한 우리를 위하여 자신을 제물로 드리면서, 우리를 위해 율법

---

utrunque intelligit Apostolus Obedientiae nomine." Beza, *Theodori Bezae Vezelii, Volumen tractationum theologicarum*, ... (Geneva, 1576), 668.

16 "Quid vocas imputationem? Dei Patris beneficium quo dignatur obedientiam illam Christi nostram ducere, perinde ac si ipsimet implevissemus Legem, & pro peccatis nostris satisfecissemus." Beza, *Volumen tractationum theologicarum*, 669.

17 그리스도의 율법에 대한 순종은 개혁과 신학내에 본성적 율법 복속(subjecto sub lege naturalis)과 언약적 율법 복속(subjecto sub lege foederalis)의 구분으로 정착한다. Heinrich Heppe, ed. Ernst Bizer, *Die Dogmatik der Evangelisch-Reformierten Kirche* (Neukirchen: Neukirchener Verlag, 1958), 370.

18 "Lex autem non modo prohibet non facienda, idque addita mortis aeternae comminatione, verum etiam praecipit perfectam Dei & proximi dilectionem. Itaque ut iustus coram Deo sit quispiam, duo requiruntur necessario, nempe absentia omnis peccati, & omnis secundum Legem iustitiae impletio." Beza, *Volumen tractationum theologicarum*, 670.

19 "Christum excipe, qui non modo nunquam peccavit, verum etiam plenissime totam Legem implevit." Beza, *Volumen tractationum theologicarum*, 670.

칼 빈 주 의
뿌 리 내 리 다

을 성취하시고 우리 죄를 위해 만족시키셨다."[20] 이렇게 율법이 요구하는 의를 그리스도는 능동적 순종과 수동적 순종을 통하여 성취하셨다. 이 부분에서 우리는 '고난을 당하심으로써 행하시면서'(*patiendo agens*)의 라틴어 사용에서 베자가 능동적 순종(*agens*)에서 수동적 순종(*patiendo*)을 분리하지 않는다는 것을 다시 확인하게 된다.

베자는 칭의를 마무리하면서 다음과 같이 선명하게 능동적 순종의 전가와 수동적 순종의 전가를 밝힌다.

> 그러므로 당신은 말하기를, 우리가 하나님 앞에서 의롭게 된 것이, 즉 의로운 자로 인정되고 선언된 이유가 그리스도의 순종이 우리에게 전가되었기 때문인데, 이 순종이 두 부분으로 구성되어 있으니, 즉 우리 죄에 대한 만족과 모든 율법 의에 대한 완전한 완수로 구성되어 있다는 것이다. 답: 그렇다.[21]

베자의 결론은 분명하다. 우리가 하나님 앞에서 의로운 자로 인정된 이유는 그리스도의 순종이 전가되었기 때문이다. 우리에게 전가된 그리스도의 순종은 죄에 대한 만족(수동적 순종)과 율법 의에 대한 완전한 완수(능동적 순종) 두 부분으로 구성되어 있다는 것이다.

---

20 "Itaque patiendo quoque agens, & pro nobis seipsum offerens, simul & Lgem pro nobis implevit, & pro nostris peccatis satisfecit." Beza, *Volumen tractationum theologicarum*, 670.

21 "QV. Ais igitur nos iustificari coram Deo, id est, iustos haberi ac pronuntiari, eo quod imputetur nobis Christi obedientia, quae duabus praeipuis partibus constet, satisfacione videlicet pro peccatis nostris, & plena omnis iustitiae legalis praestatione. R. Aio" Beza, *Volumen tractationum theologicarum*, 671.

2. 요하네스 피스카토르(Johannes Piscator, 1546-1625)의 그리스도의 능동적 순종 전가 부인

1584년 올레비아누스를 중심으로 헤르보른(Herborn)에 학교가 세워지면서 피스카토르는 청빙을 받았다. 이 부름에 응답하여 피스카토르는 헤르보른으로 가서 그곳에서 생애 마지막까지 교수로서 봉사했으며 많은 저술을 남겼다.[22] 피스카토르가 개혁주의 신학 전체를 버렸다거나 또는 개혁파의 핵심 교리를 무효화했다거나 개혁주의 신학의 '오직 은혜에 의해 믿음으로 얻는 칭의'에서 벗어났다는 진술들은 정당한 평가도 아니고 그에 대한 심각한 오해다. 그런데 그리스도의 능동적 순종에 관해 베자가 선명히 가르치자 그를 사적으로 비판했으며, 이 사적 논쟁이 확대되어 공적으로 떠오르자 개혁교회 전체는 그리스도의 능동적 순종에 관해 토론하고 정리할 기회를 갖게 되었다. 피스카토르가 1580년대에 여러 통의 편지를 베자에게 보냈으며 베자의 칭의관이 복잡하다고 의문을 제기했을 때, 이 논의가 공적인 문제로 발전되기를 원하지 않은 것처럼 보인다.[23] 그러나 피스카토르의 의도와는 달리 이 문제는 유럽 전역에 확대되어 갔다. 바젤의 신학자들이 반대했으며, 하이델베르크 신학자들의 반응이 있었고, 프랑스에선 이 문제가 쟁점이 되어 여러 번의 교회회의를 통해 피스카토르의 견해에 반대했으며, 후에는 도르트 총회(1618/19)도 피스카토르에 반대하는 입장에 섰다.[24]

---

22 생애에 관해서는 다음을 보라: Bos, *Johann Piscator*, 9-31; De Campos, *Johannes Piscator*, 3-18.

23 De Campos, *Johannes Piscator*, 11.

24 De Campos, *Johannes Piscator*, 13-18.

1) 피스카토르의 칭의 이해

피스카토르는 칭의를 죄용서로만 정의한다.[25] 따라서 그리스도의 수동적 전가만을 인정하게 되고 그리스도의 능동적 순종의 전가는 반대하게 된다. 우리는 먼저 피스카토르가 베자를 어떻게 이해했는지, 또 어떤 논증으로 그리스도의 수동적 순종의 전가만 인정했는지 살펴보고 그의 견해를 평가해 보기로 한다.

1588년 초 나사우 요한 6세의 딸의 결혼식에 지겐(Siegen)의 목사였던 크렐리우스(Crellius)가 설교를 했다. 이 설교가 출판 전에 피스카토르에게 보내졌고 피스카토르는 그 내용을 살핀 후 베자의 칭의론이 포함되어 있음을 알게 되었다. 피스카토르는 크렐리우스에게 자신의 생각을 13개의 논제로 정리해서 보냈다. 이 내용은 피스카토르의 견해를 처음 체계적으로 정리했다는 점에서 의미를 가지나 그 당시 출판되지는 않았다.[26] 이 편지 앞부분에서 베자에 대한 피스카토르의 생각을 알 수 있다.

> 1) 복음의 교사들이 동의하는 바는, 사람은 그리스도를 믿음으로 의롭게 된다는 것이다. (이것은 하나님에 의해 의롭게 여겨진다는 것을 의미하며 죄가 지워졌다는 것을 의미한다). 즉, 믿음을 통해 그에게 선물로 주어지고 전가된 그리스도의 의 때문이다. 더 분명히 말하자면, 믿음을 통해 의를 위하여 사람에게 전가된 그리스도의 순종 때문이다.
> 2) 그들은 이점에서 생각이 다른데, 곧 어떤 이들은 의를 위하여 신자들에게 전가되는 그리스도의 순종이 그리스도의 고난과 죽음의 순종이 적절하다고 생각

---

25 De Campos, *Johannes Piscator*, 128-35.

26 이 전체 내용이 Bos의 책에 부록으로 첨부되었다. Bos, *Johann Piscator*, 242-44.

하는 반면, 다른 이들은 그리스도의 전체 순종이 의를 위하여 신자들에게 전가
된다고 생각하는데, 그래서 그리스도의 거룩한 생애의 순종, 나아가 그리스도
의 성육신과 거룩한 잉태의 순종도 생각한다.

3) 저들의 첫 번째 생각이 참되고, 단순하고, 성경에 일치한다고 나는 판단하
며, 후자에 반대한다.[27]

피스카토르는 믿음을 통한 그리스도의 의의 전가 즉 이신칭의를 고백하고 공로에
의한 칭의에 반대한다는 점에서 베자와 일치한다. 차이는, 그의 표현을 빌리자면,
그리스도의 고난과 죽음의 순종만이 신자들에게 전가되는 의인가, 아니면 그리스
도의 전체 순종이 신자들에게 전가되는 의인가에 있다. 피스카토르는 그리스도의
고난과 죽음의 순종만이 신자들에게 전가되는 의라고 생각한다. 그가 여기서 그리
스도의 전체 순종에 관해 거룩한 생애의 순종과 성육신과 거룩한 잉태의 순종의
구성을 구체적으로 언급하는 것은 바로 베자의 칭의론을 염두에 두었기 때문일 것
이다.

피스카토르는 여러 부분으로 구성된 칭의론을 받아들일 수 없었다. 피스카토르
는 베자의 칭의론이 복잡하며 더 단순해져야 한다고 보았다. 피스카토르는 베자가
언급하는 세 부분을 죄 문제로 환원시켰다. 다섯 번째 논제에서 베자의 칭의론을

---

27 "1) Consentiunt Evangelii Doctores, hominem justificari (i. pro iusto a Deo censeri, et a peccatis
suis absolvi) fide in Christum, i. propter justiciam Christi, ei donatam atque imputatam per fidem:
seu, ut clarius dicam, propter obedientiam Christi, imputatam homini ad justiciam per fidem.
2) Dissentiunt vero in eo, quod alii statuunt, obedientiam Christi, quae credentibus ad justiciam
imputatur, esse proprie obedientiam passionis et mortis Christi. Alii vero putant, totam Christi
obedientiam credentibus ad justiciam imputari, ac proinde etiam obedientiam sanctae vitae Chris-
ti, imo etiam obedientiam incarnationis et sanctae conceptionis Christi.
3) Priorem illorum sententiam equidem veram, simplicem, et sacris literis consentaneam statuo:
posteriorem contra. Piscator, "Theses XIII de Justificatione Hominis coram Deo," in Bos, *Johann
Piscator*, 242.

칼빈주의
뿌 리 내 리 다

다음과 같이 비판한다.

5) 따라서 하나님 앞에서 우리가 의지하는 의를 그리스도의 유일한 제사에서 찾지 않는 자들은, 다양한 종류의 질병에 다양한 종류의 치료제가 적용되어야 하는 것처럼 다양한 종류의 죄에 다양한 종류의 그리스도의 의가 놓여져야 한다고 생각한다. 즉, 원죄에 대하여는 잉태할 때 그에게 주어진 그리스도의 인성의 거룩이, 행하지 않은 죄에 대하여는 하나님이 자기 율법에서 명하신 것마다 성취하신 그리스도의 거룩한 생애가, 범한 죄에 대하여는 그들의 형벌을 갚은 그리스도의 고난과 죽음이 놓여져야 한다고 생각한다.[28]

칭의와 연결되는 모든 부분을 오직 죄 문제와만 연결시켰다는 점이 피스카토르 출발점이다. 여기서 피스카토르는 베자의 칭의론의 이해 방식을 보여주며 비판하고 있다. 그리스도의 인성의 거룩, 생애의 거룩, 형벌을 위한 그리스도의 고난과 죽음이 세 종류의 죄, 즉 각각 원죄, 행하지 않은 죄, 범한 죄의 해결책이라는 것이다. 이런 묘사는 베자의 설명과 대응하는 면이 있지만 베자 자신의 것과 완전히 일치하지 않는다.

피스카토르에게 칭의란 죄용서로서 정의된다. 피스카토르는 베자가 언급하는 칭의의 구성 중 죄용서 부분만 인정하고 다른 부분은 거절한다. 죄 용서가 하나님

---

28 "5) Igitur, qui Justiciam, qua coram Deo consistamus, non in unico sacrificio Christi quaerunt: illi diversis peccati speciebus diversas Justiciae Christi species, tanquam diversis morbis, diversa remedia applicanda, atque opponenda censent: nempe peccato originali sanctitatem naturae humanae Christi in conceptioni ei inditam: peccatis omissionis, sanctam vitam Christi, qua praestitit, quaecumque Deus in lege sua imperavit: peccatis vero commissionis passionem et mortem Christi, qua poenam eorum persolvit." Piscator, "Theses XIII de Justificatione Hominis coram Deo," in Bos, *Johann Piscator*, 242.

이 우리를 의롭다고 선언하신 이유이다.[29] 피스카토르가 볼 때 성경과 일치하는 단순한 방식은 칭의를 죄용서로 이해하는 것이다. 나아가 죄용서는 오직 그리스도의 피로 되어진다. 피스카토르는 다음과 같이 말한다.

6) 그리고 (그들에게 죄송한 말씀이지만) 그들은 우아하게 보이는 논증이나 대비를 가지고 성경의 진리와 단순성으로부터 벗어났다. 왜냐하면, 요한이 증거하듯이 그리스도의 피가 우리를 모든 죄로부터 깨끗하게 한다. 따라서 범한 죄로부터만, 즉 율법이 금한 것을 우리가 행한 죄로부터만 우리를 깨끗하게 하신 것이 아니라 또한 행하지 않은 죄로부터, 즉 하나님이 율법에서 행하라고 명하신 것을 우리가 행하지 않은 죄로부터도 우리를 깨끗하게 하셨다. 또한 다른 모든 죄의 원천인 원죄로부터도 우리를 깨끗하게 하셨다. 바울도 히브리서에서 증거하듯이 피흘림이 없이는 어떤 죄의 용서도 없다. 따라서 원죄든지, 자범죄든지, 저 범한 죄든지, 행하지 않은 죄든지 다 그러하다. 결론적으로 예수 그리스도의 피가 마치 우리 모든 질병을 치료하기 위한 만병통치약과 같다.[30]

---

29 "Equidem de remissione peccatorum quae Deum movet atque impellit ut nos justificet, quam tu primam justificationis partem constituis, hoc concedo. De tribus partibus vero reliquis quas huic addis, idipsum nego. Etenim remissio peccatorum Deum movet atque impellit ut nos justificet, hoc est justos pronunciet, seu absolvat." Piscator, "Examen sententiae Domini Theodori Bezae," in *Correspondence de Theodore de Théodore de Bèze*, vol. 27, edited by Alain Dufour et al. (Geneva: Librarie Droz, 2005), 52.

30 "6) At (quod pace illorum dixerim) aberrant illi haec elegantis analogiae seu proportionis specie, a veritate et simplicitate scripturarum. Nam, si sanguis Christi, ut Joannes testatur, nos purgat ab omni peccato: Ergo purgat nos non solum a peccatis commissionis, i. quibus perpetravimus, quae lex vetat: sed etiam a peccatis omissionis, i. quibus omisimus, nec fecimus ea, quae Deus facienda in lege imperat: imo etiam a peccato originali, quod caeterorum omnium scaturigo est. Item, si absque sanguinis effusione nulla sit peccatorum remissio, ut Paulus testatur ad Hebraeos: ergo nec originalis peceati, nec actualium, sive ilia sint commissionis, sive omissionis. Denique sanguis Jesu Christi esse velut panaces ad sanandum omnes nostros morbos." Piscator, "Theses XIII de Justificatione Hominis coram Deo," 242-243.

피스카토르에게 칭의는 죄 문제 해결과 연결되며 죄는 그리스도의 피가 해결한다. 즉, 우리의 모든 죄 문제는 그리스도의 피가 해결한다는 것이다. 그는 그리스도의 생애의 순종(*obedientia vitae*)과 죽음의 순종(*obedientia mortis*)을 구분하며, 그리스도의 피는 바로 그리스도의 죽음의 순종을 의미하지 생애의 순종을 의미하지 않는다고 말한다. 이렇게 칭의는 죄용서이므로, 그리스도의 생애의 순종이나 의나 거룩은 신자가 전가받은 칭의의 공로적 원인이 될 수 없고 오직 죽음의 순종만이 칭의의 공로적 원인이 된다는 것이 피스카토르의 결론이다.

우리는 지금까지 피스카토르가 베자의 칭의론을 어떻게 이해하고 어떤 논증으로 비판했는지 살펴보았다. 주의할 점은 피스카토르의 죄용서에 대한 강조 때문에, 베자가 칭의의 죄용서의 의미와 중요성을 상처 입혔다고 오해해선 안된다. 두 신학자 모두 그리스도의 의가 전가되어서 신자가 구원을 얻게 됨에 동의하며, 그리스도께서 우리를 대신하여 형벌을 받으심으로써 우리가 죄 용서를 얻었음을 고백한다. 다만, 생애의 순종의 전가를 배제해야 한다는 것이 피스카토르의 주장이다.

피스카토르가 베자의 이해를 정확히 표현한 것은 아니다. 첫째, 피스카토르는 베자가 사용한 그리스도의 순종에 관한 용어를 변경했다. 베자는 그리스도의 순종을 때로 능동적 순종을 지칭할 때 사용하기도 하고, 수동적 순종과 능동적 순종 둘 다를 지칭할 때 사용하기도 했으며, 우리 죄를 위한 그리스도의 만족과 율법에 대한 그리스도의 완수 등의 용어로 불렀다. 그러나 베자가 이 둘을 피스카토르가 지칭하는 방식대로 죽음의 순종과 생애의 순종으로 구분하여 부르진 않았다. 이렇게 부르는 것은 베자의 생각을 드러내지 못한다. 왜냐하면 베자에 의하면, 그리스도가 율법에 대한 완전한 순종을 통해 의를 성취할 때에, 율법 요구(하나님과 이웃에 대한 완전한 사랑)에 대한 완수는 바로 원수까지 사랑하여 그들을 위하여 하나님의 진노를 받은 그리스도의 고난과 죽음에서 나타나기 때문이다. 예수 그리스도는 그의 죽으심을 통해 이 율법의 요구를 완수하셨으므로, 그리스도의 생애의 순종과 그리스도의 죽음의 순종을 분리하여 율법 조항의 성취를 생애의 순종으로 분리해내는 것은 베자의 생각이 아니다. 그리스도의 수동적 순종과 능동적 순종을 특정 행위나 시간으로 분리하는 것이 얼마나 부적당한지를 이미 베자가 보여준 것이다. 베자의 그리스도의 십자가는 수동적 순종과 능동적 순종을 다 포함한다. 피스카토르가 사용한 생애의 순종과 죽음의 순종의 구분은 베자의 이해에 적합하지 않다.

둘째, 피스카토르는 베자가 그리스도의 율법 조항의 성취라고 부른 것을 '행하지 않은 죄'에 대응시켰다. 이런 방식을 통해 그는 율법의 성취에 의한 의에 관한 주제를 죄 문제와 죄 용서에 관한 주제로 환원시켰다. 베자의 칭의 이해에서 중요했던 율법 성취에 따른 상급으로서 영생은 피스카토르에게 없다. 즉, 피스카토르에게 율법에 대한 순종과 그에 따른 약속이 사라졌거나 약화되었다. 이 문제는 조금후에 율법에 관한 주제에서 다시 다룰 것이다.

2) 그리스도의 능동적 순종의 의미

피스카토르가 그리스도의 죽음의 순종의 전가만을 인정했음을 우리는 앞서 살펴보았다. 그렇다고 해서 그가 그리스도의 생애의 순종 자체를 부인한 것은 아니다. 그는 그리스도께서 거룩하게 사셨음을 인정했을 뿐 아니라 이 생애의 거룩이 칭의와 연결되어 있다고 말한다.

8) 그러면 무엇인가? 어떤 이가 말한다. "그러므로 당신은 그리스도의 본성의 거룩과 그리스도의 생애의 거룩을 우리의 칭의에서 배제하는가?" 나는 답한다: (말했듯이) 특정 종류의 죄를 대응하는 부분으로서 배제한다. 그런데 나는 그것들을 원인들로서는 배제하지 않는데, 즉 그것들 없이는 그리스도의 고난과 죽음이 의를 위하여 우리에게 전가될 수 없었다. 더 정확히 말한다면, 이 원인들

너머 훨씬 깊이 들어갈 수 있는데, 곧 그리스도의 신적 본성의 거룩함까지 말할 수 있다.[31]

이렇게 피스카토르는 죄를 대응하는 부분들로서 생애의 거룩을 인정하지 않는다. 범한 죄에 대하여 그리스도의 죽음의 순종이 대응한 것처럼 행하지 않은 죄에 대하여 생애의 거룩이 대응하지 않는다는 말이다. 다만 그는 그리스도의 생애의 거룩을 우리 칭의로부터 배제하지 않고 하나의 원인으로서 인정한다. 왜냐하면, 그리스도의 생애의 거룩없이는 그리스도의 고난과 죽음의 전가가 가능하지 않기 때문이다. 같은 논리 안에서 신성의 거룩까지도 포함시켰다. 칭의에 있어서 전가된 의로서 죽음의 순종만이 유일하나 생애의 순종이나 인성의 거룩은 원인으로서만 유효하다는 말이며, 나아가 이 원인에 신성의 거룩까지 포함시켰다. 베자는 전가된 의에 신성의 거룩을 포함시키지 않는데, 피스카토르는 원인을 말하기 때문에 신성의 거룩까지 포함시킨 것이다. 이것들이 왜 원인이 되는지 다음과 같이 설명한다.

9) 왜냐하면, 그리스도의 피가 충분히 가치 있도록 그것이 하나님의 아들의 피가 되어야만 했기 때문이다. 이것은 하나님이 자기 피로 교회를 사셨다는 사도행전 20장의 바울의 말에서 이해될 수 있는 것과 같다. 또 희생은 거룩하고 하나님께서 기쁘게 받으실만하기 위해서 그리스도의 인간 본성은 거룩하여야만 했다. 이것은 우리가 흠 없고 점 없는 어린양 같은 그리스도의 보배로운 피로 대속 받았다는 베드로전서 1:18-19의 베드로의 말로 이해될 수 있는 것과 같다.

---

31 "8) Quid ergo? inquiet aliquis: Tunc igitur sanctitatem naturae Christi, itemque sanctitatem vitae Christi ajustificatione nostri excludis? Respondeo: Excludo ut partes certis peccati speciebus (ut dictum est) oppositas. At non excludo, ut causas, sine quibus passio et mors Christi non potuisset nobis ad justiciam imputari. Imo praeter illas causas adhuc sublimiorem regresso, usque sanctitatem naturae divinae Christi." Piscator, "Theses XIII de Justificatione Hominis coram Deo," 243

그 외에 우리 대제사장이 하나님께 나아가서 기쁘게 받음직하기 위하여 그의 생애가 거룩해야만 했다. 왜냐하면, 바울이 히브리인들에게 증거하듯이 이러한 대제사장이 우리에게 합당하기 때문이다(히 7:26).[32]

여기서 피스카토르는 신성의 필요 이유를 그리스도의 보혈의 충분한 가치에 연결시키고, 또 인성의 거룩의 필요성을 하나님께서 받으실만한 제사에, 생애의 거룩의 필요성은 하나님께 나아갈 수 있는 대제사장의 자격에 연결시킨다. 그가 그리스도의 본성의 거룩의 필요성과 생애의 거룩의 필요성 각각의 이유를 항상 일관되고 예리하게 구분한 것은 아니다. 그리스도의 거룩을 대제사장에 연결하고 생애의 순종은 제사장과 제물에 연결하거나, 또는 본성의 거룩과 생애의 거룩의 필요성을 합당한 제사장의 자격에 연결시키기 때문이다.[33]

피스카토르가 칭의의 원인들로 소개하는 내용은 사실 개혁교회 안에서 말해왔던 내용들이다. 그리스도의 죽음의 가치가 그의 신성에 연결된다든가,[34] 또는 그의 내재적 거룩이 제사장으로서 중보자 사역을 위해 필요하다든가 하는 내용은 개혁

---

32 "9) Nam ut sanguis Christi esset satis preciosus: oportuit eum esse sanguinem filii Dei: ut intelligitur ex verbis Pauli Act. 20, ubi ait: Deum acquisivisse sibi Ecclesiam proprio sanguine. Item ut victima esset sancta Deoque placens, oportuit humanam naturam Christi esse sanctam: ut intelligitur ex verbis Petri, ubi ait (1. Petro 1 18,19): Nos esse redemtos precioso sanguine Christi, tanquam agni immaculati et incontaminati. Praeterea ut summus noster sacerdos aditum ad Deum haberet, eique placere posset: oportuit vitam ejus esse sanctam: Talis enim nos decebat Pontifex ut Paulus ad Hebraeos testatur(Hebr. 7 26)." Piscator, "Theses XIII de Justificatione Hominis coram Deo," 243.

33 De Campos, *Johannes Piscator*, 143과 146을 보라.

34 "하나님의 의와 진실 때문에 하나님의 아들의 죽음 말고 다른 방식으로는 우리 죗값을 치를 수 없기 때문입니다"(하이델베르크 요리문답서 40문); "하나님의 아들의 죽음은 죄에 대한 유일하며 가장 완전한 희생제사이며 만족이며, 무한한 힘과 가치가 있고 온 세상의 죄를 속하기에 넘치도록 충분하다." (도르트 신경 2장 3절).

신학 내에서 동의하는 바다.[35] 피스카토르도 능동적 순종을 우리 칭의에서 배제하지 않고 포함시킨다. 그러나 차이는 피스카토르가 그리스도의 수동적 순종만을 우리의 전가된 의에 포함시키며, 따라서 능동적 순종은 전가된 의로서 유효하지 않으며 다만 수동적 순종을 위한 전제로서 간접적으로 연결되는 것이다. 피스카토르는 말한다.

> 바울이 그리스도의 능동적 의나 순종을 우리 칭의의 전체 행위로부터 배제했다고 나는 가르치지 않았다. 그러나 그가 칭의의 공로적 원인으로부터 배제했다고 가르쳤다. 그때 나는 저 순종[능동적 순종]이 이것을 위해 필요하다고, 곧 그리스도의 수동적 순종이 의를 위하여 우리에게 전가될 수 있기 위해 필요하다고 전했다. 그리고 이런 면에서 나는 우리 칭의의 전체 행위에서 저것[능동적 순종]을 배제하지 않는다.[36]

피스카토르는 우리에게 전가된 의로서 오직 그리스도의 수동적 순종만을 인정한다는 것이다. 그래서 그리스도의 능동적 순종이 우리 칭의의 원인으로서 고려될 수 있을지라도, 공로로서 고려될 수 없다는 것이다. 따라서 능동적 순종이 우리 칭의의 원인인가, 또는 연결되어 있는가, 또는 중요한가 등에 대해서 피스카토르는 그렇다고 인정할 것이다. 그러나 그리스도의 능동적 순종은 전가된 의가 아니며, 우

---

35 De Campos, *Johannes Piscator*, 145.

36 "... ego non doceo, quod Paulus justitiam sive obedientiam Christi activam a toto justificationis nostrae actu excludat: sed tantum doceo, quod eam excludat a causa justificationis meritoria: interim vero trado, quod obedientia illa ad hoc fuerit necessaria, ut obedientia Christi passiva imputari nobis ad justitiam posset: atque hoc respectu a toto justificationis nostrae actu illam non excludo." [ ]는 졸저의 첨가다. Piscator, *Apologia Disputationis De Causa meritoria justijicationis hominis coram Deo* (Herborn: 1618), 49-50. 이 진술에 대한 피스카토르의 맥락적 의미는 다음을 참고하라: De Campos, *Johannes Piscator*, 122-123.

리 칭의의 공로로서 원인이 될 수 없다는 것이 피스카토르의 생각이다.

3) 피스카토르의 율법 이해

이미 살핀대로, 베자는 1556년에 출판된 신약 로마서 5장 18절을 해석하면서, 우리가 의롭게 되어지는 것이 두 가지 면에서 되어진다고 설명한다. 예수 그리스도를 통해 치러진 형벌에 의해 죄책없는 자로서 의로운 자가 되며, 예수 그리스도의 순종을 통해 우리가 의로운 자가 되어 율법 조항에 따라 영생을 청구할 수 있다는 것이다. 여기서 언급된 그리스도의 순종은 율법 조항에 대한 순종으로서 율법 순종에 따른 생명의 약속을 전제한 것이다. 율법 순종에 따른 영생의 약속이 적용되는 견해는 1570년에 베자가 올레비아누스에게 보낸 편지에서도 나타난다.

> 왜냐하면, 율법을 성취하지 않은 사람이 의롭다고 여겨지는 것보다 무엇이 더 헛될까? 율법이 금지한 일을 행하는 것을 죽음으로 위협하면서 막는다. 뿐만 아니라 명령한 것을 지시하고 또한 생명의 약속을 더하여서 그것을 지시한다. 따라서 그리스도 안에서 죄인으로 생각될 수 없는 자는 죽음에서 벗어났다. 그런데 만일 동일한 예수 그리스도 안에서 율법 전체의 의를 성취하지 않았다면 무슨 권리로 생명까지도 간청드릴까?[37]

---

[37] "Quid enim vanius est quam iustum arbitrari, qui lege non impleuerit? Atque lex nontantum prohibet fieri quod vetat, idque addita mortis interminatione, verum etiam praecipit quod iubet, idque addita vitae promissione. Ergo qui pro non peccatore cesentur in Christo, mortem quidem effugerit: sed quo iure vitam praeterea petet, nisi omnem iustitiam legis in eodem Christo impleuerit?" Beza, "Epistola XXXV - Caspari Oleviano, Heidelbergensis ...," 248.

칼빈주의
뿌리내리다

베자는 이렇게 율법에 대한 이중적 관계를 생각했다.[38] 율법에는 범함에 대하여 죽음의 형벌 위협, 그리고 준수에 대하여 생명의 약속이 있다. 베자는 영생의 권리에 대한 소유가 율법 조항에 대한 완전한 준수에 근거한다고 생각했다.

이 편지가 1582년에 출판되어 알려지자 피스카토르는 이렇게 비판했다.

편지 35에서 '율법을 성취하지 않은 사람이 의롭다고 여겨지는 것보다 무엇이 더 헛될까?'라고 합니다. 그런데 나는 복음의 의가 지혜롭게 율법의 의와 구별되어야만 한다고 말합니다. 우리가 하나님에 의해 의로운 자들로 판단되고 나아가 하나님에 의해 의롭다함을 받거나 사함을 받았다는 그 의는 율법의 의가 아닙니다. 왜냐하면, 하나님께서 우리를 의롭다고 하신 것은 우리 스스로 율법을 완수하거나 그리스도께서 우리를 위해 완수하셨기 때문이 아닙니다. 그러나 복음의 의입니다. 즉, 하나님께서 복음을 통해 우리에게 주신 것이니 그리스도의 피로 얻어진 죄용서입니다.[39]

여기서 피스카토르는 복음의 의와 율법의 의를 구분한다. 율법의 의는 율법 완수를 통한 의라고 정의할 뿐 아니라, 그리스도를 통해서도 신자들에게 적용되지 않는다. 베자와 피스카토르 두 신학자 모두 인간이 자신의 공로에 의하여 의롭게 될 수 있

---

38 De Campos, *Johannes Piscator*, 173.

39 "In 35 igitur epistola 'Quid vanius est, inquis, quam justum arbitrari qui Legem non impleverit?' At, inquam, justicia Evangelii a justicia Legis, prudenter discemenda est, Justicia qua nos justi censemur a Deo ac proinde ab eodem justificamur seu absolvimur, non est justicia Legis, neque enim Deus ideo nos justificat, quod Legem vel ipsi nos impleverimus, vel Christus pro nobis impleverit. Sed est justicia Evangelii, id est quam Deus nobis per Evangelium donat, nempe remissio peccatorum sanguine Christi parta." Piscator, "Examen sententiae Domini Theodori Bezae, De justificatione Hominis coram Deo, quae habetur in annotatione ad Rom. 8, v. 2," [이 평가에서 피스카토르는 성경주석만이 아니라 베자의 출판된 편지를 부록으로 다룬다], 59-60.

다는 것을 거절하며, 그리스도를 믿는 믿음을 통해 은혜로 의롭게 된다는 것에 동의한다. 다만, 그리스도께서 우리를 위해 율법을 완수하셨기 때문에 약속된 생명이 주어지는가라는 점에서 베자는 인정하나 피스카토르는 반대하는 것이다. 즉, 피스카토르에게 율법 완수를 통하여 영생을 얻는 길이 우리 자신에 의해서든 우리를 대신한 그리스도에 의해서든 더 이상 유효하지 않다. 반면, 베자에게는 율법 완수에 따르는 생명 약속이 여전히 유효하나 오직 믿음을 통해 그리스도 안에 있는 자들에게만 이 생명이 주어지되 그 근거는 그리스도께서 완수하신 율법이다. 복음의 의의 반대말로서 율법의 의를 생각한다면, 피스카토르에게 율법의 의는 율법 완수를 통하여 의롭게 되거나 영생을 얻는 그 길 자체이며 그리스도 안에서도 더 이상 유효하지 않다면, 베자에게는 그리스도 밖에서 자기 공로로 도달하려고 할 때에 율법의 의가 될 것이다.

율법과 관련한 문제 중 하나는 영생이 어떻게 주어지는가이다. 베자가 율법에 대한 그리스도의 능동적 순종의 전가를 주장했던 근거는 율법이 순종을 요구하며 그에 대한 상급으로 영생을 약속하기 때문이었다. 피스카토르에게 그리스도의 능동적 순종의 전가가 필요없는 이유는 율법 순종의 의가 없는 사실을 죄문제, 즉 행하지 않은 죄문제로 환원시키고 수동적 순종의 전가에 의한 죄용서로 해결되었다고 보았기 때문이다. 그에게 죄를 사함받은 상태는 율법을 따라 행하지 않은 것이 없는 상태다. 피스카토르는 율법을 따라 행하지 않은 것이 없는 것을 율법을 완수한 것으로 보아서 영생이 주어진다고 보았다.[40] 여기에 덧붙여 피스카토르는 영생을 상급이 아닌 상속으로 보았다. "우리는 율법 성취나 율법을 행한 순종에 근거하여 하나님께 생명을 청하지 않고 그리스도께서 우리를 위해 자기 죽음으로 얻으신

---

40 De Campos, *Johannes Piscator*, 141.

칼 빈 주 의
뿌 리 내 리 다

양자됨에 근거하여 청한다."[41] 즉, 신자는 그리스도의 죽음에 의해서 죄를 용서받을 뿐 아니라 아브라함의 후손에게 주어지는 약속의 복을 얻게 된다는 것이다. 피스카토르는 갈라디아서 3:18 "만일 그 유업이 율법에서 난 것이면 약속에서 난 것이 아니리라 그러나 하나님이 약속으로 말미암아 아브라함에게 주신 것이라"에 근거하여, 영생이 율법에 의한 상급이 아니라 약속에 의한 상속이라고 주장한다.[42]

피스카토르에 의하면 율법 순종에 의해 상급으로 주어지는 영생에 이르는 길은 사람들에게 닫혀있을 뿐 아니라 그리스도 안에 있는 신자에게도 닫혀져 있다. 왜냐하면, 율법 순종으로 주어지는 생명 약속 자체가 더 이상 유효하지 않기 때문이다. 피스카토르에게 그것은 율법이지 복음이 아니기 때문이다. 즉, 하나님께서 복음의 길을 택하셨기 때문에, 즉 자녀에게 생명을 주는 길을 택하셨기 때문에, 율법의 길, 즉 율법 성취에 의해 생명을 얻어 우리에게 주는 것 자체가 그리스도에 의해서도 닫혀있다는 말이다.[43] 이렇게 피스카토르는 율법 순종의 상급으로서 영생이 주어지는 방식 자체(그리스도에 의한 것일지라도)가 율법이지 복음이 아니라고 생각했던 것이다.

따라서 인간이 자신의 힘으로 율법을 지켜서 구원을 얻느냐에 있어서 베자와 피스카토르 두 신학자 모두 부인하며, 예수 그리스도를 믿는 믿음을 통해 은혜로 구원을 얻음에 대하여 동의한다. 다른 점은 율법 순종을 통해 영생을 얻는 일 자체가 무효화 되었다는 것이 피스카토르의 견해라면, 베자의 견해에 따르면 율법의 요구는 계속되며 그리스도의 능동적 순종이 신자에게 전가되어 신자 자신의 공로가

---

41 "Vitam igitur petimus a Deo non jure impletae Legis seu obedientiae Legi praestitae sed jure adoptionis, quam Christus sua morte nobis peperit…" Piscator, "Examen sententiae Domini Theodori Bezae," 59.

42 Piscator, "Examen sententiae Domini Theodori Bezae," 60.

43 De Campos, *Johannes Piscator*, 174.

아닌 그리스도의 공로로 영생을 얻는다. 피스카토르에게 현재 율법은 단지 정죄의 기능만을 갖게 되며, 순종에 대해 상급으로서 영생은 그리스도 안에 있는 신자들에게도 닫혀있게 됨으로써 '영원한 율법과 약속'은 약화되었다. 개혁신학 주류는 '영원한 율법과 약속'의 지속성을 강조했으며, 율법에 대한 완전한 순종 요구와 죄인에 대한 형벌 요구가 우리를 대신한 중보자에 의하여 성취되는 것이 복음이라 생각했다.[44]

3) 바젤의 개혁신학자: 아만두스 폴라누스(Amandus Polanus, 1561-1610)

1580년대 후반 논쟁 초기부터 스위스 신학자들은 피스카토르에 반대해 능동적 순종의 전가를 변증했다. 대표적으로 바젤 신학자들을 예로 들 수 있다. 하이델베르크에서 가르치다가 1586년 바젤로 돌아간 요한 야콥 그리네우스(Johann Jakob Grynaeus, 1540-1617)는 1588년 학교에서 행한 토론수업(*Disputatio*)을 출판했다. 《우리 주 예수 그리스도의 순종 전체의 완전한 전가에 대한 정리》란 제목의 이 논제는 피스카토르 주장에 대한 분명한 반대였다.[45] 인쇄물로서 피스카토를 비판한 그리네우스의 주장의 목적은, "예수 그리스도께서 우리 때문에 아버지 앞에 성취하신 능동적 순종과 수동적 순종이 의롭다하시는 분이신 하나님 아버지에 의해서 그를 믿는 우리에게 전가된다는 것을 보여주는 것"이다.[46] 여기서 쟁점은 능동적 순종이 우리에게 전가되는가이다. 그리네우스는 아들이 우리 때문에 성취하려고 하신 모

---

44 De Campos, *Johannes Piscator*, 251-58.

45 Jakob Grynaeus, *Theorema de perfecta totius obedientiae Domini nostri Iesu Christi imputatione* (Basel, 1588).

46 "Tam activam quam etiam passivam Christi Iesu obedientiam, quam is Patri nostra causa praestitit, nobis qui in eundem credimus, a Deo Patre iustificatore imputari" Grynaeus, *Theorema*, B2.

칼 빈 주 의
뿌 리 내 리 다

든 것을 아버지께서 우리에게 전가하지 않는 것은 이상하다고 생각한다. 우리의 구원을 위하여 그리스도의 능동적 순종도 전가되어야 한다고 결론을 내린다.[47]

그리네우스의 이 인쇄물은 그동안 개인 간에 서신으로 논의되던 주제가 공적으로 출판된 첫 번째 경우로 보인다. 바젤의 신학자들은 피스카토르 주장의 문제점을 이후로도 계속 지적했으며 결국 1613년 피스카토르를 비판하는 책《세 명의 바젤 신학자의 논의: 우리 구주 예수 그리스도의 완전한 순종의 전가에 대하여》를 출판하게 된다.[48]

바젤에서 우리가 주목할 신학자는 폴라누스다. 왜냐하면, 폴라누스는 이미 1590년에 자신의 조직신학 교과서《신학해설》(*Partitiones Theologicae*)에 그리스도의 능동적 순종에 대한 내용을 포함했기 때문이다.[49] 이 책에서 능동적 순종이란 논제가 신학 전체 구성의 한 부분으로 다루어진다.

그는《신학해설》의 기독론 부분에서 능동적 순종에 관한 내용을 언급한다. 그리스도의 비하는 성육신과 순종으로 이루어져 있다. 그리스도의 순종은 그리스도의 의라고도 불리며, 그리스도는 모든 부분에서 아버지께 순종하셨다. 그리고 "그리스도의 순종에 두 부분이 있다. 율법에 대한 완수와 우리 죄를 위해 형벌을 치루심이다."[50] 그리스도의 순종을 두 부분으로 구분하고, 이것을 율법에 대한 두 가지 면의 성취로 바라보았다. 여기서 폴라누스는 그리스도의 수동적 의와 능동적 의를

---

47 Grynaeus, *Theorema*, [VIII. Conclusio].

48 Johann Jakob Grynaeus & Amandus Polanus von Polansdorf & Ludwig Lucius, *Triga Basileensium Theologorum. Hoc est: Disputatio Tripartita, Johan. Jacobi Grynaei, Amandi Polani, Ludowici Lucii: De Perfectae Obedientiae Servatoris nostri Jesu Christi imputatione* (Ambergae, 1613).

49 Amandus Polanus, Partitiones Theologicae (Basel: Conrad Waldkirche, 1590). 이 초판이 영어로 번역되었다. *The Substance of Christian Religion* (London: R. F., 1595). 1599년 개정판은 1600년에 번역된다.

50 "Obedientiae Christi partes duae sunt: Impletio Legis & persolutio poenae pro nostris peccatis." Polanus, *Partitiones Theologicae*[1590], 62.

다음과 같이 구분한다.

> 율법에 대한 완수는 그리스도의 순종의 첫 번째 부분인데, 이것으로 우리 때문에 전 생애로 하나님의 율법에 대한 완전한 순종을 성취하셨다. 또한 이것은 그리스도의 의로 불리거나 그리스도의 거룩한 생애의 순종이라 불린다.
>
> 우리의 죄를 위한 형벌을 치루심은 그리스도의 순종의 다른 부분이다. 우리에게 마땅했던 형벌을 우리를 위해 감당하신 것이다. 우리를 위해 하나님의 가장 엄하신 의를 만족시키시기 위하여, 그렇게 우리는 더 이상 그 형벌을 감당해야할 의무가 없게 되었다. 그리스도께서 우리를 대신해 그 값을 치루셨기 때문이다. 이것은 그리스도의 수동적 의라 불린다. 또는 고난과 죽음의 순종이라 불린다.[51]

폴라누스는 그리스도의 이 고난을 생애 마지막으로 제한하지 않는다. 이 고난은 그리스도의 나심부터 마지막까지 죄를 향한 하나님의 진노를 그의 몸과 영혼에 당하신 것을 말한다. 폴라누스는 그리스도의 순종을 율법에 연결시켰고, 그리스도의 능동적 의와 수동적 의라는 용어를 사용했다.

칭의론에서도 능동적 순종에 관한 내용이 등장한다. 칭의에는 두 부분이 있는데 죄의 용서와 그리스도의 의의 전가이다.[52] 죄의 용서에서는 죄책과 영원한 형벌

---

51 "Legis impletio, est prima obedientiae Christi pars, qua perfectam tota vita legi Dei obedientiam propter nos praestitit. Alias dicitur justitia Christi: item obedientia sanctae vitae christi. Persolutio poenae pro nostris peccatis, est altera pars obedientiae Christi, dum pro nobis sustinuit poenam, quam nos promeriti eramus, ut satisfaceret severissimae justitiae Dei pro nobis, ita ut nos non amplius obligemur ad poenam eam sufferendam, cum Christus eam nostro loco luerit. Alias dicitur justitia Christi passiva: vel obedientia passionis & mortis." Polanus, *Partitiones Theologicae*[1590],62-63.

52 "Eius partes duae sunt, remissio peccatorum & imputatio iustitiae Christi." Polanus, *Partitiones*

이 사해진다. 그리스도께서 이 둘을 다 만족시키셨기 때문이다. 그리스도의 의의 전가는 그리스도의 순종을 우리의 것으로 여겨주시는 것이다.

1590년은 논쟁의 초기라고 할 수 있다. 논쟁이 지속되면서 폴라누스에겐 더 많은 설명이 요구되었다. 1598년 발표된 논제 "하나님 앞에서 값 없는 우리 칭의의 부분들에 대하여"[53]에서 몇 가지 설명을 추가했다. 200쪽이 늘어난《신학해설》 1599년 개정판에 이르면 신학적으로 더욱 일관성을 가진 능동적 순종에 관한 내용을 생각하게 된다. 1599년판에서 그리스도의 능동적 순종에 관한 내용이 풍성한 것은 이 논쟁이 얼마나 치열한 신학적 사색을 요구했는지 보여준다. 예를 들어, 1590년 초판에서 칭의론은 단지 한 쪽 안에서 간략하게 설명했다면 1599년 판에서는 30쪽 넘게 할애한다. 30쪽에 대한 설명 중 그리스도의 능동적 순종에 관한 변증이 가장 많은 부분을 차지한다.

1599년판에서 눈에 띄는 것은 그리스도의 비하를 보는 방식이다. 1590년 판에서 성육신과 순종으로 구분하고, 이 순종을 율법의 성취와 형벌을 치루심으로 구분했다면, 1599년판에서는 비하(*humiliatio*)를 성육신(*incarnatio*)과 율법의 성취(*legis impletio*)로 구분하고, 율법에 대한 성취를 '율법의 명령에 대한 완전한 준수'(*perfecta praeceptorum Legis observatio*)와 '율법의 경고로 인한 우리 죄에 마땅한 형벌을 받음'(*poenae peccatis nostris ex Legis comminatione debitae exsolutio*)으로 구분한다.[54] 1590년에 사용했던 생애의 순종이나 죽음의 순종이란 용어를 사용하지 않는다. 능동적/수동적이란 용어도 피하면서 율법과 관련한 용어를 사용하여서 그리스도의 순종이 모두 율법에 대한 성취로 표현된다. 1590년과 1599년의 용어 사용의 변화는 폴

Theologicae[1590], 84.

53 Amandus Polanus, *De Partibus Gratuitae Iustificationis nostrae coram Deo* (Basel: Typis Conrad Waldkirch, 1598).

54 Polanus, *Partitiones Theologicae* (Basel: Conrad Waldkirche, 1599), 103.

라누스의 능동적 순종 이해의 발전을 보여준다.

1590년 판의 비하 구성

비하 (humiliatio)	성육신(incarnatio)	
	순종 (obedientia)	율법에 대한 성취(Impletio Legis) / 그리스도의 능동적 의(iustitia Christi activa) / 거룩한 생애의 순종(obedientia sanctae vitae Christi)
		우리 죄를 위해 형벌을 치루심 (persolutio poenae pro nostris peccatis) 그리스도의 수동적 의(iustitia Christi passiva) / 고난과 죽음의 순종(obedientia passionis & mortis)

1599년 판의 비하 구성

비하 (humiliatio)	성육신(incarnatio)	
	율법의 성취 (Impletio Legis)	율법의 명령에 대한 완전한 준수 (perfecta praeceptorum Legis observatio)
		율법의 경고로 인한 우리 죄에 마땅한 형벌을 받음 (poenae peccatis nostris ex Legis comminatione debitae exsolutio)

구원론의 칭의 부분에서 폴라누스는 죄의 용서만이 아니라 그리스도의 율법 준수가 우리의 의로서 전가되었음을 여러 쪽에 걸쳐 설명한다. 먼저 하나님 앞에서 우리가 의롭다함을 받게 되는 근거인 우리의 의는 우리의 의나 우리의 행위가 아니라 우리를 위해 율법 전체를 만족시키신 그리스도의 순종이다.[55] 그리고 폴라누스

---

55 "Iustitia autem per quam coram Deo iustificamur, est obedientia Iesu Christi, qua is perfectissime toti Legi Dei pro nobis satisfecit" Polanus, *Partitiones Theologicae*[1599], 148.

는 이 의가 율법의 성취라고 말한다. 복음에서 우리 자신에 의해서가 아니라 그리스도에 의해 율법이 성취된다. 그리스도께서 율법을 우리에게 전가하셨고, 바로 이런 의미에서 율법의 마침이 되신다. 복음을 통해 율법이 폐하여지지 않고 오히려 세워진다.[56]

전가된 이 의는 하나밖에 없는데, 두 부분으로 구성된다. '율법의 명령에 대한 가장 완전한 순종'(*perfectissima mandatorum Legis obedientia*)과 '우리 불순종 때문에 자원하여 형벌을 받음'(*voluntaria poena propter nostram inobedientiam persolutio*)이 있다. 즉, 율법 명령에 대한 그리스도의 완전한 순종이 우리에게 전가된 의의 첫 번째 부분이다. 폴라누스는 여기에 율법에 나타난 하나님의 뜻과 일치하는 그리스도의 인성과 행위를 언급한다.[57] 우리 불순종 때문에 자원하여 형벌을 받으심은 우리에게 전가된 의의 두 번째 부분으로서 그리스도의 잉태되심부터 시작하여 비하의 모든 기간에 행하신 것으로 말한다.[58] 폴라누스는 베자의 삼중적 의에서 인성의 거룩과 능동적 순종을 율법 계명에 대한 순종으로 묶음으로써 베자의 의견을 받아들이되 세 부분이 아니라 두 부분의 구성을 만들었다. 수동적 순종의 시기에 관하여 이전 판에서 그리스도의 나심부터 말했다면 여기서 잉태되심부터 말하여 그 시기의 표현에 엄밀성을 추가했다. 이런 부분들이 당시의 논쟁과 신학적 사색의 깊이를 보여 준다.

자원하여 형벌을 받으심만이 아니라 그리스도의 율법 성취 전체가 우리에게 전

7. 구원론

---

56 "Per Evangelium enim Lex non aboletur, sed stabilitur." Polanus, *Partitiones Theologicae*[1599], 148.

57 "Perfectissima ista obedienta mandatorum Legis, est prima iustitiae nobis imputatae pars quae est plenissima & exactissima humanae Christi naturae actionumque illius conformitas cum voluntate Dei in mandatis Legis patefacta." Polanus, *Partitiones Theologicae*[1599],148-149.

58 Polanus, *Partitiones Theologicae*[1599], 150.

가됨에 대하여 여러 쪽에 걸쳐 14가지의 근거를 제시한다.[59] 이 근거들은 주로 율법에 그 초점을 맞춘다. 여기서 우리는 주요 논증 몇 가지만을 간략하게 살펴본다. 첫째, 로마서 5:19를 인용하면서 그리스도의 순종을 통해 우리가 의롭게 되었음을 근거로 삼는다. 폴라누스는 그리스도의 순종의 일부분을 통해서 우리가 의롭게 된 것이 아니라 그리스도의 순종 전체를 통해서 의롭게 되었기 때문에 그리스도 순종에서 일부를 제외할 수 없다고 말한다. 두 번째, 그리스도가 율법의 마침이 되셨는데, 율법의 일부분의 마침이 되신 것이 아니라 전체의 마침이 되셨다. 그리스도가 율법 전체를 완전히 성취하셨기 때문에 그를 믿는 자마다 그 자신이 완전히 율법 전체를 성취한 것처럼 그리스도의 의가 전가된다. 세 번째, 우리를 구원하시기 위해 율법 전체에 복속하셨다. "그리스도가 우리 대신 율법에 복속하셨는데 단지 율법의 한 부분에만 복속하셨다고 누가 말하겠는가?"[60] 네 번째, 그리스도는 율법이 타락 이후 우리에게 요구하는 책임의 일부분만을 갚으신 것이 아니라 전체를 갚으신 것이다. 타락 이후 율법은 우리에게 이중 책임을 요구하여 우리는 불순종에 대한 형벌의 책임만이 아니라 율법 전체에 대한 순종의 책임이 있는데, 그리스도는 이 모두에서 우리를 풀어주셨다.

주목할 부분은 아담과 그리스도를 비교하는 열 번째의 논증이다. "그리스도께서 우리에게 가져오신 그 의는 타락 전 아담보다 더 월등하며 더 완전해야만 한다." 폴라누스는 타락 전 아담이 죄있는 상태가 아니었음을 지적한다. 타락 전 아담은 죄인은 아니지만 그러나 율법이 요구하는 의를 성취한 상태도 아니었다. "왜냐하면 모세는 율법을 성취하는 자가 그것을 통해 살리라고 율법에서 오는 의를 설명하기 때문이다(롬 10:5; 레 18:5; 겔 20:22; 갈 3:12). 그런데 아담은 율법이 요구한 그것을

59 Polanus, *Partitiones Theologicae*[1599], 151-159.

60 "Quis dicat Christum tantum particulae uni Legis factum nostro loco subiectum?" Polanus, *Partitiones Theologicae*[1599], 152.

칼 빈 주 의
뿌 리 내 리 다

성취하지 않았다."⁶¹ 폴라누스는 여기서 타락 전 아담과 신자들의 상태를 비교한다. 만일 형벌을 치루시는 만족만이 하나님 앞에서 우리의 의라면 우리는 더 이상 죄인은 아니지만 타락 전 아담보다 더 나은 상태는 아닐 것이다. 왜냐하면, 의롭게 된 이후에도 우리 안에 여전히 죄가 있지만 타락 전 아담은 죄인도 아니었고 그 안에 죄도 없었기 때문이다. "그러므로 율법 계명에 대한 그리스도의 완전한 일치가 전가를 통해 우리의 것이 되어야 한다. 그렇지 않다면 바르고 온전한 상태의 아담이 그리스도께서 우리에게 가져오신 그 의보다 더 우월하고 완전한 의를 소유했을 것이다."⁶² 이런 설명은 행위언약과 은혜언약의 구도 속에서 아담과 그리스도를 각각의 대표자로 두는 언약신학 구도 속에 능동적 순종의 자리를 위치시키는 구도의 앞선 그림자이다.

아담과 비교하는 방식은 칭의 부분의 설명에서도 계속된다. 하나님 앞에서 우리가 의롭다함을 받을 때 우리의 의에 대한 설명을 마친 후, 두 부분을 갖는 칭의, 즉 죄의 용서와 그리스도의 의의 전가가 분리할 수 없이(individuo) 함께 있는 칭의를 설명한다. 이때 죄의 용서만이 아니라 그리스도의 의의 전가도 포함되어야 하는 13가지 이유를 열거하는데, 두 번째 이유가 타락 전 아담과의 비교다.

칭의를 통해 우리는 영생의 권리도 얻어야 한다. … 죄로부터 해방에 더하여 율법이 요구하는 불변하며 영원한 의를 갖지 못한 자는 영생의 권리를 갖지 못한다. 마치 타락 전 아담은 확실히 죄가 없었고 아직 죄도 짓지 않았고 나아가 죄

---

61 "Moses enim describit iustitiam quae est ex Lege, quod qui praestiterit ea vivet per illa. Rom.10.5. Levit.18.5. Ezech.20.11. Gal.3.12. Atqui Adamus non praestitit ea quae Lex requirit." Polanus, *Partitiones Theologicae*[1599], 157.

62 "Ergo aut oportet conformitatem Christi cum praeceptis Legis, per imputationem fieri nostram, aut Adamus in statu integritatis meliorem & perfectiorem habuit iustitiam, quam est iustitia illa qaum Christus nobis adduxit." Polanus, *Partitiones Theologicae*[1599], 158.

인이 아니었던 것과 같다. 그런데 영생을 위한 권리를 갖지 못하였으니 율법이 약속한 생명을 위한 의를 갖지 못했기 때문이다. 그래서 죄의 용서가 우리에게 주어질 뿐 아니라 그리스도의 영원하고 불변하는 의가 우리에게 전가되고 선물로 주어지는 것이 필요하다.[63]

폴라누스의 이런 설명은 율법과 복음의 대조와 연결된다. 폴라누스는 하나님의 율법에 대하여 이렇게 가르친다.

하나님의 율법은 우리가 행해야 하고 하지 않을 것을 명령하신 교리인데, 하나님께 대하여 내적으로나 외적으로나 완전한 순종을 요구하고, 이것을 행하는 자들에게 영생을 약속하나 한 부분이라도 그것을 깨는 자들에게는 영벌을 경고한다.[64]

그러나 완전한 성취란 조건 위에서 약속된 영생은 죄로 인해 부패한 사람에 의해서는 성취될 수가 없다. 그래서 그리스도에게로 피해야 한다. 그리스도에 의해 은혜로 다시 받아들여져 의롭다함을 얻고 이 동일한 약속을 얻을 수 있다. 복음은 믿는

---

63 "... quia per iustificatioenm consequimur ius vitae aeternae. ... Atqui ius vitae aeternae non habet, qui praeter immunitatem a peccato, non habet iustitiam immutabilem & seimpiternam, quam Lex requirit: velut Adamus ante lapsum nullum quidem peccatum habebat vel fecerat, ac proinde peccator non erat: nec tamen habebat ius vitae aeternae, quia non habebat iustitiam propter quam Lex vitam pollicetur. Ita necesse est. nobis non dari tantum remissionem peecatorum, sed etiam sempiternam atque immutabilem iustitiam Christi imputari ac donari." Polanus, *Partitiones Theologicae*[1599], 167.

64 "Lex Dei, est doctrina quae praecipit quid nobis sit agendum vel omittendum, requirens perfectam erga Deum obedientiam internam & externam, & hanc praestantibus vitam aeternam promittens: ulla vero ex parte eam violantibus comminans aeternas poenas." Polanus, *Partitiones Theologicae*[1590], 47.

자들에게 죄 용서와 영생을 약속한다.[65] 이렇게 율법과 복음의 구도 안에서 동일한 약속이 그리스도로 인하여 주어진다.

나아가 폴라누스의 독특성은 행위언약과 은혜언약에 영생의 약속을 연결시켰다는 데에 있다. 폴라누스는 은혜언약만이 아니라 행위언약도 영원한 언약이라 칭한다.[66] "행위언약은 영생에 관하여 하나님이 인간과 맺으신 계약인데, 여기에 인간에 의해 성취되는 완전한 순종의 조건이 연결되어 있고, 완전한 순종을 성취하지 못했을 때 영원한 죽음의 경고가 연결되어 있다."[67] 폴라누스는 행위언약이 반복해서 인간에게 주어졌다고 한다. 하나님께서 행위언약을 반복해서 인간에게 주신 이유는 인간들로 하여금 순종하게 하시려는 것이고, 그들이 순종하지 못하기 때문에 온 세상이 하나님의 심판 아래 있게 하시려는 것이며, 죄와 악함을 보여주시려는 것이고, 우리가 은혜 언약 안에서 회복되기를 구하게 하려 하심이다.[68] 그리하여 택함 받은 이들은 은혜언약을 통해서 약속을 받는다. "은혜 언약은 유일하신 중보자의 죽음을 통해 택함 받은 이들이 하나님과 화목하는 것이다."[69] 이렇게 행위언약 안에 약속된 생명이 은혜언약 안에서 성취된다. 그러나 아직 후대의 방식대로 행위언약과 은혜언약의 구도 속에서 능동적 순종의 자리가 연결고리로 뚜렷하게 드러

65 Polanus, *Partitiones Theologicae*[1590], 77.

66 Polanus, *Partitiones Theologicae*[1590], 79.

67 "Foedus operum, est pactum Dei cum homine initum de aeterna vita, cui annexa est tum conditio perfectae obedientiae ab homine praestandae: tum comminatio mortis aeternae, si non praestiterit obedientiam perfectam." Polanus, *Partitiones Theologicae*[1590], 79.

68 "Repetitio foederis operum a Deo facta est. Prima, est ut Deus homines omnibus rationibus excitaret ad obedientiam praestandam. Altera, ut omne os obturetur & obnoxius fiat totus mundus condemnationi Dei propter non praestitam perfectam obedientiam. Tertia, ut peccatum eiusque malitiam patefaceret. Quarta, ut nos ad instaurationem in foedere gratuito quaerendam impelleret." Polanus, *Partitiones Theologicae*[1590], 79-80.

69 "Foedus gratiae, est reconciliatio electorum cum Deo per mortem unici Mediatoris." Polanus, *Partitiones Theologicae*[1590], 80.

7. 구원론

나지 않는다. 그럼에도 이 책의 다른 곳에서 율법이 약속한 생명이 예수 그리스도의 능동적 순종을 통해서 성취됨에 대하여 말하고 있는 것을 볼 때에 후대의 언약 신학 구도의 분명한 선구자였다.

나가며

베자는 그리스도의 능동적 순종의 전가에 관해 아주 분명하게 진술하고 설명했고, 피스카토르는 베자의 견해에 반대하며 그리스도의 수동적 순종의 전가가 우리 칭의의 유일한 공로적 원인이라고 주장했다. 우리가 살핀대로 피스카토르는 죄의 용서로 칭의를 생각했으며, 따라서 그리스도의 능동적 순종의 전가는 칭의의 공로적 원인으로 생각하지 않았다. 피스카토르는 칭의 전체 원인에서 그리스도의 능동적 순종을 배제하지 않으나 간접적 원인으로서만 인정한다. 죄에 대한 형벌의 요구와 완전한 순종 요구라는 율법의 두 가지 요구를 베자는 영속적인 것으로 이해했으며 그리스도 안에 있는 신자들에게 적용된다고 생각했으나, 피스카토르는 율법에 대한 완전한 순종에 대한 상급으로 영생을 얻는 일은 그리스도 안에서도 더 이상 유효하지 않다고 생각했다. 피스카토르는 처음에 능동적 순종을 생애의 순종, 수동적 순종을 죽음의 순종이라 명명하여 베자에 대한 온전한 이해를 드러내지 못했다는 점도 우리는 보았다. 베자는 그리스도의 십자가를 빼고서는 능동적 순종을 설명할 수 없었다. 그리스도의 십자가는 율법의 요구인 하나님과 이웃에 대한 가장 완전한 사랑이 드러나는 현장이기 때문이다. 우리 죄를 대신하여 형벌을 받으신 그 순종이 전가되며, 나아가 우리의 죄를 용서하시기 위해 우리를 대신하여 저주를 받으신 그리스도의 완전한 사랑하심 곧 율법에 대한 완전한 성취도 그리스도 안에 있는 우리에게 전가된다는 점이 능동적 순종의 전가 교리가 우리에게 주는 위로다.

　폴라누스의 예에서 보듯이 베자와 피스카토르의 논쟁은 개혁신학자들의 교의학에 영향을 주었다. 논쟁 초기에 나온 《신학해설》의 1590년판의 용어 사용과 1599년판의 용어 사용은 차이가 있다. 이것은 논쟁이 진행되며 용어와 개념들이 정리되는 시기였음을 보여준다. 폴라누스는 피스카토르가 선호했던 '거룩한 생애의 순종'과 '고난과 죽음의 순종'이란 구분은 더는 사용하지 않으며, 오히려 그 의미를 밝히는 방식으로 '율법의 명령에 대한 완전한 준수'와 '율법의 경고로 인한 우리 죄에 마땅한 형벌'의 구분으로 대체했다. 그리고 이 둘을 그리스도의 율법 성취로 규정한다. 1599년판에서 능동적 순종의 전가에 대한 변증이 방대하게 추가되었음도 논쟁의 시기를 겪는 폴라누스의 모습을 보여준다. 이 변증에서 그리스도께서 우리에게 주시려는 구원은 타락전 아담과 같이 단순히 죄없는 모습보다 훨씬 우월함을 강조한다. 덧붙여 폴라누스는 행위언약과 은혜언약에 영생의 약속을 연결한다. 이후 오게 될 개혁파 정통주의 언약신학의 구도의 틀 안에 그리스도의 능동적 순종이 연결고리로 자리하는 일은 이제 자연스런 결과이다.

피스카토르의 13 논제
13 Theses, in Bos,
Johannes Piscator, 242-244

1) 복음의 교사들이 동의하는 바는, 사람은 그리스도를 믿음으로 의롭게 된다는 것이다. (이것은 하나님에 의해 의롭게 여겨진다는 것을 의미하며 죄가 지워졌다는 것을 의미한다). 즉, 믿음을 통해 그에게 선물로 주어지고 전가된 그리스도의 의 때문이다. 더 분명히 말하자면, 믿음을 통해 의를 위하여 사람에게 전가된 그리스도의 순종 때문이다.

2) 그들은 이점에서 생각이 다른데, 곧 어떤 이들은 의를 위하여 신자들에게 전가되는 그리스도의 순종이 그리스도의 고난과 죽음의 순종이 적절하다고 생각하는 반면, 다른 이들은 그리스도의 전체 순종이 의를 위하여 신자들에게 전가된다고 생각하는데, 그래서 그리스도의 거룩한 생애의 순종, 나아

1) Consentiunt Evangelii Doctores, hominem justificari (i. pro iusto a Deo censeri, et a peccatis suis absolvi) fide in Christum, i. propter justiciam Christi, ei donatam atque imputatam per fidem: seu, ut clarius dicam, propter obedientiam Christi, imputatam homini ad justiciam per fidem.

2) Dissentiunt vero in eo, quod alii statuunt, obedientiam Christi, quae credentibus ad justiciam imputatur, esse proprie obedientiam passionis et mortis Christi. Alii vero putant, totam Christi obedientiam credentibus ad justiciam imputari, ac proinde etiam obedientiam sanctae vitae Christi,

칼빈주의
뿌리내리다

가 그리스도의 성육신과 거룩한 잉태의 순종도 생각한다.

3) 저들의 첫 번째 생각이 참되고, 단순하고, 성경에 일치한다고 나는 판단하며, 후자에 반대한다.

4) 첫째 생각을 위한 여러 증거가 가져와질 수 있는데, 특히 이 두 구절이 가장 분명하다. 하나는 요한일서 1:7의 그리스도의 피가 우리를 모든 죄에서 깨끗하게 하실 것이다라는 것이다. 둘째는 히 9:22의 피흘림이 없은즉 죄 용서가 없다는 것이다. 이것들로 두번째 생각은 충분히 논박될 수 있다.

5) 따라서 하나님 앞에서 우리가 의지하는 의를 그리스도의 유일한 제사에서 찾지 않는 자들은, 다양한 종류의 질병에 다양한 종류의 치료제가 적용

imo etiam obedientiam incarnationis et sanctae conceptionis Christi.

3) Priorem illorum sententiam equidem veram, simplicem, et sacris literis consentaneam statuo: posteriorem contra.

4) Cum plurima pro priore sententia afferri possunt testimonia: tum imprimis haec duo maxime illustria. Unum in 1. epistula Johannis (1. Joh. 1 7): Sanguis Christi purgat nos ab omni peccato. Alterum in epistula ad Hebraeos (Hebr. 9 22): Absque sanguinis effusione nulla sit peccatorum remissio. Quibus iisdem altera sententia abunde potest refutari.

5) Igitur, qui Justiciam, qua coram Deo consistamus, non in unico sacrificio Christi quaerunt: illi diversis peccati speciebus diversas

되어야 하는 것처럼 다양한 종류의 죄에 다양한 종류의 그리스도의 의가 놓여져야 한다고 생각한다. 즉, 원죄에 대하여는 잉태할 때 그에게 주어진 그리스도의 인성의 거룩이, 행하지 않은 죄에 대하여는 하나님이 자기 율법에서 명하신 것마다 성취하신 그리스도의 거룩한 생애가, 범한 죄에 대하여는 그들의 형벌을 갚은 그리스도의 고난과 죽음이 놓여져야 한다고 생각한다.

Justiciae Christi species, tanquam diversis morbis, diversa remedia applicanda, atque opponenda censent: nempe peccato originali sanctitatem naturae humanae Christi in conceptione ei inditam: peccatis omissionis, sanctam vitam Christi, qua praestitit, quaecumque Deus in lege sua imperavit: peccatis vero commissionis passionem et mortem Christi, qua poenam eorum persolvit.

6) 그리고 (그들에게 죄송한 말씀이지만) 그들은 우아하게 보이는 논증이나 대비를 가지고 성경의 진리와 단순성으로부터 벗어났다. 왜냐하면, 요한이 증거하듯이 그리스도의 피가 우리를 모든 죄로부터 깨끗하게 한다. 따라서 범한 죄로부터만, 즉 율법이 금한 것을 우리가 행한 죄로부터만 우리를 깨끗하게 하신 것이 아니라 또한 행하지 않은 죄로부터, 즉 하나님이 율법에서 행하라고 명하신 것을 우리가 행하지 않은 죄로부터도 우리를 깨끗하게 하셨

6) At (quod pace illorum dixerim) aberrant illi haec elegantis analogiae seu proportionis specie, a veritate et simplicitate scripturarum. Nam, si sanguis Christi, ut Joannes testatur, nos purgat ab omni peccato: Ergo purgat nos non solum a peccatis commissionis, i. quibus perpetravimus, quae lex vetat: sed etiam a peccatis omissionis, i. quibus omisimus, nec fecimus ea, quae Deus facienda in lege imperat:

다. 또한 다른 모든 죄의 원천인 원죄로부터도 우리를 깨끗하게 하셨다. 바울도 히브리서에서 증거하듯이 피흘림이 없이는 어떤 죄의 용서도 없다. 따라서 원죄든지, 자범죄든지, 저 범한 죄든지, 행하지 않은 죄든지 다 그러하다. 결론적으로 예수 그리스도의 피가 마치 우리 모든 질병을 치료하기 위한 만병통치약과 같다."

루터가 자신의 노래 "그리스도 우리 주께서 요르단에 오셨다"에서 이렇게 말한 것과 같다.

세례는 신자들 앞에서 붉은 홍수이다.
　그리스도의 피로 물들여진 [홍수].
　이것이 모든 상처를 치유한다.
　아담에게서 물려받은 [상처]를.
　우리 스스로 범한 [상처]를.

7) … 왜냐하면, 그리스도의 거룩한 생애는 하나님께서 행하라고 명하신 것을 행함에 있을 뿐 아니라 금하신 것을 행하지 않음에도 있기 때문이다. 그리스도의 거룩한 생애가 의를 위하여 우리에게 행하지 않은 죄에 관련해서 전

imo etiam a peccato originali, quod caeterorum omnium scaturigo est. Item, si absque sanguinis effusione nulla sit peccatorum remissio, ut Paulus testatur ad Hebraeos: ergo nec originalis peceati, nee actualium, sive ilia sint commissionis, sive omissionis. Denique sanguis Jesu Christi esse velut panaces ad sanandum omnes nostros morbos.

Lutherus in fine cantilenae suae "Christ unser Herr zum Jordan kam", ait:Tauff sey vor den Glauben ein rote fluttChristi Blutt geferbet:allen schaden heilen thuttAdam her geerbet, von uns selbst begangen

7) Quid quod ista applicatio huilca est? Nam sancta vita Christi consistit non solum in faciendis iis, quae facere Deus iussit: sed etiam in omittendis iis, quae vetuit. Quare si sancta vita Christi nobis ad justiciam

가된다. 같은 이유로 범한죄에 관련해서도 전가될 것이다.

8) 그러면 무엇인가? 어떤 이가 말한다. "그러므로 당신은 그리스도의 본성의 거룩과 그리스도의 생애의 거룩을 우리의 칭의에서 배제하는가?" 나는 답한다: (말했듯이) 특정 종류의 죄를 대응하는 부분으로서 배제한다. 그런데 나는 그것들을 원인들로서는 배제하지 않는데, 즉 그것들 없이는 그리스도의 고난과 죽음이 의를 위하여 우리에게 전가될 수 없었다. 더 정확히 말한다면, 이 원인들 너머 훨씬 깊이 들어갈 수 있는데, 곧 그리스도의 신적 본성의 거룩함까지 말할 수 있다.

9) 왜냐하면, 그리스도의 피가 충분히 가치 있도록 그것이 하나님의 아들의 피가 되어야만 했기 때문이다. 이것은 하나님이 자기 피로 교회를 사셨다는 사도행전 20장의 바울의 말에서 이해될 수 있는 것과 같다. 또 희생은 거룩

imputatur respectu peccatorum omissionis: pari ratione imputabitur respectu peccatorum commissionis.

8) Quid ergo? inquiet aliquis: Tunc igitur sanctitatem naturae Christi, itemque sanctitatem vitae Christi ajustificatione nostri excludis? Respondeo: Excludo ut partes certis peccati speciebus (ut dictum est) oppositas. At non excludo, ut causas, sine quibus passio et mors Christi non potuisset nobis ad justiciam imputari. Imo praeter illas causas adhuc sublimiorem regresso, usque sanctitatem naturae divinae Christi.

9) Nam ut sanguis Christi esset satis preciosus: oportuit eum esse sanguinem filii Dei: ut intelligitur ex verbis Pauli Act. 20, ubi ait: Deum acquisivisse sibi Ecclesiam proprio sanguine. Item ut victima esset sancta

하고 하나님께서 기쁘게 받으실만하기 위해서 그리스도의 인간 본성은 거룩하여야만 했다. 이것은 우리가 흠 없고 점 없는 어린양 같은 그리스도의 보배로운 피로 대속 받았다는 베드로전서 1:18-19의 베드로의 말로 이해될 수 있는 것과 같다. 그 외에 우리 대제사장이 하나님께 나아가서 기쁘게 받음직하기 위하여 그의 생애가 거룩해야만 했다. 왜냐하면, 바울이 히브리인들에게 증거하듯이 이러한 대제사장이 우리에게 합당하기 때문이다(히 7:26).

10) 제시된 견해를 논박하기 위해서 저 두개의 성경구절 외에도 다음의 논리들이 힘이 있다. 원죄의 용서를 위해 그리스도의 인성의 성결이 우리에게 전가된다면, 또 우리가 행하지 않은 죄의 용서를 위해 그리스도의 생애의 성결이 전가된다면, 또한 그 결과로서 또한 범한 죄의 [용서를 위해 그리스도의 생애의 성결이 전가된다면], 따라서 범한 죄의 용서를 우리에게 얻어 주시기

Deoque placens, oportuit humanam naturam Christi esse sanctam: ut intelligitur ex verbis Petri, ubi ait (1. Petro 1 18,19): Nos esse redemtos precioso sanguine Christi, tanquam agni immaculati et incontaminati. Praeterea ut summus noster sacerdos aditum ad Deum haberet, eique placere posset: oportuit vitam ejus esse sanctam: Talis enim nos decebat Pontifex ut Paulus ad Hebraeos testatur(Hebr. 7 26).

10) Caeterum ad opinionem propositam refutandam praeter duo illa scripturae dicta, etiam hae rationes valent. Si imputatur nobis sanetitas naturae humanae Christi ad remissionem peecati originalis: itemque sanetitas vitae Christi ad remissionem peccattorum omissionis: et ex consequenti etiam peccatorum comissionis: ergo nihil opus fuit

위해서 그리스도가 죽을 필요는 없었다. 또한 그리스도가 우리를 위해 죽으실 필요가 있었다고 성경이 풍부하게 증거한다. 그다음 만일 하나님이 우리에게 그리스도의 인성과 생애의 거룩을 전가하신다면, 원죄를 치우기 위해 전자[인성의 거룩]를 자범죄를 지우기 위해 후자[생애의 거룩]를 [전가하신다면], (그가 이미 우리를 위해 치루셨는데) 그리스도를 우리 죄 때문에 죽음으로 처형하셨기 때문에 부당하다. 덧붙여 만일 그리스도가 우리를 위해 거룩하게 사셨다면, 결과로서 우리가 거룩하게 살 필요가 없다. 마치 그리스도가 우리를 위해 영원한 죽음을 맛보았기 때문에 결과로서 우리가 영원한 죽음을 맛볼 필요가 없는 것과 같다. 참으로 그리스도는 자신이 아니라 우리 때문에 거룩하게 사셨으니 확실히 그가 거룩한 제사장과 우리를 위한 거룩한 제물이 되실 수 있기 위함이었다. 그러나 우리를 위하여 곧 우리를 대신해서 거룩하게 사신 것이 아니니 우리가 거룩하게 산 것 처럼 그의 거룩한 생애가 우리

Christum mori ad remissionem peecatorum commisionis nobis impetrandum. At Christus pro nobis mori opus fuisse, scriptura abunde testatur. Deinde si Deus imputaret nobis sanctitatem naturae humanae et vitae Christi, illam ad tollendum peceatum originali, hane ad tollendum peccata actualia: injustus fuisset, cum Christum propter nostra peccata (quippe pro nobis is jam persolverat) mulctavit morte. Praeterea si Christus pro nobis sancte vixit: sequitur nobis non esse sancte vivendum. Sicut sequitur, nobis non esse mortem aeternum gustandum: qua Christus eam pro nobis gustavit. Vixit quidem Christus sancte non tam sua quam nostra causa; ut nimirum possit esse sanctus sacerdos et sancta victima pro nobis: At non vixit sancte pro nobis , i. Loco nostro, ita, ut sancta eius vita nobis imputatur, quasi nos ita sancte vixissemus.

에게 전가되게 하시려고 하신 것이 아니다.

11) 갈라디아서 2:21에서 바울이, 율법을 통해 의가 있다면 그리스도가 헛되이 죽으셨다고 말한다. 이 말들로 사도는 가르치니, 곧 그의 죽음으로 의가 우리에게 있도록 하기 위해서 그리스도가 죽으셨다. 그렇게 다니엘이 9장에서 말한다: 메시아를 통해서 (같은 장에 있는 바처럼 …) 영원한 의가 들어온다. 사도의 말들에서 두 사실이 결론된다. 1) 그리스도의 죽음 때문에 믿음으로 말미암아 우리에게 전가된 의는 죄의 용서와 같다. 성경 여러 곳에서 그리스도의 죽음으로 이것이 얻어진다고 증거한다. 2) 그리스도의 죽음으로 말미암아 우리가 의를 얻는다면 따라서 율법의 순종을 성취하신 그리스도의 생애로 말미암아서는 아니다. 왜냐하면 후자를 통해 성취된다면 전자를 통해 얻을 필요도 없을 뿐 아니라 그것은 부당하다.

11) Gal. 2 21 ait Paulus: si per legem est iustitia, Christus frustra mortuus est. His verbis docet Apostolus: Christum ideo mortuum esse, ut ex ipsius morte sit Iusticia nempe nobis. Sicut etiam Daniel cap. 9 loquitur: Per Messiam (nempe quatenus excindendus erat, ut eodem capite habetur) adducendam esse iusticiam sempiternam. Ut Porro ex verbis Apostoli duo colligo: 1. Iusticiam, quae nobis propter mortem Christi imputatur per fidem, idem esse cum remissione peccatorum: hanc enim morte Christi partam esse, scriptura passim testatur. 2. Si nobis parta est iustitia per mortem Christi: non igitur per vitam Christi, qua is obedientiam legi praestitit: Nam si per hanc parta fuisset: per illam acquiri non solum non fuisset opus, sed etiam iniustum.

12) 성경 어디에서도 그리스도의 의가 우리에게 전가된다고 말하지 않지만, 옳은 방식으로 이해될 때 이렇게 말해질 수 있다. 그리하여 저 말들의 의미가 우리에게 전가된 의에 관하여 성경에서 주어지는 것들과 일치하게 된다. 확실히 이렇게 이해될 때에, 그리스도의 죽음으로 얻어진 의가 우리에게 전가되어진다는 것, 이것은 죄의 용서 외에 다른 것이 아니다. 생각들이 함께 잘 어울려 분명하게 말하는 그것이다(롬 4:5,6,7) 그렇게 바울에게서 이 두가지 구문이 같은 수준의 힘을 갖는다: 의롭게 된다는 것과 의가 전가된다는 것(롬 4: 2-3). 그렇게 그리스도께서 동일한 의미로 이 둘을 받아들이신다: 하나님께서 죄인에게 호의가 있으시다(그의 죄를 용서하신다는 것외에 다른 것이 아니다) 그리고 죄인을 의롭다하신다(눅 18:13-14). 그렇게 바울의 진술(행 13:39-39) 안에서는 죄가 용서받는 것과 의롭게 되는 것 이 두가지가 동일하게 받아들여진다.

12) Etsi scriptum nusquam dicit, imputari nobis justiciam Christi: tamen id dici potest, dum modo recte intelligatur, i. ita ut sensus verborum istorum consentaneus sit iis, quae de Justicia nobis imputata in scriptura donantur: nempe si intelligatur, imputari nobis justiciam morte Christi partam, quae nihil aliud est, quam peccatorum remissio, id quod manifeste liquet ex cohaerentia sententiarum, Rom. 4 v. 5,6,7 … Sic aequipollent apud Paulum hae duae phrases: Justificari et Justiciam imputari eodem capite 4. ad. Rom. V. 2 et 3. Sic Christus pro aequipollentibus accipit haec duo: Deum peccatori esse propitium (quod nihil aliud eset, quam remittere ei peccata) et peccatorem justificare Luc. 18 v. 13 et 14. Sic pro aequipollentibus accipiuntur haec duo: Remitti peccata et Justificari in oratione Pauli Act. 13 v. 38, 39.

13) 누군가 신자들은 그들에게 전가된 그리스도의 죽음으로 말미암아 죽음과 저주로부터 자유롭게 되었다고 또 그리스도 안에서 거룩한 삶으로 율법을 성취하지 않는다면, 나아가 그리스도의 거룩한 생애로 생명으로 결과되는 전가되는 것 없이는 생명과 축복이 그들에게 당연하지 않다고 말한다면 나는 대답한다. 우리는 그리스도의 죽음을 통해서 저주로부터 자유롭게 될 뿐 아니라, 역시 동일한 그리스도의 죽음을 통해서 결과적으로 복을 받는다. 사도가 갈 3:13-14와 히 9:15에서 말하는 바와 같다.

13) Quod si quis dicat, fideles esse quidem liberatos a morte et maledictione per morte[m] Christi ipsis imputatam; at non deberi eis vitam et benedictionem, nisi in Christo legem impleverint sancte vivendo, ac proinde nisi sancta Christi vita ipsis ad vitam consequendam imputetur : Respondeo: nos per mortem Christi non solum liberatos a maledictione, sed etiam per eandem consecutos benedictionem, id quod expresse testatur Apostolus Gal. 3. V. 13. 14. Item Hebr. 9. V. 15.

8장

교회론

장로회정치체제의 정착과
교회법의 형성

들어가며

장로회 정치를 위한 교회법의 진술은 칼빈의 제네바 교회규정(1541/42)에서 처음 구체적으로 발견된다. 여기서 교수(박사), 목사, 장로, 집사로 구성되는 직분론을 말한다. 그리고 1559년 프랑스 개혁교회의 첫 총회가 국가적인 장로회 총회 체제를 처음 구상한다. 이런 장로회 정치가 칼빈의 초안에 기초를 둔 프랑스신앙고백서 29-32항에 나타난다. 프랑스 신앙고백서의 영향을 받았던 벨직신앙고백서(1561)에도 장로회의 치리와 직분론이 나타난다. 칼빈이 작성한 제네바의 교회규정이 한 도시를 위한 것이었다면, 이제 프랑스에서 개혁교회가 여러 지역을 포괄하는 한 나라에 형성될 때 거기에 맞는 체계를 갖추게 된다. 이후 개혁교회는 세 단계에서 네 단계의 교회회의 체제를 도입한다.

그래서 주로 피택에 의해 구성되는 지역교회 조직으로서 현재 우리 나라 장로회 헌법의 '당회'에 해당되는 조직이 Consistoire (프랑스에서), Kirk Session (스코틀랜드에서), Keerkenraad (네덜란드에서), Presbyterium (독일에서) 이라고 불렸다. 그리고 '노회'에 해당되는 다음단계의 조직이 Classes (독일, 네덜란드), Colloque (프랑스), Presbytery (스코틀랜드)이다.[1] 세 번째 단계의 회의는 대개 '지역회'(Provincial synode)

---

1 스코틀랜드 교회의 장로회 체제의 정착에 관하여는 다음을 보라: 이승구, "스코틀랜드 교회의 〈제2치리서〉(1578)에 나타난 장로교회의 모습", 《노르마 노르마타-16, 17세기 개혁신학과 신앙》, 김병훈 편, (수원: 합신대학원출판부, 2015), 449-478.

이고, 네번째 단계는 '국가총회'(National synode)가 된다.

16세기로 돌아가면, 회의체제의 정착과 관련한 중요한 몇 가지 문제가 있다. 먼저, 교회가 국가와 어떤 관계를 맺어야 하는지의 문제가 있다. 즉, 교회는 국가로부터 독립해서 치리할 수 있는가? 또 만일 교회가 국가로부터 독립하여 치리한다면 교회의 정치는 누가, 어떻게 운영하는가? 그리고 신성로마제국의 경우 아우크스부르크 협정이 의미하듯이 제후의 종교가 그의 통치 지역의 종교가 되는 방식이라면, 제후의 통치 지역을 넘어선 범지역적인 장로회 회의 정치가 가능한가?

이 문제의 이해를 위해서 카스파르 올레비아누스(Caspar Olevianus)는 가장 흥미롭고 적당한 인물이다. 그는 법학으로 박사학위를 받은 법 전문가이며, 교회법을 작성할 때 칼빈에게서 직접적인 영향 받았다. 나아가 그는 하이델베르크에서 에라스투스(17세기 중반 웨스트민스터 회의를 통해 에라스투스주의로 유명해진 바로 그 개념의 기원인 인물이다)와 교회 정치에 관한 논쟁을 했다. 올레비아누스는 독일에서 제후의 영토를 넘어선 첫 범지역적인 장로회 총회가 세워질 때 주도적인 역할을 했다. 올레비아누스의 여정을 통해서 칼빈주의의 중요한 특징으로서 장로회 정치 체제의 정착을 이해할 수 있을 것이다.

1. 장로회 정치 시도

1) 하이델베르크로 온 올레비아누스

올레비아누스는 1536년 독일 트리어에서 태어나 고등교육을 위해 파리를 거쳐 법학으로 당시 최고의 학교라고 할 수 있는 오를레앙과 부르주에서 공부했다.[2] 1557년 시민법으로 법학 박사학위를 받았다. 그러나 그의 평생의 헌신은 법학이 아니라 신학에 있었다. 이는 그가 유학 중 생사의 갈림길에서 극적인 경험을 했기 때문이다. 강물에 빠진 지인들을 구하기 위해서 물에 뛰어들었으나 자신이 익사의 위험에 처했고, 그 때 자신이 살아나게 된다면 복음전도자로 헌신해 고향에서 복음을 전하겠다고 서원했었다. 기도 후에 그는 한 종에 의해 강 밖으로 끌려 나오게 되었고 이후 종교개혁가들의 글, 특히 칼빈의 글을 읽으며 자신의 서원을 잊지 않았다. 그 후 제네바로 가서 칼빈에게서 직접 배웠다. 이렇게 해서 법학자요 신학자로서의 길을 가게 된다. 법과 신학 둘 다 공부한 이력을 가진 올레비아누스는 독일 개혁교회법의 발전에 지대한 공헌을 끼치게 되었다.

그가 하이델베르크에서 활동하기 전, 서원한대로 1559년 고향 트리어에서 종교개혁 활동을 했었다. 대학 강당을 얻어 라틴어로 가르치다가 독일어로 설교를 한 지 한 달도 되기 전에 트리어는 종교개혁의 휩쓸려 갈 것처럼 보였다. 도시의 절반이, 어쩌면 도시의 삼분의 이가 올레비아누스를 지지했다. 그러나 그의 활동은 석달이 되지 못해 실패했다. 트리어의 주교가 선제후의 권세를 가지고 무력으로 도시를 통제하면서 오히려 올레비아누스는 붙잡히게 되고 생명의 위험에 처했던 것이다. 이 때 팔츠의 선제후 프리드리히 3세가 올레비아누스를 구하기 위한 정치 외교 노력에 앞장섰다. 프리드리히 3세의 도움으로 올레비아누스는 석방되고 추방되어 하이델베르크로 왔다.

올레비아누스는 1559년 12월 말쯤 하이델베르크에 도착했다. 이때는 루터주의와 개혁주의의 성만찬 논쟁이 한차례 크게 지나간 뒤였다. 1559년 2월 오트하인

---

2 올레비아누스의 생애에 대해선 다음을 참고하라: 이남규,《우르시누스, 올레비아누스 - 하이델베르크 요리문답서의 두 거장》 (서울: 익투스, 2017). Karl Sudhoff, *C. Olevianus und Z. Ursinus, Leben und Ausgewählte Schriften* (Elberfeld, 1857); Karl Müller, "Caspar Olevian - Reformator aus Leidenschaft. Zum 400. Todestag am 15. März 1987," *Monatshefte für Evangelishce Kirchengeschichte des Rheinlandes* 37 & 38 (1988 & 1989): 13-138; Andreas Mühling, *Caspar Olevian* (Zug: Achius Verlag, 2008).

리히의 죽음으로 그 뒤를 이어 선제후의 일을 시작한 프리드리히 3세는 소위 제2 성만찬 논쟁으로 일컬어지는 루터주의와 개혁주의의 성만찬 논쟁을 정리해야 했다. 양편에서 과격한 자들을 내쫓으면서 중립적인 모양새를 취했으나, 멜란히톤의 평가서를 받아 그것을 잣대로 사용하면서 실제로는 개혁주의자들 편에 유리하게 되었다. 올레비아누스가 하이델베르크에서 공식적 활동을 시작하는 1560년 초에는 하이델베르크 대학 신학부에 루터주의자들은 없었다. 신학부에는 칼빈주의자들인 부캥과 트레멜리우스가 있었고, 의학부에는 교수와 교회위원회(Kirchenrat) 위원으로 활동하던 츠빙글리주의자 에라스투스가 있었다.

프리드리히 3세는 하이델베르크의 개혁주의자들과 1560년 6월 딸의 결혼식을 맞아 방문한 루터주의자들 사이의 토론 후에 분명한 개혁주의의 노선을 따랐다. 노선이 결정되자 팔츠를 위한 새로운 요리문답서와 교회법이 필요했다. 이 두 문서는 그 목표에 있어서 공통점을 갖는다. 틀림과 다름을 제거하고, 바름과 같음을 추구하는 것이다. 《하이델베르크 요리문답서》 서문에서 프리드리히 3세는 청소년들이 처음부터 "순수한 같은 형식의 교리로"(zu reiner / auch gleichförmiger lehr) 배워야 한다고, 또 요리문답서를 통해서 "오류와 불일치"(unrichtigkeit und ungleichheit)를 없애야 한다고 말한다. 요리문답서가 지향하게 될 두 방향은 '바름'(Richtigkeit)과 '같음'(Gleichheit)이다. 마찬가지로 《팔츠 교회법》도 이 두 방향이 목적이다. 실제로 교회법의 서문은 하이델베르크 요리문답서 초판 서문에서 말했던 필요성과 목적을 요약한 후 교회법에도 똑같은 필요성과 목적이 있다고 말한다. 예식과, 성례의 집례와 다른 실천들에서 똑같이 '바름'(richtigkeyt)과 '같음'(gleichförmigkeyt)이 요구된다.[3] 팔츠교회는 요리문답서와 교회법을 통해서 바름과 같음을 추구하면서 개혁주의의 길을 걸어갔다.

---

3 *Sehling KO* 14, 335.

이 일에 우르시누스와 올레비아누스가 중요한 역할을 했다. 우르시누스는 특히 하이델베르크 요리문답서의 작성에, 올레비아누스는 교회법의 작성에 힘을 썼다. 하이델베르크 요리문답은 공식적으로는 위원회의 것이지만, 우르시누스가 남긴 글들 중 108문답으로 이루어진 소요리문답이 하이델베르크 요리문답과 유사하여서, 우르시누스가 핵심적인 역할을 했다는 것을 추측해 볼 수 있다. 1563년의 교회법의 작성에는 올레비아누스가 핵심적인 역할을 했다는 것이 남겨진 편지들을 통해서 발견된다. 그는 팔츠 교회법의 주저자이거나 저자, 또는 공동저자, 적어도 핵심적인 부분들의 대부분을 작성했을 것이다.[4] 《하이델베르크 요리문답서》와 《팔츠 교회법》은 함께 간다. 《하이델베르크 요리문답서》가 가르치는 내용이 교회법의 실행을 통해 교회 안에서 실천되는 것이 프리드리히 3세의 의도였다.[5] 이 두 문서를 통해 팔츠에서 개혁주의는 견고하게 자리잡았다.

2) 올레비아누스와 칼빈[6]

올레비아누스에게 끼친 칼빈의 영향은 그가 복음전도자가 되기로 서원한 때부터 죽을 때까지 상당했다. 1556년 올레비아누스가 법학을 공부하다가 복음을 위해 헌신하기로 결심했을 때 그는 칼빈의 《기독교강요》를 가지고 스스로 공부했다. 그는 1558년 제네바로 가서 칼빈에게서 배웠다. 그 때 칼빈의 제네바 요리문답서를 프랑스어에서 독일어로 번역했다. 제네바를 떠나기 전 동생 안톤을 불러 이제 막 설립된 제네바 아카데미에서 공부하도록 했을 정도로 그에게 제네바의 영향은 컸

---

4 Müller, "Caspar Olevian," 37.

5 Müller, "Caspar Olevian," 38.

6 이 주제에 대한 더 많은 논의는 졸저의 다음을 참고하라: "팔츠의 교회법에 끼친 칼빈의 영향" 〈칼빈연구〉 제10집 (2013): 145-171.

다. 트리어의 종교개혁이 암초를 만나 하이델베르크로 가서, 1561년부터 교의학 교수로 활동했을 때, 올레비아누스는 자신이 요약한 칼빈의 《기독교강요》를 사용했다고 한다.[7] 그의 마지막 사역지인 헤르보른(Herborn)에서 칼빈의 책을 출판했다. 1587년 자신의 죽음을 앞에 두고 마지막에 한 일이 칼빈의 글을 소개하는 일이었다. 《칼빈의 기독교 강요의 요약》(1586),[8] 《칼빈의 설교 네편》(1586),[9] 《칼빈의 욥기 설교》(1587)가 그것이다.[10] 올레비아누스는 자신의 신학 여정을 칼빈으로 시작해서 칼빈으로 마친 것이다.

칼빈은 신성로마제국의 유력한 지역인 팔츠의 종교개혁 소식을 여러 경로를 통해 알고 있었다. 다테누스가 1560년 9월 칼빈에게 보낸 편지를 예로 들 수 있다. 다테누스는 팔츠의 상황을 정리해서 칼빈에게 보고했다. 즉, 팔츠가 개혁주의 노선을 걷게 된 것을 알리며 루터주의자들의 행위와 프리드리히 3세가 루터주의자들을 내보낸 것을 보고했다.[11] 퀴에르케타누스(Quercetanus)도 팔츠의 상황을 칼빈에게 알려주었다. 1562년 1월 16일에 보낸 편지를 보면, 팔츠의 종교개혁의 구체적인 상황들, 즉 선제후의 굳은 확신, 빵을 떼는 성만찬의 집례(하이델베르크에서 1561년 12월 7일부터 행해졌다), 그 때까지 아직 예배당에 있었던 우상들의 철거 등을 보고했다. 올레비아누스가 교회 권징에 대해 프리드리히 3세를 강하게 설득했다는 것도 덧붙

---

7 Karl Müller, "Caspar Olevian," 28. 그러나 하이델베르크의 공식적 교의학 교재는 멜란히톤의 *Loci*였다는 것을 생각할 때, 멜란히톤의 책과 칼빈의 책을 함께 사용했을 것이라고 추측할 수 있다.

8 *INSTITVTIONIS CHRISTIANAE RELIGIONIS Epitome: EX INSTITVTIONE Iohannis Caluini excerpta, authoris methodo et verbis retentis. Cum Praefatione Gasparis Oleuiani, ad Theodorum Bezam, in qua editionis consilium exponitur.* (Herborn: Christoph Corvinus,1586).

9 *Vier Predigten H. Johann Caluini, deren drey vber den englischen Gruss handlen von göttlicher Verheissung vnd Allmacht* (Herborn: Christoff Raben, 1586).

10 *Predigten H. Iohannis Calvini vber das Buch Job:wie dieselbe auss seinem Mund durch Befelch eines ehrsamen Rahts zu Genff seind verzeichnet worden* (Herborn: Christoff Raben, 1586).

11 *CO* 18, 187-190.

여 알렸다.[12] 이런 사실들을 여러 경로를 통해 알게 된 칼빈은 참된 종교에 대한 열정을 보인 프리드리히 3세에게 예레미야 주석을 헌정하고 바른 성만찬교리를 다시 설명했다.[13]

올레비아누스가 교회법에 대해 칼빈에게 여러 조언을 구한 것은 당연한 일이었다. 올레비아누스의 편지를 통해 그가 《팔츠 교회법》 작성에 크게 관여했다는 사실과 《팔츠 교회법》에 칼빈과 《제네바 교회법》이 큰 영향을 끼쳤다는 사실을 알게 된다. 우리는 가장 먼저 1560년 4월에 올레비아누스가 칼빈에게 보낸 편지를 만나게 되는데, 여기서 올레비아누스는 제네바 교회의 치리회 규정을 보내달라고 요청한다. 덧붙이기를 팔츠 교회위원회 몇 사람과 함께 살펴볼 것이라고 한다. 이렇게 올레비아누스가 하이델베르크에 온 지 몇 달 되지 않은 때(그는 1559년 12월 말쯤 하이델베르크로 왔다)에 이미 교회법에 관심을 갖고 있었고, 뿐만 아니라 팔츠 교회도 교회법 작성에 대해 이미 1560년 초 부터 관심을 갖고 있었다.

1560년 9월 올레비아누스가 다시 같은 부탁(제네바의 치리회 규정)을 하는 것을 볼 때, 4월의 부탁이 칼빈에게 전달되지 않았던지 아니면 칼빈이 어떤 이유로 보내지 않았던지, 어떤 이유로든 제네바 치리회 규정이 올레비아누스 손에 아직 들어오지 않은 것처럼 보인다. 이 편지에서 올레비아누스는 제네바의 환자심방의 방식, 개인에 대한 심사방식 등 《제네바 교회법》의 규정과 형식을 청하면서, 프리드리히 3세와 팔츠 교회위원회가 교회 권징에 대해 적극적이다고 밝힌다. 그해 11월에 칼빈은 답장하면서, 제네바에서 목사들을 세울 때 성경해석 능력의 검증 후에 중요한 교리들에 대한 시험을 치루고 설교를 해보게 한 후 비밀투표로 검증된 자들을 하나

---

12 "... nuper adeo nempe 7 Decembris fractio panis sacri recepta in usu coenae est, et expurgatae reliquiae idololatriae a templis: ad disciplinam instituendam vehementer ab Oleviano impellitur." *CO* 19, 258.

13 Calvin, *Ioannis Calvini prælectiones: in librvm prophetiarvm Jeremiæ, et Lamentationes* (Geneva: Io. Crispinum, 1563), ii.

님과 교회 앞에 천거한다는 사실을 알린다. 유아세례에 대해서는 집회 때에 세례를 베풀며, 아이의 아버지가 참석하고, 성만찬에는 신앙고백과 함께 나와야 하고, 일 년에 네 번 심사한다는 사실, 그 외 교회생활과 권징 등에 대해서도 말해준다.[14]

1562년 9월 24일 올레비아누스가 칼빈에게 보낸 편지에서 올레비아누스의 교 회 권징의 필요성에 대한 확신을 알 수 있다. 프리드리히 3세는 교회 권징에 대해 적극적일 뿐 아니라, 교회 권징의 필요성을 이해하고 있다.[15] 올레비아누스는 자신 이 선제후를 설득해서 얻어낸 결과라고 밝힌다. 나아가 교회 권징에 대한 팔츠교회 지도자들의 다양한 입장을 언급한다. 딜러(Diller)는 권징에 대해 소극적이나 호의 적이고, 출레거(Zuleger)는 적극적이다. 그러나 에라스투스는 여기에 대해 아주 부 정적이다.[16] 여기서 드러나는 입장 차이는 다가올 팔츠교회의 길며 격렬했던 교회 권징 논쟁의 그림자다. 10월 27일 칼빈이 보낸 편지를 보면, 선제후 위원회에서 두 명, 대학이 두 명, 시에서 네 명, 그리고 목사들이 함께하는 권징을 위한 조직을 조 심스럽게 제안하는데, 그 목적은 다양한 부분들이 하나를 이루는 것이었다.[17] 칼빈 이 하나가 되는 것을 원했지만 팔츠는 교회 권징에 대한 견해 차이로 격렬한 논쟁 을 치르게 된다.

1563년 4월 올레비아누스는 다시 칼빈에게 편지를 보냈다. 이 편지는《제네바 교회법》이《팔츠 교회법》에 큰 영향을 끼치는 상황을 보여준다. 올레비아누스는 《제네바 교회법》이 독일어로 번역된다고 칼빈에게 보고한다. "당신의 요리문답이 며칠 안에 나보다 언어 능력이 뛰어난 자카리아스 우르시누스에 의해 잘 번역된 독 일어로 나오게 됩니다. 거기다 성례의 실행방식과 기도 등이 추가됩니다. 모든 것

---

14 *CO* 18, 235-237.

15 "Princeps animo est propenso et necessitatem disciplinae constituendae intelligit ..." *CO* 19, 538.

16 *CO* 19, 539.

17 *CO* 19, 564.

이 신실하게 고려되어서, 독일 사람들이 읽는 것을 거절하지 않도록 당신의 이름과 당신들의 도시는 언급되지 않습니다. 대신 우리는 이 제목을 사용했습니다. 곧 프랑스 개혁교회 전체에서 행해지는 방식: 성찬의 실행, 혼인, 기도, 요리문답 등. 요리문답의 명칭: 프랑스 교회의 요리문답."[18] 실제로 《제네바 교회법》은 하이델베르크에서 "프랑스 개신교회 법"이란 제목으로 출판되었다. 그 내용은 공동기도, 성례의 실행, 혼인예식, 환자방문, 기독교요리문답이다.[19] 프랑스라는 이름을 붙인 이유는 적대적인 자들에게 책이 거부되지 않도록 하기 위해서였을 것이다. 그 번역을 우르시누스에게 돌리고 있지만 올레비아누스에게는 '우리'의 계획이었다. 실제로 1563년 《팔츠 교회법》의 세례, 성만찬, 기도, 혼인예식, 환자방문 등에 대한 규정은 제네바 교회의 영향을 받았다.[20]

3) 올레비아누스와 에라스투스: 교회 권징 논쟁[21]

토마스 에라스투스(Thomas Erastus, 1524-1583)는 에라스투스주의(Erastianism)라는 용어로 더 유명하다. 에라스투스주의란 용어는 대표적인 교회 표준문서를 만들었던 웨스트민스터 총회에서 정치체제 논쟁 때문에 대중화되었다. 이 때 스코틀랜드 장로교주의자들은 자신들의 개혁된 교회를 보호하기 위해서 에라스투스주의와 싸워야 했다. 에라스투스주의를 반대하는 논박으로서 웨스트민스터 회의에 참여했

---

18 *CO* 19, 685.

19 *Ordnung der evangelischen Kirchen in frankrich / so gehalten wird / im Gemeinen Gebet / Reichung der Sacrament / Einsegnen der Ehe / Besuchung der Krancken / und Christlichen Catechismo* (Heidelberg: Johannes Mayer, 1563).

20 J.F. Gerhard Goeters, "Einführung," in *Sehling KO* 14, 45.

21 이 주제에 대한 더 많은 논의는 졸저의 다음을 참고하라: "에라스투스주의의 등장으로서 하이델베르크 권징논쟁" 〈성경신학저널〉 제5권 (2013): 273-291.

던 스코틀랜드교회의 총대인 길레스피의 유명한《아론의 싹 난 지팡이》(*Aarons Rod Blossoming*)가 있다.[22] 길레스피는 이 책에서 상세하게 유대인 공회의 성격을 드러내면서 국가적 성격과 교회적 성격이 구분되어 있음을 상세하고 강력하게 논증하였다. 길레스피는 국가정치와 교회정치는 구분되며 그 직분자도 각기 다른 방식으로 그 일을 한다는 점을 보여준다. 이와 관련한 논쟁이 이미 1560년대에 하이델베르크에서 있었는데, 올레비아누스와 에라스투스가 양편의 대표자였다.

웨스트민스터회의에서 언급되는 에라스투스주의를 떠올리면서 에라스투스를 개혁교회의 적대자로 여기는 일은 오해가 될 것이다. 1524년 9월 7일 스위스 칸톤 아르가우(Aargau)의 바덴(Baden)에서 태어난 에라스투스는 1542년에서 1544년까지 바젤에서, 그후 파두아(Padua)와 볼로그나(Bologna)에서 공부한 후 1552년에는 철학과 의학에서 박사학위를 받았다.[23] 에라스투스와 취리히의 밀접한 관계를 생각할 때, 학창시절 어느 시기엔가 취리히에서 머물면서 취리히의 학자들과 개인적 관계를 맺었을 것이라는 추정도 있다.[24] 1558년 팔츠(Palz)의 선제후 오트하인리히의 부름을 받아 하이델베르크로 와서 의학부의 제2교수로 활동했다. 하이델베르크가 개혁주의의 길로 갈 수 있었던 데에는 에라스투스의 공이 컸다. 에라스투스는 의학부 교수인데도 성만찬 논쟁에 적극적으로 참여했을 뿐 아니라 개혁주의의 입

---

22 George Gillespie, *Aarons Rod Blossoming or The Divine Ordinance of Church-Government vindicated* (London, 1646).

23 그의 생애에 대한 최근의 객관적 기록에 대해서는 다음을 참고하라: Dagmar Drüll, *Heidelberger Gelehrtenlexikon 1386-1651* (Berlin/Heidelberg: Springer, 2002), 141-142; 그 외에 자세한 그의 삶과 신학에 대해서는 다음을 참고하라: Ruth Wesel-Roth, *Thomas Erastus* (Baden: Moritz Schauenburg Lahr, 1994).

24 Robert C. Walton, "Der Streit zwischen Thomas Erastus und Caspar Olevian über die Kirchenzucht in der Kurpfalz in seiner Bedeutung für internationale reformierte Bewegung," *Monatshefte für Evangelische Kirchengeschichte des Rheinlandes* 37/38 (1988/1989): 211; Wesel-Roth, *Thomas Erastus*, 2-5.

장을 효과적으로 변호했다. 그는 하이델베르크에서 1558년부터 1564년까지는 교회위원회 위원으로서 활동하는 등 팔츠 교회의 진로에 큰 영향을 끼쳤다.

위에서 언급한대로 1562년 9월 칼빈에게 보낸 편지에서 올레비아누스는 팔츠 교회에 교회 권징으로 인한 균열이 가시화되었음을 보여주었다. 올레비아누스의 반대편에 있던 에라스투스는 교회 권징에 대해 비판적이었다. 교회 권징에 대해 올레비아누스와 같은 마음이었던 우르시누스가 이즈음 작성한 《신학요목문답》은 교회 권징에 관해 확실히 밝힌다. 320문에서 교회 권징의 필요성을, 321문에서 교회 권징의 방식으로서 장로들을 세워 실행할 것을 말한다. 322문에서 칼빈과 제네바를 따라 교회와 국가의 영역을 분리했다.

322문. 교회 권징이 정치적 관원의 책임과 어떻게 구별되는가?

첫째, 우선적인 차이는 관원은 악한 자들에게 물리력으로 벌을 주며 교정하고, 교회는 다만 말로서 권고하고 교제로부터 제외시킨다. 둘째, 관원은 형벌을 통한 공의의 실행에 만족하고, 교회는 권고 받은 자들의 교정과 구원을 추구한다. 셋째, 관원은 형벌을 주기위해 나아가지만, 교회는 시기적절한 교정을 통해 관원들의 형벌을 피하도록 형제로서 권고한다. 넷째, 관원은 교회를 해치고 교회에 의해 책망 받아야하는 많은 잘못에 대하여는 벌하지 않는다.[25]

다음 해에 나온 《하이델베르크 요리문답서》에서도 같은 방향이 나타난다. 82문에서 고백과 생활에서 불신과 불경건을 나타내는 자들이 성만찬에 참여할 수 있는지

---

25 Zacharias Ursinus, "Die Summa Theologiae Ursins," in *Der Heidelberger Katechismus und vier verewandte Katechismen*, ed. A. Lang (Leipzig: A. Deichert'sche verlagsbuchh. Nachf., 1907), 199.

묻고, 하나님의 언약을 더럽히는 자들이므로 그리스도와 사도들의 명령에 따라서 교회가 열쇠의 직무(*Amt der Schlüssel*)를 통해 그런 자들이 생활을 돌이킬 때까지 성만찬에서 제외되어야 한다고 답한다. 이 열쇠의 직무인 교회 권징을 다루는 83문은, 여러 번 권고에도 생활과 고백을 고치지 않는 자들이 교회 또는 교회에 의해 세워진 자들에게(*der Kirche oder denen, so von der Kirche dazu verordnet sind*) 보고되어야 하고, 같은 권면을 듣지 않으면 성례에 참여하는 것이 금지되어야 한다고 말한다. 83문은 교회에 의해 세워진 자들의 결정을 교회의 결정, 나아가 하나님의 결정과 동일화한다.

올레비아누스는 《팔츠 교회법》 작성에 주된 역할을 했다. 1563년 11월 15일에 반포된 이 《팔츠 교회법》에도 같은 입장이 발견된다. 성만찬 예식서 마지막에 교회 권징에 대해 언급한다. 여기서 성만찬 참여에서 제외시키는 교회 권징의 주체에 대해, 한 명이나 몇 명의 교회사역자나 다른 사람들의 권력 안에(*in eines oder etlichen kirchendiener oder anderer personen macht*) 있는 것이 아니라 한 기독교회 전체(*bey einer gantzen christlichen gemein*)에 있다. 교회사역자들도 교회의 가장 작은 지체로서 그 아래에 있다. 따라서 각 지역에서 형편과 필요에 따라서 자비롭고 하나님을 경외하는 몇 사람이 피택되어야 한다. 그들은 교회사역자와 함께 권징을 행한다. 그래서 회개하지 않는 자들은 교정을 약속하고 보일 때까지 성찬 참여가 금지되고 기독교회로부터 분리된다.[26]

그러나 1564년의 《팔츠 교회위원회규정》(*Kirchenratsordnung*)이 《하이델베르크 요리문답서》와 《팔츠 교회법》의 교회 권징의 입장을 변경한다. 《팔츠 교회위원회 규정》은 교회 권징이 국가권력과 구분된다고 말하고 있지만 그 실천에 있어서는

---

26 "… welche [etliche erbare und gottsförchtige menner] …, so sie sich daran nit keren, mit verbietung der heiligen sacramenten von der christlichen gemein absöndern, biß sie besserung verheissen und erzeigen." *Sehling KO 14*, 388:

칼 빈 주 의
뿌 리 내 리 다

국가권력과 교회권력이 함께 협력하도록 되어 있으며 최종적으로는 국가권력에 귀속되도록 했다. 예를 들어, 만일 자기 직무를 소홀히 하는 관원이 있다면 목사가 경고하고, 이 경고는 상급관청에 보고된다. 하나님을 모독하거나 생활이 악한 교회 회원의 경우, 목사에게 경고를 받을 뿐 아니라 관원에 의해 경찰법(*Polizeiordnung*)에 따라 형벌을 받는다. 그런데도 아무런 소용이 없을 때에는 최고 권력자 선제후의 결정에 맡겨지게 된다. 이 때 교회가 하는 역할이란 선제후의 출교 결정을 설교단에서 선언하는 일이다.[27] 따라서 《팔츠 교회위원회규정》은 실제적인 실행에 있어서 경찰업무가 우위에 있으며, 국가권력이 최종적이며 실제적 결정을 하는 방식이었다. 제네바와 비교하자면 제네바에서는 교회가 시정부와 긴밀한 관계에 있었지만 행정적으로는 독립적으로 치리를 하고 있었다. 따라서 《팔츠 교회위원회규정》에 올레비아누스가 만족하지 못한 것은 당연한 일이었다.

다만 왜 이런 규정을 정하게 되었는지 당시 교회위원회 구성을 생각한다면 이해되지 않는 부분이 있다. 당시 팔츠의 교회위원회(*Kirchenrat*)는 세 명의 비성직자(*weltlichen*) 인사와 세 명의 성직자(*geistlichen*) 인사로, 즉 여섯 명으로 이루어졌다. 세 명의 비성직자 인사에 에라스투스가 있었고, 성직자 인사에 올레비아누스가 속해 있었다. 교회위원회규정 작성에 앞장선 에헴(Ehem)과 출레거(Zuleger)도 교회 권징에 대한 논쟁이 벌어졌을 때 올레비아누스 편에 서는 인물들이다.[28] 모든 면에서 올레비아누스에게 유리한 상황임에도 교회위원회 규정이 올레비아누스가 만족하지 못할 방식으로 작성된 이유에 에라스투스의 강력한 반대만이 아니라, 에라스투스의 반대가 설득력있게 받아들여질 수 있는 당시 상황, 즉 교회가 국가로부터 완전히 독립적인 방식으로 권징을 시행하는 일이 당시 생각으로는 파격적이었다는

---

[27] "Kirchenratsordnung 1564," in *Sehling KO* 14, 421-424.

[28] Volker Press, *Calvinismus und Territorialstaat-Regierung und Zentralbehörden der Kurpfalz 1559-1619* (Stuttgart: Ernst Klett Verlag, 1970), 240.

점을 염두에 두어야 한다. 그 외에 당시 인사들이 이 치리회 규정을 단순히 경찰 규정의 발전으로 보았거나, 아니면 교회 규정에 대한 의견이 위원들 간에 일치하지 않는 상황 가운데 나온 어쩔 수 없는 타협안일 수 있다는 추측이 있다.[29] 올레비아누스는 이 규정의 보안이나 수정을 생각하고 있었을 것이다.

올레비아누스와 에라스투스의 갈등이 폭발한 계기는 1568년 6월 10일에 있었던 공개토론이다. 당시 칼빈주의자 부캥이 좌장이고 답변자는 영국 출신의 조지 위더스(George Withers)였다. 위더스는 국가교회를 반대해 영국을 떠나온 인물이다. 이 공개토론 이후 6월 21일 위더스는 찬키우스와 함께 박사학위를 받았다.[30] 그런데 원래 위더스는 '예복과 의식에 대한 토론'(disputatio de vestimentis ac ritibus)을 주제로 택하려고 했으나 평화를 위해서 다른 주제를 택할 것을 권고받아 변경했는데, 그 중에 교회 권징과 출교의 필요성에 대한 논제가 있었다.[31] 평화를 위해 주제를 바꾸었으나 갈등의 폭발을 불러온 위더스의 논제 중에서 12번째와 13번째만이 알려져 있다.

12. 하나님의 말씀의 신실한 선포와 성례의 합법적인 시행과 치리의 직무가 교회에서 유지되어야만 한다.

13. 그런데 이 직무를 나는 이렇게 말한다. 곧 목사들이 장로회와 함께 죄를 범한 누구라도 (왕들까지도) 고발하고 책망하고 출교하고 교회 권징을 위해 관계된

---

29 Goeters, "Einführung," 49.

30 Gustav Toepke (ed.), *Die Matrikel der Universität Heidelberg von 1554 bis 1662* (Heidelberg, 1886), 601.

31 Burkhard Gotthelf Struve, *Ausführlicher Bericht von der Pfälzischen Kirchen-Historie* (Frankfurt: Johann Bernhard Hartung, 1721), 213.

칼 빈 주 의
뿌 리 내 리 다

다른 것들을 시행할 권한을 가질 뿐 아니라 실행한다.[32]

이 공개토론은 아침에 행해졌는데, 이 토론이 마쳐갈 때 에라스투스가 도착했다. 에라스투스는 이 논제가 자신을 향했다고 생각하고 위더스의 논제에 반대했다. 반대의 내용이 길었으므로, 좌장 부캥은 시간이 다 되었으므로 하루나 이틀이 지난 후에 다시 계속하자고 했다. 올레비아누스가 앞장 선 신학부 교수들과 에라스투스가 앞장 선 다른 학부 교수들과의 논쟁이 본격적으로 시작되었다. 에라스투스는 처음에는 103개의 논제로 자기의 생각을 밝혔고, 다시 이것을 75개의 논제로 정리했다.[33] 이 논제가 이후 에라스투스주의자들의 교과서가 된다.

　주요 논쟁점 중 가장 핵심적인 것은 교회의 치리권이 어디에 귀속되는가 하는 점이다. 이 점이 교회 권징의 문제에 직접적으로 연결된다. 에라스투스는 교회 권징을 행사하는 주체가 교회가 아니라고 생각했다. 그의 생각에, 당시 국가의 모습은 기독공화국(res publica christiana)이므로 교회와 국가는 한 체제 아래에 있다. 이제 문제는 이 체제의 머리가 누가 되는 것인가 하는 점이다. 에라스투스의 생각에 만일 제네바 방식을 따른다면 이 기독국가 체제의 머리는 교회며, 치리를 행사하는 목사와 장로들에게 실질적 권력이 돌아간다. 에라스투스가 생각할 때 이 모습은 바로 교황이 세속권력을 자기 아래에 두는 모습과 차이가 없다. 그 모습은 왜곡된

32　"XII. Sinceram Verbi divini praedicationem, & legitimam Sacramentorum administrationem, oportet in Ecclesia Gubernationis urgere officium. XIII. Officium autem hoc voco, ut Ministri cum Presbuterio quosuis peccantes (etiam Principes) arguendi, increpandi, excommunicandi, reliquaque ad disciplinam Ecclesiasticam pertinentia peragendi facultatem & habeant & exerceant." Struve, *Ausführlicher Bericht von der Pfälzischen Kirchen-Historie*, 213; Zacharias Ursinus, *D. Zachariae Ursini ... opera theologica*, ed., Quirinus Reuter (Heidelberg: Johan Lancellot, 1612), 301.

33　Thomas Erastus, *Explicatio Gravissimae Quaestionis utrum Excommunicatio, quatenus Religionem intelligentes & amplexantes, a Sacramentorum usu, propter admissum facinus arcet; mandato nitatur Divino, an excogitate sit ab hominibus* (Pesclavii, 1589), 1-63.

모습이기 때문에 에라스투스는 기독국가의 머리가 바로 이 국가의 행정부에 돌아가는 것이 맞다고 생각했다. 왜냐하면 기독국가의 교회를 구성하는 회원의 무리와 국가를 구성하는 국민의 무리는 동일하기 때문이다. 이제 에라스투스는 마태복음 18:17의 "교회에 말하라"를 그 무리를 다스리는 자들에게 말하는 의미로 해석한다. 그래서 '교회에 말하라'는 '산헤드린에 말하라'가 된다.[34] 그리고 에라스투스 당대의 의미로 말한다면, '공직자들에게 말하라'이며, 이 때 공직자는 교회가 뽑지 않으므로 최종적으로 '시의회에 말하라'가 된다.[35]

올레비아누스와 신학부 교수들은 산헤드린이 '국가에 속했다'(politicum)는 에라스투스의 의견에 반대했다. "만일 그들의 말도 듣지 않거든 교회에 말하고 교회의 말도 듣지 않거든 이방인과 세리와 같이 여기라"(마 18:17)는 말씀에서, 이방인과 세리와 같이 여기라는 말은 하나님의 나라에서 제외된 사람으로 여기라는 말이다. 여기서 이방인과 세리와 같이 여기는 일은 국가의 일이 아니라 교회의 일이다. 이 말씀에서 세리는 국가의 일을 하는 자로서 공직에 속해있으나 교회의 일원이 아니다.[36]

게다가 에라스투스는 출교에 반대했다. 그의 생각에 출교에 의해서 범죄자가 교회로부터 완전히 배제되기 때문이다. 즉, 범죄자는 하나님의 말씀을 듣고 회개해야 하는데, 그 기회를 박탈하기 때문이다.[37] 에라스투스는 출교가 하나님의 법이 아니라 인간의 발견이라고 주장했다.[38] 그러나 하이델베르크 신학부 교수들은 에라

---

34 Erastus, *Explicatio*, 34-35.

35 "Nostrae autem Ecclesiae non habent potestatem talem senatum eligendi ..." Erastus, *Explicatio*, 35.

36 "Declarare vero aliquem publicanum & alienum a regno Dei , non est magistratus politici, sed ecclesiastici: quia publicanus potest esse membrum civitatis, sed non ecclesiae Christi." Ursinus, *Opera* 1, 302.

37 Erastus, *Explicatio*, 21-24.

칼 빈 주 의
뿌 리 내 리 다

스투스의 의견에 반대했다. 이들에 따르면 출교는 성경에서 지시하는 것이다. 여러 번 거듭된 권고의 말을 듣지 않으면, 교회에 말하고 교회의 말을 듣지 않을 때 이방인과 세리와 같이 여기라(마 18:17)는 말씀은 출교에 대한 말씀이다. 또 이런 자들을 사탄에게 내어주라고 한다(고전 5:5). 훈계를 받도록 후메내오와 알렉산더를 사탄에게 내어준 예가 있다(딤전 1:20)는 것이다.

이 논쟁의 구도 속에서 수적으로만 본다면 올레비아누스와 신학부 교수들은 열세였다. 수적 세력은 에라스투스에게 있었다. 에라스투스는 한 편지에 이렇게 썼다. "그[선제후]는 아들들에게도, 보좌관들에게도(한 사람 에헴을 제외하고는 이들은 모두 계속해서 그에게 반대하고 있습니다), 귀족들에게도, 학자들에게도, 대중들에게도 귀를 기울이지 않습니다."[39] 에라스투스의 편지에 따른다면, 하이델베르크의 여론은 에라스투스 편이었다. 미래권력인 선제후의 아들들, 위에서 아래로 거의 모든 고위관료들, 신학부 교수 3인을 제외한 거의 모든 교수들이 에라스투스 쪽에 있었다. 올레비아누스와 신학부 교수들은 수적으로 열세였으나 가장 중요한 선제후의 마음을 얻고 있었다. 선제후는 이 논쟁이 신학에 관련된 것이란 이유로 신학부 교수 외에는 침묵할 것을 명했다. 이 명령은 암묵적으로는 에라스투스를 향한 명령이었다. 에라스투스는 선제후의 아들들과 귀족들의 지원아래서 논쟁을 이어갔다.

하이델베르크 교회 권징 논쟁의 배후에 제네바와 취리히가 있었다. 하이델베르크 신학부교수들은 직간접적으로 제네바를 경험했고, 제네바 교회가 시의회에게서 독립적으로 교회 권징을 행사하는 일을 목격했다. 교회 권징의 실제적인 실행을

---

38 "… putamus, humanum potius inventum esse Excommunicationem … quam divinam quandam legem." Erastus, *Explicatio*, 25.

39 "… non filios, non consiliarios, qui ei uno excepto Ehemio constanter adversantur omnes, non nobiles, non doctos, non plebejos audit …" Sudhoff, *C. Olevianus und Z. Ursinus*, 344. 이 인용은 Erastus가 Bullinger에게 보낸 편지(1570년 1월 1일) 중 일부이다.

313

통해 제네바는 성도들의 생활의 교정까지 살폈다. 이런 모습은 인상적이어서 신학자들에게 큰 영향을 끼쳤다. 취리히는 에라스투스를 지지했다. 취리히는 츠빙글리 때부터 권징을 성만찬과 연결한 적이 없었다.[40] 불링거는 프리드리히 3세에게 여러 번 편지를 보냈으나 선제후는 답하지 않았다. 오히려 베자의 간접적인 답이 있었다.[41] 올레비아누스와 하이델베르크 신학자들은 제네바를 따라 장로회에 의한 권징을 지지했으며 권징을 성만찬에 연결시켰다.

4) 팔츠교회의 결론

선제후의 마음이 확고했으므로 에라스투스와 불링거의 반대에도 1570년 7월 13일 《교회권징령》이 반포되었다.[42] 이 법에 따르면 교회의 크기에 따라서 인자하고 하나님을 경외하는 얼마의 사람들을, 즉 4명이나 6명이나 8명을 뽑아야 했는데, 경우에 따라서 의회와 법원과 교회에서 뽑도록 했다.[43] 장로가 참여한 회의를 통한 권징의 방식이 어느 정도 실현되었지만 아직 교회가 국가로부터 완전히 독립한 모습을 보여준 것은 아니다. 왜냐하면, 수찬금지나 출교는 이들에게 맡겨진 것이 아니라 선제후 곧 국가권력이 갖도록 되어 있었기 때문이다. 에라스투스의 반대를 아직 완전히 이긴 것은 아니었다.

---

40 Walton, "Der Streit," 226.

41 Walton, "Der Streit," 236.

42 "Edikt über die Einhaltung der Polizeiordnung, die Einrichtung der Kirchendisziplin und der Classicalconvente und die Verbesserung des Almosens vom 13. Juli 1570," in *Sehling KO* 14, 436-441.

43 "... nach gelegenheit deren grösse und menge jedes orst etzliche erbare und gottsfurchtige menner (dern jeder enden nach grösse der communen biß in vier, sechs oder acht oder im fal weniger personen) auß dem rath, gericht, und gemeinden ...," *Sehling KO* 14, 437.

칼 빈 주 의
뿌 리 내 리 다

이 법령은 인접 지역의 8-9개의 목사관구에 있는 목사들이 한 달에 한번 씩 모여 신학적 질문을 살피라고 함으로써 이 모임이 신학 재교육의 역할을 하도록 했다. 또 이 모임에서 목사 개인의 교리와 생활이 점검되도록 했는데, 이것은 제네바교회의 목사회의 영향을 받은 것이다. 목사들이 점검받는 다는 의미에서 시찰회의 성격도 있다. 또 이 모임은 1568년 베젤의 개혁교회 모임 이후 드러나는 구회(또는 노회)(*Klassenkonvente*)와 비슷한 형태이다. 비슷하다고 해도 아직 장로들이 이 모임에 참석하지는 않고 있으므로 개혁교회의 전형적인 노회(*Klassenkonvente*)라고 할 수 없다.[44]

그러나 팔츠교회는 계속해서 발전을 보여준다. 1571년에 《당회의 직무》(*officium presbyterium*)란 규정을 마련했다. 이 규정에 따르면, 매주 오후 예배 후에 당회가 모이며, 교회가 잘 세워지도록 회의를 하고, 매 회의 때 회의록이 작성되며, 다음 회에 다시 읽혀지도록 했다. 게다가 교회 권징에 대해서도 당회가 주도적으로 실행하도록 되어 있다.[45]

같은 해에 쓰여진 소위 하이델베르크 대학의 목사와 신학자들의 보고에는 장로회 정치체제의 모습이 많이 나타난다.[46] '당회 - 목사들의 4주에 1회 모임 - 직무모임(*Amptsversamlung*) - 총회'라는 4단계의 회의가 있어서 개혁교회의 체제, 즉 당회(*Presbyterie*) - 구회(노회)(*Klassenkonvente*) - 지역회(*Provinzialsynode*) - 총회(Generalsynode)의 체제와 유사하다. 그러나 아직 팔츠에는 관이 주도하는 교회위원회(*Kirechenrat*)가 팔츠교회의 중심에 있었음을 부인할 수는 없다. 교회와 목사들의 문제가 해결되지 않으면 여전히 공국의 기관이라 할 수 있는 교회위원회의 도움을

44 Paul Münch, *Zucht und Ordnung* (Stuttgart: Klett-Cotta, 1978), 106.

45 *Sehling KO* 14, 448-450.

46 *Sehling KO* 14, 450-455.

받아야 했다. 다른 지역의 개혁교회가 팔츠교회와 논의할 때 교회위원회와 논의해야 했으며, 지역회의 성격을 갖는 직무모임도 비록 회의는 회의 중 선출되는 의장이 이끌지라도 회의의 주선자는 공식적으로 선제후가 임명하는 감독(Superintendent)이었다. 선제후령 팔츠지역의 교회는 두 체제, 즉 교회 자체 내의 회의체제와 공식적으로는 관이 주도하는 체제가 함께 하는 방식이었다.[47]

따라서 규정들에 나타난 장로회의 정치적 모습을 보면서 "선제후령 팔츠의 장로회 체제의 최종적 승리"라는 평가를 받기도 하지만,[48] 전체적인 모습을 생각할 때는 완전히 독립적인 교회 정치의 모습은 아니다. 따라서 팔츠교회의 모습은 비록 여러 단계의 장로회 회의체제를 보여줄지라도 최종적 장로회 회의 체제의 승리가 아니며 이 교회 정치가 국가로부터 독립적이고 고유적으로 실현될 수 없다는 평가를 받는다.[49] 장로회 회의체제의 최종적 승리라고 규정하는 고터스도 당시의 다른 문서들을 예로 들며 팔츠에서 위의 규정들이 그대로 실현되지 않았다고 평가한다.[50]

올레비아누스와 에라스투스의 논쟁은 계속되었다. 그런데 에라스투스를 지지하던 이들 중 몇몇이 삼위일체 이설에 빠졌다. 에라스투스의 적극 지지자였던 아담 노이저(Adam Neuser)와 몇몇 인물들이 아리안주의에 빠져들어 유니테리언인 것이 드러났다. 팔츠는 '칼빈주의'라는 이단을 들여왔으며 이제 삼위일체를 부정한다는 모함을 받을 상황이었다. 1575년 4월 에라스투스도 자신이 아리안주의라는 모함을 받자 대학과 선제후 앞에서 자신을 변호해야만 했다.[51] 에라스투스와 그를 지

---

47 Press, *Calvinismus und Territorialstaat*, 123.

48 Goeters, "Einführung," 56.

49 Münch, *Zucht und Ordnung*, 107.

50 Goeters, "Einführung," 56.

51 Drüll, *Heidelberger Gelehrtenlexikon* 141.

칼 빈 주 의
뿌 리 내 리 다

지하던 그룹이 어느 정도 힘을 잃었다. 그런데 1576년 프리드리히 3세가 죽으면서 하이델베르크의 개혁교회는 이에 관한 모든 논쟁과 발전을 그칠 수 밖에 없었다.

5) 팔츠의 교회법 변천 과정의 의미

올레비아누스가 하이델베르크로 간 이후 팔츠교회는 교회정치에 있어서 큰 변화를 겪는다. 가장 먼저 장로를 뽑아 교회 권징에 참여하게 하는 것이다. 또 장로회의 회의체제의 성격을 점점 도입하고 있었다. 그러나 교회가 세속권력으로부터 완전한 독립을 이루지는 못한 체제였다. 이 점은 올레비아누스에게 발전시켜야 할 과제로 남았다. 에라스투스가 이끄는 많은 반대자들과 싸우면서 올레비아누스는 장로회 정치 체제를 하나씩 도입하며 발전시키는 중이었다.

칼빈주의 장로회 정치체제의 관점에서 팔츠 교회법의 변천 과정이 어떤 의미를 갖는지 평가하기 위해 먼저 장로회 정치 체제의 중요한 세가지 특징을 생각해야 한다.

첫째, 목사가 아닌 비성직자 신자들 중에서 장로를 뽑아 교회 권징에 참여하게 하는 것이다. 이 면에서 팔츠는 성공한 것이다.

둘째, 여러 단계의 회의정치 체제를 갖추는 것이다. 팔츠는 장로들이 참여하지 못하는 모임이 있다는 면에서 어느 정도만 성공한 것이다.

셋째, 이 모든 일에 있어서 교회가 국가권력으로부터 완전히 독립적으로 실행해야 한다는 것이다. 여기에서 팔츠는 아직 더 나아가야 했다.

따라서 팔츠의 모습은 올레비아누스의 입장에서 미완성이었을 것이다. 프리드리히 3세의 후임 선제후 루드비히 6세가 루터주의를 실행하면서 이에 대한 모든 논의와 발전은 그쳤다. 올레비아누스의 장로회 정치를 위한 여정은 계속되어 헤르보른에서 교회의 독립성이 보장되는 장로회 정치 체제를 출발시키는데 주도적으로 기여한다.

2. 독일에서 장로회 정치체제의 정착

1) 헤르보른

1576년 10월에 있었던 프리드리히 3세의 죽음은 독일 개혁교회에는 고통스런 일이었다. 그의 죽음 후 아들 루드비히 6세가 아버지를 이어 팔츠지역의 통치자가 되었으나 그는 강한 루터주의자였다. 프리드리히 3세가 죽어가면서 아들을 만나기 원했지만 루드비히는 거절했다. 왜냐하면, 아버지의 육성으로 전해질 개혁교회를 위한 유언을 듣고 싶지 않았기 때문이다. 프리드리히 3세는 그 사실을 잘 알고 있었다. 그래서 아들이 아니라 손자에게 기대를 걸고 있었다.[52]

프리드리히 3세가 죽은 이후 보름 되던 11월 11일에 장례식이 있었다. 그리고 11월 17일 올레비아누스는 모든 직임을 잃는다. 올레비아누스가 늑대들이 와서 양들을 잡아 먹을 것이라고 했다는 말이 루드비히의 귀에 들렸기 때문이다. 루드비히는 올레비아누스에게서 모든 직분을 빼앗았을 뿐 아니라, 말하고 가르치고 쓰는 일을 금지했고 자택감금을 시켰다.

다음해 올레비아누스는 베를레부르크(Berleburg)에 정착했다. 중간의 정확한 경로는 불확실하다. 하이델베르크에서 쫓겨난 많은 교수들과 학생들이 루드비히 6세의 형 카시미르가 다스리던 지역인 노이슈타트(Neustadt)에 자리를 잡았지만 올레비아누스는 노이슈타트로 가지 않았다. 왜냐하면 하이델베르크의 권징논쟁 중에 서

---

52 A. Kluckhohn, *Briefe Friedrich des Frommen ...* Vol. II (Braunschweig, 1872), 1027.

로 간의 감정의 골이 깊게 파였기 때문이다. 1576년 말 하이델베르크를 떠난 올레비아누스는 그 후 네덜란드를 방문한 것 같고, 2월엔 프랑켄탈에 나타난다. 올레비아누스는 흐로닝엔(Groningen)과 도르트레히트(Dordrecht)의 부름을 받았지만, 하이델베르크에서 최고시종장(Großhofmeister, 1574-1577)으로 있었던 루드비히 폰 비트겐슈타인(Ludwig von Wittgenstein)을 따라 베를레부르크(Berleburg)로 갔다.

올레비아누스는 베를레부르크에서도 개혁자이자 교육자로 활동했다. 가장 먼저 한 일은 공작의 자녀들을 가르치는 일이었다. 그는 목사요 궁중설교가요 라틴어 학교의 교장으로 봉사했다. 1577년에는 교회에서 학교를 시작했다. 베를레부르크는 비트겐슈타인 지역의 중심이었다. 비트겐슈타인은 작은 지역이었는데, 올레비아누스는 이 지역의 개혁을 이끈다. 1577년《하이델베르크 요리문답서》와《팔츠 교회법》이 실행되었다. 이곳 성만찬 예식에서 빵이 떼어지는 방식으로 처음 진행된 것이 1578년 부활절이었다. 올레비아누스가 개혁의 속도를 어느 정도 조절하면서 실행했던 것으로 보인다.

올레비아누스의 영향력은 주변으로 확대되었다. 비트겐슈타인 지역 남쪽에 나사우(Nassau)지역이 있고, 나사우 아래 쪽에 베터라우(Wetterau)지역이 있다. 올레비아누스는 이 지역들에 영향을 끼쳐 개혁주의가 자리잡게 한다. 나중에 도르트 총회가 열렸을 때, 이 지역 즉 나사우-베터라우(Nassau-Wetterau)의 총대들이 파송될 정도로 개혁교회 전체에서 중요한 자리를 차지한 것은 올레비아누스에게 기인한다고 볼 수 있다.

나사우(Nassau) 지역을 다스리던 요한 6세는 루드비히 폰 비트겐슈타인의 친구였다. 나사우의 요한 6세의 형이 그 유명한 네덜란드 독립운동의 지도자인 빌헬름(Wilhelm 1. Oranien)이었다. 요한 6세는 올레비아누스를 자기 지역에 데려오고 싶어했다. 그러나 루드비히는 올레비아누스를 보내고 싶어하지 않았고, 올레비아누스도 가장 어려울 때 자기에게 쉴 곳을 준 비트겐슈타인에 남고 싶어했다. 요한 6세도 어려운 신학자들과 목사들을 앞장서서 도왔다. 그는 1574년 비텐베르크에서 '숨은 칼빈주의자들'(Crypto-Calvinisten)이 쫓겨났을 때, 크리스토프 페첼(Christoph Pezel)과 다른 사람들을 자기 지역으로 받아들였다. 1577년에는 팔츠에서 쫓겨난 사람들 중 몇 사람을 받아들였다. 그런데 1583년 페첼이 브레멘으로 가고, 1584년 1월 옆에서 자기를 돕던 사람 라우팅(Andreas Rauting)이 죽자 요한 6세는 올레비아누스를 불러야만 했다. 루드비히도 올레비아누스를 보내주기로 했다. 1584년 올레비아누스는 베를레부르크를 떠나 헤르보른으로 갔다.

나사우의 요한 6세와 비트겐슈타인의 루드비히는 올레비아누스와 함께 칼빈주의를 자기들의 지역에 뿌리내리고 확장시키기로 의기투합했다. 나사우의 요한 6세가 올레비아누스를 원했던 중요한 이유 중 하나는 헤르보른에 학교를 세우는 것이었다. 친구 루드비히도 동의하며 올레비아누스를 내어주고 헤르보른에 학교가 세워지는데 힘을 합쳤다.

그래서 헤르보른 호헤슐레(Herborner Hohe Schule)가 세워지게 되었다. 이 학교는 대학과정으로서 개혁주의 신앙고백 안에 세워졌다. 올레비아누스와 피스카토르가 가르치면서 바로 유명해졌다. 잉글랜드, 스코틀랜드, 보헤미안, 폴란드, 덴마르크의 학생들이 올레비아누스와 피스카토르에게 배우기 위해 이 작은 도시로 찾아왔다. 게오르기우스 소니우스는 1584년 6월 1일에 요한 6세에게 편지를 보내 헤르보른으로 가서 올레비아누스에게 배우고 싶어하는 인물들을 소개했다. 이 학교 출신으로 알려진 인물로는 교육학자로 알려진 아모스 코메니우스(Amos Comenius), 거의 최초의 칼빈주의 정치학자라고 할 수 있는 요하네스 알트후시우스(Johannes Althusius) 등이 있고, 도르트 총회에 참가한 총대들 중 여러 명이 이 학교 출신이다. 크리스토프 코르빈(Christoph Corvin)이 시작한 이 학교의 출판사업은 당대에 중요한 책들을 내놓으며 헤르보른이란 지명을 각인시켰다.

2) 헤르보른 1586년 총회

올레비아누스가 헤르보른에 와서 한 일 중 가장 중요하고 의미있는 일 중 하나는 1586년에 있었던 헤르보른 총회에 공헌한 일이다. 이 총회에서 올레비아누스는 하이델베르크에서 실현시키려고 했던 교회법을 드디어 정착시켰다. 올레비아누스의 생애가 1587년 3월에 끝난다는 것을 생각하면 1586년 7월 헤르보른 총회에 참석하고 칼빈주의적 교회법을 만든 일은 올레비아누스의 마지막 중요한 업적이라고 할 수 있다.

올레비아누스는 헤르보른에 오기 전 베를레부르크에서 이미 나사우의 교회법에 대한 논의에 참여했다. 1582년 1월 16일-27일에 요한 6세는 딜렌부르크에서 교회법을 위한 회의를 열었다. 이 모임을 위해 요한 6세는 자기지역의 여섯 명의 시찰관(Inspektor)을 불렀다. 그리고 비트겐슈타인에 있었던 올레비아누스도 불러서 조언을 들었다. 이때 그 전 해인 1581년 5월과 6월에 미델뷔르흐에서 열린 네덜란드 교회의 총회에서 결정된 교회법을 본으로 삼아 나사우의 교회법을 만들기로 결정했다.[53] 그리고 요한 6세는 5월 3일에서 5일 다시 회의를 열었다. 요한 6세는 자기 아들들도 참석하게 하고, 비트겐슈타인의 루드비히 공과 졸름스(Solms)의 콘라드 공을 불렀다. 바로 여기에서 자기 영토를 넘어선 장로회 회의법(presbyterial-synodalen Ordnung)을 받아들여 하나의 총회를 만들기로 합의하게 된다. 이 연장선에서 1586년 7월 헤르보른 총회가 열린다.

1586년 7월 13일 헤르보른에서 열린 총회에 네 지역에서 신학자와 목사 총

---

[53] 미델뷔르흐의 총회와 교회법은 다음을 참고하라: F. L. Rutgers, ed., *Acta van de Nederlansche Synoden der zestiende eeuw* (Utrecht: Kemink & Zoon, 1889), 339-480 [본 논문에선 네덜란드어와 라틴어 전문이 실린 이 자료를 따른다]; J. N. Bakhuizen van den Brink et al., ed. *Documenta Reformatoria; Teksten Uit De Geschiedenis Van Kerk En Theologie in De Nederlanden Sedert De Hervorming* (Kampen: J.H. Kok, 1960), 200-202.

26명이 참석한다. 나사우-딜렌부르크(Nassau-Dillenburg)에서 17명이, 비트겐슈타인에서 2명이, 졸름스-브라운펠스(Solms-Braunfels)에서 5명이, 비트-룬켈(Wied-Runkel)에서 2명이 참석했다. 회의록에는 올레비아누스의 이름이 첫 번째로 기록되어 있다.[54] 회의는 당일 1차로 아침 여섯시부터 열시까지 모였고, 2차로 오후 세시부터 여섯시까지 모였다. 1차 모임에서 회의를 시작하면서 올레비아누스를 의장(praeses)으로 선출했다. 보좌(adiuntus)로는 볼프강 크렐(Wolfgang Krell, ca. 1535-1590)[55]이 서기로는 빌헬름 체퍼(Wilhelm Zepper, 1550 - 1607)[56]가 뽑혔다.

3) 교회법의 주요내용

총회의 주 안건인 교회법에 대한 논의와 결정은 오후 3시부터 6시까지 있었던 속회에서 있었다. 회의록에 따르면 1581년의 미델뷔르흐의 교회법을 올레비아누스가 읽고 이 교회법 전체를 받을 것인지 교정할 것인지가 논의되었다. 그리고 몇 가지가 수정되었으나 중요 항목과 뼈대는 거의 그대로 미델뷔르흐의 것을 받는 방식으로 나사우의 교회법이 마련되었다. 회의록은 이 법을 교회치리에 대한 조항들

---

54 헤로보른 총회의 회의록과 결정된 교회법은 다음을 참고하라: Johann Hermann Steubing, ed., *Kirchen- und Reformationsgeschichte der Oranien-Nassowischen Lande* (Hadamar: Neue Gelehrten-Buchhandlung, 1804), 384-394; Aemilius Ludwig Richter, ed., *Die evangelischen Kirchenordnungen des sechszehnten Jahrhunderts: Urkunden und Regesten zur Geschichte des Rechts und der Verfassung der evangelischen Kirche in Deutschland II* (Weimar: Verlag des Landes-Industriecomptoirs, 1846), 473-476; Wilhelm Niesel, ed., *Bekenntnisschriften und Kirchenordnungen: der nach Gottes Wort reformierten Kirche* (Zolikon-Zürich: Evangelischer Verlag, 1938), 291-298 [본 논문은 라틴어 전문이 실린 이 자료를 인용한다]; Paul Jacobs, ed., *Reformierte Bekenntnisschriften und Kirchenordnungen in deutscher übersetzung* (Neukirchen: Buchhandlung des Erziehungsvereins Kr. Moers, 1950), 270-278.

55 잘 알려져 있지 않은 이 인물의 추천에 의해서 페첼이 튀빙겐에서 나와야만 했을 때 나사우-딜렌부르크로 오게되고 헤르보른에서 목사가 되는 것으로 알려져 있다.

56 나사우-딜렌부르크 출신으로 마르부르크에서 공부했고, 헤르보른에서 궁중목사요 교수가 된다.

(*articuli de gubernatione ecclesiastica*)이란 명칭으로 첨부하였다.

교회치리에 대한 조항들은 총 네 가지로 구성되어 있다. 첫째, '직분들에 대하여'(*de officiis*); 둘째, '회의들과 그 구분들에 대하여'(*de conventibus et eorum partitione*); 셋째, '교리, 성례, 다른 예식들에 대하여'(*de doctrina, de sacramentis et aliis ceremonibus*); 넷째, 교회 권징에 대하여(*de censuris Ecclesiasticis*)로 이루어져 있다.

i) 직분

직분에 관한 규정들을 보면, 제네바 방시을 따라 네 직분을 말한다. 목사, 교수(박사), 장로, 집사의 직분을 첫 항목에 말한다.[57] 목사에 대해 가장 먼저 규정한다. 합법적 부름 없이 아무도 가르칠 수 없다(2항). 목사들의 소명은 구회(노회)(*classis*)와 몇명의 장로들의 판단을 따르는데, 선택, 시험, 인준, 임직이 있다(4항).[58] 목사들은 함부로 자리를 바꾸면 안되고, 지역회(*Synodus particularis*)의 결정없이 삶의 방향을 바꾸어선 안된다(6항). 목사의 직무는 기도와 말씀 안에 머무르며, 훈련[권징]에 열중하며, 법에 전념하는 것이다.[59] 8항에서 일상의 직무 외에 시찰을 맡게된 목사를 말하며 시찰의 일을 소개한다. 그들은 교회들을 시찰하고 목사들을 다스린다. 목사의 생활에 대한 것도 법에 포함되어서, 이 법에 따르면 공직자와 주민들은 목사

---

57 "1. Articulus primus de Officiis, quae aut sunt: 1. Ministorum, 2. Doctorum, 3. Seniorem, 4. Diaconorum." Niesel, *Bekenntnisschriften und Kirchenordnungen*, 292. 그런데 단어 사용에 있어 미델뷔르흐의 교회법과 차이가 있다. 미델뷔르흐에선 직분을 functio라 표현하고, 단순히 종들이라 하지 않고 말씀의 종(Ministrorum verbi)이라고 칭한다(Rutgers, *Acta van de Nederlansche Synoden der zestiende eeuw*, 376).

58 "4. Vocatio ministrorum fiat iudicio classis et aliquot seniorem, ad quam pertineat: 1. Electio, 2. Examen, 3. Approbatio, 4. Confirmatio seu ordinatio" Niesel, *Bekenntnisschriften und Kirchenordnungen*, 293.

59 "7. Minister officium sit instare in precatione et verbo, urgere diesciplinam et studere ordini." Niesel, *Bekenntnisschriften und Kirchenordnungen*, 293.

에게 필요한 것을 주어야 하고(10항), 나이들고 병든 목사들도 교회의 공적인 선한 일(*ex publicis bonis*)을 통해 생활할 수 있고, 목사들이 남긴 사모와 자녀들의 지원에도 신경을 써야 하고, 잘되지 않을 때는 구회(노회)가 다른 수단들을 궁리해야 한다(11항).

교수(박사, *Doctor*)의 직분은 성경을 해석하고 이단들로부터 진리를 보호하는 것이다.[60] 헤르본 교회법은 이 부분에서 학교에 대해서 몇 가지 규정한다. 어린이를 위한 교사(*Ludimoderator*)는 학문과 지식만이 아니라 신학과 요리문답을 가르쳐야 한다(12항). 후세에 적절한 목자가 부족하지 않도록 할 수 있다면 각 수입의 사분의 일을 교육에 사용할 것을 말한다(13항). 평가하면, 미래의 교회 사역자들을 위해 교회 수입의 상당 부분을 투자할 것을 요청하고 있으며, 신학교육과 교회교육을 같은 연장선 안에서 생각하고 있다는 점은 우리 시대에 주는 시사점이 있다.

장로와 집사와 사찰(*aedituos*)을 택하는 것에 관해서 택하는 권한은 당회에 있다. 그 후에 그들은 구회(노회)의 동의로 인준되고 그 후에 조심스럽게 직분에 대하여 권고받아야 한다.[61] 이 부분이 미델뷔르흐의 교회법과 차이가 있다. 미델뷔르흐의 교회법에는 장로와 집사는 투표에 의해서 택해지는데, 방식은 각 교회에게 자유롭다. 필요한 수의 장로들을 교회앞에 제안하고 거절되지 않으면 승인하거나, 두 배수의 장로들 중에서 뽑는 방식을 제안했다.[62] 그런데 지금 헤르보른의 법은 당회에 의해 택해지고 구회(노회)의 동의로 인준되는 방식이라는 점에서 다르다. 그러면 아직 당회가 구성되지 않은 곳은 어떻게 해야 하는가? 여기에 대해 헤르보른의 법은

---

60 "12. ... Doctorem officium interpretari scripturam et veritatem tueri contra haereses." Niesel, *Bekenntnisschriften und Kirchenordnungen*, 293.

61 "5. Quod ad seniores, diaconos pauperum, et aedituos eligendos attinet, potestas eligendi sit penes presbyterium, qui postea suffragio classici conventus confirmandi et postea diligenter de officio admonendi erunt." Niesel, *Bekenntnisschriften und Kirchenordnungen*, 293.

62 Rutgers, *Acta van de Nederlansche Synoden der zestiende eeuw*, 382.

칼빈주의
뿌리내리다

시찰원들이 함께 하면서 회중들이 기꺼이 순종할 수 있도록 회중들의 생각을 따라서 선택해야한다 되어 있다(25항). 장로의 직무는 목사와 함께 하는 일과 목사를 살피는 일이다. 집사의 직무는 구제금을 모으고 목사의 조언에 따라 가난한 자들에게 나누어주고 어려운 사람들을 방문해야 한다. 당회 앞에 그 수입과 지출을 보고 해야 한다(18항). 집사를 세우는 것도 장로를 세우는 것과 같은 방식이다(17항). 장로와 집사의 임기는 2년이며, 교회가 필요하면 중간에라도 바꿀 수 있으며, 그래서 매해 장로와 집사의 사직이 있다(19항).

ii) 회의

교회회의는 총 네 단계의 회의, 곧 당회, 구회(노회), 지역회, 총회로 구성된다.[63] 상회와 하회의 관계는 분명한 상하관계에 있다.[64] 상회에서는 하회에서 처리할 수 없는 것들, 전체교회 또는 여러 교회에 관계되는 것들이 다루어진다.[65] 하회에서 부당한 대우를 당했다고 주장하는 자는 상회에 그 문제를 가지고 간다(23). 급한 경우와

---

63 "20. Conventus serventur ordinarii quadruplices: a) presbyterii, b) Classi, c) Synodi particulares seu provinciales, d) generales." Niesel, 294. 미델뷔르흐에서 당회는 네덜란드말로는 Kerckenraedt 이라 하고, 라틴어로 presbyterium이나 senatus ecclesiasticus로 칭하는데, 독일내에서 Kirchenrat 이란 교회의 치리기관이 있었으므로 presbyterium을 받았던 것으로 보인다. 또 미델뷔르흐에서 총회를 전국회의(nationales)로도 불렀지만 헤르보른에서는 전국적인 교회에 적용하는 것이 아니므로 총회(generales)로만 부른다(Rutgers, *Acta van de Nederlansche Synoden der zestiende eeuw*, 383). 참고: Wilhelm H. Neuser, "Die Einführung der presbyterial-synodalen Kirchenordnung in den Grafschaften Nassau-Dillenburg, Wittgenstein, Solms und Wied im Jahre 1586," *Jahrbuch für Westfälische Kirchengeschichte, Band 71* (1978), 50.

64 "Presbyterium respiciat ad classicam synodum: classica Synodus ad particularem: particularis ad generalem." Niesel, *Bekenntnisschriften und Kirchenordnungen*, 295.

65 "22. In maioribus conventibus nihil agatur nisi quod in minoribus antea non potuit expediri, vel pertinet ad totam ecclesiam, vel ad plures." Niesel, *Bekenntnisschriften und Kirchenordnungen*, 294.

필요를 제외하고는 어떤 문제를 상회에 가져오기 전에 비슷한 문제가 처리된 적이 있는지 살펴서 가져와야 한다(33). 모든 회의는 기도로 시작하고 감사로 끝낸다(24). 모든 회의에는 의장(*praeses*), 보좌(*assessor*), 서기(*scriba*)가 정해져야 한다. 의장의 직무는 회의의 종료때 이미 끝난다.[66]

모든 교회에는 목사와 장로로 구성된 당회가 있어야 하고 당회에서는 목사가 의장이다(28항). 구회(노회)에서는 목사들과 장로들로 구성한다(30). 전회의록이 항상 읽혀져서 옳게 다루어져야 하는 것이 무엇인지 알도록 해야 한다(32). 의장은 각 교회의 장로들이 왔는지, 권징이 감사되었는지, 가난한 자들을 염려했는지, 학교에서 옳게 지도하는지, 교회를 위해 구회(노회)의 도움이 필요한지 물어봐야 한다(30). 구회(노회)에서 시찰위원(*inspector*)과 함께 누가 지역회에 파송될지 투표로 뽑는다 (30). 지역회에서는 한 명의 목사와 시찰위원(들)이 총회로 보내진다. 총회는 일 년에 한 번이지만 필요할 때 또 모일 수 있다(35). 각 회의마다 다음 회의의 장소와 시간을 약속해야 한다. 지역회는 부활절이 지난 첫 번째 화요일, 총회는 네 번째 화요일에 모인다.

iii) 예식

교리와 성례와 다른 예식에 대한 부분은 교리에 대한 맹세와 함께 시작한다. "말씀의 종들, 모든 장로들, 집사들, 교수들, 학교교사들은 하나님의 말씀에 있는 순수한 교리에 대해 약속으로 찬동해야 한다. 그리고 지역회나 교수들이 먼저 전달하지 않았는데, 아무도 공적으로 경건에 대하여 어떤 것을 가르칠 수 없다."[67] 교리에 대한

---

66 "29. Officium praesidis cesset peracta iam Synodo." Niesel, *Bekenntnisschriften und Kirchenordnungen*, 295.

67 "37. Ministri verbi, omnes seniores et diaconi, item professores et Ludimoderatores testificentur

문제를 지역회가 다루어야 한다는 것을 암시하며, 교회회의와 교수들에서 인정되지 않은 교리에 대하여 새로운 것을 아무도 가르칠 수 없다는 부분이 교리의 부패에 대한 큰 염려를 보여준다.

이 규정은 세례를 하나님의 언약이라고 칭하며(*Foedus Dei, nempe S. Baptismus*), 사적 모임이 아니라 공적인 모임에서 목사에 의해 행해진다(38). 회의록첨부 교회법에는 세례예식서로 《하이델베르크 요리문답서》(*Catechesimi Heidelbergensis*)의 사용과 형식을 말하는데(41), 노이저는 하이델베르크의 예식서(*Ordinationis Heidelbergensis*)에 대한 실수라고 추측한다.[68] 세례명부에 아이와 부모와 대부의 이름이 기록되어야 한다.

주의 만찬에 대한 항목(43항)에서 성만찬 참여를 신자의 신앙고백과 생활과 연결시키고 그 근거로 "개혁교회의 관례를 따라"(*pro more reformatae ecclesiae*)라고 칭한 점은 흥미롭다. 왜냐하면 이 시기 개혁교회란 명칭의 사용과 개혁교회의 특징으로서 신자의 신앙고백과 생활에 연결된 성만찬 참여가 보편적으로 인식되고 있었음을 보여주기 때문이다. 성만찬을 적어도 매달 시행해야 하며 그리스도와 사도들을 따라 가능한 자주 시행할 것을 언급한다(45항). 성만찬의 시간이 알려져야 하고, 그리스도의 몸의 지체로서 교회의 교제를 위해 장로들이 이웃교회의 성만찬예식에 참석한다(45항).

다른 사항들로는 장례식 때 읽을 성경구절을 소개하고, 미신을 금지한다(46). 또 전쟁과 전염병과 핍박과 다른 위험이 있을 때에 교회와 권세의 동의로 금식과 기도회를 정할 수 있다(47). 절기에 대해서는 성인들의 절기와 오용을 거절하고 주일과

---

stipulatione consensum in pura doctrina ac nemo aliquid publice edat in sacris, nisi prius communicatur particulari Synodo vel professoribus." Niesel, *Bekenntnisschriften und Kirchenordnungen*, 296.

68 Neuser, "Die Einführung," 50.

그리스도의 절기를 받고 있다(48항). 찬송에 대해서는 모국어로 부를 것과 찬송이 성경의 본문에서 가져오거나 교회회의의 판단에 따른 순수한 교리를 포함한 내용의 것이어야 한다(49항). 미델뷔르흐 판에서 시편만 인정한 것과 비교할 때 이 점은 차이가 있다.[69]

iv) 교회 권징

교회 권징에 대한 부분에 대해서는 교회와 국가에 대해선 교회와 국가가 서로 방해하는 것이 아니라, 독립적임을 밝힌다. 교회의 권세는 영적이어서 국가의 형벌에서 자유롭게 할 수 없고, 국가 공직이 벌을 줄지라도 교회의 견책은 필요하다.[70] 두 세 사람 앞에서 죄에 대해 경고를 받고도 가벼이 생각한다면 당회에 가야 한다(52항). 당회의 경고도 우습게 생각하고 공개적으로 죄를 지으면 주의 만찬에서 제외된다(53항). 출교는 구회(노회)의 결정에 따른다(54항). 목사와 장로와 집사가 명백하게 교회를 넘어지게 하고 벌에 합당하면, 장로와 집사는 당회와 이웃교회의 조사에 따라 면직된다(56항). 56항에 목사가 빠진 것은 구회(노회)나 지역회에서 다루어져야했기 때문이라고 생각된다. 면직이 따르는 무거운 죄로는, 잘못된 교리(*falsa dogmata*), 우상숭배, 위증, 간음, 매춘, 도둑질, 폭력, 살인 등 공동체의 다른 지체를 실족하게 하는 것들이다(57항). 다른 지역으로 이사 가는 자들에게 교리와 생활에 대한 증명서를 전달할 것을 언급하는데, 가난한 자들에게도 그 증명을 해주고, 합당하게 경비

---

69 "51. Soli psalmi Davidis contentur in ecclesia omissis iis canticis quae in sacris bibliis non inveniuntur." Rutgers, *Acta van de Nederlansche Synoden der zestiende eeuw*, 394.

70 "Nam sicut Ecclesia postestas est spiritualis et neminem excipit a poena politica: ita vicissim censurae ecclesiasticae nihilominus sunt necessariae, etiamsi puniat magistratus politicus." Niesel, *Bekenntnisschriften und Kirchenordnungen*, 297.

칼빈주의
뿌리내리다

도 줄 것을 말한다(59항). 헤르보른 교회법은 마지막 60항에 이렇게 말한다. "어떤 교회도, 어떤 목사도, 어떤 장로도, 어떤 집사도 다른 [교회, 목사, 장로, 집사] 위에 어떤 우위권을 갖지 않는다."[71] 상회와 하회의 상하개념 아래 교회 상호간의 형제 됨과 평등을 말하면서 칼빈주의적 교회관을 보여주면서 마무리 짓고 있다.

4) 1586년 헤르보른 총회의 의미

1586년 올레비아누스의 주도적인 역할 아래 열린 헤르보른 총회의 분명한 의미는 독일에서 처음으로 장로정치체제의 교회법이 실행되었다는 것이다. 한 제후의 영토에 제한되지 않고 네 개의 영토를 하나의 장로 정치체제 아래 두는 개혁교회를 이루었다는 점이 높이 평가되어야 한다. 국가와 교회의 역할을 구분하면서 교회의 권징이 국가의 역할을 뺏거나 또는 국가에게 교회의 역할을 뺏기지 않는 방식으로 정착되었다. 이렇게 해서 1586년 헤르보른 총회는, 올레비아누스 개인적으로는 하이델베르크에서 그 자신이 정착시키려 했던 교회법을 드디어 정착시켰다는 면에서, 독일 개혁교회로서는 교회 권징의 국가로부터의 완전한 독립과 장로회회의 규정(presbyterial-synodale Ordnung)이 정착되었다는 면에서 중요성을 갖는다. 이 법은 오고 오는 독일의 다른 교회법들에 영향을 끼쳤고, 《라인-베스트팔 교회법》 (Rheinisch-Westfälische Kirchenordnung 1835/1923)에 핵심조항들이 남아있게 되었다.[72]

---

[71] "60. Nulla ecclesia, nullus minister, nullus Senio, nullus Diaconus ultra habeat primatum supra alterum." Niesel, *Bekenntnisschriften und Kirchenordnungen*, 297.

[72] Wilhelm Boudriot, "Vorwort [für Synodus generalis Herbornae habita]," in *Bekenntnisschriften und Kirchenordnungen: der nach Gottes Wort reformierten Kirche*, ed. Wilhelm Niesel (Zolikon-Zürich: Evangelischer Verlag, 1938), 290.

나가며

종교개혁 후 교회 정치도 큰 변화를 겪는다. 개혁교회는 칼빈과 제네바의 영향 아래서 장로회 정치 체제를 발전시켰다. 장로회 정치가 제후가 권력을 행사하는 영토에 적용되는 일은 당시로서는 쉽지 않은 일이었다. 이 시기 올레비아누스는 팔츠의 교회법을 만들 때 중요한 역할을 했고 헤르보른에서는 각기 다른 제후들의 여러 영토를 초월한 범지역적인 장로회 정치체제의 교회법을 만들 때도 주도적인 역할을 했다. 올레비아누스의 여정에 나타난 교회법을 개혁교회의 장로회 정치의 특징과 함께 다음과 같이 평가할 수 있다.

첫째, 목사가 아닌 비성직자 신자들 중에서 장로를 뽑아 교회 권징에 참여하게 하는 것이다. 개혁교회는 신자의 고백과 생활에 주의하며, 그 결과 교회에서 심방과 교회 권징이 중요하다. 교회 권징은 성만찬 참여와 관련되어 회개하지 않는 자는 수찬금지를 당하고 회개의 기회를 갖는다. 그래도 회개하지 않으면 출교가 있다. 이 교회 권징에 목사만이 아니라 비성직자 회원 중에서 뽑힌 장로가 참여한다. 올레비아누스가 팔츠의 교회법에 영향을 끼쳐 이 점에서 팔츠는 성공했다. 그러나 다음 두 가지 특징에서 팔츠의 교회법은 부족한 면이 있다.

둘째, 장로회 여러 단계의 회의정치 체제를 갖추는 것이다. 1563년《팔츠 교회법》은 1570년《교회권징령》, 1571년《당회의 직무》, 같은 해에 쓰여진 보고서를 통해 여러 단계의 회의 정치체제를 갖추는 방식으로 장로회 정치체제에 가깝게 변화해 갔다. 그럼에도 아직 장로들이 참여하지 못하는 회의가 있다는 점에서 장로회 정치 체제에서 부족하다. 그러나 1586년 헤르보른 총회에서 만든 교회법은 네 단계의 회의 체제를 갖추었으며 모든 회의에 목사와 장로가 참여한다. 게다가 이 교회법은 제후 한 사람의 영토만이 아니라 여러 제후들의 영토를 아우르는 범지역적인 장로회 장로회 청치체제를 마련했다는 점에서 높이 평가되어야 한다.

칼빈주의
뿌리내리다

셋째, 이 모든 일에 있어서 교회가 국가권력으로부터 완전히 독립적으로 실행해야 한다는 것이다. 팔츠의 교회법은 아직 관원으로부터 완전히 독립하지 못한 모습을 보인다. 교회 권징에 최종 결정이 통치자에게 있다는 점, 그리고 국가가 주도하는 교회위원회가 교회 회의체제와 함께 한다는 점에서 아직 국가에게 의존한다. 그러나 헤르브론 총회에서 만든 교회법은 교회 권징에 관한 조항 첫 부분부터 교회와 국가가 독립적으로 갖고 있는 고유의 영역과 역할을 진술한다.

한국의 장로교회는 웨스트민스터 신앙고백서를 포함한 문서들과 장로교 정치체제의 중요한 내용들을 받아들였지만 그 내용이 어떻게 교회 안에서 형성되고 정착되었는지에 대해, 또 그 의미와 정신에 대해 아직 부요하게 알지 못한다. 교회법은 교회의 단순한 겉치레가 아니다. 교회가 가르쳐야 할 교리의 내용이 중요할 뿐아니라, 교리의 내용이 적용되고 보존되는 것도 중요한데, 이 때 필요한 것이 교회정치이며 교회법이다. 교회법은 그 안에 신학을 담고 있다. 교회와 국가의 관계에 대한 이해, 신자들의 성화와 생활에 대한 이해, 그것이 실제 적용되는 예배와 성례, 그 안에 포함되는 기도와 찬송, 교회 권징과 그것에 포함된 심방, 직분에 대한 이해, 그들의 일과 선출 방식, 이 모든 내용을 논의하는 장로회 정치체제에 대한 이해에서 개혁교회의 신학이 드러난다.

9장

성만찬론
16세기 후반 하이델베르크
성만찬론의 형성

들어가며

루터와 츠빙글리는 마부르크 회담(1529년 10월)에서 성만찬론을 제외하고 다른 교리들에 모두 동의했다. 이들은 성만찬론에서도 빵과 포도주 둘 다 제공되어야 한다는 것과 믿음으로 유익이 된다는 사실에 대하여 인정했으나 그리스도의 육체가 실제로 함께 하는가에 대해서는 일치하지 못했다. 개신교 안에서 성만찬에 관한 의견 차이는 계속되었고 그 간격은 점점 더 벌어졌다. 1540년대에 이르러서 비텐베르크와 취리히의 연합의 길은 불가능해 보였다. 왜냐하면, 루터는《거룩한 성례에 대한 루터의 짧은 고백》을 통해 취리히를 심하게 비판했고, 이 책에 분노한 취리히는 루터의 글에 반박했을 뿐만 아니라 비텐베르크와 가까이 하려는 자들과도 거리를 두었기 때문이다. 루터파와 합의하는 일이 요원한 형편에서 스위스 내의 갈등을 멈추고자 칼빈과 불링거는《취리히 일치》(Consensus Tigurinus, 1549)를 작성했다.[1] 분열을 해소하고자 했던 칼빈의 의도와는 달리 이제 루터파가 칼빈을 강하게 비판하고 개신교 지역에서는 소위 제2성만찬 논쟁이 시작되었다.

1552년, 즉《취리히 일치》가 인쇄된 다음 해에 함부르크의 목사였던 베스트팔 (Westphal)은《주의 만찬에 대해 서로 갈라진 견해들의 어지러운 혼합물》이란 책으

---

1 《취리히 일치》에 관해서는 다음을 참고하라: 박상봉, "요한 칼빈과 불링거의 성만찬 일치 - Consensus Tigurinus", 〈한국교회사학회지〉 (2010): 155-197.

로 소위 '사크라멘타리어'(Sakrmentarier)를 비판하되 칼빈을 가장 길게 다루었다. 이제 루터파의 대표적인 적은 칼빈이다. 두 사람 사이에 책 출판을 통한 논쟁이 계속되었고, 다른 루터파 신학자들도 이 논쟁에 참여해서 칼빈과 스위스 신학자들을 비판했다. 1557년의《요아킴 베스트팔에게 보내는 최후 권고》가 베스트팔을 향한 칼빈의 마지막 논쟁 저술이며 이후 칼빈은《기독교강요》최종판에서 이 주제를 다시 다룬다.

논쟁이 계속되면서 개신교 도시들은 분명한 자기 노선을 정해야 했다. 가장 먼저, 루터파 도시에 머물던 신앙 난민들이 루터파 신앙을 명시적으로 요구받는 상황이 발생했다.[2] 베스트팔이 루터교회 목사들을 자극하자 프랑크푸르트에 머물던 피난민 교회는 성만찬에 있어서 분명한 입장을 밝혀야 했다. 칼빈이 이 문제를 해결하기위해 1556년 9월 직접 프랑크푸르트를 방문했으나 아무런 효과가 없었다. 1561년 루터교회와 불일치한다는 이유로 신앙 난민들은 프랑크푸르트를 떠나야 했다. 브레멘에서 순루터파(Gnesio-Lutheran)의 교리에 반대하던 하르덴베르크(Hardenberg)가 1561년 자기 자리를 잃었다. 유학 후 고향 브레슬라우에 와서 교사 자리를 얻었던 우르시누스는 논쟁을 피하려고 자기 고향을 떠났다.

하이델베르크도 이 논쟁을 피해갈 수 없었다. 선제후 오트하인리히 때 하이델베르크에는 루터파 외에도 칼빈파와 츠빙글리파도 있었다. 이 상황은 성만찬 논쟁을 불타오르게 했다. 하이델베르크에서 가장 중요한 역할을 했던 우르시누스는 멜란히톤에게서 배웠으나 칼빈에게 가까이 갔던 인물이다. 따라서 하이델베르크 요리문답서의 성만찬 교리가 어디서부터 기원했는지에 대한 토론이 있어 왔다.[3] 하

---

2 이들이 아우크스부르크 신앙고백서에 서명할지라도 "츠빙글리주의자들이 일시적 평화를 위해서 아우크스부르크 신앙고백서를 고백하고 있다"는 의심을 루터파로부터 받았다. Wilhelm Neuser, "Dogma und Bekenntnis in der Reformation: Von Zwingli und Calvin bis zur Synode von Westminster," in Handbuch der Dogmen- und Theologiegeschichte, vol. 2., ed., Carl Andresen et al. (Göttingen: Vandenhoeck und Ruprecht), 282.

칼 빈 주 의
뿌 리 내 리 다

이델베르크 요리문답서의 성만찬론은 개혁주의 입장을 잘 드러내면서도 개혁주의 중 어느 한 노선을 분명한 어조로 따르지 않는다. 또는 이 요리문답서의 성만찬론이 결정적으로 제네바, 취리히, 또는 멜란히톤의 것이라고 말하기는 힘들다.[4]

하이델베르크 요리문답서의 성만찬론 이해는 당시의 성만찬론 이해를 위해서 중요하다. 이 글은 1556년부터 하이델베르크 요리문답서까지 있었던 성만찬론에 관한 중요한 사건들과 이에 관련한 문서들을 고찰한다. 중요한 종교개혁 도시였던 하이델베르크에서 성만찬론이 어떻게 정리되는지 살펴보면서 사건들과 문서들이 하이델베르크 요리문답서에 어떻게 영향을 주었는지 정리한다. 제2성만찬 논쟁의 상황에 서한 개혁교회의 성만찬론에 대한 고찰을 통해 성만찬론이 개혁신학 안에 어떻게 정착하는지 더 잘 이해할 수 있을 것이다.

1. 오트하인리히(Ottheinrich)의 종교개혁과 성만찬론 논쟁의 촉발

1556년 오트하인리히가 선제후령 팔츠지역(Kurpfalz)을 다스리면서 루터주의를 도입했다. 구체적으로 1553년에 요하네스 브렌츠(Johannes Brenz)가 작성한 뷔르템베르크(Württemberg)의 교회법을 실행했고, 아우크스부르크 신앙고백서를 받아들였다. 교육을 위해서는 브렌츠가 작성한 뷔르템베르크의 요리문답서를 사용했다. 나

---

3 Augus Ebrard, *Das Dogma vom heiligen Abendmahl und seine Geschichte, zweiter Band* (Frankfurt, 1846), 604-6; Heinrifh Heppe, *Geschichte des deutschen Protestantismus in den Jahren 1555-1581*, vol. 1 (Marburg, 1852), 446; Karl Sudhoff, *C. Olevianus und Z. Ursinus: Leben und ausgewählte Schriften* (Elberfeld, 1857), 113-118; Lyle D. Bierma, *The Doctrine of the Sacraments in the Heidelberg Catechism Melanchthonian, Calvinist, or Zwinglian?* (Princeton Theological Seminary, 1999).

4 Bierma, *The Doctrine of the Sacraments*, 41-42.

아가 오트하인리히는 스트라스부르의 루터주의자 요한 마르바흐(Johann Marbach)에게 팔츠 지역을 시찰하게 했다.

하이델베르크대학도 개혁되었다. 오트하인리히는 대학의 개혁을 필립 멜란히톤에게 많이 의존했다. 새로운 규칙이 제정되었고 학교구성도 새로워졌다. 여러 학부에 유명한 실력 있는 교수들이 왔다. 신학부에는 먼저 피에르 부캥(Pierre Bouquin, Petrus Boquinus)이 왔다. 오트하인리히는 멜란히톤을 청빙했으나 멜란히톤은 거절했다. 대신 멜란히톤의 제자인 틸레만 헤스후스(Tilemann Heshus)가 왔다. 헤스후스는 하이델베르크에서 교수였을 뿐 아니라 팔츠교회의 감독(Superintendent)이었기 때문에 가장 영향력 있는 인물이었다. 그러나 이런 인적 구성은 이미 갈등의 위험을 안고 있었다. 부캥은 칼빈주의자였고, 헤스후스는 강한 루터주의자였으며, 의학부에 있었던 토마스 에라스투스(Thomas Erastus)는 츠빙글리주의자였다. 성만찬에 대한 갈등이 이들 내부에 이미 있었다. 이들이 하이델베르크로 온 지 몇 년 안된 1559년, 본격적인 논쟁이 시작되었다.

독일 서북부 프리스란트(Friesland) 지역 출신 스테판 실비우스(Stephan Silvius)가 박사학위취득을 위해 방어식을 가지려고 했는데, 이 때 신학부 학장이던 헤스후스는 실비우스에게 '주의 만찬에서 단순한 표를 받아들이는 츠빙글리주의자들의 오류'란 주제를 맡겼다.[5] 츠빙글리를 옹호했던 실비우스는 이 주제를 받아들일 수 없었다. 이 때 대학의 총장이던 츠빙글리주의자 의학부 교수 에라스투스는 이 문제를 대학평의회로 가져갔다. 이 회의에서 신학부 부학장 부캥이 실비우스의 방어식을 책임지려고 했지만 헤스후스는 거절했다. 이렇게 갈등이 증폭되던 중 1559년 2월 12일 오트하인리히는 소천했다.

---

5 Charles D. Gunnoe Jr., "The Reformation of the Palatine and the Origins of the Heidelberg Catechism, 1500-1562," *An Introduction to the Heidelberg Catechism*, ed. Lyle D. Bierma (Grand Rapids: Baker Akademie, 2005), 38.

칼 빈 주 의
뿌 리 내 리 다

2. 프리드리히 3세의 통치시작과 성만찬 논쟁의 절정

오트하인리히의 뒤를 이어 프리드리히 3세가 취임했다. 총장이던 에라스투스는 실비우스의 문제를 다시 선제후 자문회 앞으로 가져갔다. 헤스후스는 거기서도 격한 반응을 했고 이것은 오히려 역효과를 가져왔다. 선제후는 대학평의회의 결정대로 부캥이 실비우스의 방어식을 주관하도록 했다.[6] 그리고 헤스후스는 더 이상 대학평의회에 참석할 수 없도록 결정했다. 실비우스는 3월 9일 츠빙글리 노선의 성만찬론을 옹호하는 주제로 부캥에 의해서 박사학위를 받게 된다.

프리드리히 3세가 선제후로서 일을 시작했을 때 하이델베르크 대학은 이처럼 성만찬의 갈등 속에 있었다. 실비우스의 일이 지나간 후 바로 헤스후스와 클레비츠(Klebitz)의 갈등이 폭발했다. 헤스후스가 모친상 때문에 고향 베젤(Wesel)로 떠났을 때, 클레비츠는 부캥의 주관아래 학사 학위를 받는다(1559년 4월 4일). 여기서 그는 성만찬의 핵심을 교통(communicatio)으로 본다. 믿음으로 취하는 하늘의 것, 즉 그리스도의 살과 피와 교통하는 성만찬을 진술함으로써 그리스도의 살과 피가 실제로 떡과 잔에 임재하여 살과 피의 본체를 취한다는 루터주의 성만찬론을 거절했다. 이때의 논제들은 아래와 같다.

> 1. 그리스도께서 제정하실 때의 말씀 '이것은 내 몸이다'를 단순히 이해하는 것을 믿음의 규칙이 허락하지 않는다(Institutoris Christi verba; Hoc est corpus meum simpliciter intelligere, Fidei regula non sinit).

---

6 "... reclamante quidem dom. Tilemanno Hshusio decano, idque ob suas quasdam rationes, quas cum non probaret idoneas, illustrissimus princeps Fridericus tum succedens Ottoni iussit per dom. Petrum Boquinum promoveri, id quod etiam factum est assentiente et praesente universitatis senatu illo uno excepto." Gustav Toepke (ed.), *Die Martikel der Universitaet* (Heidelberg, 1886) 600.

2. 왜냐하면 주의 만찬은 두 실재로 구성되었으되 이것들이 땅의 것과 하늘의 것으로 구분된다고 경건한 자들 사이에서 일치하기 때문이다(Nam Coenam Dominicam duabus rebus, iisque distinctis, constare, Terrena & coelesti, inter pios convenit).

3. 땅의 것은 떡과 포도주이며 하늘의 것은 그리스도의 몸과 피와 교통하는 것이다(Terrena est panis & vinum: Coelestis est, Communicatio corporis & sanguinis Christi).

4. 땅의 것은 몸의 입으로, 하늘의 것은 영혼의 입 곧 믿음으로 받아들인다(Terrena ore corporis, coelestis ore animae, id est, Fide percipitur).

5. 말해지곤 하듯이 그리스도의 말씀의 첫 부분을 성례의 실재로 그런데 뒷부분을 성례의 사용이나 효과로 돌리는 것은 사도가 권하듯이 진리의 말씀을 옳게 분별하는 것이 아니다(Verborum Christi partem priorem ad rem, ut dici solet, Sacramenti: posteriorem vero ad usum seu effectum, referre, non est recte secare, ut Apostolus monet, veritatis sermonem).

6. 살리는 능력은 그리스도의 몸과 피의 교통으로부터 분리되어선 안된다(Vis vivificandi a communicatione corporis & sanguinis Christis separari non debet).

7. 그리스도 교회 안에서 이 신성한 만찬의 다른 목적들에 대해 어떤 논쟁이 있다고 보이지 않는다(De aliis Finibus Coenae huius sacrosanctae inter Ecclesias Christi, nulla videtur esse controversia).[7]

---

7 Burkhard Gotthelf Struve, *Ausführlicher Bericht von der Pfälzischen Kirchen-Historie* (Frankfurt: Johann Bernhard Hartung, 1721), 78; Johann Heinrich August Ebrard, *Handbuch der christlichen Kirchen- und Dogmengeschichte* (Erlangen: Verlag von Andreas Deichert, 1866) 3: 210; Thilo Krüger, *Empfangene Allmacht: die Christologie Tilemann Heshusens*(1527-1588) (Göttingen: Vandenhoeck & Ruprecht, 2004), 32.

칼빈주의
뿌리내리다

위 논제는 단순히 클레비츠 개인의 생각일 뿐 아니라, 동시에 부캉의 생각이다. 그리고 위 논제를 중심으로 논쟁이 확장되어 갔다.[8] 위 논제에서 소위 '이중 먹음'(duplex manducatio)이 핵심적인 구조로 되어 있다. 이 '이중 먹음'은 후에 하이델베르크 요리문답서 성만찬론의 정의에서도 구조로 등장한다. 하이델베르크 요리문답서의 75문에서 "주님의 빵이 내게 떼어지고(gebrochen) 잔이 내게 주어지는 것을 내가 눈으로 보듯이 그의 몸이 나를 위해 십자가에서 희생당했고 찢겨졌으며(gebrochen) 그의 피가 나를 위해 흘려졌다는 것입니다. ... 내가 종의 손으로부터 주의 떡과 잔을 받아 육체적으로 맛보듯이, 그가 직접 내 영혼을 십자가에 달리신 몸과 흘리신 피로서 영생에 이르도록 그렇게 확실하게 먹이시고 마시운다는 것입니다"라고 '이중 먹음'의 구조(육체적으로 맛보듯이 ... 내 영혼을 먹이시고)를 드러낸다. 칼빈은 '이중 먹음'을 통해서 부써와 루터에게도 있는 성례의 도구적(instrumental) 면(이 도구들을 통해 은혜가 신자들에게 교통한다)을 강조하면서 동시에 불링거에게 있는 상징병렬(analog und parallel)인 면(성례적 표와 행위들이 보이는 은혜에 대한 비유다)과도 일치시킨다.[9] 하이델베르크 요리문답서는 '이중 먹음'의 병렬구도는 받아들이나 단순한 상징인지(불링거) 아니면 도구적인 면까지를 포함하는지(칼빈)를 명확히 드러내지 않았다.[10] 그러나 이 '이중 먹음'의 병렬구도는 하이델베르크 요리문답서에 그대

---

8 *Theses, quae veram de coena Dom. Sententiam iuxta prophetica et apostolica scripta ...* (1560). (책의 저자는 익명으로 처리되어 있으나, 피에르 부캉이 자신이 저자인 것을 다른 책인 *Examen libri, quem D. Til Heshusius nuper scripsit de praesentia corporis Christi in coena Domini*에서 밝혔다. 참고: Erdmann K. Sturm, *Der junge Zacharias Ursin* [Neukirchen-Vluyn: Neukirchener Verlag, 1972], 224).

9 "Die puplex manducatio - des Zeichens mit dem Mund und der geistlichen Nahrung durch Geist und Glaube - erfolgt instrumental (wie bei Bucer und Luther) oder analog und parallel (wie bei Bullinger)." Wim Janse, "12. Sakramente," in *Calvin Handbuch*, ed. Herman Selderhuis (Tübingen: Mohr Siebeck, 2008), 346.

10 "Are sacramental signs and actions only visual analogies to the grace that the Holy Spirit bestows apart from them (Bullinger), or are they more than analogies, namely, the very means or instru-

로 받아들여져 성만찬 예식의 의미를 드러냈다.

헤스후스가 돌아와서 클레비츠를 비난했다. 둘 사이의 싸움은 극렬했으며 설교단에서도 서로를 비난했다. 헤스후스는 클레비츠를 출교시킨 후 주변의 우려로 다시 회복시켰다. 주변에서 이런 갈등의 과정을 완화시키려고 했지만 소용이 없었다. 헤스후스가 두 번째로 클레비츠를 출교시킨 후 다시 회복시켰을 때, 선제후 프리드리히 3세는 '떡 안에' 또는 '떡 아래' 등의 그리스도의 현존에 관한 표현을 금지시켰다. 헤스후스는 이 명령도 듣지 않았다. 선제후의 인내는 한계에 도달했으며 결국 1559년 9월 16일 헤스후스와 클레비츠 두 사람을 퇴출시켰다.

3. 멜란히톤의 판단문의 역할

프리드리히 3세는 멜란히톤에게 조언을 구했다. 멜란히톤의 답장이 11월에 도착했다. 멜란히톤은 거칠었던 두 사람을 내보내서 교회가 혼란에 빠지지 않도록 한 선제후의 처리에 동의했다. 그는 성만찬에 대해 고린도전서 10:16의 말씀을 따라 성만찬의 유익이 그리스도의 몸과 교통하는 것이라고 했다. 멜란히톤은 이 교통(χοινωνία)과 연합(consociatio)이 성례의 사용 가운데서 생긴다고 했다. 따라서 그는 떡과 몸을 동일화하려는 교황파와 브레멘파와 헤스후스를 거절했다.

> 이 논쟁에서 "우리가 떼는 떡은 그리스도의 몸의 코이노니아가 아니냐"[고전 10:16]라는 바울의 말을 붙잡는 것이 가장 좋다. 그리고 성만찬의 유익에 대해 충분하게 말해져서 사람들이 이 보증에 대한 사랑과 잦은 사용으로 초대되어

---

ments through which that grace is communicated to believers (Calvin)? That is a question the Heidelberg Catechism does not address." Bierma, *The Doctrine of the Sacraments*, 27.

칼 빈 주 의
뿌 리 내 리 다

야 한다. 그리고 단어 코이노니아(κοινωνία)가 알려져야 한다. 바울은 교황파처럼 떡의 본성이 변한다고 말하지 않는다. 브레멘파처럼 떡이 그리스도의 실체적 몸이라고 말하지 않는다. 헤스후스처럼 떡이 그리스도의 참된 몸이라고 말하지 않는다. 그러나 코이노니아라고 말한다. 즉 이로 인해 그리스도의 몸과 연합이 일어난다. 이 연합은 사용에서 생기는데, 마치 쥐들이 떡을 씹듯이 지각없이 일어나는 것이 아니다.[11]

멜란히톤에 의하면 성만찬의 정당한 유익은 떡 자체의 능력에 있지 않고 주님의 몸과 교통하는 것에 있다. 성례의 사용에서(in usu) 그리스도의 몸과 연합하는 것이 있다고 했는데, 편지의 다른 부분에서 "하나님의 아들이 복음의 사역 가운데 함께 하신다. 거기서 확실히 믿는 자들에게 효과가 있다. 그리고 떡 때문이 아니라 사람 때문에 함께 하신다. 너희는 내 안에 거하라 나도 너희 안에 거하리라 말씀하신 것과 같다. 이 참된 위로하는 말씀 안에서, 우리를 자신의 지체로 만드시고 자신이 우리의 몸을 살리실 것을 증거하신다"라고 말한다.[12]

멜란히톤은 옛 선생들의 건전한 교리와 루터주의자들의 성만찬론은 다르다고 지적한다. 멜란히톤은 옛 선생들의 건전한 교리를 소개하고 성만찬에 있어서 그리

---

11 "Et in hac controversia optimum esset retinere verba Pauli: Panis quem frangimus, κοινωνία ἐστὶ τοῦ σώματος. Et copiose de fructu Coenae dicendum est, ut invitentur homines ad amorem huius pignoris, & crebrum usum. Et vocabulum κοινωία declarandum est. Non dicit mutari naturam panis, ut Papistae dicunt. Non dicit ut Bremenses, Panem esse substantiale corpus CHRISTI. Non dicit ut Heshusius, Panem esse verum corpus CHRISTI: sed esse κοινωνιαν: id est, hoc quo fit consociatio cum corpore CHRISTI, quae fit in usu, & quidem non sine cogitatione: ut cum mures panem rodunt." Philip Melanchthon, *Iudicium de Controversia Coenae Domini* (Heidelberg, 1560), A-2.

12 "Adest filius Dei in ministerio Evangelii, & ibi certo est efficax in credentibus, ac adest non propter panem, sed propter hominem, sicut inquit, Manete in me, & ego in vobis. Et in his veris consolationibus, facit nos sibi membra, & testatur se corpora nostra vivificaturum esse." Melanchthon, *Iudicium de Controversia Coenae Domini*, A-3.

스도의 몸의 편재설에 기댄 루터주의자들의 교리를 교황주의자들의 것과 함께 놓으면서 거절한다.

> 그렇게 옛 사람들이 주의 만찬을 선언했다. 그러나 유익에 대한 이 참되고 단순한 교리를 어떤 이들은 변장한 것이라고 말하면서, 마치 떡 때문에 또 교황파의 숭배 때문에 성례가 서는 것처럼, 몸이 떡 안에 있는지 또는 떡의 외형에 있는지 말하기를 요구한다. 나중에 이들은 어떻게 떡에 포함되었는지를 만들었는데, 어떤 이들은 변화를, 어떤 이들은 본질변화를, 어떤 이들은 편재를 생각해냈다. 이 모든 이상한 내용들은 옛 학자들이 몰랐던 것이다.[13]

이것은 루터주의자들이 예상하지 못한 심한 비판이었다. 멜란히톤은 떡에 그리스도의 몸의 실체를 연결하려는 루터주의자들과 분명히 결별했다.

하이델베르크 요리문답서에 끼친 멜란히톤의 영향에 대한 토론이 있어왔다. 일찍이 에브라르트(August Ebrard)는 하이델베르크 요리문답서가 멜란히톤-칼빈적이거나 칼빈-멜란히톤적이라고 했다.[14] 하인리히 헤페(Heinrich Heppe)는 새로운 것도 없고, 칼빈적인 것도 없다고 진술함으로써 하이델베르크 요리문답서와 칼빈을 분리시키려고 했다.[15] 카를 주드호프(Karl Sudhoff)는 헤페의 의견에 대해 거친 감정을

---

13 "Sic declarant veteres coenam Domini. Sed hanc veram & simplicem doctrinam de fructu, nominant quidam cothurnos: & postulant dici, an sit corpus in pane, aut speciebus panis, quasi vero Sacramentum propter panem, & illam Papisticam adorationem institutum sit. Postea fingunt, quomodo includant pani, alii conversionem, alii transsubstantiationem, alii ubiquitatem excogitarunt. Haec portentosa omnia ignota sunt eruditae vetustati." Melanchthon, *Iudicium de Controversia Coenae Domini*, A-3.

14 Ebrard, *Das Dogma vom heiligen Abendmahl*, 597; 참고: Bierma, The Doctrine of the Sacraments, 1.

15 "Also nichts neues, nichts Calvinisches bot der Cateschismus dar." Heppe, *Geschichte des deutschen Protestantismus*, 446. 하이델베르크 요리문답의 성만찬론을 다룬 후의 평가다. 하이델

숨기지 않고 길게 비판하면서 하이델베르크 요리문답서는 처음부터 끝까지 칼빈주의적이며, 따라서 헤페가 부당하게 평가했다고 했다.[16] 그런데 앞으로 보겠지만 하이델베르크 요리문답서의 성만찬론이 멜란히톤에게 의존하고 있다는 진술도 옳지 않듯이, 이 요리문답서의 성만찬론에 멜란히톤의 흔적이 나타나지 않는다는 말도 옳지 않다.

위 편지에 나타난 멜란히톤의 중요한 변화가 있다. 비판할 때를 제외하고는 '실제로'(vere) 또는 '실체적으로'(substantialiter)란 단어가 빠져있다는 것이다. 이것은 이전의 멜란히톤의 단어 사용과는 다른 중요한 변화이다. 주의 만찬을 주님의 몸과의 교통(communicatio corporis)으로 보는 것, 유익이 믿는 자들(credentibus)에게 제한되는 것, 그리고 요한복음 15장의 인용 등은 멜란히톤이 "Examen ordinandorum"에서 성만찬을 정의하며 이미 언급한 내용들이다.[17] 1559년 우르시누스는 멜란히톤의

베르크 요리문답 전체에 대한 평가로서 그는 말한다. "하이델베르크 요리문답은 전혀 칼빈적이 아니다, 왜냐하면 작성자들이 칼빈주의로 기울어지는 것을 생각한 적이 없기 때문이다. 그것은 독일-개신교적이거나 처음부터 끝까지 멜란히톤 적이다, 다른 것이 아니다."(Der heidelb. Katechismus ist überhaupt nicht Calvinisch, weil seine Urheber nie an einen Abfall zum Calvinismus gedacht haben. Er ist deutsch-evangelisch, Melanchthoisch durch und durch, und nichts Anderes ...). 이런 평가는 헤페가 개혁교회와 루터교회의 연합의 역사적 근거를 찾으려는 무리한 시도 중의 하나라고 생각된다(참고: Bierma, *The Doctrine of the Sacraments*, 6).

16 "Der Heidelberger aber tritt klar und entschieden mit der ganzen reformierten Lehre und durchaus in calvinischer Weise mit bestimmtester Betonung der eben bezeichneten Lehrpunkte bervor."; p. 117; "Der Tendenz-Geschichtschreibung des eben angedeuteten Schlages muß der Heidelberger um jeden Preis "durchaus und durch und durch melanchthonisch sein," er darf "nichts Calvinisches darbieten". Dennoch zeigt uns der wahre Sachverhalt gerade das Umgekehrte." Sudhoff, *C. Olevianus und Z. Ursinus*, 118.

17 "Est Communicatio corporis et sanguinis Domini nostri Jesu Christi, sicut in verbis Evangelii instituta est. in qua sumptione Filius Dei vere et substantialiter adest, et testatur se applicare credentibus sua beneficia, et se assumpsisse humanam naturam propter nos, ut nos quoque sibi insertos Fide membra sua faciat, et nos ablutos esse sanguine suo. Simul etiam testatur, se velle in credentibus deinceps esse, et se, cum sit λόγος aeterni Patris, docere, vivificare et regere credentes, sicut inquit Iohannis 15. Manete in me, et ego in vobis: Qui manet in me, et ego in eo, id est, qui fide retinet Evangelium, in eo vere adest Filius Dei." Melanchthon, *CR*. 23: 61-62.

성만찬론 정의에서 많은 부분을 받아들여서 사용하며 "vere et substantialiter"(실제로 그리고 실체적으로)라는 단어를 사용한다.[18] 그러나 그가 하이델베르크로 온 이후에 작성한 *Summa Theologiae*와 *Catechesis minor*에서는 '실체적으로'를 사용하지 않는다. 하이델베르크 요리문답서도 사용하지 않는다. 칼빈의 경우에는 신자들이 그리스도의 실체(substantia)의 참여자가 된다고 표현한 적이 있다.[19] 물론 비텐베르크를 멀리하던 츠리히는 그리스도의 '실체'를 성만찬에 연결하기를 원하지 않았다. 그러나 하이델베르크 요리문답서에 'substantialiter'(실체적으로)나 'substantia'(실체)라는 표현이 없는 것 때문에 하이델베르크 요리문답서의 성만찬론을 츠리히(츠빙글리, 불링거)의 영향 하에 있었다고 판단하는 것은 정당하지 않다.[20] 비어마(Bierma)는 이런 표현이 하이델베르크 요리문답서에 없는 이유를 하이델베르크 작성자들이 합의를 목적으로 칼빈적이거나 루터주의적으로 보이지 않으려고 했을 것이라고 제안한다.[21] 칼빈이 이미《츠리히 일치》(Consensus Tigurinus, 1549)를 통해서 이 표현이 사용되지 않을 수 있음을 보여주었다. 프리드리히 3세에게 보낸 편지에서 멜

---

18 "Coena Domini est instituta in Evangelio panis et vini distributio cum beneficiorum Christi commemoratione, in qua sumptione Filius Dei vere et substantialiter adest credentibus ac testatur se his communicare corpus et sanguinem suum, id est applicare sua beneficia ..." Zacharias Ursinus, *D. Zachariae Ursini ... Opera Theologica ...*, vo. 1, ed., Q. Reuter (Hedelberg, 1612), 782.

19 "... ita etiam suae nos substantiae participes faciat, quo in unam cum eo vitam coalescamus." *CO* 6, 128. [*Catechismus seu Institutio puerorum in Doctrina Christi*. Q/A 353].

20 substantialiter의 사용에 대한 토론: Bierma, *the doctrine of the Sacraments*, 23.

21 "it is also possible that, for the sake of consensus, the authors of the HC were just as concerned about sounding too Lutheran or Calvinist on this point ..." Bierma, "The sources and Theological Orientation of the Heidelberg Catechism," in *An Introduction to the Heidelberg Catechism*, 100. 하이델베르크 요리문답의 성례론의 다양한 주제들에 대하여 Lyle Bierma는 멜란히톤주의자, 칼빈주의자, 츠빙글리주의자라는 꼬리표를 다는 것이 완전히 틀린 것은 아니지만, 한 노선에만 연결시키면서 배타적으로 볼 수는 없다고 했다(Bierma, *The Doctrine of Sacraments*, 20). 그러나 동시에 Bierma는 멜란히톤이 성례 일반에서 성령의 역할을 말하고 있음에도, 성령을 통해 그리스도의 몸과 피에 참여하는 방식의 진술은 멜란히톤-칼빈주의 보다는 불링거-칼빈주의의 강조로 본다(Bierma, "What Hath Wittenberg to Do with Heidelberg? Philip Melanchthon and the Heidelberg Catechism," in *Melanchthon in Europe*, ed. Karin Maag [Grands Rapids: Baker, 1999], 113).

란히톤도 이 표현을 사용하지 않았다. 멜란히톤의 편지는 하이델베르크 요리문답서에서 성만찬과 관련해 '실체'(substantia)가 빠질 수 있는 근거가 되었다. 이 편지가 1560년과 1561년에 무려 12번(라틴어 8회, 독일어 4회) 이상 출판되었다는 점을 생각할 때 이 편지의 영향력을 짐작할 수 있다.[22] 더 적극적으로 말하자면 멜란히톤의 권위에 기대어 하이델베르크 요리문답서는 "실체적"이란 표현을 사용하지 않을 수 있었다고 할 수 있다.

이 편지 때문에 멜란히톤은 개인적으로 루터주의 내에서 비판의 대상이 되고 이후 루터주의 교회에서 멜란히톤의 이름이 사라져간다. 한편 이 편지는 하이델베르크와 독일 개혁교회에 큰 힘이 되었다. 프리드리히 3세는 멜란히톤의 편지에 기대어 멜란히톤에 동의하지 않는 자들은 하이델베르크를 떠나도록 명했다.

4. 하이델베르크 공개토론(1560)과 《아우크스부르크 신앙고백서》 변경판의 채택

프리드리히 3세의 딸 결혼식에 열린 공개토론(1560년 6월 3일-7일)이 선제후로 하여금 개혁주의 성만찬론에 더 기울어지게 했다. 선제후의 사위 작센-고타(Sachsen-Gotha)의 요한 프리드리히(Johann Friedrich)가 장인의 노선을 우려하여서 신학자 두 사람, 곧 요한 슈토셀(Johann Stössel)과 막시밀리안 뫼를린 (Maximilian Mörlin)을 데리고 하이델베르크로 왔다. 논쟁은 주로 부캥과 슈토셀 사이에 있었다. 프랑스출신인

---

22 Gunnoe Jr., "The Reformation of the Palatinate," 40. 1560년 하이델베르크에서 멜란히톤의 이 편지를 출판할 것인지에 대한 토론이 있었다. 왜냐하면 루터주의의 공재설에 대한 비판이 노골적이었기 때문이다. 에라스투스가 불링거와 멜란히톤의 편지에 대한 출판에 대해 논의하면서 출판이 진리에 유익할 것을 밝히고 있다(Sturm, *Der junge Zacharias Ursin*, 230-31).

부캥이 독일어에 완전히 능숙하지 못했기 때문에 에라스투스가 도왔다. 부캥은 위에서 인용된 클레비츠의 논제를 변호하고 해설했다.

여기서 부캥은 믿음의 규칙(Fidei regula)에 따른 해석을 따라 성만찬을 제정하실 때 주님께서 하신 말씀을 교리의 다른 부분과 일치하도록 이해해야 한다고 했다. 따라서 그리스도의 몸과 그와 연결된 효과가 분리되어선 안 된다는 것이다.[23] 부캥에 의하면 성만찬에 있는 살리는 능력은 그리스도의 몸과 피와 교통하는 것에서 분리할 수 없다. 따라서 그 효과를 소유하지 못하는 자는 아무도 그리스도의 몸의 본질(οὐσία)을 소유할 수 없다는 것이다. 부캥은 성만찬의 실체는 그리스도의 효과와 분리할 수 없다고 말한다. 그리스도는 빵과 잔이 아니라 몸과 피의 교통에 대해서 말한다는 것이다. 성만찬은 빈 표나 또 본질이 없는 능력으로 구성되지 않는다. 부캥은 교통, 즉 코이노니아(κοινωνία)란 단어를 통해서 성만찬의 능력과 그리스도의 몸이 분리되는 것을 반대한다. 성만찬에서 하늘의 것이 그리스도의 몸과 피와 교통하는 것이라면 이 교통에는 그리스도와 교통하는 것이 전제되어야 한다는 것이다. 이 교통은 교회의 살아 있는 지체인 자들, 즉 그리스도의 신비한 몸에 참여한 자들이 갖는 것이다. 따라서 그리스도의 몸을 먹는 것이 아니다. 그리스도의 참된 몸은 영의 양식이요 마음의 양식이지 배의 양식이거나 몸의 양식이 아니다는 것이다.[24]

프리드리히 3세는 개혁신학자들의 의견을 따르기로 마음을 굳혔다. 그래서 《아우크스부르크 신앙고백서》 변경판(Confessio Augustana variata, 통상 CAV라 표기된다)이 공식적으로 인정받도록 노력했다. 아우크스부르크 종교평화 이후 신성로마제

---

23 공개토론에서 전달된 Bouquin의 견해는 다음 출판물에 정리되었다: *Theses, Quae Veram De Coena Dom. Sententiam, Iuxta Prophetica Et Apostolica scripta … Augustanaeque Confeßionis formulam summatim continent ad disputandum in Academia Heydelbergensi III. & IIII. Iunii propositae Anno M.D.LX.* (1560). Sturm이 이 내용을 요약했다: Sturm, *Der junge Zacharias Ursin*, 224-25.

24 참고 Sturm, *Der junge Zacharias Ursin*, 224-25.

국 안에서는 공식적으로 로마 가톨릭과 《아우크스부르크 신앙고백서》만 승인되었기 때문에 팔츠가 평화 안에 머물기 위해서는 《아우크스부르크 신앙고백서》를 받아들여야 했다. 이 때 이 신앙고백서가 성만찬론에서 그리스도의 인성이 빵과 포도주 안에 함께 공존하는 방식으로 이해된다면 하이델베르크가 선택한 입장과 달라지게 된다. 그런데 《아우크스부르크 신앙고백서》 비변경판(Confessio Augustana Invariata, 통상 CAI라 표기된다)보다는 변경판이 개혁주의 입장을 더 잘 드러낼 수 있었던 것이다. 더구나 비변경판의 독일어판은 루터주의의 편에 기울어진 것처럼 보여서 비변경판만 인정된다면 하이델베르크는 불리한 입장에 처할 수도 있었다. 변경판이 (적어도 비변경판과 함께) 공식적으로 인정될 때에 팔츠지역이 아우크스부르크 종교평화 안에 계속 안전하게 머무를 수 있었다. 비교하면 아래와 같다.

독일어판(CAI 1530):

주의 만찬에 대해서는, 그리스도의 참된 몸과 피가 실제로 성만찬의 빵과 포도주의 형체아래 현존하고 거기서 배분되어지고 취하여진다고 가르친다(Vom Abendmahl des Herrn wird also gelehrt daß wahrer Leib und Blut Christi wahrhaftig unter der Gestalt des Brots und des Weins im Abendmahl gegenwärtig sei und da ausgeteilt und genommen wird.)

라틴어판(CAI 1530):

주의 만찬에 대해서는, 그리스도의 몸과 피가 함께 하고 주의 만찬에서 먹는 자들에게 배분되어진다고 가르친다(De Cœna Domini docent, quod corpus et sanguis Christi vere adsint, et distribuantur vescentibus in Cœna Domini.)

변경판(CAV 1540):

주의 만찬에 대해서는, 빵과 잔과 함께 그리스도의 몸과 피가 주의 만찬에서 먹는 자들에게 제시된다고 가르친다(De cœna Domini docent quod cum pane et vino vere exhibeantur corpus et sanguis Christi vescentibus in Cœna Domini.)

비변경판 독일어 판에서 그리스도의 몸과 피가 빵과 포도주의 형체 아래(unter Gestalt) 현존한다고 했으며, 라틴어 판에서는 참으로 함께 한다(vere adsint)고 했다면, 변경판에서는 빵과 포도주와 함께(cum) 제시된다고 진술해서 차이를 드러낸다. 후에 루터주의자들은 비변경판을 고집했고, 개혁주의자들은 변경판을 선호했다. 1561년 1월 나움부르크(Naumburg)에서 개신교 통치자들이 모였을 때, 프리드리히 3세는 다른 이들을 설득하여 변경판이 비변경판과 함께 승인되도록 했다. 1566년 프리드리히 3세는 《아우크스부르크 신앙고백서》에 근거해서 하이델베르크 신앙고백서를 효과적으로 변호할 수 있었다.[25]

5. 떡을 뗌(fractio panis)

프리드리히 3세와 하이델베르크는 이제 자기 길을 분명히 갈 수 있었다. 팔츠교회와 대학을 새롭게 이끌어갈 역량 있는 인물이 필요한 시점에서 두 사람이 왔다. 1560년 초 카스파르 올레비아누스(Caspar Olevianus)가, 그리고 1561년 여름이 지나고 자카리아스 우르시누스(Zacharias Ursinus)가 왔다. 같은 해인 1561년 성탄절부터는 성만찬 예식에서 작은 편원모양(oblaten)의 웨이퍼를 사용하지 않고 빵을 떼는 방식(fractio panis)을 택했다.

25　Gunnoe Jr., "Reformation of the Palatinate," 44.

이 빵을 떼는 방식이 나중에 하이델베르크 요리문답서에 포함된다. "그리스도께서 이 떼어진 떡에서(von diesem gebrochnen brod; de hoc fracto pane) 먹고 잔에서 마시라고 명령하시고 약속하셨습니다. … 그의 몸이 … 희생당하시고 찢겨졌습니다(gebrochen; fractum) … 떡이 … 내게 떼어지는(gebrochen; frangi) 것을 내가 눈으로 보는 것처럼 확실히 …"(HC 75문답). 빵을 뗀다는 표현은 칼빈의 제네바 요리문답서에도 나오지 않는다. 우리는 하이델베르크에서 번역 출판된 베자의 영향을 생각해 볼 수 있다.[26] 베자가 1559년에 출판한 《기독교 신앙고백》(Confession de la foy chrestienne)을 올레비아누스가 번역하였던 것으로 추정한다.[27]

떼어진 빵이 우리 눈앞에 놓이는데, 우리 주 예수 그리스도의 보배로운 몸이 죽음의 고난을 통해 찢기어진 것과 같다. 포도주를 따름은 그의 피가 흘려진 것이다. 우리에게 빵과 포도주를 건네주는 목사는 우리에게 자신을 주신 우리 주 예수 그리스도 대신이다. 우리가 빵과 포도주를 취하여 먹고 마시는 것은 우리 몸과 영혼이 우리 주 예수 그리스도와 하나됨을 갖는다는 우리 마음의 하나의 증거요 인이다.[28]

---

26 이 표현이 더 먼저 등장하는 곳은 불링거의 1545년의 Warhaffte Bekenntnus라고 하여도, 직접적인 영향은 하이델베르크에서 출판된 베자의 글에 있다고 생각된다. 이 문제에 대한 토론의 참고: Bierma, *The Doctrine of Sacrament*, 17; Sturm, *Der junge Zacharias Ursin*, 300.

27 *Kurtze Bekanntnusz des Christlichen glaubens/ durch Theodorum von Besze/ in vierunddreissig Articul zusammen gezogen* (Heidelberg, 1557[1562]). 이 책의 실제 출판년도는 1562년인데 1557년으로 인쇄되었다. 원본의 전체 번역이 아니라 요약 또는 발췌 번역이다.

28 "Das brechen des brots stellt uns vor die augen/ wie der theuwere leib unseres Herrn Jesu Christi/ ist durch schmertzen des tods zerrissen worden. Dasz giessen des weins/ die vergiessung seines bluts. Der diener welcher uns das brot und den wein raicht/ ist anstatt unsers Herrn Jesu Christi/ welcher uns sich selbst schenckt. Dasz wir das brot und den wein nämen/ ässen und trincken: ist uns ain zeügnusz und sigill in unseren hertzen/ der verainigung die unsere leib und seel mit unserem Herrn Christo haben …" *Kurtze Bekanntnusz*, XXXI.

여기서 《하이델베르크 요리문답서》에서 나오는 몇 가지 표현들을 만날 수 있다. '떼어진 빵', '우리 눈앞에', 또 빵과 포도주를 건네주는 목사의 등장(하이델베르크 요리문답에 의하면, "목사의 손으로부터 받는"[ausz der hand des dieners empfange]) 등 이다. 이렇게 《하이델베르크 요리문답서》에 베자의 《기독교 신앙고백》의 번역문도 무시할 수 없는 영향이 있었다.

여기서 '빵을 뗌'(fractio panis)에 대하여 좀 더 고찰할 필요가 있다. 베른에서 편원모양(oblaten)의 빵 사용을 빵을 떼는 것으로 바꾸려고 시도했으나 실패한 적이 있었던 것을 생각한다면,[29] 팔츠교회에서 편원모양 대신 빵을 떼어서 사용하는 방식으로 변화시키려는 시도가 쉽지 만은 않았을 것이라고 짐작할 수 있다. 에라스투스가 1562년 하이델베르크에서 빵을 떼는 방식이 시작된 이후 '빵을 뗌'을 변호하기 위해 책을 출판했다.[30] 여기서 그는 고린도전서 10:16을 인용하면서 떼어진 빵으로 기록되었음을 상기시킨다.

그는 또 1563년 하이델베르크에서 "우리 주 구주 예수 그리스도의 만찬의 고귀한 성례에서 왜 빵이 떼어지는 것 없이 행해져서는 안되는지에 대한 몇 가지 이유들의 해설"(Erzelung Etlicher ursachen, warumb das hochwirdig Sacrament des Nachtmals unsers Herrn und Heylandts Jhesu Christi, nicht solle ohne das brodbrechen gehalten werden)을 출판했다. 여기서 세 가지 근거를 제시한다. 첫째, 예수 그리스도께서 그렇게 행하셨고 그의 제자들도 분명히 그렇게 하라고 우리에게 명령했다.[31] 둘째, 그리스도께

---

29 Fr. W. Cuno, *Daniel Tossanus der Ältere I. Teil. Sein Leben und Wirken* (Amsterdam, 1898), 240. 아브라함 무스쿨루스(Abraham Musculus)가 1582년 빵을 떼는 것(Brotbrechen)을 시도했으나 반대에 부딪혀 1605년까지 얇고 둥근 웨이퍼를 사용했다.

30 Thomas Erastus, *Gründtlicher Bericht, wie die Wort Christi, Das ist mein Leib etc. zu verstehen seien, auß den Worten der Einsetzung und der Erclärung Christi selbst genommen* (Heidelberg, 1562).

31 "Die erste ursach ist/ der Herr Christus solches nicht allein selbst gethan/ sonder auch seinen Jün-

서 우리를 위해 당하신 죽음의 그 괴롭고 말로 표현할 수 없는 고통을 묘사하시고 우리 눈앞에 두셔서, 이것으로 우리 죄가 얼마나 무겁고 큰가를 가르치신다.[32] 셋째, 우리가 성령의 역사를 통해 그리스도가 머리인 한 몸이 되며, 그렇기 때문에 한 몸의 지체로서 서로 진심으로 사랑해야 한다는 것을 성령께서 우리에게 권고하시고 기억나게 하시길 원하시기 때문이다.[33]

6. 우르시누스의 《소요리문답서》(Catechesis Minor)와 《대요리문답서》(Catechesis Maior)

우르시누스는 《하이델베르크 요리문답서》 작성에 중요한 역할을 한 신학자다. 그는 브레슬라우(Breslau)에서 태어나 비텐베르크에서 멜란히톤에게 배우고, 1557년과 1558년 바젤, 취리히, 제네바 등을 방문하며 개혁신학자들을 만났다. 이후에 고향 브레슬라우에서 잠시 교사로 활동하다가 성만찬 논쟁을 겪게 되며 이 때 성만찬에 관한 논제를 작성한 적이 있다.[34] 이후 우르시누스는 하이델베르크로 와서 두 개의 요리문답서를 작성했다. 《소요리문답서》(Catechesis Minor)라 불리는 《기독교 기

---

gern und also uns zu thun auszdrücklich befohlen und gebotten hat." Thomas Erastus, *Erzelung Etlicher ursachen, warumb das hochwirdig Sacrament des Nachtmals unsers Herrn und Heylandts Jhesu Christi, nicht solle ohne das brodbrechen gehalten werden* (Johann Mayer, 1563), 3.

32 "So ist nun die ander ursach/ ... Christus damit hat wöllen die bittern und unauszsprechelichen schmertzen seines für uns erlitnen tods/ ... / anbilden und für die augen stellen/ uns hiemit zu lehren/ wie schwer und groß unsere sünde seind…" Erastus, *Erzelung Etlicher ursachen*, 13.

33 "Die dritte ursach ist diese/ dasz ... der heilig Geist uns alle ... vermanen und erinnern wil/ dasz wir durch die würckung des heiligen Geists ein leib/ dessen haupt Christus ist/ worden seyen/ und derhalben ein andern/ wie glieder eins leibs/ von hertzen lieben sollen." Erastus, *Erzelung Etlicher ursachen*, 15.

34 이 논제에 대한 상세한 논의는 다음을 보라: Sturm, *Der junge Zacharias Ursin*, 136-164.

초 요리문답서》(Catechesis, hoc est, rudimenta religionis christianae)를 1562년초 또는 그 전에 작성했다. 1562년 여름 즈음 《대요리문답서》(Catechesis maior)라 불리는 《신학 요목문답서》(Catechesis, summa Theologiae)를 작성했다. 《소요리문답서》는 《하이델베르크 요리문답서》와 아주 유사하기 때문에 요리문답서 작성위원회의 초안이었을 것이라고 추정되며, 《대요리문답서》는 작성위원회의 초안은 아닐지라도 간접적인 영향을 끼쳤을 것이라고 생각된다.[35] 제2성만찬 논쟁의 상황에서 성만찬론이 어떻게 개혁교회 안에 정착되는지 그 변화를 이해하기 위해서 우르시누스를 거쳐 어떻게 최종적으로 《하이델베르크 요리문답서》에 성만찬론이 정착되는지 고찰할 필요가 있다. 하이델베르크로 오기 전 1559년에 그가 작성한 논제, 《소요리문답서》, 《대요리문답서》, 그리고 《하이델베르크 요리문답서》에서 성만찬의 정의는 다음과 같다.

1559년 논제:

주의 만찬은 복음 안에 제정된 것으로 그리스도의 은혜들을 기억하면서 빵과 포도주를 나누는 것이다. 이것을 받을 때에 하나님의 아들이 실제로 그리고 실체적으로 신자들에게 함께 하고, 자신이 그들과 자기의 몸과 피를 교통하고 있다는 것 즉 자기의 은택을 적용한다는 것, 믿음으로 자신에게 심겨진 우리들을 자기의 지체로 만들기 위해서 인간 본성을 취하셨다는 것, 그리고 우리를 그의 피로 씻겼다는 것을 증거한다. 또 동시에 자신이 신자들안에 이후에도 있기를 원하신다는 것과 영원한 아버지의 로고스인 자신이 신자들을 가르치시고 살리

---

35 이 주제에 대한 논의: Sturm, *Der junge Zacharias Ursin*, 246-248; Wilhelm Neuser, "Von Zwingli und Calvin bis zur Synode von Westminster," in *Handbuch Dogmen-und Theologiegeschichte*, 287; Lyle D. Bierma, "Translations of Ursinus's Catechism," in *An Introduction to the Heidelberg Catechism*, 138.

칼빈주의
뿌 리 내 리 다

시며 다스리신다는 것을 증거한다.[36]

《소요리문답서》64문:
그리스도에 의해 세워진 것으로, 그의 죽음을 전하는 것과 함께, 주님의 빵을 떼어서 먹는 것과 그의 잔을 신자들의 공동체에 배분하는 것이다. 이것은 보이는 보증과 공적 증거로서, 참 믿음 안에서 이것을 행하는 우리 모두를 권하며 확증하기를, 우리가 영생의 참 양식과 음료를 먹고 마시듯이 그의 몸은 다른 이들을 위해서가 아니라 우리 각자를 위해서 십자가에서 찢기셨으며 그의 피가 흘렀다고 한다. 그리고 오직 그 안에서만 생명을 찾아야 하고, 그의 지체에 합당하게 살아야 하고, 서로 사랑할 책임을 갖도록 한다.[37]

《대요리문답서》293문:
그리스도를 기억하기 위해 행해지는 것이고 그리스도에 의해 세워진 것으로 신자들의 회중에서 빵과 포도주를 나누고 받는 것이다. 그래서 가장 확실하게 신자들, 즉 이 빵과 이 포도주를 취하는 자들에게, 세례에서 하나님과 맺은 언

---

36 "Coena Domini est instituta in Evangelio panis et vini distributio cum beneficiorum Christi commemoratione, in qua sumptione Filius Dei vere et substantialiter adest credentibus ac testatur se his communicare corpus et sanguinem suum, id est applicare sua beneficia et se assumsisse humanam naturam, ut nos quoque sibi insertos fide membra sua faciat et nos ablutos esse sanguine suo, simul etiam testatur se velle in credentibus deinceps esse et se cum sit λόγος aeterni Patris, docere, vivificare et regere credentes." Ursinus, *Opera 1*, 782.

37 "Est fractio et manducatio panis Domini, et calicis eius distributio in coetu fidelium, cum annunciatione mortis eius, a Christo instituta, ut ea tanquam visibili pignore et publico testimonio, omnes nos, quotquot in vera fide hoc facimus, admoneat et confirmet, corpus suum non pro aliis tantum, sed pro nobis etiam singulis in cruce fractum, et sanguinem suum effusum esse, et a nobis tanquam verum aeternae vitae cibum et potum manducari et bibi: utque nos vicissim ad vitam in ipso solo quaerendam, et veluti membra ipsius decet, vivendum, ac nos mutuo diligendos obligemur." Ursinus, *Opera 1*, 39-40.

약이 영원히 유효하도록 자기의 몸과 피를 영생을 위하여 교통한다는 것을 자신이 이 표로 증거한다.[38]

《하이델베르크 요리문답서》75문:
그리스도께서는 나와 모든 신자들에게 그를 기념하여 이 뗀 떡에서 먹고 이 잔에서 마시라고 명령하셨고 또 이렇게 약속하셨습니다. 첫째, 주님의 떡이 나를 위해 떼어지고 잔이 나에게 나누어지는 것을 내가 눈으로 보는 것처럼 확실히, 그의 몸은 나를 위해 십자가에서 희생되었고 찢기셨으며 그의 피가 나를 위해 흘렀습니다. 둘째, 그리스도의 몸과 피의 확실한 표로서 내게 주어지는 주님의 떡과 잔을 내가 목사의 손에서 받아 맛보는 것처럼 확실히, 주님께서는 십자가의 그의 몸과 흘린 피로써 나의 영혼을 영생을 위하여 먹이시고 마시우실 것입니다.

성만찬에 대한 정의를 중심으로 비교하면 다음과 같은 점을 생각할 수 있다.

첫째, 기억 혹은 기념에 대한 것은 1559년 논제와 《대요리문답서》는 언급하나 《소요리문답서》는 언급하지 않는다. 대신에 《소요리문답서》에는 '그의 죽음을 전하는 것'을 추가한다. 우르시누스가 여기에는 '기념'이란 표현을 넣지 않았다. 《하이델베르크 요리문답서》에 가까이 갈수록 취리히의 영향처럼 보이는 것을 드러내지 않으려고 했다. 아마도 취리히의 영향이 직접으로 나타나 보인다고 생각했을 수

---

38 "Est distributio et sumtio panis et vini in congregatione fidelium, facta ad recordationem Christi, instituta a Christo, ut ipse hoc signo testetur, se certissime fidelibus, hunc panem et hoc vinum sumentibus, corpus et sanguinem suum ad vitam aeternam communicare, ut foedus in baptismo cum Deo initum, perpetuo illis ratum sit." Ursinus, *Opera 1*, 31.

있고 논란의 여지를 감춘 것으로 볼 수 있다. 《하이델베르크 요리문답서》가 기념이라는 용어를 사용하지만 75문답에서 성례에 대한 해석의 방식이 아니라 그리스도께서 기념하라고 명령하셨다는 방식으로 나타난다.

둘째, 빵을 떼는 것이 《소요리문답서》에 나타난다. 《대요리문답서》는 297문에 나타난다. 그리고 이 표현은 《하이델베르크 요리문답서》에 들어간다. 계속해서 예식의 형식과 관련해서, 빵과 포도주의 배분(distributio, 1559년 논제), 배분과 받음(distributio et sumtio, 《대요리문답서》), 빵을 떼어서 먹고(fractio et manducatio, 《소요리문답서》), 배분(distributio, 《소요리문답서》) 등의 표현이 등장한다. 이런 표현이 하이델베르크 75문답에도 나타나서, 뗀 빵으로부터 먹고(von diesem gebrochnen brod zu essen), 잔에서 마신다(von diesem kelch zu trincken)는 표현을 취한다. 라틴어역에서는 잔의 배분(distributio)에서 마신다는 표현을 한다. 빵을 뗌(fractio panis)은 17세기 개혁신학에서 성만찬의 필수 행위로 언급되곤 한다.

셋째, "실체적으로 함께 하신다"(substantialiter adest)는 표현은 1559년 논제에서는 등장하나 하이델베르크에 와서 작성한 요리문답서(《대요리 문답서》, 《소요리문답서》)에서는 나타나지 않는다. 격렬한 제2성만찬 논쟁의 상황에서 이 단어를 사용하게 되면 취리히의 부정적 평가를 받게 될 수도 있다. 즉, 《하이델베르크 요리문답서》에 가까이 가면서 논란이 되는 용어 사용을 피하고 있다. 《하이델베르크 요리문답서》에도 이 용어는 들어가지 않는다.

넷째, 약속에 대한 표현이 다양하다. 1559년 논제와 《대요리 문답서》에서 그리스도께서 주의 만찬으로 '증거하신다'(testatur)는 표현을 사용하나, 《소요리문답서》에서는 '권하며 확증한다'(admoneat et confirmet)를 사용한다. 《하이델베르크 요리문답서》에서 '약속하셨다'는 표현을 사용한다(verheissen; addita hac promissione). 이 약속의 내용이 《하이델베르크 요리문답서》 75문에서 두 가지이다. 첫째, 그의 몸이 나를 위해 희생당하고 찢기셨고, 그의 피가 나를 위해 흘렀다는 것이다. 둘째, 주께서 영생을 위하여 나를 먹이시고 마시우실 것이라는 것이다. 첫 번째는 과거에 대한 것이고, 두 번째는 현재와 미래에 대한 것이다. 이것은 우르시누스가 멜란히톤의 영향을 받아 작성한 1559년 논제에 나타난다. 이 점에서 《하이델베르크 요리문답서》에서 멜란히톤의 영향을 발견할 수 있다. 그리고 《하이델베르크 요리문답서》에서 이 약속의 내용이 묘사되는 방식은 《소요리문답서》(우리 몸이 먹고 마시듯이 ... 그의 몸이 찢기시고 그의 피가 흘렀다)와 가깝다. 《하이델베르크 요리문답서》에서 성만찬 예식의 표가 단순히 떡과 잔에 제한되는 것이 아니라 목사에 의해 떼어지고 나누어지고 신자가 받고 맛보는 전체 예식에 있는데, 감각으로는 수동적 시각(떼어지고 나누어지는 것을 본다)과 적극적 촉각과 미각(받아 맛본다)이 사용된다. 즉, 떡이 떼어져서 내게 주어지는 것을 보는 것은 주님께서 십자가에서 나를 위해 그 몸을 찢기신 과거로 이끌며, 받아 맛보는 것은 먹이시고 마시게 하며 나를 이끄시는 현재와 미래를 보게 한다. 이렇게 개혁신학에서 단순히 성례의 요소(빵과 포도주)만이 아니라 이루어지는 방식 또는 예식 행위(actio ritualis) 전체가 표가 된다.

나가며

제2성만찬 논쟁의 상황에서 개혁교회가 어떻게 성만찬을 표현하게 되었는지 하이델베르크를 중심으로 고찰했다. 위에서 살핀 내용들을 정리하면, 먼저 오트하인리히 시대에 개혁주의 신학자들과 루터주의 신학자들 사이에 갈등이 시작되었고 프리드리히 3세 때 개혁주의 성만찬론을 채택했다. 논쟁 초기에 이미 이중적 먹음(duplex manducatio)의 구도가 드러났고 《하이델베르크 요리문답서》도 이중 병렬 구도를 받아들였다. 멜란히톤이 보낸 판단문은 루터파의 공재설에 반대하고 하이델베르크 개혁주의자들의 견해에 더 가까웠는데, 그는 이 판단문에서 '실체적으로'(substantialiter)란 단어를 사용하지 않았다. 또 하이델베르크는 아우크스부르크 종교평화안에 머물기 위에서 《아우크스부르크 신앙고백서》를 받아들여야 했는데, 오해의 소지가 적은 변경판을 채택했다. 성만찬 예식의 방식에 있어서 하이델베르크 개혁신학자들은 떡을 뗌(fractio panis)을 변증했다. 그리고 《하이델베르크 요리문답서》는 떡을 뗀다는 분명한 고백을 했다. 《하이델베르크 요리문답서》 작성에서 중요한 역할을 한 우르시누스의 중요한 문서도 우리는 살폈는데, 거기서 개혁주의적 입장이 분명히 드러나면서도 멜란히톤의 흔적이 나타난다.

참고문헌 _____

김병훈 편.《그리스도의 순종과 의의 전가》. 수원: 합신대학원출판부, 2022.

_____.《노르마 노르마타-16, 17세기 개혁신학과 신앙》. 수원: 합신대학원출판부, 2015.

박상봉. "요한 칼빈과 불링거의 성만찬 일치 – Consensus Tigurinus". 〈한국교회사학회지〉 (2010): 155-197.

안상혁.《언약신학 쟁점으로 읽는다》. 수원: 영음사, 2014.

이남규.《우르시누스, 올레비아누스 – 하이델베르크 요리문답서의 두 거장》. 서울: 익투스, 2017.

_____. "종교개혁과 성경-성경의 자체가신적(αὐτόπιστος) 권위를 중심으로". 〈신학정론〉 제35권 2호 (2017): 55-90.

_____. "16세기 후반 속죄의 범위 논쟁". 〈신학정론〉 제35권 1호 (2017): 191-220.

_____. "'칼빈주의' 개념의 생성과 발전". 〈한국개혁신학〉 제27호 (2010): 325-50.

_____. "그리스도의 능동적 순종 전가 부인에 대한 개혁신학자들의 견해와 교회의 결정 (1588년-1619년)" 〈신학정론〉 제39권 2호 (2021): 165-226.

_____. "그리스도의 능동적 순종에 관한 테오도르 베자(Theodore Beza, 1519-1605)와 요하네스 피스카토르(Johannes Piscator, 1546-1625)의 논쟁". 〈신학정론〉 제39권 1호 (2021): 273-303.

_____. "그리스도의 순종과 의의 전가: 전기 정통주의의 견해". 김병훈 편.《그리스도의 순종과 의의 전가》. 수원: 합신대학원출판부, 2022: 105-201.

_____. "벨직신앙고백서의 성경론에 나타난 칼빈주의적 성격". 〈장로교회와 신학〉 13호 (2017): 79-98.

_____. "에라스투스주의의 등장으로서 하이델베르크 권징논쟁". 〈성경신학저널〉 제5권 (2013): 273-291.

_____. "올레비아누스의 장로회 정치를 위한 여정". 〈갱신과 부흥〉 15호 (2017): 1-38.

_____. "우르시누스의《대요리문답서》에 나타난 언약신학". 〈신학정론〉 제38권 1호 (2020): 289-317.

_____. "위로와 확신의 근거-하나님의 예정". 〈성경과 신학〉 제58권 (2011): 283-312.

_____. "자카리아스 우르시누스의 인간론" 《종교개혁과 인간》 (부산: 개혁주의학술원, 2021): 235-260.

_____. "잔키우스와 스트라스부르 예정론 논쟁". 《칼빈시대 유럽대륙의 종교개혁가들》. 부산: 개혁주의학술원, 2014: 229-255.

_____. "칼빈, 우르시누스, 올레비아누스: 초기개혁주의 언약론의 발전". 《칼빈과 종교개혁가들》. (부산: 개혁주의 학술원, 2012): 107-129.

_____. "팔츠의 교회법에 끼친 칼빈의 영향". 〈칼빈연구〉 제10집 (2013): 145-171.

_____. "하이델베르크의 성만찬론: 팔츠의 종교개혁(1556년)부터 하이델베르크요리문답까지" 〈성경신학저널〉 제4호 (2012):95-119.

이승구. "스코틀랜드 교회의 〈제2치리서〉(1578)에 나타난 장로교회의 모습". 김병훈 편. 《노르마 노르마타-16, 17세기 개혁신학과 신앙》. 수원: 합신대학원출판부, 2015: 449-478.

Acta Colloquij Montis Belligartensis Mompelgartense. Tubingen: Per Georgium Gruppenbachium, 1587.

Adam, Gottfried. *Eine Untersuchung zu den Entwürfen von Samuel Huber und Aegidius Hunnius*. Neukirchen-Vluyn, 1970.

Aquinas, Thomas. *Summa Theologica*, translated by Fathers of the English Dominican Province. Vol. 4, Westminster: Christian Classics, 1981.

Aquitanus, Prosperus. "Pro Augustini Doctrina Responsiones Ad Capitula Objectionum Vincentianarum." In *Patrologiae Latina*, edited by Jacques-Paul Migne, 1843-1850. Vol. 45, Paris, 1844.

_____. "Pro Augustino Responsiones Ad Capitula Calumniatium Gallorum." In *Patrologiae Latina*, edited by Jacques-Paul Migne, 1833-1844. Vol. 45, Paris, 1844.

Augustinus. *Ten Homilies on the First Epistle of John*. New York: Augustinian Heritage Institute, 2008.

_____. *The Augustine Catechism The Enchiridion on Faith Hope and Charity*. New York: Augustinian Heritage Institute, 1999.

Baschera, Luca & Christian Moser, eds. *Girolamo Zanchi De religione christiana fides-Confession of Christian Religion*. Leiden: Brill, 2007.

Bavinck, Herman. *Gereformeerde Dogmatiek*. 4 vols. 4th edition. Kampen: Kok, 1928-1930. 박태현 역. 《개혁교의학》. 서울: 부흥과 개혁사, 2011.

Berkhof, Louis. *Systematic Theology*. Grand Rapids: Eerdmans, 1996.

Beza, Theodore. *Ad Acta Colloquii Montisbelgardensis Tubingae Edita, Theodori Bezae Responsionis*. 2 vols. Genevae 1588.

_____. *Annotationes Maiores in Nouum Dn. Nostri Jesu Christi Testamentum. In Duas Distinctae Partes, Quarum Prior Explicationem in quatuor Evangelistas & Acta Apostolarum: posterior vero in Epistolas & Apocalypsin continet. Quibus Retiam Adiuncti sunt. Indices Rerum ac Verborum locupletissim*. Geneva: Henri Estienne, 1594.

_____. *Confessio christianae fidei*. Geneva, 1560.

_____. *De Haereticis a ciuili Magistratu puniendis Libellus, adversus Martini Bellii farraginen, & novorum Academicorum sectam*. Frankfurt a.M., 1973.

_____. *Novum D.N. Iesu Christi Testamentum: Latine Iam Olim a Veteri Interprete, Nunc Denuo a Theodoro Beza Versum*. Geneva: Oliva Robertus Stephanus, 1556.

_____. *Theodori Bezae Vezelii, Volumen tractationum theologicarum*. Geneva, 1576.

_____. [Olevianus, tr.] *Kurtze Bekanntnusz des Christlichen glaubens/ durch Theodorum von Besze/ in vierunddreissig Articul zusammen gezogen*. Heidelberg, 1557[1562].

_____. "Epistola XXXV - Caspari Oleviano, Heidelbergensis." In *Volumen tractationum Theologicarum 3*, 247-248. Geneva, 1582.

Bierma, Lyle D. *An Introduction to the Heidelberg Catechism*. Grand Rapids: Baker Academic, 2005.

_____. *The Covenant Theology of Caspar Olevianus*. Grand Rapids, Michigan: Reformation Heritage Books, 2005.

_____. *The Doctrine of the Sacraments in the Heidelberg Catechism Melanchthonian, Calvinist, or Zwinglian?* Princeton Theological Seminary, 1999.

_____. "The sources and Theological Orientation of the Heidelberg Catechism." In *An Introduction to the Heidelberg Catechism*, edited by Lyle D. Bierma, 75-102. Grand Rapids: Baker Academic, 2005.

_____. "Translations of Ursinus's Catechism." In *An Introduction to the Heidelberg Catechism*, edited by Lyle D. Bierma, 135-223. Grand Rapids: Baker Academic, 2005.

_____. "What Hath Wittenberg to Do with Heidelberg? Philip Melanchthon and the

Heidelberg Catechism." In *Melanchthon in Europe*, edited by Karin Maag, 103-21. Grand Rapids: Baker, 1999.

Bos, Frans Lukas. *Johann Piscator: Ein Beitrag zur Geschichte der reformierten Theologie*. Kampen: J. H. Kok, 1932.

Boudriot, Wilhelm. "Vorwort [für Synodus generalis Herbornae habita]." In *Bekenntnisschriften und Kirchenordnungen: der nach Gottes Wort reformierten Kirche*, edited by Wilhelm Niesel, [???-???] Zolikon-Zürich: Evangelischer Verlag, 1938.

Bouquin, Pierre. *Examen libri, quem D. Tilemannus Heshusius nuper scripsit ... de praesentia corporis Christi in coena Domini*. Per Ioannem Oporinum Basileae, 1561.

[_____]. *Theses, quae veram de coena Dom. Sententiam iuxta prophetica et apostolica scripta ...* 1560.

Brouwer, Rinse Reeling. "The Two Means of Knowing God: Not an Article of Confession for Calvin." In *Restoration through Redemption: John Calvin Revisited*, edited by Henk van den Belt, 31-44. Leiden: Brill, 2013.

Brunotte, Heinz von and Otto Weber, ed. *Evangelisches Kirchenlexikon*. 4 vols. Göttingen: Vandenhoeck & Ruprecht, 1959.

Bullinger, Heinrich. *Sermonum Decades Quinque, de potissimis Christianae religionis apitibus*. Tomus primus, Lodon, 1549.

Busch, Eberhard. "Gott und Mensch." In *Calvin Handbuch*, edited by Herman J. Selderhuis, 222-231. Tübingen: Mohr Siebeck, 2008.

Calvin, John. *Catechismus seu Institutio puerorum in Doctrina Christi*. Genevæ: [Jean Crespin], 1570.

_____. *Ioannis Calvini opera quae supersunt omnia*. Edited by Guilielmus Baum, Eduardus Cunitz, and Eduardus Reuss. 59 vols. Brunswick: Schwetschke, 1863–1900.

_____. *Ioannis Calvini prælectiones: in librvm prophetiarvm Jeremiæ, et Lamentationes*. Geneva: Io. Crispinum, 1563.

Castelio, Sebastian. *Contra libellum Calvini*. Amsterdam, 1612.

Charles D. Gunnoe Jr., "The Reformation of the Palatine and the Origins of the Heidelberg Catechism, 1500-1562." An Introduction to the Heidelberg Catechism, ed. Lyle D. Bierma, 15-47. Grand Rapids: Baker Akademie, 2005.

Clark, R. Scott. *Caspar Olevian and the Substance of the Covenant*. Grand Rapids, Michigan: Reformation Heritage Books, 2005.

Cuno, Fr. W. *Daniel Tossanus der Ältere I. Teil. Sein Leben und Wirken*. Amsterdam, 1898.

De Campos, Heber Carlos, Jr. *Doctrine in Development: Johannes Piscator and Debates over Christ's Active Obedience*. Reformation Heritage Books, 2017.

_____. *Johannes Piscator (1526-1625) and the Consequent Development of the Doctrine of the Imputation of Christ's Active Obedience*. Diss, Calvin Theological Seminary, 2009.

Dennison, James T., Jr., ed. *Reformed Confessions of the 16th and 17th Centuries in English Translation: Vol. 1. 1523-1552*. Grand Rapids: Reformation Heritage Books, 2008.

Denzinger, Heinrich. *Enchiridion Symbolorum Definitionum et Declarationum de Rebus Fidei et Morum*, edited by Peter Hünermann, Editio 44 = 이성효 (외 5인) 책임 번역.《신경, 신앙과 도덕에 관한 규정 선언 편람》. 서울: 한국천주교중앙협의회, 2017.

Dijk, Klass. *De Strijd over Infra- en Supralapsarisme in de Gereformeerde Kerken Van Nederland*. Kampen: J. H. Kok, 1912.

Drüll, Dagmar. *Heidelberger Gelehrtenlexikon 1386-1651*. Berlin/Heidelberg: Springer, 2002.

Ebrard, Augus. *Das Dogma vom heiligen Abendmahl und seine Geschichte*. Vol. II, Frankfurt, 1846.

Ebrard, Johann Heinrich August. *Handbuch der christlichen Kirchen- und Dogmengeschichte*. Vol. 3. Erlangen: Verlag von Andreas Deichert, 1866.

Erastus, Thomas. *Erzelung Etlicher ursachen, warumb das hochwirdig Sacrament des Nachtmals unsers Herrn und Heylandts Jhesu Christi, nicht solle ohne das brodbrechen gehalten werden*. Johann Mayer, 1563.

_____. *Explicatio Gravissimae Quaestionis utrum Excommunicatio, quatenus Religionem intelligentes & amplexantes, a Sacramentorum usu, propter admissum facinus arcet; mandato nitatur Divino, an excogitate sit ab hominibus*. Pesclavii, 1589.

_____. *Gründtlicher Bericht, wie die Wort Christi, Das ist mein Leib etc. zu verstehen seien, auß den Worten der Einsetzung und der Erclärung Christi selbst genommen*. Heidelberg, 1562.

Faulenbach, Heiner et al. (eds). *Reformierte Bekenntnisschriften*. Vol. 1/1, Neukirchener,

2002.

_____. *Reformierte Bekenntnisschriften.* Vol. 1/2, Neukirchener, 2006.

Formula Consensus Ecclesiarum Helveticarum. 1675.

Gillespie, George. *Aarons Rod Blossoming or The Divine Ordinance of Church-Government vindicated.* London, 1646.

Godfrey, William Robert. "Tensions within International Calvinism: The Debate on the Atonement at the Synod of Dort 1618-1619." PhD diss., Stanford University, 1974.

Goeters, J.F. Gerhard. "Einführung." In *Die Evangelischen Kirchenordnungen des XVI. Jahrhunderts,* edited by Emil Sehling, 1-89. Tübingen: J. C. B. Mohr (Paul Siebeck), 1969.

Gootjes, Nicolaas H. *The Belgic Confession Its History and Sources.* Grand Rapids, Michigan: Baker Akademie, 2007.

Goudrian, Aza. *Reformed Orthodoxy and Philosophy, 1625-1750.* Leiden: Brill, 2006.

Grynaeus, Jakob. *Theorema de perfecta totius obedientiae Domini nostri Iesu Christi imputatione.* Basel, 1588.

Grynaeus, Johann Jakob et. al. *Triga Basileensium Theologorum. Hoc est: Disputatio Tripartita, Johan. Jacobi Grynaei, Amandi Polani, Ludowici Lucii: De Perfectae Obedientiae Servatoris nostri Jesu Christi imputatione.* Ambergae, 1613.

Gründler, Otto. *Die Gotteslehre Girolamo Zanchis und ihre Bedeutung fuer seine Lehre von der Praedestination.* Neukirchen-Vluyn: Neukirchener Verlag des Erziehungsvereins GmbH, 1965.

Guggisberg, K. *Das Zwinglibild des Protestantismus im Wandel der Zeiten.* Leipzig: , 1934.

Heppe, Heinrich. *Die Dogmatik der Evangelisch-Reformierten Kirche,* rev. and edited by Ernst Bizer. Neukirchen: Neukirchener Verlag, 1958.

_____. *Dogmatik des deutschen Protestantismus.* Vol. 2, Gotha, 1857.

_____. *Geschichte des deutschen Protestantismus in den Jahren 1555-1581.* Vol. 1, Marburg, 1852.

Heshus, Tilemann. *Bekantnuß vom Heiligen Nachtmal des Herrn Jesu Christi.* Nürnberg: vom Berg und Newber, 1560.

_____. *Responsio Tillemanni Heshusii ad praejudicium Philippi Melanchthonis, de controversia Coena Domini*. Magdeburg: Kirchner, 1560.

_____. *De praesentia corporis Christi in Coena Domini*. Jena, 1560.

Huber, Samuel. *Bestendige Entdeckung des Calvinischen Geists*. Wittenberg, 1593.

_____. *Demonstratio Samuel Huberi fallaciarum Joh. Calvini in doctrina de Coena Domini, quibus usus est in libro Institutionis Christianae [et] ex quo suum Calvinismum in omnem epurgitavit Christianum orbem*. Witebergae: Lehmann, 1593.

_____. *Disputatio tertia contra Calvinistas, Quod faciant deum autorem peccati*. Witebergae: Lehmann, 1593.

_____. *Disputatio: Secunda contra Calvinistas*. Wittenberg, 1593.

_____. *Gründliche Beweisung/ Daß Christus Iesus/ gestorben seie für die Sünden/ des gantzen menschlichen Geschlechts. Wider etliche fürnembste Calvinisten*. Tübingen, 1590.

_____. *Von der Caluinischen Predicanten Schwindelgeist, vnnd dem gerechten Gericht Gottes vber diese Sect*. Tübingen: Gruppenbach, 1591.

Jacobs, Paul, ed. *Reformierte Bekenntnisschriften und Kirchenordnungen in deutscher Übersetzung*. Neukirchen: Buchhandlung des Erziehungsvereins Kr. Moers, 1950.

Janse, Wim. "12. Sakramente." In *Calvin Handbuch*, edited by Herman Selderhuis, 338-349. Tübingen: Mohr Siebeck, 2008.

Kimedoncius, Jacob. *De redemtione generis humani*. Heidelberg, 1592.

Kluckhohn, August, ed. *Briefe Friedrich des Frommen Kurfürsten von der Pfalz*. Vol. II, Braunschweig, 1872.

Krüger, Thilo. *Empfangene Allmacht: die Christologie Tilemann Heshusens (1527-1588)*. Göttingen: Vandenhoeck & Ruprecht, 2004.

Lang, August, ed. *Der Heidelberger Katechismus und vier verewandte Katechismen*. Leipzig: A. Deichert'sche verlagsbuchh. Nachf., 1907.

Lee, Nam Kyu. Die Prädestinationslehre der Heidelberger Theologen 1583 – 1622. Göttingen: Vandenhoeck & Ruprecht, 2009.

Lillback, Peter. "Ursinus' Development of the Covenant of Creation: A Debt to Melanchthon or Calvin?." Westminster Theological Journal 43 [Spring 1981]:

247-288.

Loescher, Valentin Ernst. *Ausführliche Historia Motuum zwischen den Evangelisch-Lutherischen und Reformirten.* Vol. 2, Franckfurt und Leipzig: Johann Grossens seel, 1723.

Lohse, Bernhard. *Luthers Theologie in ihrer historischen Entwicklung und in ihrem systematischen Zusammenhang.* Göttingen: Vandenhoeck & Ruprecht, 1995.

Lombardus, Petrus. "Sententiarum libri quatuor, liber tertius." In *Patrologiae Latina,* edited by Jacques-Paul Migne, 519-964. Vol. 192, Paris, 1855.

Louis Lueker, Erwin, ed. *Lutheran cyclopedia.* Concordia Pub. House, 1954.

Luther, Martin. *Dr. Martin Luthers Werke. Kritische Gesamtausgabe.* 73 vols. Weimar, 1883-2009.

_____. *Dr. Martin Luthers Werke. Kritische Gesamtausgabe: Briefwechsel.* 18 vols. Weimar, 1930-1985.

Mahlmann, Theodore. "Melanchthon als Vorläufiger des Wittenberger Kryptocalvinismus." In *Melanchthon und der Calvinismus, eds., Günter Frank & Herman J. Selderhuis,* 173-230. Stuttgart-Bad Cannstatt: Friedrich Frommann Verlag, 2005.

McLelland, Joseph C. *The Visible Words of God: An Exposition of the Sacramental Teaching of Peter Martyr Vermigli.* Edinburgh, 1957.

Mediolanensis, Ambrosius. "Expositio Evangelii Secundum Lucam Libris X Comprehensa." In *Patrologiae Latina,* edited by Jacques-Paul Migne, 1527-1850. Vol. 15, Paris, 1845.

Meijer, Lodewijk. *Philosophia S. Scripturae interpres.* Eleutheropoli, 1666.

Melanchthon, Philip. *Corpus Reformatorum. Philippi Melanchthonis Opera quae supersunt omnia.* 25 vols. Halle & Braunschweig: Schwetschke, 1834-1860. CR. 23: 61-62.

_____. *Iudicium de Controversia Coenae Domini.* Heidelberg, 1560.

Moltmann, Jürgen. *Prädestination und Perseveeranz.* Neukirchen Kreis Moers, 1961.

Mosheim, Johan Lorenz von. *Anderweitiger Versuch einer vollständigen und unparteyischen Ketzergeschichte.* Helmstadt, 1748.

Muller, Richard A. *Post-Reformation Reformed Dogmatics: The Rise and Development of Reformed Orthodoxy, ca. 1520 to ca. 1725.* Vol. 2, Grand Rapids, Michigan:

Baker, 2003.

_____. *Dictionary of Latin and Greek Theological Terms*. Grand Rapids: Baker Book House, 1996.

Mühling, Andreas and Peter Opitz, eds. *Reformierte Bekenntnisschriften*. Vol. 2/1, Neukirchen-Vluyn: Neukirchener, 2009.

Mühling, Andreas. *Caspar Olevian*. Zug: Achius Verlag, 2008.

Müller, Karl. "Caspar Olevian - Reformator aus Leidenschaft. Zum 400. Todestag am 15. März 1987." *Monatshefte für Evangelishce Kirchengeschichte des Rheinlandes 37 & 38* (1988 & 1989): 13-138.

Münch, Paul. *Zucht und Ordnung*. Stuttgart: Klett-Cotta, 1978.

Neumüllers-Klauser, Renate. *Die Inschriften der Stadt und des Landkreises Heidelberg*. Stuttgart: Druckenmüller, 1970.

Neuser, Wilhelm H. "Die Einführung der presbyterial-synodalen Kirchenordnung in den Grafschaften Nassau-Dillenburg, Wittgenstein, Solms und Wied im Jahre 1586." *Jahrbuch für Westfälische Kirchengeschichte 71* (1978): 47-58.

_____. "Dogma und Bekenntnis in der Reformation: Von Zwingli und Calvin bis zur Synode von Westminster." In *Handbuch der Dogmen- und Theologiegeschichte*, vol. 2, edited by Carl Andresen, 167-352. Göttingen: Vandenhoeck & Ruprecht, 1988.

_____. "Prädestination." In *Calvin Handbuch*, edited by Herman J. Selderhuis, 307-317. Tübingen: Mohr Siebeck, 2008.

Niesel, Wilhelm, ed. *Bekenntnisschriften und Kirchenordnungen: der nach Gottes Wort reformierten Kirche*. Zolikon-Zürich: Evangelischer Verlag, 1938.

Olevianus, Caspar, ed. *Predigten H. Iohannis Calvini vber das Buch Job:wie dieselbe auss seinem Mund durch Befelch eines ehrsamen Rahts zu Genff seind verzeichnet worden*. Herborn: Christoff Raben, 1586.

_____, ed. *Vier Predigten H. Johann Caluini, deren drey vber den englischen Gruss handlen von göttlicher Verheissung vnd Allmacht*. Herborn: Christoff Raben, 1586.

_____. *De substantia foederis inter Deum et electos, itemque de mediis, quibus ea ipsa substantia nobis communicatur*. Geneva: Eustathius Vignon, 1585.

_____. *Expositio symboli apostolici, sive articulorum fidei, in qua summa gratuiti foederis aeterni inter Deum & fideles breviter & perspicue tractatur.* Frankfurt: Andrea Wechelus, 1580.

_____. In *Epistolam D. Pauli Apostoli ad Romanos notae.* Geneva: apud Eustathium Vignon, 1579.

_____. "Vester Grund," In *Der Gnadenbund Gottes.* Herborn: Christoff Raben, 1590.

_____, ed. *INSTITVTIONIS CHRISTIANAE RELIGIONIS Epitome: EX INSTITVTIONE Iohannis Caluini excerpta, authoris methodo et verbis retentis. Cum Praefatione Gasparis Oleuiani, ad Theodorum Bezam, in qua editionis consilium exponitur.* Herborn: Christoph Corvinus,1586.

Opitz, Peter. "Schrift." in *Calvin Handbuch*, edited by Herman J. Selderhuis, 231-240. Tübingen: Mohr Siebeck, 2008.

Ordnung der evangelischen Kirchen in frankrich / so gehalten wird / im Gemeinen Gebet / Reichung der Sacrament / Einsegnen der Ehe / Besuchung der Krancken / und Christlichen Catechismo. Heidelberg: Johannes Mayer, 1563.

Pareus, David. *Acta Colloquiorum Sawalbacensium.* Frankfurt: Rosa, 1620.

Piscator, Johannes. *Apologia Disputationis De Causa meritoria justijicationis hominis coram Deo.* Herborn: 1618.

_____. "Examen sententiae Domini Theodori Bezae." In *Correspondence de Theodore de Théodore de Bèze*, vol. 27, edited by Alain Dufour et al., 49-63. Geneva: Librarie Droz, 2005.

_____. "Literae 10. Piscatoris ad fratres de controversia iustificationis." In *Clarorum virorum epistolae CXVII e Bibliothecae Gothanae Autographis*, edited by Ernst Salomon Cyprian, 74–76. Leipzig: Gleditsch & Filius, 1714.

Pitiscus, Bartholomaeus. *Ausführlicher Bericht: Was die Reformierte Kirchen im Deutschland gleuben oder nit gleuben.* Amberg: Michael Forster, 1609.

Plath, Uwe. "Zur Entstehungsgeschichte des Wortes 'Calvinist'." *Archiev für Reformationsgeschichte* 66 (1975): 213-23.

Polanus, Amandus. *Partitiones Theologicae.* Basel: Conrad Waldkirche, 1590. = *The Substance of Christian Religion.* London: R. F., 1595.

_____. *De Partibus Gratuitae Iustificationis nostrae coram Deo.* Basel: Typis Conrad Waldkirch, 1598.

_____. *Partitiones Theologicae.* Basel: Conrad Waldkirche, 1599.

Press, Volker. *Calvinismus und Territorialstaat-Regierung und Zentralbehörden der Kurpfalz 1559-1619*. Stuttgart: Ernst Klett Verlag, 1970.

Rennecherus, Herman. *Aurea Salutis Catena*. Herborn, 1589.

_____. *Hermanni Rennecheri scriptum didascalicum et apologeticum*. Hanau: 1597.

Richter, Aemilius Ludwig, ed. *Die evangelischen Kirchenordnungen des sechszehnten Jahrhunderts: Urkunden und Regesten zur Geschichte des Rechts und der Verfassung der evangelischen Kirche in Deutschland*. Vol. II, Weimar: Verlag des Landes-Industriecomptoirs, 1846.

Ritschl, Otto. *Dogmengeschichte des Protestantismus*. Vol. 4, Göttingen: Vandenhoek & Ruprecht, 1927.

Rutgers, F. L., ed. *Acta van de Nederlansche Synoden der zestiende eeuw*. Utrecht: Kemink & Zoon, 1889.

Schaff, Philip. *The Creeds of Christendom*, 3 vols. 6th edition revised by D. S. Schaff. 1931. Reprint, Grand Rapids: Baker Book House, 1983.

Schmidt, Charles. "Girolamo Zanchi," In *Theologische Studien und Kritiken* 32 (1859): 625-708.

Schweizer, Alexander. *Die Protestantische Centraldogmen in ihrer Entwicklung innerhalb der reformirten Kirche-ertste Hälfte das 16. Jahrhundert*. Zürich: Orell und Füssli, 1854.

Seeberg, Reinhold. *Die Dogmengeschichte des Mittelalters und der Neuzeit*. A. Deichert: 1898.

Sehling, Emil, ed. *Die evangelischen Kirchen Ordnungen des XVI. Jahrhunderts: Band 14 Kurpfalz*. Tübingen: Mohr, 1969.

Selderhuis, Herman J. "Das Recht Gottes, Der Beitrag der Heidelberger Theologen zu der Debatte über die Prädestination." In *Späthumanimus und reformierte Konfession*. edited by Christoph Strom et al., 228-253. Tübingen: Mohr Siebeck, 2006.

_____. "Eine attraktive Universität - Die Heidelberger Theologische Fakultät 1583-1622." In *Bildung und Konfession*, edited by Herman J. Selderhuis & Markus Wriedt, 1-30. Tübingen: Mohr Siebeck 2006.

_____. "Ille Phoenix: Melanchthon und der Heidelberger Calvinismus 1583-1622." In *Melanchthon und der Calvinismus*, edited by Günter Frank et al., 45-59. Stuttgart: Friedrich Frommann Verlag, 2005.

Sohnius, Georgius. *Operum Georgii Sohnii, Sacrae Theologiae Doctoris, Tomus Primus; Continens Scripta Auctoris methodica; Quae Sunt Haec: I. De verbo Dei & ejus tractatione libri duo. II. Synopsis sive delineatio Methodi Theologiae. III. Methodus Theologiae plené conformata. IV. Idea locorum communium Theologicorum. V. Synopsis totius Corporis doctrinae Philippi, Thesibus comprehensa. VI. Aliae Theses de plerisque Theologiae partibus in Academiis Marpurgensi & Heidelbergensi disputatae, & hîc ordine dispositae. Praefixa Est Oratio De Vita Et Morte D. Sohnii, totum eius curriculum comprehendens,* Herborn 1591.

_____. *Operum Georgii Sohnii Sacrae Theologiae Docoris Tomus tertius; in quo continetur Exegesis interpretationis Scholasticae & Theologicae super selectos aliquot Psalmos Davidiis,* Herborn 1592. *Operum Georgii Sohnii, Sacrae Theologiae Doctris, Tomus secundus, continens Exegesin Praecipuorum articulorum Augustanae Confessionis.* Herborn: Rab Christoph, 1591.

_____. *Operum Georgii Sohnii, Sacrae Theologiae Doctoris, Tomus Secundus; Continens Exegesin Praecipuorum Articulorum Augustanae Confessionis,* Herborn 1591.

Stein, Simon. *Calvinismus Heidelbergensis, Die Heydelbergische Calvinisterey : in einem Lateinischen Gespräch erstlich außgangen: Nun aber den liebhabern der Warheit zu gutem, in das Teutsch gebracht ; In welcher Gründtlicher Bericht von jhrem Leben, Wandel vnd Sitten, in Politischen Händeln, gehandelt wirdt. Darnach von jhrer Disciplin vnd Zucht in jhren Conventen vnd Versamlungen, beyde die Zuhörer vnd Kirchendiner betreffendt. Zum dritten, von jhren eusserlichen Ceremonien in den Kirchen. Endtlich von jhren Lehrpuncten.* Hanau: Antonius, 1593.

Steubing, Johann Hermann, ed. *Kirchen- und Reformationsgeschichte der Oranien-Nassowischen Lande.* Hadamar: Neue Gelehrten-Buchhandlung, 1804.

Strauss, S. A. "John Calvin and the Belgic Confession,." *In die Skriflig 27* (4) 1993: 501-517.

Struve, Burkhard Gotthelf. *Ausführlicher Bericht von der Pfälzischen Kirchen-Historie.* Frankfurt: Johann Bernhard Hartung, 1721.

Sturm, Erdmann K. Der *Junge Zacharias Ursin, sein Weg vom Philippismus zum Calvinismus (1534-1262).* Neukirchen: Neukirchener Verlag, 1972.

Sudhoff, Karl. *C. Olevianus und Z. Ursinus: Leben und ausgewählte Schriften der Väter und Begründer der reformierten Kirche.* Elberfeld: R. L. Fridrichs, 1857.

Toepke, Gustav, ed. *Die Matrikel der Universität Heidelberg von 1554 bis 1662.*

Heidelberg, 1886.

Toplady, Augustus Montague, trans. *The doctrine of Absolute Predestination stated and asserted with a preliminary discourse on the Divine Attributes. Translated in great measure from the Latin of Jerome Zanchius with some account of his life prefixed.* London, 1769.

Tossanus, Daniel. *De ea parte praedestinationis.* Heidelberg, 1586.

_____. *Disputatio Theologica: de illo loco D. Pauli Cor.15.v.22. ... An Christus pro omnibus sit mortuus?* Heidelberg, 1589.

_____. *Doctrina De Praedestinatione.* Hanoviae, 1609.

_____. *Drey Christliche Predigten.* Heidelberg: Josua Harnisch 1591.

Tossanus, Paul. *Recapitulatio deß Examinis.* Frankfurt, 1614.

Trinterud, Leonard. "The Origins of Puritansim." *Church History 20* (March 1951): 37-57.

Tylenda, Joseph N. "Girolamo Zanchi and John Calvin - A Study in Discipleship as seen Through Their Correspondence. *Calvin Theological Journal 10* (1975): 101-141.

Ursinus, Zacharias. *Antwort Josue Lagi Pomerani, dieners des worts Gottes zu Heidelberg, Auff Johann Marbachs und Joachim Mörlins Schrifften wider die Heidelbergischen Theologen.* Heidelberg: Johannes Mayer 1565.

_____. *D. Zachariae Ursini ... opera theologica*, tom 1, edited by Quirinus Reuter. Heidelberg: Johan Lancellot, 1612.

_____. "Catechesis minor; perspicua brevitate christianam fidem complectens." In *D. Zachariae Ursini ... opera theologica*, edited by Quirinus Reuter, 34-39. Heidelberg: Johan Lancellot, 1612.

_____. "Catechesis, summa theologiae per questions et responsiones exposita." In *D. Zachariae Ursini ... opera theologica*, edited by Quirinus Reuter, 10-33. Heidelberg: Johan Lancellot, 1612.

_____. "D. Zachariae Ursini Loci Theologici traditi in Academia Heidelbergensi." In *D. Zachariae Ursini ... opera theologica*, edited by Quirinus Reuter, 416-743. Heidelberg: Johan Lancellot, 1612.

_____. "Die Summa Theologiae Ursins,." In *Der Heidelberger Katechismus und vier verewandte Katechismen*, edited by A. Lang, 151-199. Leipzig: A. Deichert'sche verlagsbuchh. Nachf., 1907.

_____. "Explicationes Catecheseos Palatiae, sive corpus Theologiae." In *D. Zachariae Ursini ... opera theologica*, edited by Quirinus Reuter, 46-413. Heidelberg: Johan Lancellot, 1612.

Van den Belt, Henk. *The Authority of Scripture in Reformed Theology: Truth and Trust.* Leiden: Brill, 2008.

Van den Brink, Bakhuizen, ed. *De Nederlandse belijdenisgeschriften.* Amsterdam: Ton Bolland, 1976.

Van den Brink, Gijsbert. "A Most Elegant Book: The Natural World in Article 2 of the Belgic Confession." *Westminster Theological Journal 73* (2011): 273-291.

Van den Brink, J. N. Bakhuizen & al., ed. *Documenta Reformatoria; Teksten Uit De Geschiedenis Van Kerk En Theologie in De Nederlanden Sedert De Hervorming.* Kampen: J.H. Kok, 1960.

Visser, Derk. *The Reluctant Reformer His Life and Times.* New York: United Church Press, 1983.

Voetius, Gisbertus. *Selectarum Disputationum Theologicarum.* Pars prima, Utrecht apud Joannem a Waesberge, 1648.

_____. *Selectarum Disputationum.* Pars Quinta, Utrecht, 1669.

Walton, Robert C. "Der Streit zwischen Thomas Erastus und Caspar Olevian über die Kirchenzucht in der Kurpfalz in seiner Bedeutung für internationale reformierte Bewegung." *Monatshefte für Evangelische Kirchengeschichte des Rheinlandes 37/38* (1988/1989): 205-246.

Wesel-Roth, Ruth. *Thomas Erastus.* Baden: Moritz Schauenburg Lahr, 1994.

Westphal, Joachim. *Apologia adversus venenatum antidotum Valerandi Pollani Sacramentarii.* Vresellis: Excudebat Nicolaus Henricus, 1558.

_____. *Apologia confessionis de coena Domini contra corrupteles et calumnias Joannis Calvini.* Vrsellis:Excudebat Nicolaus Henricus, 1558.

Winkelmann, Eduard, ed. *Urkundenbuch der Universitaet Heidelberg.* Vol. 1, Heidelberg: Carl Winters Universitaetsbuchhandlung, 1886.

Zanchius, Hieronymus. *Compendium Praecipuorum Capitum Doctrinæ Christianæ ... in Lucem edium.* Neustadt an der Haardt: Harnisch, 1598.

_____. *Operum Theologicorum.* Vol. 7-1, Genevae: sumptibus Ioannis Tornaesij, 1649.

Zeeden, Ernst Walter. "Calvinistische Elemente in der kurpfälzischen Kirchenordnung von

1563." In *Existenz und Ordnung: Festschrift für Erik Wolf zum 60. Geburtstag* edited by Thomas Würtenberger et al., 183-214. Frankfurt a.M.: Klostermann, 1962.

Zwingli, Ulrich. "Antwort über Balthasar Hubmaiers Taufbüchlein." In *Huldreich Zwinglis sämtliche Werke*. Vol. 4, Corpus Reformatorum 91, Leipzig: Heinsius, 1927.

_____. "In catabaptistarum strophas elenchus." In *Huldreich Zwinglis sämtliche Werke*. Vol. 6.1, Corpus Reformatorum 93.1, Zürich: Berichthaus, 1961.

"Edikt über die Einhaltung der Polizeiordnung, die Einrichtung der Kirchendisziplin und der Classicalconvente und die Verbesserung des Almosens vom 13. Juli 1570." In *Die Evangelischen Kirchenordnungen des XVI. Jahrhunderts, ed., Emil Sehling*, 436-441. Tübingen: J. C. B. Mohr (Paul Siebeck), 1969.

"Iudicia Theologorum Exterorum De Quinque Controversis Remonstrantium Articulis, Synodo Dordrechtanae exhibita. Anno 1619." In *ACTA Synodi Nationalis, In nomine Domini nostri IESU CHRISTI, Autoritate DD.Ordinum Generalium Foederati Belgii Provinciarum, Dordrechti Habitae Anno 1618 et 1619*. Dordrecht, 1620.

"Kirchenordnung [...] [vom 15. November 1563]." In *Die Evangelischen Kirchenordnungen des XVI. Jahrhunderts* edited by Emil Sehling, [???-???]. Tübingen: J. C. B. Mohr (Paul Siebeck), 1969.

"Kirchenratsordnung 1564." In *Die Evangelischen Kirchenordnungen des XVI. Jahrhunderts* edited by Emil Sehling, 421-424. Tübingen: J. C. B. Mohr (Paul Siebeck), 1969.

"Pfalzgrave Friderichs, churfürstens etc. aufgerichte christliche almusenordnung [vom 17. Februar 1574]," 458-84. In *Die Evangelischen Kirchenordnungen des XVI. Jahrhunderts* edited by Emil Sehling, 421-424. Tübingen: J. C. B. Mohr (Paul Siebeck), 1969.

71, 335

비레(피에르, Pierre Viret) 106

비텐베르크(Wittenberg) 16, 108, 320,
    333, 344, 351

비트-룬켈(Wied-Runkel) 322

빌헬름 1세(Wilhelm 1. Oranien) 319

사무엘 후버(Samuel Huber) 24-26,
    33, 134, 138, 219-221, 227,
    234-237, 246

샤프하우젠(Schaffhausen) 118, 123,
    124, 129, 234

세르베투스(미카엘, Michael Servetus)
    16, 17, 35

소니우스(게오르기우스, Georgius
    Sohnius) 84, 86, 143-146, 148,
    149, 320

슈바이처(알렉산더, Alexander
    Schweizer) 103, 220

슈토셀(요한, Johann Stössel) 345, 346

슈투트가르트(Stuttgart) 118

슈트룸(요한, Johann Sturm) 108

슈트름(야콥, Jacob Sturm) 110

술처(시몬, Simon Sulzer) 125

스쿨테투스(아브라함, Abraham
    Scultetus) 154

스트라스부르(Strasbourg) 23, 98, 99,
    102-112, 115, 117, 124, 125,
    127, 128, 133, 134, 147, 336

실베스터 1세(Silvester 1) 40

실비우스(스테판, Stephan Silvius)
    336, 337

아담(곳프리드, Gottfried Adam) 220

아 라스코(요하네스, Johannes a Lasco)
    70

아르가우(Argau) 306

아를(Arles) 224

아우구스티누스(Aurellus Augustinus
    Hipponensis) 80, 109, 123,
    190, 203, 222-224, 234, 244-
    246

아우크스부르크(Augsburg) 39, 110,
    111, 298, 334, 335, 345, 347,
    357

아인호른(파울, Paul Eihhorn) 20

안드레애(야콥, Jacob Andreae) 24,
    117, 125, 134, 219, 221, 227-
    232, 234, 236, 241, 246

알차노(Alzano) 105

알트후시우스(요하네스, Johannes
    Althuisus) 320

암브로시스(Ambrosius von Mailand)
    221

에라스무스(Desiderius Erasmus
    Roterdamus) 98, 254

에라스투스(Thomas Erastus) 20, 298,
    300, 304-307, 309-314, 316,
    317, 336, 337, 345, 346, 350

에브라르트(아우구스트, August
    Ebrard) 342

에크(요한, Johann Eck) 40, 41

에헴(크리스토프, Christoph von Ehem)
    309, 313

예루살렘(Jerusalem) 41

오렌지(Orange) 224